· 黑龙江省教育厅青年创新人才项目"工合运动"研究
（项目编号：UNPYSCT-2017194）

· 牡丹江师范学院地方优势特色学科（项目编号：DF-
2017-10233- 牡丹江师范学院 -01- 地方语言文学）

· 牡丹江师范学院博士科研启动基金项目"陈翰笙与中国
农村派研究"（项目编号：MNUB201802）

陈翰笙
学术思想研究

何宛昱　著

中国社会科学出版社

图书在版编目（CIP）数据

陈翰笙学术思想研究／何宛昱著 . —北京：中国社会科学出版社，2022.5
ISBN 978 - 7 - 5227 - 0099 - 1

Ⅰ . ①陈… Ⅱ . ①何… Ⅲ . ①陈翰笙 (1897 - 2004) —史学思想—
思想评论 Ⅳ . ①D092.7

中国版本图书馆 CIP 数据核字（2022）第 062636 号

出 版 人	赵剑英
责任编辑	张 湉
责任校对	王佳玉
责任印制	李寡寡

出　　版	中国社会科学出版社
社　　址	北京鼓楼西大街甲 158 号
邮　　编	100720
网　　址	http://www.csspw.cn
发 行 部	010 - 84083685
门 市 部	010 - 84029450
经　　销	新华书店及其他书店

印　　刷	北京明恒达印务有限公司
装　　订	廊坊市广阳区广增装订厂
版　　次	2022 年 5 月第 1 版
印　　次	2022 年 5 月第 1 次印刷

开　　本	710×1000　1/16
印　　张	22.25
插　　页	2
字　　数	369 千字
定　　价	128.00 元

凡购买中国社会科学出版社图书，如有质量问题请与本社营销中心联系调换
电话：010 - 84083683

序

　　《陈翰笙学术思想研究》，是何宛昱在其博士学位论文基础上修改完成的一部学术专著，对深化研究陈翰笙学术思想有重要的理论意义和现实意义。作为何宛昱读博期间的指导教师，我深知她为研究陈翰笙学术思想，是如何殚精竭虑、呕心沥血，不知疲倦地度过了那些令人难忘的日日夜夜。这部专著即将问世，我有幸先睹为快，百感交集，令我十分兴奋。

　　陈翰笙（1897—2004），中国马克思主义的经济学家、社会学家、历史学家、社会活动家，中国社会科学院世界历史研究所名誉所长，人们都尊称他"翰老"。他早年留学美国、德国，1924年获柏林大学博士学位后回国，被聘为北京大学教授。任教期间，经李大钊介绍参加革命，积极投身于反对帝国主义、封建军阀和国民党反动统治的斗争。1925年，他向国内外公布了上海"五卅惨案"真相；1926年，他第一个用英文将亲历的"三·一八惨案"公诸世界；1941年"皖南事变"发生后，他通过英文半月刊《远东通讯》，第一个向全世界揭露了国民党掀起的反共高潮。陈翰笙是著名学者，但他首先是在中国共产党领导下，为中国人民为争取独立、自由、解放而斗争的英勇战士。

　　《陈翰笙学术思想研究》这部著作，鲜明地表现出陈翰笙学术研究的特点，即他始终高扬马克思主义的理论旗帜，自觉坚持学术研究是为了党和人民的需要，研究成果从不脱离中国革命的实际。从本书中可看出，陈翰笙正是通过实证研究，科学地阐释了中国半殖民地半封建的社会性质。他在中国农村社会调查、殖民统治下的生产关系特质、帝国主义与中国海关，以及经济区域研究、经济史和经济社会史研究、华工史研究、世界史理论与方法等研究中，始终和时代风雨同行，与党和人民同呼吸，共命运。人们从他的每一部著作和文章中，都可清晰地听到历史的脉动。

1978 年 12 月，党的十一届三中全会作出实行改革开放的历史性决策。这是我们党的一次伟大觉醒，是中国人民和中华民族发展史上一次伟大革命。党的十八大以来，中国社会发生了深刻的历史性变革，中国特色社会主义进入了新时代。新时代的一个重要的历史性任务，是按照立足中国、借鉴国外，挖掘历史、把握当代，关怀人类、面向未来的思路，加快构建中国特色哲学社会科学。《陈翰笙学术思想研究》一书，对于我们完成这一历史性任务，有重要的启迪意义。如何在指导思想、学科体系、学术体系、话语体系等方面充分体现中国特色、中国风格、中国气派，陈翰笙从理论与实践、历史与现实的结合上，对学术研究的继承性、民族性、原创性、时代性、专业性等方面，做出了精彩回答。这是陈翰笙学术思想的现代价值，也是我们今天对其进行研究的现代意义。

陈翰笙桃李满天下，对年轻人的成长特别关心。他不顾年近 90 高龄，在 20 世纪 80 年代发起组织全国青年世界史工作者座谈会，深入调研，自己写发言稿，亲自与会向青年学子发表长篇讲话，指出中国青年有远大理想和深厚的家国情怀，是实现中华民族伟大复兴的先锋力量，是中国历史科学的未来。在社会主义祖国阳光的沐浴下，一代代年轻人茁壮成长，成为国家栋梁之材。何宛昱从一个普通的达斡尔族女孩儿，成长为中国社会科学院研究生院的博士，以及她这部有一定开拓意义的专著问世，就是一有力说明。翰老若九泉下有知，一定会感到特别欣慰。

何宛昱生长在遥远的北国边陲，自幼养成勤奋好学、刻苦自励、坚韧坚毅等好品质。从本科生到博士生严格的历史学训练，使其无论是马克思主义史学理论方法论的修养、知识结构的完善，还是专业知识、专业基础知识的积累，抑或独立从事科学研究的能力，均达到了一个新的水平，表现出良好的发展潜力，这些在《陈翰笙学术思想研究》中都不难看出。这部专著的问世，表明何宛昱在其漫长的学术生涯中，已迈出了坚实的一步，衷心祝愿她一发而不收，百尺竿头更进一步，能有更多更优秀的成果问世，为繁荣发展中国历史科学做出更多更大贡献！

是为序。

于　沛

2021/4/22

序　言

　　青年历史学者何宛昱同志的博士论文《陈翰笙学术思想研究》即将由中国社会科学出版社出版。这是何宛昱同志的喜事，也是马克思主义社会科学工作者的大好事。作为陈翰老20世纪60年代初的研究生，我衷心感谢何宛昱同志的辛勤研究，并祝贺她的研究取得丰硕成果。

　　六年前的2015年6月，何宛昱同志据她的博士生导师于沛同志的提议，专程访问了我，要我谈谈师从陈翰老学习、对陈翰老的为人和学术思想的认识。我十分惊喜一位远在黑龙江省牡丹江师范学院的历史学教师，一位达斡尔族刚近而立之年的青年学者对于用马克思主义研究社会科学如此重视；对于马克思主义的社会科学界老前辈如此崇敬，欣然谈了1961年我第一次见到陈翰老，他对我的教诲："你研究社会科学必须为社会进步服务，否则，你就不要研究了。"我还谈了我在纪念陈翰老百年华诞时写的文章的基本观点。那篇文章是1996年写的。文章讲到："陈翰老这一百年的人生轨迹，概括起来是，忠于一个理想——追求兴邦富国之路，恪守为人民服务的宗旨。""经受了三大考验。"一是革命战争年代出生入死的考验。他三次险遭敌人逮捕。二是新中国建立后，名利地位的考验。他无心做官，淡泊名利，自认为是一名学者，只要做研究工作就行，推辞了领导同志请他当副部长或北京大学副校长的提议。三是"文化大革命"中对他人格的考验。他坚持真理，爱憎分明。身处劣境，仍关心年轻人的教育问题，为无学可上的青年办起外语班。

　　今年是中国共产党的百年华诞。中共中央习近平总书记在建党百年大会上指出："一百年前，一群新青年高举马克思主义思想火炬，在风雨如晦的中国苦苦探寻民族复兴的前途。"陈翰老就是百年前新文化运动中，学习、研究马克思主义，不怕牺牲，以马克思主义为思想武器与帝国主义、封建主义和北洋军阀英勇斗争的青年学者之一。尔后，在20世纪20年代末至30年代初，他又以马克思主义为指导，结合中国革命的实际需要，在祖国的大江南北进行广泛的农村调查，以他的真知灼见论证了"改革封建制度的必要性，为中国共产党领导的土地革命，起了配合作用"。他为中国革命事业需要而从事学术研究的指导思想和注重社会调查研究，在掌握第一手材料基础上，作出实事求是结论，而不是"闭门造车"、"坐而论道"的研究方法，这就是陈翰老的学术道路。这条道路，对于今天中国社会科学界，很有现实的倡导意义。

当今，在中国共产党的坚强领导下，中华民族正在最为走近伟大复兴的时代。习近平总书记又号召："新时代的中国青年要以实现中华民族伟大复兴为己任，增强中国人的志气、骨气、底气，不负时代，不负韶华，不负党和人民的殷切期望！"

我希望何宛昱同志和更多的青年社会科学学者学习、传承、弘扬老一辈马克思主义社会科学家的理想、信念，发扬他们的伟大爱国主义精神，以马克思的哲学和政治经济学理论为思想武器，紧密结合当今中国特色社会主义发展的需要，结合当今中国社会的实际，扎扎实实地研究相关的社会科学问题，为中国特色社会主义事业服务，为中华民族伟大复兴服务。一定要有中国人的志气、骨气、底气，不要盲从西方学术理论，坚定走中国学者自己的路。要学习陈翰老前辈们的榜样，教书育人，教育引导青年学生树立正确的世界观、人生观，确立为中华民族振兴、为人民谋幸福的价值取向。

对于何宛昱同志的大作《陈翰笙学术思想研究》，于沛同志已作了相当全面、系统的评述。在《陈翰笙学术思想研究》专著出版之际，我就说这么一些话，作为补充吧。

俞　源

2021 年 9 月 9 日于北京

目　录

绪　　论

　　陈翰笙（1897—2004），中国著名马克思主义经济史学家、社会学家、社会活动家。陈翰笙的一生，是学者和战士的一生。陈翰笙在回忆录中称自己历经了四个时代，即清朝末年、北洋军阀、国民党统治和新中国时期，他的经历和学术思想的发展变化，是时代变迁的写照。他的研究涉及多个学术领域，包括中国农村经济问题、中国社会性质问题、日本帝国主义侵华的经济实质分析、印度和巴基斯坦经济区域划分及特点、中国的世界历史研究方法问题、华工出国问题等，这些问题多是与时代发展相关的重大理论问题，陈翰笙在多个领域有所建树。陈翰笙的学术路径和在治学中所借鉴的理论资源均值得进一步探讨。本书力图对陈翰笙的学术研究理论和方法进行梳理和总结，为理解 20 世纪上半叶中国学术发展脉络提供一个微观视角。陈翰笙的社会活动和学术研究与时代发展紧密相连。或者可以说，他的著述是时代的回响，三者之间相互促动，互为表里。理解陈翰笙的学术思想与考证他的生平，是一个问题的两个方面。

　　陈翰笙将经济学与社会学研究方法与历史学方法相结合，是中国的社会学及社会经济史研究的拓荒者。20 世纪 30 年代，陈翰笙以马克思主义方法为指导，进行了大规模的中国农村社会调查，将马克思主义研究方法与中国社会现实相结合，为确定中国的半殖民地半封建社会性质提供了实证性研究。他以实地调查科学地认识中国农村实际状况，为近代以来中国的农村问题研究奠定初步的理论框架及研究范式。他对印度和巴基斯坦的研究也是以马克思主义为理论依据，将对社会结构及生产关系的分析引入更为广阔的领域。通过对 20 世纪中叶印度和巴基斯坦农村进行经济区域梳理，揭示帝国主义对殖民地进行统治所造成的恶果。中华人民共和国成立后，他对中国世界历史学科建设提出指导性建议，其对华工出国史料的整理为中国的华工史研究奠定基础。在上述各个领域的研究中，陈翰笙所运用的是历史的、整体性的研究方法，注重在掌握足够的、可靠的资料的基础上进行研究，最终以研究成果为解决现实问题提供参考，这种研究方法当前仍然具有现实意义。

一 理论与方法问题

陈翰笙在治学中探讨了中国农村问题、日本侵华的经济实质、印度和巴基斯坦经济区域问题、美国经济区域问题等，他的治学路径同革命活动密切相关。陈翰笙以中国农村社会调查回应的中国社会性质问题是关于 20 世纪上半叶中国革命基本道路的重大理论问题。他将中国问题、印度和巴基斯坦问题同日本、美国和欧洲诸国的帝国主义政策相联系，构建了一个揭示帝国主义经济网络实质的解释体系。陈翰笙的个人命运与中国革命的发展形势、中国社会的发展演进密切相关，紧密融入时代洪流之中。探求他的治学路径与革命之间的关系，也有助于理解和认识20 世纪中国知识分子为探索中国社会发展道路所做出的努力。

（一）理论的探讨

中国农村经济问题是中国社会发展进程中的基本问题，相关研究具有重要的理论意义和现实意义。20 世纪上半叶，农村调查和农村问题研究在中国知识界掀起一股热潮，各种学术团体林立，如晏阳初在河北定县主持了平民教育促进会，章元善在河北省创办了华洋义赈会，黄炎培在江苏徐公桥创办了实验区，伍廷飏在广西开设了农垦实验区，胡治威在浙江兰溪创办了实验县，梅思平在江苏江宁创办了实验县，梁漱溟在山东邹平开创了乡村建设研究院，高践四在江苏无锡创办了江苏教育学院，金陵大学在南京和其他地方推行了卜凯的农场经营管理法，上海银行也在长江流域办合作社发放了农贷，等等。各种派别学说各异，纷纷提出解决中国农村问题的方法。

陈翰笙及其领导的"中国农村派"成员以马克思主义方法和西方社会科学研究方法研究中国农村经济问题，进行广泛的农村社会调查，收集并整理 20 世纪上半叶以来的农村问题研究著述及调查数据，是具有开创性的学术实践。陈翰笙研究农村问题的起点、方法、观点与上述各种农村经济研究团体迥然相异，具有理论和现实的双重关切。在理论上，回应共产国际中国问题专家对中国社会性质和农村经济问题的认识；在现实中，寻求中国社会革命可行的道路。他从最基本的田亩面积、农户分类着手，梳理中国农村经济研究的基本概念和方法。他在中国农村社会调查中广泛地吸收和借鉴多种理论及研究方法，在农村社会调查基础上完成《黑龙江流域的地主和农民》（与王寅生合著，上海，1929 年）、《难民的东北流亡》（与张辅良等人合著，北京，1930 年）、《中国农村经济研究之发轫》（北京，1930 年）、《东北的难民与土地问题》（上海，1930 年）、《亩的差异》（与王寅生等合著，上海，1930 年）、《广东农村生产关系和生产力》（上海，1934 年）、《中国的地主和农民》（纽约，1936 年英文版、日文版、俄文版）、《工业资本和中国农民》（纽约，1946 年英文版、日文版）、《中国工业合作社史话》（纽约，1947 年英文版）、《中国西南边疆土地制度》（纽约，1949 年英文版）等著作。说明中国农村所存在的显著区域差异，并以农村调查分析不同区域农村生产关系的实质，揭示在中国社会由传统转向现代的过程中，帝国主义经济力量冲击之下的农民经济生活的变化。对陈翰笙学术著述的内在理路和观点进行梳理，是理解其学术思想的关键环节。

　　陈翰笙对于社会经济问题的分析为如何分析社会性质问题提供了启示。20 世纪 20 年代初期，中国社会性质论战、中国社会史论战、中国农村社会性质论战渐次展开。这一系列论战使得马克思主义的基本概念和分析方法为中国知识分子所熟知。论战的辩题指向中国社会性质问题，将这个严肃的论题同中国革命的前途和动力问题相联系，使论战兼具学术性和政治性。陈翰笙以中国农村问题研究中的基本概念，即"封建社会"破题，以生产关系调查剖析中国社会的前资本主义性质，为研究中国社会形态问题提供具体例证。对陈翰笙的基本研究方法和理论运用的理路需要进行梳理，以探查他的分析方法和理论工具与其他学者的方法与理论之间的关系。

　　陈翰笙对于国家政策的经济实质的分析为认识帝国主义国家同半殖民地半封建社会之间的经济关系提供解释框架。他对日本侵华战争的经济实质进行分析，揭示其法西斯政权的经济实质。他借用地理经济学中的经济区域分析法，分析印度和巴基斯坦的经济区域，揭示帝国主义经济政策对两国经济结构的损害。分析中国和印度这些遭到帝国主义国家掠夺的殖民地半殖民地国家经济结构的特征，这是 20 世纪上半叶马克思主义者非常关注的问题，陈翰笙有机会获得关于中国和印度研究的第一手资料，就这一问题进行深入研究，加深了中国左翼学者对于帝国主义经济政策实质及其影响的认识。

陈翰笙是一个出色的社会活动家，组织大规模的农村社会调查，参与太平洋国际学会的工作，参加工合运动，这些作为都证明他具有果断的决策能力和行动能力。他是一个纯粹的唯物主义者，在治学和社会活动中都以事实为基础，客观、冷静、果断。他的著述多为短小精悍的短文，文辞洗练，逻辑性强，鞭辟入里，让人无可辩驳。时代造就学者，他是经过 20 世纪中国革命锻炼的学者，他的个人命运与中国社会的发展进程密切相关，对他的治学路径进行回顾是理解这段历史的一条路径。

（二）方法的探讨

在研究方法上，陈翰笙将马克思主义与实践相结合，运用西方社会学的方法，历史地考察社会形态，这种研究方法对于现时的学术研究仍具有借鉴作用。20 世纪 30 年代，为了回答中国社会的现实问题，陈翰笙组织规模空前的中国农村社会调查，其调查范围遍布于东北地区、江苏、河北、广东、广西、云南等地。其调查的目的是认识中国农村社会性质，其指导理论是马克思主义理论，其采用的方法是阶级分析法，其调查的重点是注重对生产关系的分析。这次调查工作组织科学，方法适当，为中国新民主主义革命提供了理论依据。陈翰笙不仅对书本知识进行吸收和借鉴，更侧重于对现实的把握和理解，实事求是，勤于实践，从实践中获得对现实的科学认识，总结社会发展变化的规律。分析陈翰笙研究方法的特点，总结其实践经验及局限，是认识科学研究方法的一种途径。

陈翰笙对第一手资料的重视是其治学的一个鲜明特点，这一特点是科学研究方法的基本出发点。陈翰笙对中国农村问题的研究起点是社会调查，他对印度经济问题研究的起点是英国皇家调查团留下的社会调查材料。他治学的原则，主要的一点就是要在掌握充分的资料后才进行写作。他在 20 世纪 80 年代完成了《华工出国史料汇编》，仍然是对历史研究工作的基本资料的整理。陈翰笙一直遵循历史地研究问题的基本方法，就是要掌握和重视第一手资料，从资料出发研究问题。

陈翰笙在治学之外，参加了大量的社会活动，包括参加保卫中国同

盟的工作、参加工合运动、参与编辑《太平洋事务》《工合月刊》等一
系列刊物、在加拿大发表一系列演讲以揭露国民党的腐败等。无论在国
民党统治时期的中国还是在苏联、印度或美国，他都只从事学术研究而
不参与实际的政治决策。美国学者麦金农论及这样的观点，即以陈翰
笙、冀朝鼎等为首的左翼学者，对美国的对华政策也产生影响。以学术
研究服务于现实，并推动现实向更积极的方向发展，是陈翰笙的社会活
动和学术研究积累下来的宝贵经验。其在治学和社会活动中，多能关注
当时社会最急切需要解决的问题，并进行有力的回应，这是以马克思主
义方法进行研究的实践者的宝贵品格。

二　现有研究之回顾

（一）陈翰笙著作整理及对其学术贡献的肯定

从 20 世纪 80 年代开始，国内学界对陈翰笙著述的收集和整理工作
逐渐增多，并将其经典著述由英文译为中文。陈翰笙文集包括以下六
种：汪熙、杨小佛主编《陈翰笙文集》（复旦大学出版社，1985 年）；
李新玉编《陈翰笙文集》（商务印书馆国际有限公司 1996 年英文版）；
从翰香、李新玉主编《陈翰笙文集》（商务印书馆 1999 年版）；中国社
会科学院科研局组织编选《陈翰笙集》（中国社会科学出版社 2002 年
版）；中国社会科学院经济研究所学术委员会组编《陈翰笙集》（中国
社会科学出版社 2019 年版），孟庆延编《现代中国的土地问题——陈翰
笙土地制度研究文集》（商务印书馆 2021 年版）。陈翰笙纪念文集有两
种：张椿年、陆国俊主编《陈翰笙百岁华诞集》（中国社会科学出版社
1998 年版）；于沛主编《革命前辈学术宗师：陈翰笙纪念文集》（中国
社会科学出版社 2008 年版）。据估计，陈翰笙的中英文著作各有 200 余
种，目前已有文集尚未完全收录。此外，他在饶漱石主办的《华侨日
报》等刊物上常用笔名写作，其著述仍有一些散落于各种刊物中，对此
类著作还需要做进一步收集和整理。

在收集和整理著作的基础上，多位研究者对陈翰笙的学术研究及著
作进行分析和评价，承认其学术贡献及学术地位。具有代表性的文章包
括：陈洪进著《陈翰笙的史学思想》（1985 年），将陈翰笙的著作归为
四个系列，列举其八部代表作，并总结其治学的根本原则；张铠著《陈

翰笙对华工史的研究》（1986年），总结了陈翰笙运用史料的方法及其有关华工史研究的思想；孙培钧著《陈翰笙先生对中国南亚研究事业的巨大贡献》（2006年），总结了陈翰笙对南亚研究的贡献；李晔著《陈翰笙学术思维的中西文化融合性》（2008年），认为陈翰笙对中国农村社会特殊性的探讨及在此基础上强调注重对生产关系的研究，用西方"实证方法"来研究中国的农村经济问题及与国内外学者展开的学术批判，是其中西"双重文化思维"的集中体现。

国内学界对20世纪30年代陈翰笙领导的中国农村调查有较多的研究，对调查所得出的一些观点也进行辨析。此类研究可以分为几个方面。已有研究最关注陈翰笙领导的"中国农村派"及其经济思想的主要内容。第一方面，丁利刚、赵善阳著《陈翰笙与中国农村社会学研究》（1985年），认为陈翰笙领导的农村社会调查是把社会学的经验研究和理论概况紧密结合的一个范例，对认清中国农村的社会性质、正确制定中国共产党土地革命政策做出了理论贡献。雷颐著《"中国农村派"对中国革命的理论贡献》（1996年），对"中国农村派"的调查和论战进行了历史评价，认为这是关于中国革命最基本、最重要的理论论证、建构和表述，为认清中国社会的性质、革命的对象、革命的任务、革命的动力等进行了理论论证，而毛泽东的《中国革命和中国共产党》《新民主主义论》便是在此基础上展开的。欧阳军喜著《20世纪30年代两种中国近代史话语之比较》（2002年），提出"中国农村派"对中国农村问题和土地问题的看法影响了李鼎声的历史写作，认为土地问题的核心是土地所有与土地使用间的矛盾，"中国农村派"和李鼎声同属于"中国革命史"体系。

李章鹏著《20世纪二三十年代陈翰笙农村调查的历史考察》（2006年），对陈翰笙农村调查的历史地位及其局限进行总结，认为陈翰笙在中国社会调查史上的地位是找到了马克思主义社会分析方法与西方经验研究相结合的途径，利用其了解中国社会的实情，其局限性表现在调查内容在很大程度上过于狭窄。冯杰著《论陈翰笙的农村经济思想》（2006年），提出陈翰笙的农村经济思想的内容包括：揭露农民负担繁重，剖析农业生产衰落，主张农村土地变革和倡导农村合作组织。其中，土地变革思想是陈翰笙农村经济思想的核心内容，贯穿其思想的始终。汪效驷和郑杭生著《史学和社会学视野中的陈翰笙无锡调查》

（2007 年），认为陈翰笙领导的无锡调查是中国社会学本土化进程中的一次典范，实现了马克思主义社会学从理论到实证的突破，也体现了陈翰笙注重实证和学科融合的治史理念。

张雪英著《试论陈翰笙有关中国农村研究的思想与方法》（2008 年），总结出陈翰笙领导的中国农村调查的中心是立足于时代需要，运用马克思主义分析中国农村的生产关系，指出其调查有一个理论与实证科学结合的体系。郑京辉、李静体著《陈翰笙与近代中国马克思主义农业经济学》（2011 年），指出陈翰笙作为马克思主义农业经济学的先驱，他在民国时期进行了大量农村调查与研究，为此学科培养了一批人才，创建了正确的科学方法论与理论核心。孙小礼著《陈翰笙与中国农村研究》（2012 年），对陈翰笙的学术研究和社会活动进行了总结。

张丽、李坤著《陈翰笙与中国土地革命和无锡保定农村调查》（2019 年）认为 1929—1930 年的无锡、保定农村社会经济调查是中共白区地下党员联合左翼学者试图为中国共产党土地革命进行理论论证的第一次学术努力，该文试图对照第一次的结论，对张之毅等人在 1958 年第二次无锡、保定调查中提出的"趋中化"资料分析结果进行解释。范世涛著《陈翰笙与国立中央研究院无锡农村经济调查》（2020 年）对陈翰笙主持无锡农村经济调查的过程、理论准备和研究成果进行整理和报告，并考证了报告的保存和出版情况。

第二个方面，将陈翰笙领导的中国农村调查与同时期的农村调查进行比较研究。侯建新著《二十世纪二三十年代中国农村经济调查与研究评述》（2000 年），对梁漱溟、晏阳初和陈翰笙及国民党政府、卜凯、"满铁"等组织的农村经济调查进行了比较和梳理，肯定了陈翰笙领导的中国农村调查的资料的翔实性及学术价值，认为其为中共在农村实行正确的策略和政策提供理论依据，其留下的农村调查资料是一笔宝贵财富。孙飞艳著《陈翰笙毛泽东农村调查比较研究》（2013 年），在党史研究的背景下比较了陈翰笙和毛泽东所进行的农村调查的特点等。郑京辉著《中国近代农业经济学兴起述论——以卜凯与陈翰笙代表的农业经济学为侧重》（2013 年），提出卜凯和陈翰笙都可以划入中国近代农业经济学学者，二者分别代表现代农业经济学和马克思主义农业经济学，而他们的学说都是受西方社会科学传入的影响。巫亮著《卜凯与陈翰笙：20 世纪 20—30 年代农村调查之比较》（2010 年），赵晓阳著《解决农村经济问题的路径差异与思想根源——陈翰笙和卜凯经济思想比较研究》（2014 年）等，均对陈翰笙和卜凯的农村调查进行比较。

第三个方面，利用陈翰笙领导的中国农村调查所获得的材料进行后续农村调查，并利用数次调查结果研究中国农村问题。如侯建新著《农民、市场与社会变迁——冀中 11 村透视并与英国乡村比较》（2002年），运用 1930 年 5—8 月陈翰笙领导的 68 人调查团对保定地区清苑县农村的调查资料，并对该地进行后续调查，从而完成中英乡村的比较研究。陈翰笙领导的无锡、保定调查是具有开创性的中国农村调查，在此后的 76 年间，后续进行了三次无锡、保定调查。中国社会科学院经济研究所分别于 1958 年、1987 年、1998 年与合作单位对无锡、保定调查中的 22 个村庄进行了追踪调查，其参与者完成了多篇相关论文。武力著《20 世纪 30—40 年代保定农村土地分散趋势及其原因》（2004 年），对保定农村土地分散的原因进行了分析，土地分散趋势与"中国农村派"所提出的土地集中趋势是不同的。史志宏著《无锡、保定农村调查的历史及现存无、保资料概况》（2007 年），对起自 1929 年，终至1998 年，连续进行的四次无锡、保定农村调查的情况及其资料的保存与成果进行了总结。赵学军著《华北农户借贷渠道变迁之管窥——基于"无锡保定农村调查"系列资料（1930—2010）的分析》（2013 年），利用无锡、保定农村调查的系列材料，其调查时间分别是 1929 年、1958 年、1988 年、1998 年，分析了农户融资渠道及借贷来源。朱文强著《李罗侯村七十六年的变迁——河北保定市清苑县魏村镇李罗侯村村情调研报告》（2011 年），是中国社会科学院国情调研项目中的村情调研课题中的一项内容，它是继 1929—1930 年陈翰笙领导的无锡、保定调查之后，在 2007 年对李罗侯村进行再次调查，将数次调查的资料进行对比分析，以一个村庄的变迁反映 76 年间中国农村社会的变化。

第四个方面，利用陈翰笙领导的中国农村调查材料对中国农村问题进行新的理论阐释。汪效驷著《江南乡村社会的近代转型研究——以陈翰笙的无锡调查为线索》（2008 年），在区域经济社会史研究框架下，运用陈翰笙领导无锡调查所获得的材料证明江南乡村社会结构在近代有一个转型的过程，并展现了江南乡村社会转型的实态，包括市场化和现代机器入侵与一家一户小农经营相互交织，农家以稻作为主、以桑蚕为辅的生产格局未发生根本改变，多种经验和"非农化"的农家经济，这是将陈翰笙农村调查史料与新的理论相结合的尝试。李楠著《近代农民离村决定因素的再讨论：一个历史计量学的视角》（2013 年），王大任著《压力下的选择——近代东北农村土地关系的衍化与生态变迁》（2013 年）等，都对已有的农村调查资料进行新的理论阐释。

在党史研究视野中对陈翰笙领导的中国农村调查进行分析和定位也有较多的著述。马伯煌主编的《中国近代经济思想史》中，对陈翰笙领导的中国农村经济研究会参与的中国农村社会性质问题论战进行了总结。对"中国农村派"的经济思想进行了梳理，认为"他们在识别思想界非马克思主义经济理论派别的观点时，也为如何运用马克思主义经济理论与中国实际相联系，做出了贡献"。钟祥财在《中国土地思想史稿》中，对陈翰笙的土地问题研究有所介绍，列举了陈翰笙关于中国土地问题的一些观点。孟庆延在《学术史视野下的中国土地革命问题——议题转换与范式变革》（2013 年）一文中，试图将陈翰笙的研究纳入中国和美国的中国革命史研究框架中，指出以陈翰笙为主的"中国农村派"研究中的不足，但其未能明确陈翰笙在 20 世纪二三十年代的中国土地问题研究对于美国 20 世纪 50 年代的中国学研究的重要影响。马俊亚两篇相关的文章《国家服务调配与地区性社会生态的演变》（2005年）及《20 世纪二三十年代的乡村危机：事实与表述》（2013 年），分析了美国学者彭慕兰对中国传统农村研究的挑战，在此基础上，提出在中国 20 世纪二三十年代存在的乡村危机，与"中国农村派"所描述的乡村危机并不一致，认为当时乡村危机的真正本质原因是中央政府缺乏应有的执政能力造成的，而"中国农村派"所谴责的资本主义市场的影响是积极的。

陈翰笙自述生平回忆录《四个时代的我·陈翰笙回忆录》是学者们研究陈翰笙生平的主要参考文献。目前已出版的陈翰笙传记为田森著《三个世纪的陈翰笙》，因其作者与陈翰笙是相交多年的老友，故能将陈翰笙的经历和思想生动地刻画出来。同时也因其是从故友的视角出发，并未对陈翰笙的学术思想进行过多剖析，亦未对陈翰笙的社会活动进行详细的梳理和考证。陈翰笙的好友陈洪进著《陈翰笙传略》，提供了陈翰笙经历的重大历史事件及其交往人物的重要线索。在《薛暮桥回忆录》及秦柳芳回忆录《柳风拂晓》中，都对与陈翰笙的交往有所记述。陈翰笙交往的多位好友，均在回忆录或文章中对其有所记述，为考证其经历提供了线索。

陈翰笙的朋友、学生和同事著有对其生平经历的追忆或纪念性文章，这类文章多收录在《陈翰笙百岁华诞集》及《革命前辈学术宗师：陈翰笙纪念文集》中。例如，高放著《当代中国跨越三个世纪的伟人》追述了陈翰笙的经历；陈鲁直著《革命家与学者——陈翰笙先生》对陈翰笙所从事的革命事业和治学进行了肯定；潘维著《忆先师陈翰笙》记述了陈翰笙培养学生的方式方法；陈洪进著《陈翰笙传略》对陈翰笙的经历和研究领域进行了梳理。在一些知识分子及社会活动家的回忆录中有与陈翰笙交往的记载，如梁漱溟著《忆往谈旧录·梁漱溟回忆录》（1987 年）、陈友仁著《陈友仁回忆录》、杨步伟著《杂记赵家》（1998 年）、千家驹著《在桂林的八年》（1981 年）等文献中，能够看到对陈翰笙社会活动的记述。此外，还包括对陈翰笙的社会活动进行研究，如齐福霖著《试论抗战时期中国工业合作运动》（1998 年）及高海萍著《论抗日战争时期中国工合运动中的技术改造》（2007 年）等文章涉及陈翰笙所参与的工合运动。

随着《宋庆龄致陈翰笙书信集》（2013 年）的出版，学界对于陈翰笙的交往史有所关注，邵雍著《宋庆龄致陈翰笙书信（1971—1981）的价值与不足》（2013 年），对该书中第一次揭示的历史细节进行了考证，指出其价值与注释中的错误之处。潘顺利著《宋庆龄陈翰笙关系述评》（2011 年），对陈翰笙与宋庆龄的交往进行了梳理。已有学者对陈翰笙夫妇在佐尔格小组中的活动进行研究，在苏智良主编的《佐尔格在中国的秘密使命》（2014 年）一书中，对佐尔格小组在上海的情报收集活动进行探讨，如苏智良著《谍影重重：上海佐尔格小组情报网》，徐静波著《尾崎秀实与上海》等，对陈翰笙夫妇在小组内的具体活动有所揭示，确定陈翰笙夫妇是佐尔格小组的重要成员，并考察了佐尔格、史沫特莱、陈翰笙之间的关系。郭汾阳著《"北新书屋"与并非"现代派"的陈翰笙》（1999 年），对鲁迅与陈翰笙的关系进行了考证，指出了鲁迅最初对陈翰笙的认识是有错误的，导致对其口诛笔伐；张耀杰在《民国底色：政学两界人和事》（2012 年）一书中继续这项论证，指出鲁迅在上海时期，因与陈翰笙都参加保卫中国同盟，终于消解了误会。

（二）陈翰笙仍然受到国外研究者的重视

陈翰笙在美国的波莫纳大学获得历史学学士学位，在哥伦比亚大学获得历史学硕士学位，在德国柏林大学获得历史学博士学位。这一经历使其能够运用英语自如地进行写作。他曾在莫斯科、东京、新德里、伦敦、纽约等处工作或从事学术研究，研究内容既包括对中国社会的分析，也包括对所到之处的观察与分析。他是中国近代历史上具有广泛国际学术背景的学者，也是具有国际影响力的学者。他长期受聘于美国太平洋学会并出任《太平洋事务》的编辑，与美国学术界和政界人士均有密切交往，在20世纪上半叶美国的中国学研究中，陈翰笙的影响是广泛的。时至今日，尽管美国的中国学研究已经大有发展，关于20世纪三四十年代中国的农村问题、土地问题、移民问题、经济问题等方面的文章或论著，仍将陈翰笙的研究视为必须加以讨论的部分。陈翰笙领导的中国农村调查所得到的关于中国农村问题的基本资料，仍然被视为研究中国经济史问题的重要参考资料。

从可见的英文论著来看，陈翰笙在美国进行的中国研究包括三个部分：一是基于中国农村调查而形成的学术著作，最具有代表性的是《中国的地主和农民》《工业资本和中国农民》《中国西南边疆的土地制度》，美国、英国、德国和日本学界对前两本论著的评论和引用较多；二是对中国时局的评论和对中国国内情况的介绍，具有代表性的是《垄断资本和中国内战》及陈翰笙对于日本发动侵华战争的评论；三是与美国学者合作进行的中国问题研究，主要的合作者是欧文·拉铁摩尔，研究的内容包括新疆问题、中国的移民问题、亚洲的局势等方面。陈翰笙参与了欧文·拉铁摩尔《亚洲的支点》（*Pivot of Asia*, Owen Lattimore and Associates, Boston: Little, Brown, 1950）一书的研究和写作，该书是一部区域研究的专著，提出西藏地区是考验中苏联盟的关键地区的观点。

美国学者对陈翰笙的研究，目前可见的有两位，一位是伊罗生（Harold Robert Isaacs），其所著《在中国重逢》（*Re-encounters in China: Notes of a Journey in a Time Capsule*）（1985年）一书，伊罗生是宋庆龄和陈翰笙共同的朋友，他在1980年访华后出版该书，书中涉及陈翰笙的早期经历，该书的评论者这样写道：陈翰笙，在20世纪30年代曾被普遍认为是一个独立的中国土地问题研究者，而在此书中，提及陈翰笙的经历如下，1925年成为第三国际成员，并参与第三国际在日本、欧洲、上海和莫斯科的活动，其后才成为美国太平洋学会的研究者。其中对陈翰笙的早期经历有较为详细的记载，此书应当是西方最早对陈翰笙早期经历进行较为详尽披露的著作，其出版日期早于陈翰笙回忆录，在美国学术界受到较为广泛的关注。

另一位是史蒂芬·麦金农（Stephen R. MacKinnon），他正在进行对陈翰笙的专题研究。麦金农记述他在 1978 年拜见了陈翰笙，访问关于史沫特莱的问题，具体谈话内容未记载。[1] 此后，史蒂芬·麦金农为罗伯特·纽曼的著作《欧文·拉铁摩尔和中国的"丢失"》写书评，[2] 该书认为拉铁摩尔是麦卡锡主义的受害者，他被指控的罪名是不成立的。但是，拉铁摩尔本人的观点可能受到蒋介石、冀朝鼎和陈翰笙的影响。拉铁摩尔被定位学术的冒险者和政治的殉道者。麦金农认为，该项研究指出了一个新的学术领域，即拉铁摩尔时代的亚洲研究者及研究机构，如太平洋学会，它们的事业、世界观和影响。而拉铁摩尔本人的观点等值得进一步研究。2009 年，麦金农在中国社会科学院近代史研究所民国史研究室主编的《一九四〇年代的中国》中发表《丢失大陆：陈翰笙和冀朝鼎在 1940 年代》一文，提出陈翰笙和冀朝鼎二人在国民党的失败中发挥了重要作用，认为陈翰笙利用其在美国学术界和政界的影响力，影响了美国对国民党政府的政策。陈翰笙利用同美国和英国等国记者间的密切关系，在国际上破坏了国民党政府的形象。该文对于陈翰笙在美国和英国发挥的影响等方面有较为详尽的阐释，但是所得出的结论不免有悖于史实。因为麦金农受到陈立夫著《成败之鉴》一书观点的影响，夸大了个别人物对于历史发展的影响，决定国民党败局的关键因素是国民党自身的腐败和不善于治理等问题。

除此之外，关于陈翰笙的学术研究散见于关于中国问题的论文中。陈翰笙对南亚进行研究的著作《印度和巴基斯坦的经济区域》直至1996 年才在印度牛津大学出版社出版。因此，对陈翰笙的学术研究的讨论主要集中在中国农村问题及移民问题的研究方面。陈翰笙对中国问题的研究在 20 世纪 30—50 年代，在美国学术界是较为有影响的，众多的书评和引用能够证明这种影响。

伦纳德·吴（Leonard T. K. Wu）在论述 20 世纪 30 年代中国农村中

---

① Stephen R. MacKinnon, "Researching Agnes Smedley in China", *The China Quarterly*, No. 77 (Mar., 1979), pp. 122 – 125.

② Stephen R. MacKinnon, "Owen Lattimore and the Loss of China by Robert P. Newman", *The China Quarterly*, No. 138 (Jun., 1994), pp. 554 – 555.

的商业资本时，所引用的论证材料包括陈翰笙和冯和法的著作。证明中国农村中地主身份的多样化以及农民的负债情况。[1]

英国中世纪史学家托尼（R. H. Tawney）1931 年访华，并就中国问题写出了《中国的土地与劳工》一书，他倡导在中国实行一项现代化的规划，以使中国有能力保卫自己。1937 年，托尼在《太平洋事务》上为陈翰笙《华南农业问题研究》（*Agrarian Problems in Southernmost China*）一书写书评[2]。称陈翰笙的研究是不可忽视的、有价值而资料翔实的，对陈翰笙通过对广东省农村的实地调查写出的著作进行肯定。他对陈翰笙描写的广东农村状况表示了深切的同情，并且讨论了陈翰笙提出的观点，即任何局部的、有限的改进措施都已无法解决中国农村的问题，只有通过彻底的变革才能解决问题。托尼对陈翰笙能够使学术研究直指改变社会持肯定态度。在此评论中，不难看出，托尼不仅对陈翰笙的著作进行肯定，而且对于应用阶级分析法对中国农村进行的分析也给予认可。

亨瑞·泰勒（Henry C. Taylor）为陈翰笙的《中国地主与农民》写书评，肯定陈翰笙在书中所引用的材料都是出自调查。[3] 其结论是可信的。书中所描写的中国情况并不为美国人熟知，该书为美国人提供了大量的资料，以了解一个中国的区域。陈翰笙在书中所描绘的广东的田租和族田等因素被认为与美国的田租现象相近。陈翰笙对于田租及家族的细节描写比他所使用的阶级分析法更加吸引评论者的注意。

洛克斯比（P. M. Roxby）为《定居地的限制》一书做书评[4]，该书是陈翰笙与拉铁摩尔及派尔泽共同完成的，陈翰笙负责其中对中国移民的分析。陈翰笙和拉铁摩尔在亚洲移民问题上的看法相近，他们认为决定移民者走向的不是气候或工作环境等原因，而是资本的走向，资本在何处能够寻找到原材料就走向何处，其走向引导着移民者。陈翰笙对于中国移民者在 20 世纪上半叶的处境并不乐观，因为当时中国国内移民

---

① Leonard T. K. Wu, "Relations Merchant Capital and Usury Capital in Rural China", *Far Eastern Survey*, Vol. 5, No. 7 (Mar. 25, 1936), pp. 63 – 68.

② R. H. Tawney, Review, *Pacific Affairs*, Vol. 10, No. 3 (Sep., 1937), pp. 344 – 346.

③ Henry C. Taylor, "Landlord and Peasant in China by Chen Han-Seng", *Journal of Farm Economics*, Vol. 19, No. 3 (Aug., 1937), pp. 819 – 820.

④ P. M. Roxby, "Limits of Land Settlement", by Isaiah Bowman; Owen Lattimore; Chen Han-Seng; Karl J. Pelzer, *Pacific Affairs*, Vol. 11, No. 1 (Mar., 1938), pp. 136 – 138.

可以选择的地点包括被日本侵占的东北地区、暹罗、马来亚等地，都已经开始实行严格的移民限制，中国的跨洋移民处境的恶化，向家乡的汇款下降，直接反映在其家乡广东或福建的经济中，这是一种连锁反应。

项清岳（Ching-Yuen Hsiang）提出，对于中国问题分析的关键在于土地问题，对20世纪40年代美国的中国土问题研究做了综述。他认为中国的经济问题研究者易于强调经济因素，他们更理论化、理想化，而美国的中国问题研究者更注重现实，更易于对某个问题展开研究并找到可行的解决办法。① 作者对美国学者卜凯（J. L. Buck）和中国学者陈翰笙、冀朝鼎的研究进行比较，由此可见在当时美国的中国问题研究中，陈翰笙和冀朝鼎都是受到重视的。

陈翰笙在太平洋学会任职时期，对该会进行的中国问题研究有重要影响，其任职期间与学会成员有大量通信讨论学会工作和个人研究计划，在学会刊物发表多篇文章，内容广泛。即使在 1939 年后，他到香港参与工合运动，仍然将中国政治局势的变化和个人研究状况写信告知拉铁摩尔、霍兰德及卡特等学会成员。太平洋学会资助陈翰笙出版了工合运动宣传册。在《中国工业合作运动等待时机》（Chinese Industrial Cooperatives Marking Time，1941）一文中，作者对陈翰笙参加的工合运动有所记述，对于工合运动给予高度的赞扬，并分析影响工合运动的政治和经济因素。迟至 1954 年，陈翰笙夫妇已经回到中国，该刊物所发表的关于中国经济问题论文，仍然将陈翰笙的见解视为重要论证，如罗纳德·夏（Ronald Hsia）在《共产主义计划下的中国经济》（The Chinese Economy Under Communist Planning）一文中，对于中国计划经济的分析，举出陈翰笙给毛泽东和高岗提出的建议，指出：在中国，小规模的农业和手工业仍然存在，这就有必要依靠资本主义，特别是国家资本主义，作为从小生产向社会主义转化的媒介，以提高社会生产力。

哈罗德·万斯（Herold J. Wiens）介绍了陈翰笙的《中国西南边疆的土地制度：云南傣族和西康贡巴人农业和社会组织的一项比较研究》（*Frontier land systems in Southernmost China: A comarative study of agrarian problems and social organization among the Pai Yi people of Yunnan and the*

---

① Ching-Yuen Hsiang, "Land Utilization in China: A Critique of Methodology", *The Journal of Land & Public Utility Economics*, Vol. 16, No. 2 (May., 1940), pp. 226 – 229.

Kamba people of SIkang, International Secretariat Institute of Pacific Relations, New York, 1949.），他肯定这本书与地理学、人类学、社会学、政治学、经济学和历史学各个领域相关，因为它研究的是中国边境地带上两个还不为人所知的地区。这两个地区的社会还处于封建和半封建社会阶段，其土地所有制还存在前封建社会的残余，作者就如何改变当地的土地政策提出了建议。① 陈翰笙对中国土地问题的分析，在美国评论者眼中，更重视其资料，也有学者对其分析方法有更多的关注。

同一时期，另一位英国评论者里奇（E. R. Leach）则指出陈翰笙在该书中使用了马克思主义研究方法，并认为陈翰笙在该书中将西康贡巴社会认定为早期封建社会这一分析，其使用的马克思主义理论来源于尤什科夫（Professor S. V. Yushkov），评论者认为陈翰笙的分析过于简化，只是其中包含着启发性的思想。② 且由于该书出版于 1949 年，距离陈翰笙对云南的调查已过去很久，所以评论者认为其使用的数据应当更新。评论者对中国的情况并不熟悉，错误地认为云南不能代表中国，只是中国的殖民地，可见当时的西方，即使是专业学者，对于中国仍然怀有种种错误观念。柯尔（Allan B. Colel）在为《新疆：中俄内陆边疆》一书所写的书评中，提出陈翰笙参与了该书的写作，其研究的内容包括中国的政治和社会结构，以及中国和俄国革命对新疆的影响等。③ 这本书仍然是陈翰笙与欧文拉铁摩尔及其他学者合作完成的。

20 世纪 50 年代后，随着美国麦卡锡主义的兴起，陈翰笙的名字和著作很少见于学者的论著中，直至 20 世纪七八十年代，陈翰笙的中国问题研究再度成为论者与之争论引证的内容。沃森（James L. Watson）在以广东为例分析中国传统地租问题时，明显受到陈翰笙关于广东农民问题研究的启发，成为其研究的基础。④ 美国学者马若孟（Ramon

---

① Herold J. Wiens, "Frontier Land Systems in Southernmost China: A Comparative Study of Agrarian Problems and Social Organization among the Pai Yi People of Yunnan and the Kamba People of Sikang by Chen Han-Seng", *Geographical Review*, Vol. 39, No. 4 (Oct., 1949).

② E. R. Leach, Review, *Man*, Vol. 49 (Oct., 1949), p. 117.

③ Allan B. Colel, Outer Mongolia and Its International Position by Gerard M. Friters; Eleanor Lattimore; Pivotof Asia, Sinkiang and the Inner Asian Frontiers of China and Russia by Owen Lattimore, *Aacific Historical Review*, Vol. 19, No. 3 (Aug., 1950), pp. 320 – 321.

④ James L. Watson, Hereditary Tenancy and Corporate Landlordism in Traditional China: A Case Study, *Modern Asia Studies*, Vol. 11, No. 2 (1977), pp. 161 – 182.

H. Myers）在其《中国农民经济》（1982 年）中认为，陈翰笙是中国土地问题理论之分配理论的首倡者之一。他承认陈翰笙的著作是关于 20世纪 30 年代中国土地问题的经典作品，但认为陈翰笙的资料和分析是一个时间点的分析，缺少历史根据。马若孟在 1980 年主编的一部文集《现代中国经济》（*The Modern Chinese Economy*）中收入陈翰笙著《工业资本与中国农民》。美国另一位学者托马斯·万斯（Thomas B. Wiens）认为，马若孟试图推翻传统的分配理论的努力是失败的，他对陈翰笙关于烟民调查的研究不能进行有力反驳，陈翰笙提出烟草种植的高劳动力投入问题，在这种劳动力投入的前提下，使得农民在烟草种植中与其他农作物比较获利甚少，马若孟认为陈翰笙未与其他农作物的获利进行比较，这明显是对陈翰笙研究的误读。马若孟认为农民选择种植烟草是因为相较于其他农作物，种植烟草更为获利，这种观点显然也不准确，山东从事烟草种植的农民占比 13%。[①] 米德拉斯基（Manus I. Midlarsky）运用经济学方法来分析大众革命在何种情况下会爆发，他将其原因归结为物质贫乏与不平等，他试图解释为什么革命易于出现在农业为主导的社会中，他认为，在农业社会和工业社会之间存在差别，工业社会相对农业社会而言可以更好地实现平等。在农业社会，土地的不平等是革命出现的一个先导性条件，而人口增长是导致不平等的一个重要因素。工业化程度更高的社会，随着人口的增长及不平等的增长，其稳定可能会出现问题。在对农业社会的论述中，他使用了陈翰笙对中国农村问题的研究成果作为论据。[②]

陈翰笙的中国问题研究是美国学者研究的起点，伍苑芳在 1984 年探讨 20 世纪初期广东开平地区的社会组织时，仍然是从陈翰笙及费孝通的论证出发，即验证他们所提出的一个论点：鸦片战争后广东地区的血缘纽带被破坏，取而代之的是阶级间的对立。伍苑芳得出的结论与陈翰笙和费孝通的结论不同，她认为存在阶级，但是并未出现破坏家族纽带的阶级冲突。证据是没有有组织的阶级斗争出现。[③] 在布兰特（Loren Brandt）1990 年的

① Thomas B. Wiens, Review, *Modern Asian Studies*, Vol. 9, No. 2 (1975), pp. 279 – 288.

② Manus I. Midlarsky, Scarcity and Inequality: Prologue to the Onset of Mass Revolution, *The Journal of Conflict Resolution*, Vol. 26, No. 1 (Mar., 1982), pp. 3 – 38.

③ Yuen-Fong Woon, *Social Organization in South China*, 1911 – 1949: *The Case of the Kuan Lineage in K'ai-p'ing County*. Mich.: University of Michigan, Center for Chinese Studies, 1984.

文章中①，提出与"中国农村派"截然相反的观点，认为 20 世纪早期，中国农村并未出现地权集中的趋势及收入不平衡的增长趋势，作者利用 20 世纪 30 年代"满铁"调查材料作为例证，并认为"中国农村派"的调查并不完善。

关于陈翰笙所研究的帝国主义与殖民地半殖民地之间的经济关系问题，一些新的观点相继被提出。

关于烟草问题的研究，美国学者高家龙（Sherman Cochran）在其代表作《中国的大企业》中，② 引入熊彼得提出的企业家精神，认为是创新精神使旧中国卷烟业中外两大企业英美烟公司和南洋烟草公司在 20 世纪 30 年代中国卷烟工业发展的激烈竞争中能双赢并都有发展。对于以帝国主义和民族主义理论解释近代中国工业的发展提出补充。日本学者坂本雅子在《财阀与帝国主义——三井物产与中国》（徐曼译，社会科学文献出版社 2011 年版）一书中以三井物产为例，分析了财阀在日本发动侵华战争中推波助澜的作用。她探讨了列宁帝国主义理论的适用性问题，认为列宁将帝国主义与资本主义垄断联系起来，而实际上二者在历史进程中存在时段上的错位。作者没有将垄断的形成同帝国主义结合在一起，而认为帝国主义的经济圈扩张的疯狂需求是由工业资本的成熟带来的扩大商品输出市场和获得原材料资源的要求所衍生的。作者认为，攫取殖民地或势力范围的冲动，从世界历史上看，不是从垄断的成立，而是从工业资本的成熟阶段开始的。日本对中国的侵略同其工业资本的成熟是一致的。这类著作的出版为重新廓清陈翰笙在学术研究中所关注的帝国主义问题提供了新视角。陈翰笙以烟草工业为例，深入阐释帝国主义的经济网如何在中国运作，为帝国主义理论进行了现实的注释，陈翰笙、汪熙、张仲礼对于英美烟公司在中国运作的研究是一个统一的学术脉络，从实地调查、理论分析直至进行史料汇编，使后来的研究者可从英美烟公司在华的发展中厘清对帝国主义的

① Loren Brandt, Barbara Sands, Beyond Malthus and Ricardo: Economic Growth, Land Concentration, and Income Distribution in Early Twentieth-Century Rural China, *The Journal of Economic History*, Vol. 50, No. 4 (Dec. , 1990), pp. 807 – 827.

② Sherman Cochran, *Big Business in China: Sino-Foreign Rivalry in the Cigarette Industry*, 1890 – 1930, Cambridge, Mass. and London: Harvard University Press, 1980. 中译本《中国的大企业——烟草工业中的中外竞争（1890—1930）》，樊书华、程麟荪译、张仲礼校，商务印书馆 2001 年版。

认识问题。

三 研究主题与基本观点

本书在回顾陈翰笙生平的同时，梳理并总结了陈翰笙的治学历程与方法，考察他将革命与治学密切联系的学术实践历程，为认识百年来作为共产党员和知识分子的革命者的学术研究之路提供实例。

首先，陈翰笙以学术研究回应中国革命中最重要的理论问题，其理论研究的方法与路径，是中国知识分子探寻中国革命道路的具体例证。从 1925 年陈翰笙在李大钊的介绍下秘密为共产国际工作，至 1935 年陈翰笙在莫斯科将组织关系转入中国共产党，此后陈翰笙一直以秘密共产党员的身份进行社会活动。在共产国际的工作经历既丰富了陈翰笙的革命阅历，又为陈翰笙提供了丰富的理论资源。共产国际内部对于中国革命问题的争论焦点集中在中国社会性质问题，其实质是对于中国革命的动力、前途、方法的争论。陈翰笙进行中国农村调查和以此为基础形成的一系列著作，是以学术研究回应这个重大理论问题的尝试。陈翰笙及"中国农村派"成员提供了左翼知识分子对于中国社会性质问题的认识。对于中国农村经济问题的分析和认识为在中国进行彻底的土地革命做好了理论准备。进而，陈翰笙通过对于印度和巴基斯坦的经济区域研究以及对美国和欧洲等国家帝国主义政策实质的分析，剖析了帝国主义国家和殖民地半殖民国家之间的经济关系网络如何构建。科学性与解释性在陈翰笙的学术研究中同等重要，他应用马克思主义进行的中国农村社会调查和史学研究，没有忽略科学性，也未放弃利用其调查材料或史料对现实和历史进行解释的权利。这为我们理解 20 世纪初期马克思主义在中国的兴起提供了一个微观视角。①

---

① 王汎森在《晚清的政治概念与"新史学"》一文中提出：近代中国史学经历过三次革命，三次的内容都非常繁复，不过也可以找出几个重心。第一次史学革命是以梁启超（1873—1929）的《新史学》为主，它的重心是重新厘定"什么是历史"；第二次革命以胡适（1891—1962）所提倡的整理国故运动及傅斯年（1896—1950）在"中研院"历史语言所所开展的事业为主，重心是"如何研究历史"；第三次革命是马克思主义史学的勃兴，重心是"怎样解释历史"。见《近代中国史家与史学》，复旦大学出版社 2010 年。如果按照此种界说，陈翰笙的学术研究恰是马克思主义在中国兴起的一个个例，其独特之处在于：将马克思主义作为一种方法，不仅影响中国史学发展，而且影响中国社会学的发展；陈翰笙所力求做到的不仅是以马克思主义解释历史，更确切的是要以马克思主义认识现实。

其次，陈翰笙的受教育背景和学术历程使其能够在学术研究方法上不拘于一隅，而兼收并蓄，将多种方法融于一体。他在社会活动中交游广泛，最大限度地团结革命力量，具有革命者的恢宏气度。陈翰笙自1915年远赴美国，至1924年在德国柏林大学学成回国，在十年间受到西方历史学训练，彼时西方历史学的社会科学化已经成为显著趋势，陈翰笙能够娴熟运用其方法进行历史问题研究，对于韦伯、涂尔干等社会学家的著作也多有涉猎。1925年之后，陈翰笙广泛阅读马克思、列宁、考茨基、杜博洛夫斯基等人的著作，领略其研究方法，但对瓦尔加、马季亚尔等人对于中国问题的认识不甚认同。至1935年赴美国太平洋学会任职，他同西方中国问题研究者有密切的学术交流与合作，同史沫特莱、斯诺、斯特朗有密切交往。他研究中国农村经济问题和中国社会问题，以及印度和巴基斯坦经济问题，其方法是多元的，将西方的社会科学研究方法和马克思主义的方法相融合，能够从宏观视角审视帝国主义国家与殖民地半殖民地国家关系问题。陈翰笙在社会活动中与爱国民主人士、各种乡村研究团体、美国的中国问题研究者、印度历史学者等形形色色各种人士广泛交往，充分发挥自身影响力，为革命贡献力量。

最后，陈翰笙及"中国农村派"主要成员将治学和现实问题相联系，是百年以来中国共产党中知识分子党员寻求中国发展道路的写照。陈翰笙和"中国农村派"成员，在大革命失败后的白色恐怖中，团结能够团结的爱国民主力量，积极进行中国农村经济问题研究，成立"中国农村经济研究会"，出版《中国农村》等杂志。对于当时进行农村问题研究的其他团体既斗争又合作，宣传左翼思想。虽然历经国民党当局的封禁、日本侵华战争的战乱和国内政治局势的动荡，这个左翼团体的成员坚持发声，以各种方式坚持进行中国农村问题的研究，讨论中国社会现实问题并宣传左翼知识分子对这些问题的认识。他们所坚守的是一条思想战线。陈翰笙无论身处日本、苏联、印度还是美国，始终关注国内政治局势的变化并发表观点，以公开的左翼学者身份指明国民党作为垄断集团的实质，这仍是在坚守思想战线。中华人民共和国成立后，陈翰笙将治学精力转向历史学研究，其他"中国农村派"成员，如薛暮桥、孙冶方、吴觉农、孙晓村等人以马克思主义经济学家的身份在学术界仍具有持续的影响力。这是中国共产党人在革命的锻炼中不断成长的真实写照。

由此，研究陈翰笙对于理解近百年前中国共产党的历史，尤其是中国共产党早期知识分子了解中国社会基本矛盾、进行深入的农村基层调查研究、认识世界、学习先进的马克思主义理论、探索中国社会发展道路有深刻启示。

第一章　陈翰笙的人生历程

陈翰笙拥有漫长的人生历程，他见证了中国从封建王朝走向共和国，从保守落后走向开放进取，从积贫积弱走向富强民主的历程。个人的命运与国家的命运紧密相连，他是一个探索者和积极参与者，尽己所能推动社会的进步。他是一个坚毅的革命者，是一个睿智的学者，是一个有胸襟的社会活动家，是一个有教无类的教育家。他是 20 世纪中国重要的马克思主义理论家之一，从他身上可以领略那一代中国知识分子的风骨和精神。他的选择和作为丰富了人们对于知识分子参与社会革命的理解和认知。作为历史人物，陈翰笙渐行渐远，在波澜壮阔的历史洪流中，化为一缕烟尘。他曾经的所作所为、所思所想，渐渐湮没在纷繁众多的历史线索中，等待史家去发掘和解答。他的命运与时代的脉搏紧密交织，认识他则必须了解时代的特质；他的经历又如此跌宕起伏，使得观察者要时刻集中精神廓清他若隐若现的历史踪迹。

第一节　接受良好教育及回国从教

一　东林书声与明德风气

陈翰笙本名陈枢，小名翰生。1897 年 2 月 5 日，出生于江苏省无锡县东门城头弄陈家。无锡历史文化底蕴厚重，人才辈出，陈翰笙的祖父陈志初是清朝秀才，祖母姓温，共育有四子四女，陈翰笙的父亲是家中第四子，名陈濬，号觉先、菊轩。陈父继承家学，考中秀才，后又入江阴南菁书院、江南高等学堂、南京陆师学堂就读，在辛亥革命中支持革命党人，投身湖南革命军，为陈翰笙作出表率。陈母姓顾，出生于无锡富商之家，个性刚强，为人心地善良，对陈翰笙的脾气、性格和道德观念影响至深。陈家家族和睦，陈母勤劳能干，为陈翰笙的成长提供了安定的环境。

　　有了家族与父母的庇佑，虽身处于中国社会由传统帝制崩溃带来的动荡与变乱中，陈翰笙却度过一个十分美好的童年与少年时代，并接受良好的教育。陈翰笙是家中长子，父严母慈，都十分重视对他的教育。1903 年，入东林小学读书，校长是顾倬如，位于东林书院旧址，是明代东林党人聚会、讲学的地方。据《无锡县志》记载，无锡书院始于宋代。北宋名士杨时（龟山）曾讲学城东弓河上（今东林小学校址），后在其讲学处建东林书院（又名龟山书院），为无锡书院之始。元至正（1341—1368）年间废为僧庐。明万历三十二年（1604），由顾宪成、顾允成兄弟在原址重建。顾宪成殁，高攀龙继其主事，前后 8 年，盛极一时。讲学之余，兼及朝政，在明儒中独树一帜。一时"远近明贤，同声相应，天下学者咸以东林为归"。[①] 阉党魏忠贤等以"东林党"为口实加以陷害，天启六年（1626）书院被毁。以后几经重建，但影响已远不及顾、高之时。东林书院最后一任主讲是会元陶世凤。光绪二十七年（1901），清政府令全国书院改为学堂。翌年，东林书院改为东林学堂，其他书院也相继改为学堂。

　　光绪二十四年（1898）正月，举人杨模创设竢实学堂于连元街上寿禅院，是无锡县和江苏省开办学堂之始，也是全国创办最早的高等小学之一。同年 9 月，俞复、吴稚晖、丁宝书、杜嗣程、曹铨等人得到裘廷梁赞助，于崇安寺西方殿创办三等学堂。这两所学堂的创建，比清廷下诏"废科举、办新学"要早 7 年。光绪二十六年（1900），北坊前倪氏义庄开办承志学堂，南方泉王星陛开办养正学堂，是无锡县乡区开办学堂之始。光绪二十八年（1902），东林书院改成东林学堂。[②] 无锡学堂仿日本寻常小学，有修身、读书、作文、习字、数学等科。东林小学注重对学生的生活习惯和道德品质的培养，讲究修身立德，良好的启蒙教育为陈翰笙一生的良好习惯和品德奠定了基础。

　　1909 年，陈翰笙随父赴湖南，考入长沙明德中学读书。明德中学校长胡元倓，是该校的创办人，另一位创办人为黄兴，两人都学成于日本东京弘文书院。他们相信要使国家富强，最重要的是人人具有国民之资格，自立于生存竞争之世，从教授国民知识开始。胡元倓为明德中学

---

① 谈汗人：《无锡县志》，上海社会科学出版社 1994 年版，第 791 页。
② 谈汗人：《无锡县志》，上海社会科学出版社 1994 年版，第 793 页。

广聘名师，该校充满革命气氛。黄兴教授中学的历史、体操和小学地理、博物等课程，常宣传革命思想。南社诗人傅熊湘①讲授历史课程深深感染了陈翰笙，使他充满爱国情怀。从父辈的切身实践到师长的教诲，使得陈翰笙在少年时就受到革命精神的熏陶，虽然此时他对革命的认识还十分懵懂，但革命者追求社会进步的高尚情操陶冶了他的心灵。

1911 年，陈翰笙赴北京考清华学堂留美预备生，未被录取。在北京投奔陈母的堂姐妹陆夫人，② 其夫陆澄宙，其子陆定一③只有五岁，并结识金岳树、金岳霖两兄弟。9 月，陈翰笙离开北京回到长沙，恰逢辛亥革命爆发。陈翰笙的父亲被湖南军政府任命为标统，派驻岳州，后又奉命去临湘，准备支援武汉。后革命形势恶化，陈父辞职，携家眷回无锡小住。后又回长沙，陈父历任黔阳、泸溪、龙山、湘阴、芷江县官。④

1912 年，陈翰笙入长沙雅礼学校读高中，这是美国耶鲁大学创办的学校，宣扬"以教育兴国、以科技强国"的理念，促使陈翰笙立志以科学救国，来自美国的历史教师钱伯斯·埃勒对陈翰笙有积极影响。学校将基督教青年会（YMCA）的活动引入长沙，陈翰笙在青年会组织的各种宣传和讲座中对美国有更多的了解，他人生的机遇和转折与基督教青年会⑤联系起来。1914 年，陈翰笙与同学在长沙基督教青年会听到美国化学教授罗伯特先生在演讲中介绍美国的金山橙，萌生去美国学习的念头。

---

① 傅熊湘（1883—1930），字文渠，又字君剑、纯根，湖南醴陵人，中国同盟会会员，南社诗人，日本留学生。

② 陆夫人姓顾，陈母也姓顾，顾姓是无锡大姓，二人同族。见荒坪《我的外公陆定一》，广东人民出版社 2004 年版，第 72 页。

③ 陆定一（1906—1996），江苏省无锡人，中国无产阶级革命家。1925 年加入中国共产党，1927 年起担任共青团中央宣传部长、共青团驻青年共产国际代表。长征时，在红军第一方面军"红章"纵队政治宣传部工作，后任红军总政治部宣传部长。中华人民共和国成立后，任中共中央宣传部部长、国务院总理、中央书记处书记、文化部部长、全国政协副主席。是第八届中共中央政治局候补委员，第十一届中央委员，第十二、十三届中顾委常委。

④ 据《芷江县志》，民国元年（1912）改县署为知事公署，知县改称县知事。1992—1924 年县知事为陈浚，陈翰笙在《四个时代的我·陈翰笙回忆录》中称父亲为陈瀋，"瀋"同"浚"，其父任职的职位是知县。芷江侗族自治县县志编纂委员会《芷江县志》，生活·读书·新知三联书店 1993 年版，第 430—431 页。

⑤ 1902 年 2 月，在华的耶鲁学士引入基督教青年会（YMCA）的活动，组织成员到长沙街头演讲、宣传，不是传教和布道，而是通过演讲陶冶情操、传播知识。

陈父不同意其留美，希望在国内大学毕业后申请公费留美资格。陈翰笙以绝食相抗，最终是陈母允其赴美，并变卖嫁妆为其筹措路费。

二 远渡重洋负笈求学

经过钱伯斯·埃勒的介绍和基督教青年会的联系，陈翰笙于1915年秋赴美，入马萨诸塞州赫门工读学校学习一年。在少年陈枢眼中，自己从中国到美国，"不仅跨过了一个太平洋，而且跨越了整整一个历史时代——从一个等级森严、思想禁锢、毫无民主自由可言的半封建半殖民地社会，进入了一个注重科学、讲究自由民主、平等博爱的资本主义国家"。[①] 与当时考取公费留美的中国学生不同，陈翰笙是自费留美。他的母亲卖掉陪嫁的首饰才凑足路费，他一直勤工俭学，做各种力所能及的工作以赚取生活费用，这使他有机会接触美国社会各个阶层的成员。

1916年，在钱伯斯·埃勒的指引下，陈翰笙考入加州的波莫纳大学（Pomona College，又称波姆那大学）[②]。波莫纳大学是包含文理两个学院的著名大学，对学生要求严格。陈翰笙怀抱科学救国思想赴美学习，他最初在大学选择的专业围绕这一理想，先学习植物学，继而选择地质学。但是因为他视力不佳，难以有所造诣，转而投于美国著名历史学家卫斯特加德教授（Dr. Westergard）门下学习历史学。这位教授对远涉重洋而来的中国学生多有关爱，常为陈翰笙找批改卷子的工作，以得些报酬补助。

陈翰笙成绩优异，1920年夏季毕业时名列70名毕业生中的第三名，被纳为菲尔培塔凯巴协会会员并获赠金钥匙。该会成立于1776年，是全国性的荣誉学会[③]。因其英文成绩好，任校报《学生周刊》编辑，并且学习了德文和法文。

陈翰笙在波莫纳大学读书的中国同学包括李景汉[④]、陈逵、曹修干、

---

① 陈翰笙：《四个时代的我·陈翰笙回忆录》，中央文史出版社2012年版，第16页。

② 波莫纳大学（Pomona College），创建于1887年，在美国加利福尼亚州克莱蒙特市，是一所文理学院。《何廉回忆录》中将其译为"波姆那大学"。

③ 费筱墨在《我所知道的陈翰笙先生》一文中对其母亲回忆的记述，其母亲焦墨筠是陈翰笙在波莫纳大学读书时的同学。该文收录于张椿年、陆国俊主编《陈翰笙百岁华诞集》，中国社会科学出版社1998年版，第165—167页。

④ 李景汉（1895—1986），北京人，著名社会学家，1917年赴美，1924年回国，任北平社会调查所干事，著有《定县社会概况调查》。

何廉①、邱昌渭②、焦墨筠六人。他与焦墨筠感情甚笃，但因焦墨筠需要找一个信仰基督教的丈夫，二人仅为终生的好友。他在波莫纳大学的生活，从何廉的回忆中不难窥得。

8 月间的一天，我们一大早在旧金山上岸……

我站在旧金山码头上，正在观览景色，突然间感觉到有人站在我背后。我转过身发现是位老朋友，也是我在雅礼学校时的老同学陈翰笙。他于 1917 年就去波姆那学院（Pomana college）学习，我已两年没见过他了，没想到他在旧金山，真是惊喜交集。原来，他正在海湾那面的伯克利读暑季学校，在旧金山中文报纸上看到我即将来美的消息，便到码头来接我，并且邀我一起跟他盘桓几天。我向亨克豪斯说明情况，于是我们俩，还有另一个来自中国雅礼学校的学生邱昌渭，提着我们仅有的一点行李——中国手提箱向伯克利出发了。

…………

车上我惊奇地发现陈先生与售票员招呼的态度那么友好，便问他："你们是朋友吗?""不是"他说。

…………

他回答说，实际上在这个国家，只要你讲的是他们的语言并能沟通意思，人们都会报以友好。熟悉他们并友好相处是并不困难的。

…………

我们跟陈先生住了约一个星期。我对他说，我是上密苏里的派克学院上学去的，他马上劝我改变主意，转到波姆那去。……他最能说服人的一条是波姆那的学术水平比派克高。于是我就几乎没有犹豫地接受了他的建议，邱昌渭也跟着我一起改变了计划。在一个

---

① 何廉（1895—1975），湖南邵阳人，著名经济学家，1919 年赴美，1926 年回国，在南开大学任教并成立南开大学社会经济研究委员会（南开大学经济研究所前身），1936 年开始出任国民党政府职务（曾任经济部常务次长、经济部农本局总经理、资源委员会代理主任、国民党中央设计局副秘书长等，1948 年出任南开大学代理校长）。

② 邱昌渭（1989—1956），湖南芷江人，1919 年赴美，回国先后出任东北大学、北京大学、清华大学、中山大学等学校教授。1931 年起出任国民党政府职务，1949 年 6 月 24 日出任总统府秘书，后赴台湾。

星期的时间里，陈先生代我们写信给波姆那学院录取处的负责人霍默·罗宾斯（Homer Robins）先生，等待回音。我们得到了准许入学的答复，便离开伯克利。……我买了一台打字机……陈先生说：你这是干什么，这样你就没有多少钱可用于在这里开始生活了。

…………

在伯克利的时候，我还和当时中国的外交形势有过短暂的接触。陈先生带我去听伍朝枢（后曾出任外交部长）的讲话。他曾和王正廷一起作为中国南方孙逸仙政府的代表出席巴黎和会。他到伯克利向学生演讲，当时我正好在那里。他的演讲大部分谈了巴黎和会的主要情况。我对他的演说倒没有什么强烈的反应，而那位政治上很活跃、甚至写些政论文章公开发表的陈先生，对这次演讲就非常关心。

一星期后，陈先生将我和邱先生送到火车站。①

这位陈先生，乐于助人、生活节俭、关心祖国命运，美国的生活和教育，使其脱去少年稚气，满怀建设祖国的理想。陈翰笙虽然关心政治，但是并未想要投身于政治，他关心的是祖国的命运。他此时或许还未能明了政治和革命之间的关系，但是，此后所选择的道路远非成为政治家，而是一个隐蔽的革命家。

1920 年夏，卫斯特加德教授推荐陈翰笙入芝加哥大学研究院做助教。其在芝加哥大学选学三门课，美国宪法史、古代埃及史和俄文。陈翰笙自述学习俄文的缘由，是希望亲睹发生了十月革命的国家。此时的青年陈枢，还未曾想到自己将投身于中国的革命事业，并在理论上厘清共产国际的革命理论与中国社会现实间的关系。对美国宪法史的学习启发陈翰笙去寻找中国和美国的不同，虽然两国同样有宪法，却是完全不同的社会。陈翰笙曾在文章中回忆这段学习经历：我曾在美国芝加哥大学研究院里当过助理。那时我的先生麦克洛夫林是美国宪法史的权威。因我反对他的司法权是至高无上的学说，常和他争辩。他不喜欢我。学年终了时他就对我说，"你在这里学不到什么了，下学年请考虑到别处

---

① 何廉：《何廉回忆录》，朱佑慈、杨大宁、胡隆昶、王文钧、俞振基译，中国文史出版社 1988 年版，第 20—23 页。

去罢。"我只得离开那里，转到别的大学研究院。① 陈翰笙晚年时，他的亲属赴美国学习，他仍嘱咐其选修美国宪法史。1921 年，陈翰笙完成论文《茶叶出口与中国内地商业的发展》，论述南京条约后，五个通商口岸的开放对中国经济有什么影响，以此文获得硕士学位。

陈翰笙在芝加哥大学结识了高仁山②和查良钊③，经过二人的介绍加入新中学会，并结识了何思源④。陈翰笙参加了芝加哥的中国学生组织的"中国留美同学会"，任秘书，负责编辑该会的《中国留学生季刊》。1921 年，中国派代表团参加华盛顿会议，代表团成员包括驻美大使施肇基、驻英大使顾维钧和王宠惠。中国留美学生成立"中国留美学生华盛顿会议后援会"，何思源、童冠贤、罗家伦、吴之椿、陈翰笙、查良钊、段锡朋⑤等作为"中国留美同学会"的代表在华盛顿见到中国代表团，劝他们不要在丧权辱国的条约上签字，未果。

1921 年冬，陈翰笙与顾淑型结婚，淑型的父亲是顾枚良⑥，陈翰笙在赴北京考试时曾拜见他，此时已去世。顾淑型尚有姐姐名淑礼，淑型赴美国勤工俭学，通过焦墨筠结识了陈翰笙，二人原为同乡，乡音相通，一见如故，结为百年之好。陈翰笙成婚时仍名为陈枢，因发现《华侨日报》上

---

① 陈翰笙：《资本主义国家的民主和自由》，《民主与自由》，中国青年出版社 1957 年版，第 128—140 页。

② 高仁山（1894—1928），江苏省江阴县人，先后赴日本和美国留学，1923 年回国后任北京大学教育系教授兼系主任、北平艺文中学校长。1925 年 6 月在北京大学参加革命，是第一次国共合作时期国民党北京党部负责人之一，1927 年任"北方国民党左派大联盟"主席，1927 年 9 月 28 日被捕，1928 年 1 月 15 日在北京天桥被奉系军阀张作霖杀害。

③ 查良钊（1897—1982），1918 年赴美，先后在芝加哥大学和哥伦比亚大学学习，回国后任北京师范大学教授兼教务长、河南大学校长、河南省教育厅厅长。

④ 何思源（1896—1982），山东菏泽人，著名教育家，1915 年入京师大学堂，积极参加新文化运动和五四运动，1919 年考取官费留学赴美入芝加哥大学，1923 年入柏林大学，1926 年回国，任中山大学教授，1926 年起出任国民党政府职务，1949 年任北平市和平谈判首席代表，为促进北平的和平解放积极奔走。

⑤ 段锡朋（1896—1948），江西永新人，1916 年入北京大学政法科学习，1918 年创办《国民》杂志，1919 年五四运动中被选为中国学生联合会第一任主席。后赴哥伦比亚大学、伦敦大学、柏林大学、巴黎大学学习，回国后任武昌大学历史教授、广东大学历史系主任。1930 年起任国民党政府教育部次长、南京国立中央大学代理校长、中央训练团教育委员会主席、国民党中央执行委员。

⑥ 顾栋臣（1869—1913），字枚良，明代东林党人顾宪成的后裔，1909 年满清两江总督端方到无锡访问东林书院遗迹，找顾宪成、高攀龙的后代，找到顾栋臣，将其推荐给湖南籍军机大臣瞿洪矶，任其子家庭教师。顾栋臣在北京创办"译学馆"（后改为"京师大学"，北京大学前身），曾协助张伯苓创办南开大学。

有与他同名者登广告请求大家捐助，乃改名为陈翰笙。

1922 年年初，陈翰笙携顾淑型赴波士顿，陈翰笙进哈佛大学学习，选修俄文和欧洲史。顾淑型外出做工或帮人料理家务。此时德国"一战"后通货膨胀，马克贬值，陈翰笙得到哈佛大学的奖学金约 2000 美金，若去柏林可以依靠这笔钱完成学业。二人遂于此年赴柏林。此时柏林的中国留学生甚多，包括傅斯年、陈寅恪、赵元任、何思源等，赵元任夫人杨步伟在其回忆录中对柏林的留学生情况有所记述。

陈翰笙在柏林大学东欧史地研究所工读，顾淑型攻读德文。陈翰笙在柏林大学听世界经济的讲座，主讲人是茹巴特。这对其日后治学影响深远。他于 1924 年完成博士学位论文，题目为《1911 年瓜分阿尔巴尼亚的伦敦使节会议》。至此，陈翰笙在日后从事学术研究的方法论框架初步形成。他学习使用多种语言、历史地看待现实问题、运用多学科的方法研究现实问题、在社会研究中注重经济分析。在接受西式高等教育过程中，这些因素逐渐会聚，为陈翰笙日后独具一格的研究方法奠定了基础。

三 回国至北京大学任教

1924 年，蔡元培先生托人邀请陈翰笙回国，到北京大学任教。陈翰笙欣然接受，携顾淑型回到祖国。去国离乡十载，当初立志科学报国的少年，已成为学有专长的知识分子，年仅 27 岁，成为北大最年轻的教授。此时的中国已经历五四运动、中国共产党成立及第一次国共合作。大革命风起云涌，中国社会在演进中历经新旧思潮的冲突与交融，革命成为时代的主题。蔡元培先生自 1917 年任北京大学校长，他对秉持各种学术思想和治学方法的知识分子能够兼容并蓄，推动北大的学术争鸣和学术繁荣。五四运动以来的各种学术争鸣与政治抗争，培育了知识分子和学生浓厚的革命意识，内忧外患的局势使得政见不同的知识分子具有兼济天下的情怀。

中国社会、中国的革命理念、中国的文化观念，在这十年间已发生翻天覆地的变化，只有跟上这潮流，才能赶上时代之步伐，反之，则堕入保守和落后中去。1924 年冬天，陈翰笙到湖南醴陵拜访当年给他莫大启发的老师傅熊湘，见面却是无话可谈，因为这位老师当时已是湖南军阀赵恒惕的秘书，在当时的革命形势下，让陈翰笙深感老师已放弃当年救国的理想而"堕落"了。

当时北京大学教师间存在派系之争。分为两派，一派是英、美、德留学生，以胡适为首，另一派是日、法留学生，以李石曾为首。陈翰笙未耽于以留学背景衡量敌友的派系之争，仍不免受争斗的影响。

第一件事是在北京大学任教时受到排挤。

历史系的主任朱希祖是日法派，他在学校评议会上提供了一张名单，是陈翰笙教授的学生，联名提出陈翰笙不适合在北大讲课。最后，是李大钊出面，请周鲠生聘请陈翰笙到法律系讲授美国宪法史，才解除危机。后来，陈翰笙又受邀在北京师范大学、北京女子师范大学、燕京大学授课。此外，陈翰笙夫妇参加北京艺文中学的筹办，该中学的校长为赵迺传，校董由查良钊、高仁山、陈翰笙、王宣、胡适、马约和薛培元担任。[①] 顾淑型任教务长并兼授英文课，学校试行美国的"道尔顿制"教学法。

陈翰笙为史学系同学开设了"欧美通史""欧洲中古史""欧美近代史""欧美史学史"等课程。他特别强调史学的趣味性，曾对学生说："我以为，史学无论是教的或是学的，都应该有一个趣味。倘使教者自己没有趣味，就不能令学生明白，而教历史的责任，务必使学生明白过去人类进化的痕迹，倘使教者不能达到这个目的，试问还有什么用处。所以，趣味一样东西不能不注意。"[②]

陈翰笙的"欧美史学史"课程是接替李大钊开设，他在课堂上以介绍肖特韦尔（J. T. Shotwell）、古奇（G. P. Gooch）、富特（E. Fueter）、里特（M. Ritter）等人著作为主，阐释欧美史学发达之经过与史学思想之变迁，且对当代西方史学社团之概况、各种流行的史学杂志亦多有介绍。以如下著作为教本：肖特维尔的《西洋史学史》英文本，古奇的《十九世纪史学和史家》英文本，富特的《近代史学史》法文本，里特

---

① 1925 年 8 月 2 日、4 日、6 日、9 日、10 日《晨报》刊登的《北京艺文中学校招生》广告中，校长为赵迺传，校址为北京灯市口中间路南，至 1926 年 2 月 5 日《晨报》刊登《艺文中学校招考初中一年级男女》广告，校长为高仁山，校董成员无变化。此后，1926 年 2 月 6 日、7 日、19 日、20 日、22 日、25 日《晨报》皆刊登艺文学校招生广告。

② 《史学系四年级师生联欢会纪事》，《北京大学日刊》第 1723 号，1925 年 6 月 18 日。转引自李孝迁《德国伯伦汉史学东传考论》，《史学月刊》2009 年第 2 期。

的《历史科学的进化》德文本。①

第二件事是被卷入鲁迅与"现代评论派"之争。

陈翰笙兼任《现代评论》编辑工作，经常在刊物上发文（1925—1927 年在该杂志上发表 50 余篇文章），被鲁迅视为"现代评论派"之成员。实不知，陈翰笙仅是"形式"上的"现代评论派"，而精神上是既独立又自有追求的。所谓"形式"上的，即从欧美归来，在《现代评论》上发文，符合当时对于"现代评论派"的一般认知。陈翰笙却不卷入学术攻讦，仅以文章点评时事。②鲁迅与陈西滢论战、与顾颉刚相争，把矛头对准所有他所划定的"现代评论派"成员。1926 年 1 月 18 日，鲁迅在《语丝》周刊第 62 期发表《杂论管闲事、做学问、灰色等》，并在文章中称其"他'家翰笙'"，公开点名对其进行批评。③

其事起因为《北京大学日刊》曾于 1925 年 6 月 12 日发表《十四年六月十一日北大教职员沪案后援会干事报告》，其中有这样几项内容："（丙）请陈源、张歆海、颜任光、胡适、陶孟和专作文章寄送英美。（交文书股讨论）（丁）请陈源、周览、王世杰、颜任光起草电复柏林知识劳动联合会代表之宣言，电稿提出文书股审查，（交文书股讨论）（戊）对于解决沪案条件，由文书股派人调查研究后，起草提交外交

---

① 《国立北京大学史学系课程指导书》（1924—1925 年），第 4—5 页。转引自李孝迁《德国伯伦汉史学东传考论》，该文的另一个关于陈翰笙在北大教书时的线索，李树峻（别号子刚，山东昌邑人）在北平师大史地研究科读书的时候，陈翰笙向他介绍了美国弗领（F. M. Fling）的《历史研究法》（*The Writing of History*: *An Introduction to Historical Method*），李树峻译，北平立达书局 1933 年版。这本书，他读了很感兴趣，复有翻译之念。又经常听陈垣的"史源学实习"，讲论史法与弗领往往不谋而合，且陈垣又鼓励他翻译此书。译成之后又请陈垣、陆懋德审阅，最后又经胡适校订。李树峻译刊弗领之书，大半缘于诸位师长的指示和鼓励，这也说明了这批史学大家都非常重视史学方法的训练。

② 陈翰笙回忆为《现代评论》供稿的知识分子政治背景十分复杂，包括王世杰、彭学沛、燕树棠、周鲠生、高一涵、丁西林、李四光、陈源、钱端升等。见马光裕整理《陈翰笙谈〈现代评论〉周刊》，《中国现代文学研究丛刊》，1990 年 7 月 2 日。

③ 鲁迅：《杂论管闲事，做学问，灰色等》，《语丝》1926 年第 62 期。文中论及陈翰笙，称"他'家翰笙'"，我现在才知道南池子的"政治学会图书馆"去年"因为时局的关系，借书的成绩长进了三至七倍"，但"他'家翰笙'"却还"用'平时不烧香，临时抱佛脚'十个字形容当今学术界大部分的状况。"这很改正了我许多误解。我先已说过，现在的留学生是多多，多多了，但我总疑心他们大部分是在外国租了房子，关起门来炖牛肉吃的，而且在东京实在也看见过。

部。（交文书股讨论）（已）请袁同礼、张歆海、陈源、陈翰笙担任搜集关于沪案的材料，分寄各国（交文书股讨论）。"[1] 陈翰笙和陈源等人，实际上是受北大教职员沪案后援会的委托，为声援发生在上海的"五卅"惨案到北京政治学会图书馆查阅英文资料的。陈翰笙为此写《临时抱佛脚》一文，发表在《现代评论》第 53 期，以自嘲的方式论学术界研究的浮躁，事到临头才到图书馆查阅资料，而不能坚持就某个主题进行研究。陈翰笙又担任《北新周刊》编辑，鲁迅继而疑心"现代派"侵入北新，在给友人信中多次提及。[2] 而陈翰笙无意于争夺学术影响力或谋取官职，其中的误会直至中国民权保障同盟时期二人见面才消除。

这一时期，陈翰笙仍然面向西方，文章所关注的问题是当时的国际热点问题，视野开阔，反对帝国主义、谴责资本主义对劳工的剥削、反对军阀独裁等是贯穿其文章的主要观点。与友人尝试新的教学方法、以文章表达政治观点，这与其他学者为人治学的道路并无差异。陈翰笙从最初支持社会主义到转向革命，这个过程是隐蔽的，只能通过回忆录中记述的经历和文章观点的转变探寻其原因。

四 与李大钊成为革命同路人

促使陈翰笙成为一个革命者的重要因素有两个，第一个是与李大钊的相识，使其转向马克思主义并为共产国际工作；第二个是亲历"三一八"惨案，使其亲身感受到革命的残酷，认识到必须以坚毅的行动而非妥协或合作才能够成事。

陈翰笙在北大结识了李大钊，关于如何结识李大钊，陈翰笙提供了两种回忆，其时间线索截然相反，在《杰出的共产主义战士》一文中，"我多年生活在资本主义国家里，我到北大授课时，脑子里没有半点马列主义思想。幸好我当时遇见在北京教授俄文的俄专苏联人格里涅维奇，在他那里看了马克思的《资本论》，常常同他谈到深夜，讨论一些时事和经济问题，他给我很大启发。经过他的介绍，我又认识了苏联驻北京使馆的经济参赞康托洛维奇。我们三人常常讨论历史问题，他们劝

---

[1] 张耀杰：《北大教授——政学两届人和事》，文汇出版社 2008 年版，第 271 页。
[2] 郭汾阳：《"北新书屋"与并非"现代派"的陈翰笙》，《鲁迅研究月刊》，1999 年 7 月。

我去认识李大钊同志，不久经于树德①介绍认识了他"。② 在《四个时代的我·陈翰笙回忆录》中，陈翰笙给出完全相反的时间线索，他和高仁山一起去找李大钊，时间是 1925 年，李大钊"介绍我与苏联驻华大使加拉罕相识。加拉罕又将我介绍给大使馆文化参赞加托诺维奇……后来，我又结识了俄专教师格里涅维奇"。③ 这两条时间线索完全相反，④ 可以确定的是，在 1925—1926 年，陈翰笙结识了李大钊、加拉罕、康托诺维奇、格里涅维奇，但是时间先后不确定。苏联驻华大使加拉罕⑤ 要求陈翰笙为第三国际工作。康托诺维奇将俄国十月革命的详细情况介绍给陈翰笙，并介绍他为共产国际的机关刊物《国际新闻通讯》供稿。这份刊物设立于德国，是英文刊物，陈翰笙围绕"五卅运动""三一八"惨案、北伐战争、"四一二"反革命政变等时事，将中国革命的情况介绍给共产国际，共写稿 54 篇。目前可以见到的陈翰笙最早为《国际新闻通讯》写的文章《不许干涉中国》发表时间是 1925 年 8 月 6 日，陈翰笙结识康托诺维奇的时间应该在此文章之前。

结识李大钊对陈翰笙一生治学及从事革命运动有重要影响。在学术研究上，李大钊对唯物史观十分推崇，并强调运用马克思主义方法对社会进行研究，提倡社会学研究方法。陈翰笙对《资本论》的研读和日

---

① 于树德（1894—1982）字永滋，河北静海人，早年曾加入同盟会，1911 年参加辛亥革命，后入天津北洋政法学堂读书，加入新中学会，是李大钊同学，1918 年赴日留学，1922 年经李大钊介绍加入中国共产党。

② 陈翰笙：《杰出的共产主义战士》，汪熙、杨小佛主编《陈翰笙文集》，复旦大学出版社 1985 年版，第 455—456 页。

③ 陈翰笙：《四个时代的我·陈翰笙回忆录》，中国文史出版社 2012 年版，第 33 页。

④ 史健霞在《陈翰笙早期在北京的革命活动》一文中采取陈翰笙先认识李大钊，1926 年经李大钊介绍认识加拉罕，经加拉罕介绍认识加托诺维奇和格里涅维奇的时间线索。见张椿年、陆国俊主编《陈翰笙百岁华诞集》，中国社会科学出版社 1998 年版，第 57—64 页。

⑤ 加拉罕（1889—1937），列夫·米哈伊洛维奇·加拉罕，苏联外交家，亚美尼亚人。幼年时随家人迁居哈尔滨，1910—1915 年入彼得格勒大学法学系学习。1917 年二月革命后被选为全俄第一届工农兵代表苏维埃主席团委员和书记。十月革命时，担任革命军事委员会委员。1918 年任副外交人民委员，参与筹备 1919 年 3 月共产国际成立大会。1919 年 7 月发表《苏俄第一次对华宣言》，宣布废除帝俄与中国签订的一切不平等条约。1920 年 9 月，发表第二次对华宣言。1921 年出任苏联驻波兰大使，1923 年 9 月赴华，身份是苏俄外交使团团长，发表第三次对华宣言。1924 年 5 月，与北洋政府外交总长顾维钧签订《中苏解决悬案大纲协定》及《中俄暂行管理中东铁路协定》。出任苏联首任驻华大使。1926 年 8 月撤离中国，1934 年任苏联驻土耳其大使。1937 年苏联肃反扩大化时遭到逮捕并被处死。1956 年 2 月被平反恢复名誉。

后采取社会学方法进行中国农村研究，其理论和方法的准备在这一时期至为关键，他的论著已转向使用马克思主义方法。陈翰笙从俄国师专教师彼得·格里涅维奇处得到俄文版及英文版《资本论》，二人常常就相关章节的内容进行详细讨论，并介绍王寅生为格里涅维奇讲授《文献通史》的经济部分。李大钊嘱咐陈翰笙学习有关十月革命的著述，陈翰笙写成《俄国历史的研究》一文，发表在北京大学《社会科学季刊》第四卷上。

在从事革命事业方面，李大钊是陈翰笙最早的领路人。当时中国共产党的北方区委和北京党组织指挥革命的中心活动地点在沙滩红楼，陈翰笙希望加入中国共产党，当时是国共合作时期，李大钊建议其先加入国民党。1925年，经李大钊和于树德介绍，陈翰笙和高仁山加入国民党。

1925年孙中山去世后，国民党内部派系斗争加剧，但对共产党的敌视和排斥是一致的。陈翰笙同当时的革命者相近，最初都以参加学生游行、发动工人罢工等方式寻求社会变革。五卅惨案后，李大钊派陈翰笙赴上海准备运动租界里的印度巡捕罢工，他募捐到30万元，与预计花费70万元有差距，没有成功，他在商务印书馆见到了陈云和李立三。

1925年秋天，美国记者安娜·路易斯·斯特朗经过西伯利亚铁路进入中国，途经哈尔滨到达北京，在北京大学进行演讲时与陈翰笙结识。演讲内容是俄国革命的新成就。[1]

陈翰笙和顾淑型均支持学生运动，1926年3月18日，他们亲历了"三一八"惨案，陈翰笙写成《三月十八日惨案目击记》发表在《现代评论》上，顾淑型用照相机记录了当日的惨象。[2] 图文相配："笛声未完，卫兵举枪。正在举枪，群众已逃。逃未十步，枪声砰磅。我闻枪声，立即伏地。枪声甫毕，我即见血溅满地。"[3] 陈翰笙将这段经历描述为"死里逃生，幸免于难"。

赵元任夫人杨步伟在回忆中也提到顾淑型在惨案中逃生的经过。"出事以后（有少数我们的朋友在内）受伤的有的就逃到我的医院来，

---

① ［美］特雷西·斯特朗、海伦·凯瑟：《心向中国：斯特朗六次访华》，王松涛译，解放军出版社1986年版，第10页。

② 这些照片于1959年入选《"五四"时期进步摄影爱好者作品选》。

③ 陈翰笙：《三月十八日惨案目击记》，《现代评论》第3卷第68期，1926年3月27日。

而少数学生也跟着跑来了，大家都狼狈不堪，血淋淋地撞门而入，给我的嫂嫂和看护都吓得要死，还不清楚是怎么一回事呢。（记得有顾淑型、钱端生在内。）我打门进去看见诊所内乱得一塌糊涂，血布一地到处都有，顾和钱两个人还未走，脸色还是苍白的，钱还可以说话，而顾连话都说不出来了。他们以后说因为他们站在前面听见里面上头叫放实枪的，他们就关照学生后退，但是来不及了。他们五、六人往里面一退，所以没正式受伤，只是惊吓和气得失魂落魄而已。我给顾送回西河沿她姐姐处，我和钱就回清华园了。"①

"三一八"惨案是当时一切社会矛盾的结合点，直系和奉系军阀相争，英国和日本等国对中国的公然武力挑衅，段祺瑞政府对外屈辱妥协和对内残酷镇压的政策，北洋政府内部教育官员利用学生争权夺利的行径，这种种丑陋现实激起知识分子和学生激烈的抗议和游行示威，共产党和国民党左派积极宣传和支持抗议运动。抗议受到残酷镇压，死 47人，伤 130 余人，失踪 40 余人。②陈翰笙夫妇共同经历了这场血腥屠杀，痛切感受到以暴力革命达成社会革命的必要性。

1926 年 7 月，北伐战争开始。12 月中旬，国民党中央和国民政府迁到武汉。1927 年 1 月，受陈友仁邀请，陈翰笙同王世杰、周鲠生赴武汉，任国民政府外交部顾问。他们的具体工作内容是同英国政府交涉收回汉口、九龙英租界的行政权力。此时蒋介石图谋在南昌建立新的国民党中央并准备破坏革命，形势急转直下。陈翰笙在武汉仅工作两个星期便接到李大钊急电回京。在归途中，他将郭泰祺③的一封密信带给安徽督军陈调元④，是年三月陈调元即宣布参加国民革命军，任三十七军军长。

---

① 杨步伟：《杂记赵家》，辽宁教育出版社 1998 年版，第 61—62 页。
② 赵秀德：《"三·一八"惨案述略》，《北京党史》，1986 年 4 月 15 日。
③ 郭泰祺（1889—1952），字复初、葆东，湖北广济人，在宾夕法尼亚大学获博士学位，1912 年后任湖北军政府秘书、外交股长，武昌商科大学校长。曾参加护国运动，1919 年以中国代表团专门委员身份出席巴黎和会，1926 年参加北伐战争，任国民政府外交部次长。
④ 陈调元（1886—1943），字雪暄，河北安新人，毕业于保定陆军军官学校，1913 年入北洋军，在直系冯国璋部下镇压二次革命，1923 年任安徽督军，第二次直奉战争后投靠奉系，任第六师师长，1925 年升皖军总司令、安徽督办。1927 年 3 月 4 日，宣布就任国民革命军第三十七军军长兼北路军总指挥。

回京后①，陈翰笙与蔡和森谈了一个通宵，其内容是俄国十月革命和中国怎样革命，以及海陆丰农民运动的情况，陈翰笙认为这是他日后进行中国农村调查的契机之一。1926 年，共产国际改组后成立远东书记处负责中国事务，蔡和森此时是共产国际远东书记处负责人之一。②他在 1926 年 9 月 26 日曾致信李大钊谈冯玉祥从苏联回国问题，可以推测陈翰笙是经李大钊同蔡和森接触的。③

陈翰笙通过李大钊认识侯外庐，此后，侯外庐希望翻译《资本论》，陈翰笙向其介绍了中法大学的教授王思华，时间是 1932 年，侯外庐、王思华二人合作翻译《资本论》。

1927 年，白色恐怖笼罩全国。国民党右派李石曾将李大钊出卖给张作霖，4 月 6 日，张作霖逮捕李大钊于 28 日将其秘密绞杀。④ 高仁山也遭到逮捕并处决。陈翰笙处境十分危险，他和顾淑型通过中江丑吉⑤赴日本，又从日本转道苏联，在国际农民运动研究所任研究员。陈翰笙夫妇的工作内容是收集中国农民运动的资料，并有选择地将一部分资料译成英文。陈翰笙经常去东方大学图书馆查阅资料和写作，他专注于以马克思主义的方法研究中国社会现实问题，而不参与联共的党争之中。陈翰笙的著作和回忆录中未提及关于 1927 年联共内部的党争事宜。在莫斯科，陈翰笙在陈友仁处结识了邓演达，经其介绍认识了孙夫人宋庆龄。

国际农民运动研究所是由共产国际筹备的机构，正进行关于亚细亚

---

① 据陈翰笙回忆：1927 年 12 月，蔡和森同志从苏联回广州，路过北京，同我谈话时，有这样一句话，他说："不联系中国革命的实际需要，就很难做到正确地改造自己。"他的意思是一语双关的，既要改造个人，又要改造社会。陈翰笙：《谈谈世界经济的研究工作》，汪熙、杨小佛主编《陈翰笙文集》，复旦大学出版社 1985 年版，第 472—477 页。这个时间不准确，此时陈翰笙应该在苏联。据陈洪进《陈翰笙传略》，《晋阳学刊》1987 年第 5 期，提供的时间是 1926 年年初，蔡和森去莫斯科参加共产国际执委会第六次全委会之前，路过北京，同陈翰笙会谈。

② 另外几位负责人包括：维经斯基、别达赫特、谢马温、扬诺夫斯基、基姆、得洪、卡斯帕罗娃和福京。中共中央党史研究室第一研究部编：《联共（布）、共产国际与中国国民革命运动（1926—1927）》，北京图书馆出版社 1998 年版，第 591 页。

③ 中共中央党史研究室：《联共（布）、共产国际与中国国民革命运动（1926—1927）》，北京图书馆出版社 1998 年版，第 133 页。

④ 陈翰笙：《四个时代的我·陈翰笙回忆录》，中国文史出版社 2012 年版，第 36 页。

⑤ 中江丑吉（1889—1942），中江兆民之子，东京大学毕业，1915 年年底来华，1941 年年底回国。著有《尚书概论》《中国古代政治思想史》《尚书廿九篇之我见》《关于中国的封建制》《公羊传与公羊学》等。

生产方式的论战。这不是单纯的学术问题，它关系到在中国进行革命的性质和前途。1917年俄国十月革命的胜利奠定了社会主义制度的基石，也为从理论上阐释帝国主义对殖民地半殖民地国家和地区的掠夺和剥削提供了契机。全世界的革命者都开始从十月革命的胜利中寻找希望。1921年7月中国共产党的诞生便是这历史潮流的一部分。列宁在1920年提供给共产国际"二大"的报告《民族和殖民地问题委员会的报告》，为第一次国共统一战线的形成提供了理论依据。1927年是马克思主义与中国现实相结合的转折之年，大革命的失败使得人们充分认识到指导第一次国共统一战线的理论前提并不充分，而理论来自对中国现实的更透彻的认识。

中国的知识分子转而寻求对中国社会的特殊性进行严肃的分析，马克思主义是进行分析的理论工具，也在这个过程中与中国的学术研究紧密结合起来。在中国革命形势处于转折之时，共产国际内部就中国问题展开激烈争论，形成以托洛茨基和斯大林为首的两派意见。斯大林在《中国革命问题》中提出："蒋介石发动政变表示民族资产阶级退出革命，国内反革命中心已经产生，国民党右派已同帝国主义勾结起来反对中国革命。""蒋介石的政变表明革命已进入其发展的第二阶段，已开始从全民族统一战线的革命转变为广大工农群众的革命，转变为土地革命，这个革命将加强和扩大反帝国主义、反土豪劣绅和封建地主、反军阀和蒋介石反革命集团的斗争。"[1] 托洛茨基公开反对斯大林的中国政策，他认为中国的社会性质是资本主义的，权力掌握在资产阶级手里，中国革命的目标是反对帝国主义和中国固有的经济和政治精英。而斯大林认为中国的革命必须由无产阶级带领农民来完成，其矛头应直指封建势力和帝国主义，并且废除中国的封建剥削，国家的解放只能通过社会革命来实现。

1927年大革命失败后，魏特夫[2]的观点在共产国际内部占优势，他提出中国处于前资本主义阶段，没有封建社会，只有官僚和劳动者之

---

① 中共中央党史研究室第一研究部编：《共产国际、联共（布）与中国革命文献资料选辑（1926—1927）》下，北京图书馆出版社1998年版，第80页。

② 魏特夫（Karl August Wittfogel, 1896—1988），德裔美国历史学家、汉学家，1919年加入德国共产党，曾任共产国际教育宣传委员，曾就职于法兰克福社会研究所和威廉中国研究所，1939年后任太平洋国际学会和社会问题研究所中国史教授及所长、华盛顿州立大学任中国史教授、美国东方学会会员、亚洲研究协会会员。

分。1928 年，莫斯科出版马季亚尔①的《中国农村经济研究》，该书提出中国社会自原始社会解体后，既无奴隶社会，又无封建社会，而是一种由亚细亚生产方式决定的"水利社会"。20 世纪初，随着西方资本主义的侵入，中国变成资本主义，中国的农村就是资本主义的农村。马季亚尔和瓦尔加②是亚细亚生产方式论的代表人物。陈翰笙不同意其观点，认为中国商业资本同工业资本在本质上是不同的，中国仍然处于封建社会阶段。他深切感受到对中国进行切实的调查的重要性，"莫斯科的这场争论，使我认识到，作为一个革命者，不了解自己的国家，就无法决定革命的方针路线，因而决心返回祖国后，一定要对中国的社会作一番全面的调查研究"。③

第二节　开启农村经济问题研究的历程

一　农村问题被视为一个重要的社会问题

20 世纪 20 年代返回祖国的知识分子，一旦接触中国社会的现实问题，就会发觉对中国社会现实所知甚少，没有多少可供使用的原始资料，没有中文教科书，也几乎没有什么参考资料，并缺少从事实际研究工作的机会。蒋廷黻发现美国教育和中国问题之间的极大差距，留美归

---

① 马季亚尔（Magyar Lajos，1891—1937），匈牙利一个雇工的儿子，1914 年之前是个记者和作家，第一次世界大战中是战地记者，1918 年年底成为记者联合会的总书记。作为一个左派自由主义者，他负责卡罗利伯爵政府的出版局，该政府是在贝拉·库恩政权之前。1919 年匈牙利苏维埃共和国期间，他仍是一名记者，但倾向于共产主义事业。共和国失败后，他被捕，1920 年 1 月被关进监狱。1922 年，他和许多匈牙利人一样，由于苏俄政府和匈牙利政府之间交换俘虏而住到俄国，并作为记者为苏联报刊工作。1924 年，苏俄政府派他到驻柏林使馆；以后又被派到苏俄驻北京使馆。1927 年中苏断绝外交关系时，他回到莫斯科，作为奥托·库西宁的代表进入共产国际中央机构，当时库西宁负责远东部门。他精心从事共产国际对中国政策的工作。1928 年出版《中国农村经济研究》一书，1931 年起在共产国际东方局与米夫和萨发罗夫组成东方书记处领导委员会。1933 年，他作为共产国际的指导员被派往驻德国共产党中央委员会，但不久即移往巴黎。1935 年，他又被召回莫斯科。在大清洗中，他和他的妻子都被逮捕，他大概于 1937 年被处决；他的妻子被监禁了 15 年。

② 瓦尔加（Eugen Varga，1879—1964），1906 年加入匈牙利社会民主党，1907 年获得布达佩斯大学哲学博士学位，1918 年任该校经济学教授，1919 年参加匈牙利苏维埃革命，是匈牙利共和国领导人之一，1920 年作为匈共代表出席莫斯科共产国际大会，同年加入俄国共产党。曾任共产国际执行委员会候补委员。瓦尔加从 1927 年起从事学术研究，任苏联世界政治与经济研究所所长（1927—1947），任世界经济与世界政治红色教授学院院长（1931—1937），1939 年当选为苏联科学院院士，1939—1953 年为苏联科学院主席团委员。

③ 陈翰笙：《四个时代的我·陈翰笙回忆录》，中国文史出版社 2012 年版，第 39 页。

国的学生被培养成为富有进步思想的美国改革家、杜威实用主义的信徒。他认为，"我们对影响我们日常生活的事物一无所知，我们既不知道其原因，也不知道围绕这些原因的环境"，中国教授"熟知纽约和巴黎政府的情况，但他们对于北平、汉口和成都政府的情况却几乎全然无知"。① 希望建设中国的人，不能向传统寻求帮助，也不能将西方的各种理论原封不动地搬到中国，只能在实践中寻找再寻找。

中国要走哪条路？这是 20 世纪二三十年代中国知识分子所热切探讨的问题，执其一端者，即为改良思想，信奉斯宾塞、推崇社会达尔文主义，以西方社会理论解释中国社会，反观中国自身历史发展及文化特性，深觉中国社会已病入膏肓，通过种种措施力图开出改良药方。胡适提出"我们要打倒五个大仇敌：第一大敌是贫穷，第二大敌是疾病，第三大敌是愚昧，第四大敌是贪污，第五大敌是扰乱"，并明言："这五大仇敌之中，资本主义不在内，因为我们还没有资格谈资本主义。资产阶级也不在内，因为我们至多有几个小富人，哪有资产阶级？封建势力也不在内，因为封建制度早已在两千年前崩坏了。帝国主义也不在内，因为帝国主义不能侵害那五鬼不入之国。"② 罗隆基在《我们要什么样的政治制度》一文中，主张召集国民大会，制定宪法，建设"委托治权"与专家行政的政府，③ 即以西方宪政理论解决中国问题。关于社会改进，也有无数见解，如潘光旦提倡生育、家庭等的改进，吴景超在《中国农民的生活程度与农场》中，比较中国同美国农民的生活水平，并认为应当推行美国式的农场以改善农民生活。其对于中国农民人数及农业可耕地面积均使用估计的数据。提出两点建议，其一是开垦荒地以扩大农场面积，其二是发展农业以外的实业，吸收农场上的人口过剩。④ 至 1935 年，王造时的《中国问题的分析》⑤ 一书，以物竞天择的观念分析中国同西方国家的相遇，而以"静"为中国传统社会的特征，以"动"为中国社会的变化。

① ［美］费正清：《费正清对华回忆录》，陆惠勤、陈祖怀、陈维益、宋瑜译，章克生校，知识出版社 1991 年版，第 100 页。
② 胡适等：《中国问题》，上海新月书店 1932 年版，第 4 页。
③ 罗隆基的文章收录于《中国问题》。
④ 胡适等：《中国问题》，上海新月书店 1932 年版，第 131—132 页。
⑤ 王造时：《中国问题的分析》，商务印书馆 1935 年版。

从社会问题到农村问题，解决中国问题的方式泾渭分明，分为改良派和革命派。

以西方社会学的方法研究中国农村问题，杨开道是其中之一，另外，如唐启宇、傅宝琛等，均为美国学成归国的知识分子。杨开道强调农村问题的社会性。"社会是分工的，互助的，一个局部的问题，关系全体。"① 杨开道引用泰勒（C. C. Taylor）的观点，认为农村问题只有一个问题；这个问题的一面，就是农村效率的问题；这个问题的另一面，就是农村幸福问题。农村幸福问题，是如何利用外来的资料，如何交接外界的人民，如何发展自己的家庭和社会。农村效率问题从全国方面着眼，是公民效率问题；从个人方面着眼，是生产效率问题。"农民必需是一个高效率的生产者，也必需是一个高效率的公民，才能够增加农业生产，改善农村生活"。②

"农村最简单的解释，是以农业为主要职业的地方共同社会。""农村问题决不是农业问题；农村问题是拿人作主体，人和人的关系作主体；农业问题是拿农业生产作主体，生产技术和经济作主体。""农村问题也和农民问题不同了。农民问题承认农民是一个阶级，承认农民阶级里面还有大农、小农、中农，或是自耕农、佃农、雇农、农奴许多阶级。所以农民问题所讨论的，无非是这一个阶级的专横，那一个阶级的困苦；这一个阶级的打倒，那一个阶级的解放。农村问题所讨论的是农村社会全体的问题，整个的问题。"农村问题要谋全体的幸福。③ 农村问题，在农村内部是局部和调和问题，在农村外部是农村和天然、都市、政府和其他农村间调剂问题。"一方面免除地主和资本家的压迫，一方面避免农人的暴动，使大家都有一条生路可走。"社会需要合作而无纷争。他反对以社会主义方式解决农村问题。他认为将西方社会学理论套在中国农村问题上，力图进行设计一个解决中国农村问题的办法，显然不甚见效，因为缺乏对于中国农村社会的现实的了解，从理论出发，寻找现实的出路，终归于失败。④

古楳提出，中国农村经济的衰败缘于人口繁密、耕地不足、租税苛

---

① 杨开道：《农村问题》，世界书局 1930 年版，第 2 页。
② 杨开道：《农村问题》，世界书局 1930 年版，第 4—5 页。
③ 杨开道：《农村问题》，世界书局 1930 年版，第 5 页。
④ 杨开道：《农村问题》，世界书局 1930 年版，第 10 页。

重、灾害频仍、农产不丰、副业不昌、买卖不公、雇工费大、资本缺乏、利率过高，共十大问题。增加农产、救济资本问题是解决途径。解决耕地不足的问题依靠移民垦荒、充分使用已开垦的农地。①

翟克认为，以农立国，而非以工业立国，解决中国农村问题，应当求助于农学，一方面增加农业生产，改良农作技术，另一方面从经济上、社会上发展农村经济与改良农村组织。调和两种观点，实际上却只能从技术方面寻求解决的方案。②

与此种技术改良观点相对，是以革命方式解决中国问题，丁达提出，中国农村经济崩溃的根源是帝国主义对中国的侵略，其他原因包括封建政治的剥削，地主的剥削，农村经济的崩溃引起农村革命的发展。但其尚缺少对于帝国主义经济侵入中国农村的细致研究，仍然从社会现象入手分析中国农村社会。③

如何解决农村问题是国共两党分歧的焦点，国民党为与共产党相抗衡，在对共产党军队作战的同时，提出在苏维埃区农村土地处理办法，包括：第一，复兴农村，发展农业，创办合作社，先设立农村复兴委员会为过渡机构；第二，对被共产党分配的田地，无论有无契约，经过审查，均发还原主；第三，对无任何物证证明土地所有的，召集业主会议，经过审查解决；第四，所有权未确定或无主田地，概由农村复兴委员会管理；第五，实行一定的保护佃农及雇农的措施；第六，无田地亩数最高限额，超过面积者征收累进税；第七，农村复兴委员会由租赁土地、征收累进税等兴办各种合作社；第八，复兴委员会应防止流弊。

共产党人将中国社会问题视为一个整体，需要一个整体性的办法。冯和法的观点具有代表性。他认为农村问题非技术手段可以解决，企图复兴中国市场的远东考察团、保持中国农民剩余劳动力的赈灾会、开辟过剩商品新市场的调查所、繁荣财政来源的农民银行与农村合作社，救济农村的各种方案，全部呈现。农村社会学与农村经济学，都以农村社会关系，即生产关系为研究对象。与农村进行纯粹技术性的研究不同。

---

① 古楳：《中国农村经济问题》，上海中华书局1931年版。
② 翟克：《中国农村问题之研究》，广州国立中山大学出版部1933年版。
③ 丁达：《中国农村经济的崩溃》，上海联合书店1930年版。

研究农村社会学，要承认事物的变化，承认社会现象间的相互联系，承认各种社会想象间的相互冲突，承认由量变而走向质变。

中国连年灾害不仅是天灾，更在人祸，"考察中国农村社会或农村经济，主要的下手关键，并不是各自的、单独的农村技术问题，而是在于整个的、连贯的社会关系"。"每一社会现象的构成，必有二方面：一方面是纵的方面的前后因果关系，别方面是横的方面对于其他现象的关联。"① 需要区分农村衰败现象的根本原因和其表现，技术手段解决的仅仅是表象问题。"今日中国农村社会的问题，并不是自然的、静的技术问题，而是人为的、动的社会关系。在这关系中欲找出问题之所在，以为提出改进方案的鹄的，则不应向片面的、单独的各种农村社会现象中求之，须向整个的社会组织中求根本的解答。这样便须研究中国农村社会的基本构造，以之解说各种由之产生的现象。"②

"数千年来，中国农村的社会在土地私有制的基础上，保持着原来的组织。其间虽有过多少次的变动，但在原则上，主要的仍逗留在比较自足的农村经济的时代。其根本的特性是土地可以自由买卖，因而土地关系变动很大。土地所有权逐渐集中于官僚、商人、地主等之手。农民以土地减少，成为小农；或完全丧失土地，不得不租种地主之田。土地耕种的形态，逐渐细分起来。小农经营与租佃制度的普遍，遂成为中国农村经济的二大主要特征。多数农民的穷乏，促成了高利贷资本发展的机会。高利贷资本更使农民的土地细分及农民的一般的贫乏。"③

国际资本主义的侵入改变了中国农村社会的根本构造，改变了中国农村土地形态，农民土地以典押出卖等方式减少，破坏了农业生产与农村副业，促进农村劳力过剩并制造大量兵匪，中国灾荒的数量范围因之扩大，中国农产品商品化使中国农村经济受制于国际市场。

"现代的交通与运输组织的发达，固然由于资本主义的推销商品及掠夺原料的动机所推动，但同时却也促进中国产业组织的发展。"④ 资本即机器的输出促进中国产业发展，"中国的产业组织虽然受制于国际

---

① 冯和法：《农村社会学大纲》，黎明书局1931年版，第467页。
② 冯和法：《农村社会学大纲》，黎明书局1931年版，第468—469页。
③ 冯和法：《农村社会学大纲》，黎明书局1931年版，第472页。
④ 冯和法：《农村社会学大纲》，黎明书局1931年版，第483页。

资本主义的势力，不能有充足的发达，而产业革命的萌芽，终于在中国产生"。产业的发展、新都市的出现、买办阶级的兴起、新式银行的出现、新兴产业工人劳动联合的出现、基于经济关系的家庭组织的出现、一切意识形态的变化，成为一个逻辑链条，促成中国社会组织的深刻变化。"中国社会组织已与世界资本主义结成不可分割的密网，中国经济已是世界资本主义的一种有机组织。"①

朱新繁（朱佩我）提出："在目前，中国农村经济中是封建残余占着优势，是一种半封建制度；说中国农村经济已经资本主义化，这完全是无稽之谈。"② 中国农村资本主义化的问题其实就是整个的中国社会经济资本主义化的问题，中国资本主义是不能畅快发展的，因为存在四大矛盾，"一、帝国主义与中国民族资产阶级的矛盾；二、资产阶级与封建残余的矛盾；三、中国境内帝国主义相互间的矛盾；四、革命与反革命的矛盾"。③

"打倒帝国主义，是中国资产阶级性的民权革命的主要任务，因为只有打倒帝国主义之后，中国经济才能向上发展。但是资产阶级已经退出革命战线，对帝国主义妥协，无产阶级已经在这个革命中占领导地位，这个革命的发展，不仅要打倒帝国主义，而且要打倒资产阶级。"④中国经济的发展，最主要的，是完成三个任务，即打倒帝国主义、肃清封建残余、解决土地问题。革命由无产阶级来领导，革命胜利后，中国的前途已经不是资本主义了。

朱其华提出，农村破产的第一个原因是国际资本主义的侵略，农村破产的第二个原因是超越法理人情的负担，农村破产的第三个原因是封建的土地关系中之地主的强度榨取。⑤ 他反对地主的自救运动。对陈翰笙的调查数据和文章多有引用。

无论对解决中国农村问题持何种见解者，均承认中国农村危机的客观存在。《大公报》记者范长江在游历中国西南时，对20世纪30年代的成都有此记述："出了新都城即是一片丰腴的农田，禾苗正峥嵘的长

① 冯和法：《农村社会学大纲》，黎明书局1931年版，第486—487页。
② 朱新繁（朱佩我）：《中国农村经济关系及其特质》，新生命书局1930年版，第346页。
③ 朱新繁（朱佩我）：《中国农村经济关系及其特质》，新生命书局1930年版，第347页。
④ 朱新繁（朱佩我）：《中国农村经济关系及其特质》，新生命书局1930年版，第357页。
⑤ 朱其华：《中国农村经济的透视》，上海中国研究书店1936年版。

着。看形势，今年又是丰收。但是奇怪得很，城根附近和大道两旁，却有许多被饿得半死的农民。看他们的皮肤颜色，他们确是非常健康的劳动者。以肥沃的土地，丰收的年成，勤劳的农夫，而终不免于成为道旁之饿殍，实令人大惑不解。"① 仅从表象的描述出发，当时中国的农村问题可见一斑。关键的问题，是如何解决中国农村危机。

1933 年，梁漱溟在北京大学演讲中提出："中国问题根本不是对谁革命，而是文化改造，民族自救。"② 始有改良思想，继而兴起所谓"复兴农村"及乡村建设。1933 年 6 月，国际联盟技术合作代表拉西曼赴华考察。其考察结果，由国联技术合作委员会在日内瓦开会研究"拉西曼报告书"及各详细文件，并通过《拉西曼报告书》。该报告书提出"复兴农村""生产建设"等口号。同年 11 月，该考察团集合特莱贡尼教授、玛利博士、郭乐城、司丹巴、沙尔德、克利伯、何廉，通过调查中国农村经济，认为"中国农业产额低微，高利借贷，赋税过重，尤以附加税为然，及国内大部分所通行苛刻而不经济之租佃制度，为造成中国农业危机之基本原因"③。通过改良而"复兴农村"成为很多知识分子的追求。

乡村建设的代表性观点包括梁漱溟领导的山东邹平乡村建设研究院，晏阳初领导的河北定县平教运动，高践四领导的江苏无锡的民教运动，黄炎培领导的中华职业教育社的民教工作等。

晏阳初领导的平民教育促进会主持定县实验工作，认为"愚、穷、弱、私"是中国农民的根本缺点，应对这类缺点，推进文艺教育、生计教育、卫生教育及公民教育，以社会式、学校式、家庭式推行教育，以此进行乡村建设，进而解决中国的问题。"整个的国家，人口有四万万之众，可是一点力量没有，任何人可以侵入中国如入无人之境"，"过去的政治经济文化之所以落后，就是因为设施没有着眼于民众"，对于民众"教育他们，训练他们，组织他们，发挥其应有的力量。乡村建设

---

① 长江：《中国的西北角》，天津大公报馆 1937 年版，第 5 页。
② 梁漱溟：《中国民族自救运动之最后觉悟》，中华书局 1933 年版，第 219 页。
③ 李紫翔：《拉西曼报告书之农村部分的研讨》，1934 年 4 月 21 日，千家驹编《中国农村经济论文集》，中华书局 1936 年版，第 1—15 页。

之使命，亦即如此"。①

"教育的目的是要能适应生活的要求，在全民的生活基础上创造新的生活。中国近几十年来的教育，一方面与生活不发生关系与生活脱节，另一方面即最低限度的教育亦不能普及"，"根据全民各方面生活的需要，在教育上谋建设是最切要的最基本的建设工作"，"平民教育运动的目标，就是要在生活的基础上，谋全民生活的基本建设，为中国的教育谋一出路，为中国人的生活问题，谋一解决"。②

1933年，陈翰笙为李景汉的《定县社会概况调查》作序，对李景汉的定县调查作出肯定评价，在方法上，"凡是为实用或为研究而做的调查，和那些为调查而调查所得的材料是不相同的"，"从定县的概况调查并不难看出中国社会一般的愚、和穷、和弱、和私的病象；愚和弱和私尽管直接或间接影响于穷，但穷——农民的贫困化——确是愚和弱和私的根本原因。目前中国经济正在恶化，农民惶惶乎求生之不得，农村教育的推进必然要受到重大的阻碍。定县社会概况调查可算对于这些病象做了一个切实的诊断"。③ 定县实验是中华平民教育促进会推进的乡村建设工作之一项。该项调查内容包括：地理、历史沿革、县政府及其他地方团体、人口、教育、健康与卫生、农民生活费、乡村娱乐、乡村的风俗与习惯、信仰、赋税、县财政、农业、工商业、农村借贷、灾荒、兵灾。调查方法属于社会学方法。

农村社会调查工作的困难，晏阳初指出四点。一是从事农村调查的工作人员，必须有到民间去的认识与决心；二是调查为谋整个农村社会建设之入手的工作，单独地进行，是不会顺利的，必须通盘筹划才能创造可以深入的环境；三是调查了解事实后，工作才刚刚开始，调查工作不是为调查而调查，而是着眼于社会实际的改造；四是从事调查的人，必须了解现代社会调查的科学、理论以及方法与技术。④

---

① 晏阳初于"全国乡村工作讨论会第三次大会"发言，时间1935年10月10日，乡村工作讨论会编《乡村建设实验》第三集，《民国丛书》第四编第16卷，第21页。

② 李景汉编著：《定县社会概况调查》，中华平民教育促进会1933年版，第785页。

③ 陈翰笙：《定县社会状况调查·序》，陈翰笙、薛暮桥、冯和法合编《解放前的中国农村》第三辑，中国展望出版社1989年版，第40页。为此书作序的包括晏阳初、陶孟和、陈达、何廉。

④ 见晏阳初为《定县社会概况调查》所作序言，李景汉编著《定县社会概况调查》，中华平民教育促进会1933年版，第2页。

乡村建设声势颇为强大，其于 1936 年 10 月召开的全国乡村工作讨论会第三次大会，参会者包括 19 省市各乡村工作团体及机关代表，梁漱溟、江问渔、晏阳初、高践四、许仕廉、余庆棠、章元善、陈筑山、彭学沛等 200 余人参会。

此外，还包括山西村治，山西当局倡导"造产救国""十年计划"，组织太原经济建设委员会负责规划山西经济。设立农村信用合作社，发行农村信用合作券，其宣扬的目的在于"救济破产的农村，活动停滞的金融，复兴倒闭的商业，并兴办建设事业"。当时研究农村问题的团体还有中华农学会、农村复兴委员会、中山文化教育馆、中国地政学会、华洋义赈总会、金陵大学、燕京大学以及各大学的农学院等。

1930 年，时任金陵大学教授的美国学者卜凯，在组织学生进行农村调查的基础上，完成《中国农家经济》一书，仍然从技术观点看待中国农村问题。其调查的范围包括田场布置与土地利用、田场经营的状况、耕地所有权与农佃问题、作物种植、家畜与保存地力、农家家庭与人口、食物消费、生活程度等。其出发点，是将中国的农村问题与欧美相比较，将欧美实行的家庭农场制引入中国，以解决农村问题。调查范围包括中国 7 省 17 处，承认中国各个区域间存在显著差别。结论包括"中国农业的基础，是一种没有藩篱而块块散开的田地，所有权的获取，大部分系由遗产世袭制而来。农舍通常都在村落之中，与田地不在一处，管理方面很感困难"。① 关于田场，"每个田场的面积，虽然不大，但是也并不如我们从外表方面所见之小，由于大部分的田地每年都可种两季作物的。所种的作物，大都为人类衣食直接消费之用，专为牲畜之饲料而种之作物，可以说是绝无仅有。三分之二的牲畜，事实上是为役用，因此牲畜密度其低，而于保持地力方面着想，殊嫌不足"。② 关于租佃方式，租额过高，应当照现额减少 1/5。

与美国比较，中国农民耕种的土地少而又少器具，仅依靠劳力耕种，美国生产的主要元素为资本与劳力，而中国仅依靠劳力，每单位劳力的生产，美国至少要比中国大 25 倍。对于这种状况，难以在短期内得到改善。"如要将现在栽种制改变，以求适合市场的需要，物价的升降，食物的原

① ［美］卜凯：《中国农家经济》，张履鸾译，商务印书馆 1936 年版，第 561 页。
② ［美］卜凯：《中国农家经济》，张履鸾译，商务印书馆 1936 年版，第 561 页。

理以及土壤与气候等等，则非有别的人帮忙不可；而为增加产量起见，对于育种、驱除病虫害、施肥、中耕、以及集约方法的采用等等，尤须有人加以赞助。""进步的交通，流动的金融，与良好的市场，可以使农人的出产物，数量增多而品质渐好。"① 卜凯的观点在外国访华的专家中具有代表性，即从技术角度出发，找出立时解决农村问题的途径。②

英国的中世纪史专家托尼于 1931 年访华，在广泛阅读中国社会经济调查资料基础上，写下他的经典著作《中国的土地与劳工》，他倡导一项现代化的规划，以便创造一个能够捍卫自己的中国。托尼在杜威来华讲学之后 10 年才到达中国，他对于像蒋廷黻那样的主张渐进主义而不赞成社会大动荡大变革的留美归国学者给予有力的支持。托尼竭力主张逐步建立一个以长江下游核心地区为策源地的现代国家。南京—上海地区必定要起到普鲁士之于德国、皮埃蒙特之于意大利那样的作用，不言而喻的领袖是蒋介石。托尼同样是以国际联盟教育顾问的身份来到中国的，他的报告展示了中国各种各样的缺点，并提出了补救的办法。他的两篇论述经济和教育的著作中提出了从这时起着手开展"现代化"的全部议事日程。费正清认为，托尼在 1931 年所开列的各种处方，非常接近 50 年后中国的四个现代化。③

与改良思想相对，以马克思主义方法研究中国农村的学者认为，中国农村经济衰落的根本原因在于帝国主义对中国的经济侵略，以及随之而来的商业资本深入中国农村，加剧了农业危机。而"复兴农村"口号并未解决中国农村中普遍存在的封建性剥削，技术的改良措施不足以解决中国农村问题。

二　开展中国农村社会调查

1928 年 5 月，陈翰笙夫妇回国。此时，蔡元培先生在上海任中央研究院院长，他邀请陈翰笙至中央研究院工作，因为王世杰的反对未成，又推荐其进入商务印书馆整理大百科全书。1929 年春，王世杰被胡汉民调到南

---

① ［美］卜凯：《中国农家经济》，张履鸾译，商务印书馆 1936 年版，第 563 页。

② Ching-Yuen Hsiang, Land Utilization in China: A Critique of Methodology, *The Journal of Land & Public Utility Economics*, Vol. 16, No. 2（May., 1940），pp. 226 – 229.

③ ［美］费正清：《费正清对华回忆录》，陆惠勤、陈祖怀、陈维益、宋瑜译，章克生校，知识出版社 1991 年版，第 101 页。

京做法制局局长,陈翰笙出任中央研究院社会科学研究所社会组主任,所长由蔡元培先生担任。陈翰笙对蔡元培先生充满敬佩之情,"说到我在社会科学研究所工作时所取得的一点点成绩,首先应该归功于蔡元培先生"[1]。

陈翰笙开始组织中国社会调查。最重要的是经费问题,除中央研究院有限的经费外,他找时任铁道部部长的顾孟余[2]想办法,后者给其一个可领取 400 元干薪的职位。顾孟余担任铁道部部长的时间是 1932 年,此时农村调查已经进行了三年之久,可见这个职位的薪酬不是农村调查经费的最主要来源,陈翰笙应该另有筹款渠道。

另外的准备工作有两项,一是组织调查队伍,二是准备充足的研究资料。他聘用了王寅生、钱俊瑞、张锡昌、张稼夫、孙冶方、姜君辰等一批年轻人,多位成员日后成为著名的马克思主义经济学者。调查的首选目标是上海日资纱厂的包身工制,调查报告遭到国民党政府一些人的反对,认为是共产党的论断。调查研究转向农村,以马克思主义为指导方法。

农村问题、农民问题、土地问题、农村经济、农村社会学,这些概念看似相近,实则不同,陈翰笙并未仅就农村问题论述农村问题,这是他相较于乡村建设派或其他乡村调查较为先进之处,他审视农村经济问题的眼光,是整体性的眼光,将农民问题同社会问题相互关联起来,并非头痛医头脚痛医脚,而是需要一套整体方案解决农村问题。

1929 年 7—9 月,对无锡地区 22 个村进行挨门挨户调查,对 55 个村进行概况调查,并对 8 个市镇 1204 户的经济生活进行调查。无锡农村经济调查团,由调查员及办事员 45 人组成。办事处设无锡城中。调查员分四组。各组设组长、交际、文书、会计等职务,由组内调查员分别兼任。无锡各乡地势水利大都相同,但农村中村户田权分化颇深。故依各村自耕农、雇农、佃农、工人、商人之多少,可分为普通村与特殊村两种。就各乡选出普通村 9 个,特殊村 13 个,共 22 个村;挨户调查1207 家。又择其附近的 33 个村,及为各村经济中心的 8 个市镇,作一

① 陈翰笙:《四个时代的我·陈翰笙回忆录》,中国文史出版社 2012 年版,第 49 页。

② 顾孟余(1888—1972),河北宛平人,毕业于柏林大学,1917 年回国,任北京大学教授兼文科德文门主任,继而任经济系主任兼教务长。1925 年遭通缉南下广州,出任广东大学校长,后辞职,1926 年 1 月当选为中国国民党中央执行委员,5 月被指定为整理党务审查委员。1927 年 3 月任中央执行委员会常务委员、宣传部部长,1932 年任铁道部部长。1935 年当选中国国民党中央执行委员,后任中央委员会秘书长,1936—1937 年任交通部部长,汪精卫叛国后与其分道扬镳,1949 年赴香港,后定居美国,1972 年在台湾病逝。

概况调查。①

1929 年夏，组织调查团去营口、大连、长春、齐齐哈尔等地，调查流亡东北的难民问题。

1930 年 5—8 月，调查保定的 6 个农村市场、78 个村庄和 11 个村中 1773 个农户。

1933 年 11 月至 1934 年 5 月底，组织对广东农村的调查。由于宋庆龄的帮助，得到广东中山县县长唐绍仪的协助，对 16 个县和番禺 10 个代表村中 1209 户进行调查，还有 50 个县 335 村的通信调查。

1933 年，陈翰笙带调查组到安徽、山东、河南烟草区做了调查。1934 年、1935 年，王寅生、张锡昌又接续对烟草区进行调查并整理出丰富的第一手资料。1939 年，陈翰笙据此写成《工业资本与中国农民》一书。

1933 年，陈翰笙同吴觉农、孙晓村、王寅生②、张稼夫、钱俊瑞、张锡昌、薛暮桥③、孙冶方、冯和法等人共同发起成立"中国农村经济研究会"，陈翰笙任理事会主席，该会一直到 1951 年解散，学会刊物

---

① 汪熙、杨小佛主编《陈翰笙文集》，复旦大学出版社 1985 年版，第 35 页。
② 王寅生（1902—1956），江苏无锡人，经济学家。
③ 薛暮桥，原名薛雨林，1904 年生于江苏无锡玉祁。他因家境贫困，16 岁时没有学完无锡第三初级师范，便考入沪杭甬铁路局任实习生，在杭州附近的笕桥车站工作。他是在北京大学陈翰笙教授的引导下步入经济研究领域的。1932 年年初，他参加由前北京大学校长蔡元培先生兼所长、前北京大学教授陈翰笙先生任副所长的中央研究院社会科学研究所，做农村经济调查工作，并同陈翰笙、钱俊瑞、姜君辰等组织中国农村经济研究会，担任理事。他在上海主编该研究会的刊物《中国农村》月刊。他在陈翰笙教授的直接指导下，整理农村调查资料。甚至薛暮桥这个名字，也是陈翰笙教授帮他改的。1933 年 1 月，薛暮桥在徐州民众教育馆任职时，寒假回家探亲路过南京，到南京社会科学研究所探望陈翰笙和几位老朋友。陈翰笙先生对他说："我刚才接到广西师范专科学校杨东莼校长的来信，他们那里想开设农村经济课程，要我介绍一位教员前往。我想介绍你去任教最为合适。"薛暮桥说："不行，不行！我连中学都没有毕业，怎么能到大学里去教书?!"陈先生接着说："不要紧，我为你改一个名字，你说你是北京大学经济学毕业的，就可以到广西师范去教书了。"当时南京正下着大雪，陈先生望着窗外的雪景，心里想起"雪满过桥了"的俗语。在无锡方言中，暮与满是谐音，他就起了薛暮桥这个新的名字。杨东莼是北京大学经济系学生，新中国成立后任政务院副秘书长、中央文史馆馆长。……薛暮桥知道后又找陈先生。陈先生十分平静地说："不要紧！你就说你是上海劳动大学毕业的好了！"就这样，他就开始用薛暮桥的名字和上海劳动大学毕业的履历，在广西师范学校中教书。1934 年出版《广西农村经济调查报告》。陈翰笙先生为了维持他的生活，教他学写文章。薛暮桥回到家乡，做了一个月的农村调查，写出了一篇《江南农村衰落的一个索引》调查报告。题目是陈翰笙教授起的，经其推荐发表在《新创造》上。见薛暮桥《薛暮桥回忆录》，天津人民出版社 1996 年版，第 166 页。

《中国农村》①。据钱俊瑞回忆："一九二九年到一九三三年，领导我们工作的地下党负责人是张稼夫。一九三三年成立中国农村经济研究会后，我们是在党的'左翼文化总同盟'领导下工作的。一九三四年，'文总'书记是胡乔木，我是宣传委员。'文总'领导当时的八大联，即左联、社联、剧联、影联、美联、音联、学联及教联。中央文委领导'文总'。中国农村经济研究会在'文总'领导下工作，由我负责联系。"②

中国工农红军正在长征途中，上海处于白色恐怖之中，包括"文总"在内的一批左翼团体受到破坏。《中国农村》在此形势下，在国民党统治区以公开合法的方式发行。在刊物发行期间，主要在五个方面发挥理论作用。第一，批驳帝国主义国家散布的言论，如日本宣扬的"工业日本，农业中国"、英国推动国民党政府进行"货币改革"等，还批驳国民党政府宣扬的农村复兴。第二，进行中国农村社会性质大论战，以调查材料证实中国半封建半殖民地社会性质。第三，批判以卜凯等为首的资产阶级农村经济研究方法。第四，批评梁漱溟的乡村建设理论。第五，批评以晏阳初为代表的平民教育会的改良主义。

陈翰笙采取灵活的方法和策略保证农村派成员能够坚持农村问题研究，包括为农村复兴委员会设计调查方案，与中山文化教育馆等机构合作进行农村社会调查等方式。胡绳先生对中国农村调查的评价，包括两点意义。第一，它是搞一些调查研究，但是细看，它是马克思主义的，用马克思主义的观点说明当前农村的事实。这方面的研究对中国革命中的一个根本问题——科学地了解和弄清中国社会的性质是什么、中国革命的性质是什么，是有非常重要意义的。当时，在思想界、学术界发生过一场中国社会性质的论战，从中可以看到，在这个根本问题上，有各种不同的看法。他们的工作为正确认识中国社会和中国革命的性质问题做出了一定的贡献。第二，这个问题还可以更深一层地看。当时，他们做了这样的工作和党内的"左"倾现象是不相合的。在 20 年代末特别是 30 年代初，在第三国际影响下，"左"倾

---

① 《中国农村》创刊于 1934 年 10 月 10 日，先后共出版八卷，除第四卷和第五卷为半月刊外，其余均为月刊，1943 年 6 月被国民党政府查禁。

② 钱俊瑞：《中国农村经济研究会成立前后》，薛暮桥、冯和法编《〈中国农村〉论文选》上，人民出版社 1983 年版，第 6 页。

势力在我们党内占统治地位。在文化方面,在"左"的影响下,按照"左"倾的做法,左翼组织的主要任务不是去搞马克思主义科学研究,不是去搞革命的文化创作;主要是搞飞行集会,贴传单,他们在这些集会和油印的秘密刊物上,提出许多形式上很革命但不合中国情况的口号,如什么政治活动都以保卫苏联为宗旨。再一个就是排斥中间势力,唯我独左,唯我独革。这种情况下,文化工作只能是遭受伤害。那么,"中国农村派"1929—1934年所做的事情恰好相反,他们利用可以公开的合法的地位,做了许多切切实实的事情,不大肆宣扬革命的口号和摆出革命的架势,但实际地做了马克思主义的研究和宣传,确确实实为革命做了贡献。①

1933年6月18日,已经升任中国民权保障同盟副主席的杨杏佛,被武装暴徒拦路枪杀。陈翰笙与杨杏佛都住在上海霞飞路,是前后门的邻居,二人都在中国民权保障同盟,有较为密切的交往,曾共同为营救牛兰夫妇奔走。②从事农村经济研究和秘密进行革命工作是陈翰笙坚守的两条道路,一明一暗,杨杏佛遇刺事件将这两条道路交会在一起,给陈翰笙带来了危机。陈翰笙很快离开上海,赴加拿大参加8月召开的太平洋国际会议,散发其英文论著《中国当前的土地问题》,参会的各国学者认为这是关于中国土地问题的权威著作。③1933年8月,陈翰笙同魏特夫、平野义太郎和英国人拉斯卡同游镰仓幕府。④

陈翰笙在总结调查结果的基础上完成一系列论著。1929年的《亩的差异》《黑龙江流域的地主和农民》;1930年的《封建社会的农村生产关系》《中国农村经济研究之发轫》《东北的难民与土地问题》;1934年的《广东农村生产关系和生产力》;1936年的《华南农业问题》;1939年的《工业资本与中国农民》;1946年的《中国农民》等。还包括一些论文,发表于《劳动季刊》《中国经济》《农业周报》等报刊上。

---

① 张椿年、陆国俊主编:《陈翰笙百岁华诞集》,中国社会科学出版社1998年版,第9—10页。

② 朱玖琳:《陈翰笙对故友杨杏佛的情谊》,《世纪》2017年第5期。据文章作者整理杨小佛口述回忆材料及陈翰笙写给宋庆龄、杨小佛的信件,宋庆龄和陈翰笙在中华人民共和国成立后,对杨小佛多有照顾。

③ Elizabeth Green, The Fifth Biennial Conference of the Institute of Pacific Rlations: A Survey, Pacific Affairs, Vol. 6, *Conference Supplement* (Oct., 1933), pp. 439 – 476.

④ 此处时间存疑,应为1935年5月,见年表部分。

陈翰笙就中国社会性质问题得出了结论："中国社会是一个非常特别的社会，纯粹的封建已过去、纯粹的资本主义尚未形成、正在转变时期的社会——我们给它一个名字叫前资本主义社会。在这种社会里，田地所有者和商业资本及高利贷资本三种合并起来，以农民为剥削的共通的目标。""过了不久，我更明确地看到中国就是一个半封建半殖民地社会，废除封建的土地制度，进行土地革命，是解决农村问题的唯一正确的道路。"①

三　秘密从事革命活动

陈翰笙从苏联回到中国后，与宋庆龄的接触逐渐增多。他在上海结识众多进步人士，包括史沫特莱和佐尔格，以学者作为公开身份，为革命做了许多工作。1929 年 2 月，陈翰笙在宋庆龄处结识艾格尼丝·史沫特莱（Agnes Smedley），她于 1928 年来华。二人互不知道对方为共产国际工作，但是相互欣赏。史沫特莱受到杨杏佛对中国农村问题进行关注的启发，希望到农村走访，1929 年秋天，陈翰笙带领史沫特莱进行无锡地区的农村调查。史沫特莱对这段经历有所记载。陈翰笙也曾受史沫特莱所托，掩护胡兰畦离开上海赴德国。②

1931 年 8 月，邓演达被捕，陈翰笙将蔡元培先生的信设法送给陈诚，以营救邓演达。在邓演达被害后，陈翰笙又将宋庆龄的抗议宣言送到《申报》馆，转交给《申报》经理史量才。1931 年 12 月 19 日，《宋庆龄之宣言》由陈翰笙、谢树英共同译成中文，在《申报》社总经理石量才的支持帮助下，于 12 月 12 日刊登在上海《申报》第 17 版上，引起巨大社会反响。③

---

① 陈翰笙：《四个时代的我·陈翰笙回忆录》，中国文史出版社 2012 年版，第 47 页。

② 据陈翰笙回忆录的说法是如此，朱玖琳在《陈翰笙对故友杨杏佛的情谊》中指出，1963 年 2 月 10 日，陈翰笙写给杨小佛的信中，提到胡兰畦是由他和杨杏佛一起护送离沪的。胡兰畦在回忆录中说自己当年是由左翼文化人成仿吾和周钦岳护送上船的。陈翰笙确认这件事，也许陈翰笙判断胡兰畦和自己一样在为共产国际工作，所以不仅在自己的回忆录中强调这件事是由史沫特莱安排的，而且多年后还向宋庆龄打探胡兰畦的身份，结果同样不明真相的宋庆龄告诉他胡兰畦从不属于我们的组织。

③ 《宋庆龄选集》上卷，第 83—86 页，转引自尚明轩《宋庆龄年谱长编》，社会科学文献出版社 2009 年版，第 249 页。

陈翰笙通过史沫特莱结识了里哈尔德·佐尔格①，并加入佐尔格小组，1932 年 2 月，陈翰笙与佐尔格结伴去西安执行任务，见到杨虎城。回程中，陈翰笙独自去太原，通过查良钊认识了冯玉祥。

在上海期间，陈翰笙结识了尾崎秀实②，二人在学术上和从事的秘密任务方面，均有密切关系。尾崎秀实对中国进行认识的方法，与陈翰笙在研究中国问题中的方法论相近，尾崎在最初的《呈报书》中，写下这一段话："从左翼的立场上来把握支那，完全使我迷醉了。对于我，并非因研究马克思主义而激发了对支那问题的关心，而是相反，是支那问题的现实，加深了我对马克思主义理论的关心。我即处于这种关系之上。"③

1928 年秋天，作为《朝日新闻》的职员赴任于上海支局，至 1932 年回到大阪本社，尾崎以上海为据点，亲身感受到了中国革命的暴风骤雨。尾崎吸取了这一时代的风潮。在同时存在革命与反革命的上海，他加深了与史沫特莱、佐尔格等左翼阵营的交往。

回国后至佐尔格事发的一段时间里，尾崎在日本社会里占有的地位，首先就是目光敏锐的中国问题专家。他以《朝日新闻》社为平台活跃着，参加了"昭和研究会"，成了"近卫内阁特别顾问"。他当时的一些论述，在日本社会有较大影响。在"西安事变"的第一报传到日本时的评论，其准确的预言，使得他自己的名字从此深深地印在了人们的头脑中。"他的论文、解说，在国际政局十分微妙并且极度紧张的

---

① 里哈尔德·佐尔格（Richard Sorge, 1895—1944），是马克思和恩格斯的挚友弗里德利赫·佐尔格的侄孙，佐尔格早年投身革命，为共产国际和苏联做情报工作，1929 年到中国，公开身份是经济学家，实际是收集国民党政府武装力量的资料。通过德国军事顾问团结识何应钦，被引见给蒋介石和外交部部长王正廷。1933 年 9 月，佐尔格以德国《法兰克福报》记者身份到日本，在日本组织了一个有 9 个国家人员参加的"国际主义反战小组"，在日本活动 8 年，共发出 23000 多份秘密报告，1941 年，这个特工小组被破获，1944 年，佐尔格被绞死。
② 尾崎秀实（1901—1944），童年和少年时代在台湾度过，1919 年 9 月，入东京第一高等学校文科乙类学习，1922 年 3 月，入东京帝国大学法学部德国法学科学习，1923 年 4 月转入政治学科。1924 年开始接触马克思主义文献。1926 年 5 月考入东京朝日新闻社。1928 年 11 月底，被派往上海担任特派记者。结识陈翰笙、史沫特莱、佐尔格等，加入其情报网。1932 年 2 月，尾崎秀实回到日本，1933 年佐尔格赴日本，尾崎秀实同其恢复联系并进行情报工作。1934 年冬，陈翰笙赴日本。1937 年，尾崎秀实成为近卫首相的中国问题私人顾问，为佐尔格提供大量情报。1941 年 10 月 15 日，尾崎秀实被捕。1944 年 11 月 7 日被日本处以绞刑。
③ 《尾崎秀实著作集》，劲草书房版，第 4 卷，第 296 页，转引自［日］野村浩一《近代日本的中国认识》，张学锋译，江苏人民出版社 2014 年版，第 136—137 页。

这数年间，一直为外交舆论投下了重要的一石。有心的人，会被他的提问所唤起。他对时势的洞察分析能力，也将他自己推到了政策制定的中枢机构。如果从这一观点来看，尾崎的中国问题研究，在某种意义上，形成了他工作的核心，而且形成了他的人格。"①

尾崎首先指出了当时的（日本）中国研究中缺少科学的方法论。科学的方法就是马克思主义的方法。尾崎的这种与经济、社会相关的具体分析的基础，在他的《现代支那论》中，从对中国社会的两大特性，即半封建性和半殖民地性的分析中，阐述得再清楚不过了。尾崎对这两个基本特性的分析，不是从别的方面，而是从国际关系以及民族运动这两个方面来展开的。半殖民地半封建性，这二者形成了相辅相成关系。"只要对尾崎的论文、解说多少有点了解的人，都会感觉到，国际关系与民族运动这两个视点，其实即使在非常短小的不起眼的时评中，也是极其醒目的。如果把话讲绝一点，这两个分析问题的视角，其实贯穿于他与中国研究相关的全部著作之中。"②"半殖民地性与半封建性这两个特性本身，在当时的左翼阵营中，可以说是一个非常普遍的定义。……在那个时代甚至可以将之视为陈词滥调了。尾崎的独特之处在于他将这两个基本定义、基本视角完全掌握在自己手中，运用自如地对中国问题进行了活分析。……不是他单纯地引用共产国际理论或机械地运用阶级分析的结果。因此，他的分析过程与结果，与其他的左翼阵营相比，具有不同的性质。"③不难看出，此时的尾崎，其论著的观点与陈翰笙在其早期代表作中表述的观点何其相似。

"一·二八"淞沪抗战期间，陈翰笙夫妇积极参加支援十九路军活动，通过各种方式为十九路军募款。在此期间，陈翰笙发表了一系列文章介绍十九路军抗战的详情和中国国民党政府不积极抗日的内幕，作为伊罗生主编的《中国论坛》（周刊）的一个专栏，于1932年以"观察家"的名义发表了约15篇文章④。因为这些文章，陈翰笙受到共产国

---

① ［日］野村浩一：《近代日本的中国认识》，张学锋译，江苏人民出版社2014年版，第137页。

② ［日］野村浩一：《近代日本的中国认识》，江苏人民出版社2014年版，第138—139页。

③ ［日］野村浩一：《近代日本的中国认识》，江苏人民出版社2014年版，第138—139页。

④ 陈翰笙：《揭开幕布的中国政治闹剧》，1932年1月13日—7月9日，陈翰笙《陈翰笙文集》，从翰香、李新玉编，史建云、徐秀丽译，商务印书馆1999年版，第116—176页。

际的批评。① 陈翰笙在文章中对淞沪抗战表现出了积极的支持和赞扬，而共产国际号召在抗战中发动工人等各个阶级成员反对蒋介石政府。二者意见相左，恰恰反映出共产国际的指导方针与当时中国社会的实际状况及知识分子对于中国抗日斗争的认识是脱节的。

20世纪30年代初期，抗日救亡运动风起云涌，此时成立的组织有鲁迅、柔石等发起"中国自由运动大同盟"，鲁迅、宋庆龄参加的"反战大同盟"等。1931年夏，杨杏佛去江西后写了《共产党在中国的情况》，向国内外报道了长期被封锁的苏区真实情况。胡愈之发表《莫斯科印象记》。中国民权保障同盟是20世纪30年代初期同国民党反动政权进行公开斗争的一个革命组织。1932年夏秋间，中国民权保障同盟的筹建已经成熟，同年年底，宋庆龄、蔡元培、杨杏佛、鲁迅等在上海发起组织"中国民权保障同盟"，宋庆龄劝陈翰笙不要加入同盟以免受迫害。同盟在筹备时发表一个宣言，提出的任务是：第一，争取释放国内政治犯，工作对象是大量的不知名囚犯；第二，向政治犯提供法律的辩护及其他援助，调查监狱状况，公布国内剥夺公民权的事实；第三，协助关于争取公民权利如出版、言论、集会和结社自由的斗争。

大约从1932年秋季开始，同盟的发起人和一些积极参加者就在上海亚尔培路331号（今陕西南路147号）开过不少次会，讨论筹备和工作问题。1933年1月17日，同盟上海分会的第一次会议也是在这里开的。会上，选出宋庆龄、蔡元培、鲁迅、杨杏佛、邹韬奋、胡愈之、陈彬和等九人为执行委员，宋庆龄、蔡元培分别为正副主席，杨杏佛为总干事。陈翰笙和黎沛华虽然不是执行委员，但一直参与同盟的重要活动。1933年4—5月，在营救牛兰夫妇出狱的活动中，陈翰笙负责给报社送材料和宋庆龄与律师间传递信件，陪同他的是谢树英②。同盟成为一支活跃的进步力量，还营救过陈独秀、廖承志、罗登贤、丁玲、潘梓年、许德珩等。1933年4月，在傅斯年的干预下，陈翰笙任职的社科研究所从上海迁到南京鸡鸣寺。6月18日，同盟总干事杨杏佛被刺杀，

---

① 刘小莉：《史沫特莱与中国左翼文化》，浙江大学出版社2012年版，第55—68页。

② 谢树英（1900—1988），号济生，陕西安康流水店人，早年就读于北兆一中，在高等法文专修馆毕业。1920年11月，由华法教育会派赴法国勤工俭学。1921年，从巴黎转学德国柏林工大采矿科，曾参与留德学生会活动。1925年任国民革命军总政治部专员，后又派赴福州作文教工作。1953年任北京钢铁学院教授。

"陈翰笙与杨杏佛是老友，当时负责中央研究院社会研究所的工作。有一时期他独自住在霞飞坊，后门和杨的前门相对，两人经常见面"①。傅斯年对社科研究所的工作进行干涉并排挤参加调查的人员，开除钱俊瑞。两个月后，陈翰笙辞去中央研究院的工作，应聘去中山文化教育馆任职。其他参加中国农村调查的成员相继辞职，另谋他就。

1934 年，陈翰笙在中国会见荷兰中国问题研究者弗兰德里克·海克（Frederik van Heek）。是年冬，佐尔格通过史沫特莱，动员陈翰笙去日本工作。陈翰笙夫妇以中山文化教育馆和中央研究院研究员身份，赴日本整理东洋文库。在日本期间，完成了《中国的地主与农民》（英文版）和《工业资本与中国农民》（英文版）两本书，1940 年由太平洋学会出面在纽约出版。英美烟草公司认为《工业资本与中国农民》触犯该公司利益，败坏了公司名声，要向法院提出诉讼，后由太平洋学会聘请律师出面调停才平息。陈翰笙在日本结识郭沫若，郭沫若为写作《中国古代社会研究》一书而阅读东洋文库中的相关古籍。二人十分投缘，讨论中国奴隶社会的历史等问题，并共度 1935 年元旦。

1935 年 4 月，共产国际远东情报局的华尔顿约定从上海到东京与陈翰笙见面，逾期未至，陈翰笙在《字林西报》上看到华尔顿被捕的消息，遂直接从横滨坐船回国，其后，由王寅生赴日本接顾淑型回国。由此可以推测出，陈翰笙夫妇在日本的任务之一是保持日本特工小组与共产国际的联络。刘思慕是华尔顿的联络者之一。1929 年，刘思慕以刘穆为名出版《世界政治地理概要》（上海远东出版社），陈翰笙为该书作序，称赞"这本书的格局在国内可以说是首屈一指的"。② 刘思慕于 1926 年夏至 1927 年夏，留学苏联中山大学。陈翰笙与刘思慕关系应该较为密切。陈翰笙夫妇由史沫特莱、路易·艾黎等外国朋友掩护出逃苏联。此时的苏联正在进行第一个五年计划，国民经济情况好转。但是在 1934 年苏维埃第十七次代表大会后开始大规模地"清党"。陈翰笙所熟识的加拉罕和马季亚尔也遭到审查和处死。陈翰笙夫妇在莫斯科东方劳动大学挂名研究员以领取生活费，为苏联校对俄文版中国地图。同年年底，根据工作需要，陈翰笙夫妇经中共驻共产国际代表王明、康生

---

① 杨小佛：《杨杏佛与中国民权保障同盟》，《历史研究》，1978 年 12 月，第 68—74 页。
② 刘穆（刘思慕）编：《世界经济地理概要·序言》，上海远东出版社 1929 年 7 月。

之手转入中国共产党。

1936 年春，陈翰笙在莫斯科的旅馆中见到潘汉年，他是与共产国际进行联系的，他向陈翰笙介绍了国内的情况：1935 年初中国共产党在长征途中召开遵义会议，确立了毛泽东在全党全军的领导地位。潘汉年同时告知陈翰笙，以后就党内工作问题，直接与宋庆龄联系。经过苏联太平洋学会分会的推荐，卡特和霍兰德邀请陈翰笙前往纽约，到太平洋国际学会国际秘书处下属的《太平洋事务》编辑部工作，根据中国共产党的指示，他接受邀请。在陈翰笙夫妇经欧洲转赴美国前，康生代表党组织向陈翰笙交代，其在美国期间的重要任务，是帮助饶漱石办《华侨日报》。陈翰笙曾用笔名在该报上发表文章。而在太平洋国际学会的研究工作仅是解决生活费来源问题。

第一次世界大战结束后，国际秩序重构，分别召开的凡尔赛会议和华盛顿会议为新的国际秩序制定框架，而太平洋地区在此过程中被视为"某种程度上独立的政治和经济区域"，太平洋国际学会诞生于此过程中。"太平洋"这个词是指太平洋地区以及周围的地方，研究所是一个非官方的组织，它成立的目的是推进这个地区的和涉及这个地区的人民，共同合作研究彼此的关系。[1] 有论者认为太平洋国际学会带有"威尔逊色彩"，与美国的国际主义兴起相关。[2] 美国对于太平洋地区的关注，源于自身实力的增长，希望在亚洲和太平洋地区发挥更加深远的影响。1923 年，檀香山基督教青年会倡议太平洋沿岸各国青年会召开一次会议，从基督教的背景出发，将檀香山地区不同种族间通过对话和协商实现和谐共处的经验向整个太平洋地区推广。

1924 年 9 月召开预备会议，中国、日本、美国、澳大利亚、新西兰、加拿大、菲律宾和朝鲜基督教青年会派代表参加，会议决定成立中央执行委员会，将其变为一个超越基督教视野的泛太平洋地区国际会议。1925 年，该组织命名为太平洋国际学会，并召开成立大会。先后加入太平洋国际学会并创立国别理事会的国家包括美国、澳大利亚、英

---

① ［美］弗雷德里克·范德比尔特·菲尔德：《从右到左——我的自传》，竞耘、芦荻生译，世界知识出版社 1992 年版，第 150 页。

② Jon Thares Davidann，"Colossal Illusions"：U. S. -Japanese Relations in the Institute of Pacific Relations, 1919 –1938, *Journal of World History*, Vol. 12, No. 1（Spring. , 2001）, pp. 155 – 182.

国、加拿大、中国、日本、朝鲜、新西兰、菲律宾、法国、荷兰、苏联、缅甸、印度尼西亚、泰国和印度。学会的组织机构包括太平洋理事会、国际秘书处、参事会。学会创办了《太平洋事务》（*Pacific Affairs*）和《远东观察》（*Far Eastern Survey*），是 20 世纪上半叶在太平洋区域研究方面深具影响力的刊物。太平洋国际学会成立的初衷是"通过研究太平洋区域人民的情况，以改善他们相互间的关系"。[①]

　　此时美国学术界和知识分子对于中国问题研究仍处于起步阶段。1936年，费正清对美国的中国研究队伍的概述：但是大体上这是一支研究中国问题的专家的队伍，凡是有经验的、没有经验的和缺乏经验的，格雷夫斯（Mortimer Graves）和史蒂文斯（David Stevens）都能把他们动员起来，使美国了解中国。……我们彼此间掌握的汉语知识参差不齐，有时竟然全然不知。总之，那些研究当前局势的人缺少使用这种语言的知识技能，而那些懂得一点汉语的人又都钻在故纸堆里。我们普遍缺乏那种能理解当前中国人究竟在想些什么的能力，除非他们用英语告诉我们。我们普遍对社会科学的概念十分无知，另一方面，我们通常有一点在中国生活的经验，或者说得更恰当些，是外国人在中国生活的经验。[②]

　　1936 年 4 月底 5 月初，陈翰笙与顾淑型离开莫斯科，到伦敦同太平洋学会的负责人卡特进行了一次很长的面试，随后与卡特夫妇一同乘船前往纽约。陈翰笙夫妇在此次旅途中认识了邱茉莉，她是陈翰笙任《太平洋事务》编辑期间的助手，其后赴香港，与爱泼斯坦结婚，中华人民共和国成立后任《中国建设》杂志的编辑人员，爱泼斯坦和邱茉莉成为陈翰笙夫妇一生的好友。陈翰笙在美国经常接触的人包括：《大公报》的记者杨刚、冀朝鼎、《华侨日报》的徐永瑛。陈翰笙为斯诺、史沫特莱、斯特朗提供写作素材。[③] 陈翰笙关注中国局势的变化，虽然身

　　① Frederick Whyte, The Institute of Pacific Relations and the Crisis in the Far East, *Pacific Affairs*, Vol. 9, No. 1 (Mar. , 1936), pp. 5 – 12.

　　② ［美］费正清：《费正清对华回忆录》，陆惠勤、陈祖怀、陈维益、宋瑜译，章克生校，知识出版社 1991 年版，第 150 页。

　　③ 陈翰笙在美国期间交游甚广，他并未详细提及。可在一些文章中见到与他交往学者的记述，如 Kurt Bloch 在其文章中对河南省发行劣质铜币的记述即称"据我的好友陈翰笙告诉我"，可见其在学术界是较活跃的。见 Kurt Bloch, Warlordism: A Transitory Stage in Chinese Government, *American Journal of Sociology*, Vol. 43, No. 5 (Mar. , 1938), pp. 691 – 703。另外，陈翰笙所交往的杨刚、徐永瑛等人的传记或回忆性文章对陈翰笙却鲜有提及，应是顾忌其身份特殊，不便过多介绍其行迹。

在美国，但他在《太平洋事务》《远东通讯》《美亚》等杂志上发表多篇与中国政治经济形势变化相关的文章。① 陈翰笙在太平洋国际学会工作期间，在美国的中国问题研究领域十分活跃，对太平洋学会及各分会的中国问题研究的学术作品多有评论和介绍，并就中国时局问题撰文论述，批驳一些美国学者的相关论点。

在此情况下，陈翰笙利用在中国进行社会调查的资料进行研究与写作，具有代表性。陈翰笙与太平洋国际学会的关系，是相互作用。一方面，陈翰笙参与太平洋国际学会的运作，并发表其学术观点。另一方面，太平洋国际学会对时局的关切及汇聚研究者对于太平洋地区的国家进行研究，推动、资助陈翰笙对于中国的研究。

陈翰笙同拉铁摩尔相处融洽。拉铁摩尔在 20 世纪 50 年代受到麦卡锡主义的迫害，名誉和财产均有损失，不得不远赴英国。但是他在其回忆录中仍表明了他同陈翰笙和冀朝鼎的密切关系，而其他一些学者面对麦卡锡主义的汹涌浪潮，只能保持缄默，对陈翰笙只字不提。拉铁摩尔在回忆录中写道："我在中国会员里最亲密的朋友是陈翰笙和冀朝鼎。陈翰笙是中国太平洋关系学会书记处成员，1933 年我在班夫太平洋关系学会会议上首次见到他。我们马上觉得彼此意气相投。他是个非常有趣而聪颖的人。尽管还很年轻，却已在法国和德国留过学，或者至少是

---

① 这一时期陈翰笙在《太平洋事务》等学术刊物发表多篇文章，主要包括对中国经济问题的分析及关于中国著作的书评，他对魏特夫、陈达等人的作品进行评论和介绍，对美国学者的中国研究进行评论，这些文章从一个侧面反映出其在学术界的活跃程度。这时期的文章包括：Chen Han-sheng, The Burdens of the Chinese Peasantry, *Pacific Affairs*, Vol. 2, No. 10（Oct., 1929），pp. 644 – 658. Chen Han-seng, Wirtschaft und Gesellschaft Chinas: Erster Teil Produktivkraefte, Pro-ductions-undZirkulationsprozess by K. A. Wittfogel, *Pacific Affairs*, Vol. 4, No. 12（Dec., 1931），pp. 1104 – 1106. Chen Han-Seng, Economic Conditions in China: A Brief Survey, January to June, 1932, *Pacific Affairs*, Vol. 5, No. 9（Sep., 1932），pp. 769 – 774. Chen Han-Seng, Economic Disinte-gration in China, *Pacific Affairs*, Vol. 6, No. 4/5（Apr. -May., 1933），pp. 173 – 181. Chen Han-Seng, Review, *Pacific Affairs*, Vol. 7, No. 4（Dec., 1934），pp. 455 – 457. Chen Han-Seng, The Good Earth of China's Model Province, *Pacific Affairs*, Vol. 9, No. 3（Sep., 1936），pp. 370 – 380. Chen Han-Seng, A Critical Survey of Chinese Policy in Inner Mongolia, *Pacific Affairs*, Vol. 9, No. 4（Dec., 1936），pp. 557 – 561. Chen Han-Seng, Conquest and Population, *Pacific Affairs*, Vol. 10, No. 2（Jun., 1937），pp. 201 – 207. Chen Han-Seng, Review, *Pacific Affairs*, Vol. 10, No. 4（Dec., 1937），pp. 459 – 462. Chen Han-Seng, Review, *Pacific Affairs*, Vol. 10, No. 2（Jun., 1937），pp. 215 – 216. Chen Han-Seng, Review, *Pacific Affairs*, Vol. 11, No. 1（Mar., 1938），pp. 114 – 117. Chen Han-Seng, Review, *Science & Society*, Vol. 3, No. 2（Spring., 1939），pp. 277 – 279. Chen Han-Seng, Review, *Science & Society*, Vol. 3, No. 2（Spring., 1939），pp. 277 – 279. Chen Han-Seng, Review, *Pacific Affairs*, Vol. 12, No. 1（Mar., 1939），pp. 91 – 93. Chen Han-Seng, Re-view, *Pacific Affairs*, Vol. 13, No. 4（Dec., 1940），pp. 480 – 482.

游历过，并在他的研究中使用各种语言。他从未告诉过我——我多年之后，只是最近在英国才听说——他的俄语非常好，以致可以作同声翻译。我刚读过一本由一位中国托洛茨基分子王凡西撰写并译成英文名为《中国革命》的书，书中称他20年代后期在莫斯科时陈翰笙也在那里。陈和冀朝鼎一样，认为中国农村问题的重要性尚未被充分认识到。陈不是替太平洋关系学会，而是为天津南开大学经济研究所——该所有一批杰出人才——做了一次农村调查。陈调查的问题之一是山东省烟草生长的增长，这种增长的结果是农民从按收成的百分比支付地租转为出售商品，这使他们从旧式的中国生产基础上转移到新的货币经济中来。冀朝鼎是另一个有趣的人物。我知道他受到马克思主义的影响，但我没有理由相信他是中共党员。战后我被告知，他实际上是共产党员。"①

此时美国的对华态度经历了一个从冷漠到逐渐关注的过程。影响这一转变出现的因素既有美国国内的因素，也有远东局势的变化对于美国国家利益的影响。日本女作家石垣绫子回忆1928年的美国："那时美国气氛是，无论中国发生什么事情，都毫不关心。说到中国，那是一个不可思议，未开放的国家；说到中国人，则认为是低于他人的劣等民族。因为生活在美国的中国移民大都是开洗衣房的。所以一提到中国人，便认为，谁都不会高于洗衣房的小伙计。"② 经过1929年的大萧条，美国的政治氛围开始发生变化，曾以经济繁荣自豪的美国已变成了一个失业者多达1500万的阴暗悲惨的美国。由于这种政治气候和土壤，也使美国人的对华观从偏见中稍稍解脱出来。1930年3月6日，在联合广场，35000人的反饥饿示威游行造成了大批受伤者。

1932年夏季，退伍军人争取津贴的示威震动了美国社会。在经济萧条的绝望和黑暗中奋起的民众的斗争，震动了知识分子的精神，从艺术家中间发起了无产阶级的文化运动。最初的小组是在发生了经济萧条的那年秋天组织起来的约翰·里德俱乐部。约翰·里德是《震撼世界的十天》一书的作者。在经济萧条时期受到锻炼而觉悟起来的美国人民，开始关注日本发动侵华战争这一事实，和平运动变得活跃起来。

---

① ［日］矶野富士子整理：《蒋介石的美国顾问——欧文·拉铁摩尔回忆录》，吴心伯译，复旦大学出版社1996年版，第34页。

② ［日］石垣绫子：《一代女杰：史沫特莱传》，陈志江等译，光明日报出版社1992年版，第87页。

使美国人了解到中国人的是帕尔·巴克（赛珍珠）的小说《大地》（1931年出版）。这部著作连续畅销21个月，共售出200万部。众多的美国读者又先后读过林语堂的《吾土与吾民》和《生活的发现》。史沫特莱的《中国人的命运》1933年出版，《中国红军在前进》1934年出版，她是掌握了奋战中的中国人精神的美国人。中国问题热随着日本的对华侵略的升级而高涨起来，1937年日军侵华广受关注。埃德加·斯诺进入被封锁的中国共产党地区后写成的《红星照耀中国》（1938）（《西行漫记》），披露了红军斗争的真实情况。

1937年，日本发动全面侵华战争后，陈翰笙一方面通过文章呼吁抗战，另一方面于1938年初应太平洋学会加拿大分会的邀请，在加拿大十几个城市中进行演讲，宣传中国人民抗日战争的决心和力量。顾淑型组织起一个救济战争难民的机构，宣传、动员爱国侨胞和美国朋友为战争中的孤儿捐款。据陈志昆回忆：

> 1938年，……日本占领南京、汉口，在中国到处横行。翰笙在美国利用一切机会揭露日本的侵略罪行。我记得在伯克利大学，有外国学生住宿的国际大厦，各国学生在这里集会讨论中国的战局，许多学生发言谴责日本。翰笙也发言。学生中有德国人和日本人。他们为德、日侵略辩护，破坏会议。据说他们是日本政府收买的。翰笙发言后，有一个美籍日本助教起立辩驳。但是他每次发言后都要再三声明："我是美国公民"。翰笙对日本人进行答辩，他对这个日本收买的特务十分恼怒，所以他尖锐地揭露他："你为什么要再三强调你是美国公民"？问得那日本助教哑口无言。另一次，一个读博士学位的德国学生，听到许多发言谴责日本侵略罪行后，一面吸着烟斗，眼睛朝上看着屋顶的天花板，傲慢地问道："中国人到底要什么？"翰笙为他的无礼态度所激怒，生气地回答道："像你一样，能自由地吸烟斗，而不是像一头牛，闯进瓷器店，横冲乱闯。"听众哄堂大笑，使那法西斯分子尴尬万分，不再敢出声。[1]

① 陈志昆：《我所认识的陈翰笙》，张椿年、陆国俊《陈翰笙百岁华诞集》，中国社会科学出版社1998年版，第228—232页。

1937 年 9 月 15 日，陈翰笙致信爱德华·卡特（Edward Carter），介绍中国的国内形势，"从 5 月份到 7 月份，南京政府一方面试图维护其在河北和山东的政治和军事权威，另一方面却试图避免加入统一战线政策。日本人不得不置一切国际情于不顾，在统一战线可能形成之前加速实现其目标"。① 1937 年 10 月 15 日陈翰笙致信弗雷德里克·菲尔德（Frederic Vanderbilt Field），分析日本内阁十个成员的政见和背景及日本政局的变化，认为在东京，天皇在枢密院成员面前任命了一个内阁参议会。指出这个新的太上内阁是日本法西斯主义发展的最确定最明白的信号。1938 年 1 月，陈翰笙发表《中日战争的经济背景》② 一文，分析日本侵略中国的经济动因。"自从目前的中日战争爆发以来，日本一些主要日报的社论一再声称是中国军队挑起了侵略。它们用与日本政界领袖如广田首相、荒木将军和德川亲王之流同样的腔调说话。按照它们的说法，如果中国保卫自己的领土，就是对日本的侵略；如果日本攻击中国，就是日本的自卫。"③

四　赴香港参加工合运动

（一）合作运动的兴起

20 世纪二三十年代，合作主义被引入中国，广受重视。国民党政府亦认识到中国农村经济崩溃的现实，组建"农村经济研究会"，提倡以合作运动复兴农村。此时出版的关于合作运动的著作和译著有：孙锡麒《合作主义》（商务印书馆 1924 年）、寿勉成《中国合作经济政策研究》（中国合作事业协会编辑 1944 年）、查理·季特《合作原理比较研究》，彭师勤译（中华书局 1935 年），等等。

合作运动由英文 Co-operative 意译而来，最早追溯到英国的罗伯特·欧文（Robert Owen），1820 年英国已出现合作主义会社，1827—1830 年，英国的合作社不下百处。至 20 世纪初期，合作运动在欧洲各国间渐渐普及，其精神，在于"用一种新制度以代替现行的资本主义的、竞争的制度，此种新制度，乃以消费者的集体为出发点，而非以牟

---

① 从翰香、李新玉编：《陈翰笙文集》，史建云、徐秀丽译，商务印书馆 1999 年版，第 476 页。

② 原文发表于《美亚》第 1 卷第 11 期，1938 年 1 月。

③ 汪熙、杨小佛主编《陈翰笙文集》，复旦大学出版社 1985 年版，第 388 页。

利为目的"，① 是在资本主义制度下的社会改良运动。

合作主义与空想社会主义间关系密切，"不用革命的手段，不论在那时代，它都不想没收私人的资本和所有阶级的财富。它所愿望的是创造足够抵偿旧资本的新资本，使旧资本留在所有者之手起锈，而变为无用之物。但是这个结果，它只原等到合作制度占了上风之后才产生，而不赞成用什么暴力夺取的手段"。② 进而通过合作社的方式，把资本变为不取利润的资本。欧洲的合作社分为消费合作社、生产合作社、信用合作社。

20 世纪 20 年代，第一次世界大战结束后，各种思潮相继传入中国，合作思想随之传入中国。相较于欧洲一些知识分子对合作主义的推崇，中国知识界力图褪去其主义的光环，而重于形式。"最初提倡合作运动者，多误认合作思想为社会主义思想之一种，以为合作组织可以代替资本主义组织，而解决现代社会问题，这是一种误解，合作组织，仅是一种社会政策。"③ 属于资产阶级改良主义方法之一。由于此种团体，将资本不充裕者团结起来，进行自助生产，在欧美各国颇受推崇。合作主义被全盘搬到中国。对合作运动之介绍与描写，充满理想主义情怀，"改革社会之思想，可大别为二派：一为稳健的社会改良主义；一系急进的社会主义。合作运动属于前者，系用最稳健之方法改良社会，最和平之手段革除资本主义之流弊，社会可不受其破坏，而经济组织得以安全改善"。④ 合作之宗旨是"各个为全体，全体为各个"。只是中国社会此时已处于转变之中，内忧外患，天灾人祸，并不存在可供合作运动顺利发展的稳定之社会。合作运动所依赖的小资产阶级和贫民阶级，尚未成为社会构成之中坚力量。中国的合作运动，遂面向广大农村。

五四运动之前，即已有中国知识分子对合作运动进行宣传，即朱进之⑤和徐沧水⑥二人。⑦ 最早在中国出现的消费合作社是北京大学的教职员和学生组织的北京大学消费公社，成立于 1918 年 7 月。五四运动后，

---

① ［法］查理·季特：《合作原理比较研究》，彭师勤译，中华书局 1935 年版，第 6 页。
② ［法］查理·季特：《合作原理比较研究》，彭师勤译，中华书局 1935 年版，第 55 页。
③ 于树德：《合作社之理论与经营》，中华书局 1929 年版，第 1 页。
④ 卢守耕、吴耕民编：《合作原论》，中华书局 1931 年版，第 2 页。
⑤ 朱进之（？—1923），教育学家、经济学者，主张设立平民银行。
⑥ 徐沧水（1895—1925），长沙人，曾赴日本调查经济组织，宣传合作运动。
⑦ 伍玉璋：《中国合作运动小史》，中国合作学社 1929 年版，第 8 页。

在中国宣传并推动合作运动的人是薛仙舟①，1919 年 10 月 22 日，他与复旦大学几个教员和学生发起的上海国民合作储蓄银行，是中国第一个有规模的信用合作社。② 1920 年 12 月，薛仙舟又发起上海合作同志社。复旦学生发起平民学社。此后，湖南省、湖北省、浙江省、四川省、广东省等相继成立各种合作社。其在中国有规模的传播，当推中国华洋义赈救灾总会（华洋义赈会）③，至 20 世纪 30 年代，其指导设立的合作社已有百余所。依合作社自身行为的目的，可以分为信用及储蓄合作社、消费合作社、生产合作社等。

中华人民共和国成立前，中国合作社的发展大致经历了四个时期。第一个时期是 1927 年以前，合作社运动主要是出于社会慈善目的；第二个时期是 1927—1934 年，合作社运动受到政府的控制；第三个时期是 1934—1938 年，中国各银行开始把资金注入合作社，中国的合作社发展以信用合作社的形式为主，主要是对农业生产进行资本投放以获取利益回报；第四个时期是 1938 年"工合"运动兴起，开始在全国范围内出现工业合作社。

1949 年，薛暮桥等著《怎样办合作社》，阐明合作社的性质问题。提出：第一，合作社是为群众服务的经济组织，它的主要任务是扶助群众生产，这是合作社的最主要的特点；第二，合作社是资金与劳力的结合，资金所有者与生产劳动者均为合作社的主人，均有分红权利；第三，合作社是从个体经济发展到集体经济的桥梁，它使分散和落后的小生产逐渐地集体化。④ 小农业和小手工业由于它的分散性、落后性，必然成为贫困和痛苦的渊薮，解决这个问题有两条道路：或者是建立资本家大经济来摧毁这些小农业和小手工业，这就是旧民主主义的道路；或

---

① 薛仙舟（1878—1927），广东中山县人，革命家、银行家、合作主义者。1896 年毕业于北洋大学，1901 年赴美留学，后去德国，专攻银行科，1911 年回国，1915 年起任教于复旦大学，教授德语、经济等课程。1919 年任工商银行总经理，宣传合作思想并创办上海国民合作储蓄银行。1927 年将全国合作化方案提交国民党政府，力图获得支持，未果。

② 孙锡麒：《合作主义》，商务印书馆 1924 年版，第 319 页。

③ 华洋义赈会：1920 年，中国北方五省遇大旱灾，中外均有捐款，1921 年末，将其余款移作基金，成立中国华洋义赈救灾总会，各省成立分会，其职责在于提倡防灾事业。1922 年进行农业调查。1923 年为建立第一批合作社提供必要的启动基金，其资金主要来自美国的捐助，它在采用预防措施以减轻灾荒方面起了重大作用。该会的美方职员一向支持合作社，视其为一种改良方式，1932 年以前，中国全部合作社实际上都在该会的指导之下。

④ 薛暮桥等：《怎样办合作社》，新中国书局 1949 年版，第 2—4 页。

者是用合作社来组织小农业和小手工业，使它逐渐向着集体经济发展，这就是新民主主义的道路。①

（二）工合运动与战时动员

工合运动与之前的合作运动有不同之处，它是应急的战时运动，它与信用合作社的运行机制及目的不同。陈翰笙赞同工业合作运动，但是对信用合作社的运行及其社会功效并未完全认同。工合运动有两方面的背景，其一是国际因素，其二是中国特殊的社会状况。

自 20 世纪 30 年代后期以来，一些美国人已在进行一些援华工作。早在 1941 年创建联合援华会之前，美国的一些人道主义举动已在以下八个机构中体现出来，分别是：美国医药援华会（American Bureau of Medical Aid to China）、中国战争孤儿委员会（American Committee for Chinese War Orphans）、华美工业联合会（American Committee in Aid of Chinese Industrial Cooperatives）（简称工合）、美国友好服务委员会（American Friends Service Committee）、中国教会大学联合会（Associated Boards for Christian Colleges in China）、美国援华会（China Aid Council）、紧急救济中国委员会（China Emergency Relief Committee）和教会援华委员会（Church Committee for China Relief）。每一个机构都有自己的关注重心，如美国医药援华会主要筹集资金，用现代医疗手段救治战争中伤病的战士和受战争残害的百姓；中国战争孤儿委员会重点为不断增多的战争孤儿提供食宿和照顾。这些机构各自为政，虽然一定程度上为穷苦的中国提供了人道主义援助，但由于中国的需求太大，再加上这些机构之间彼此竞争出现的诸多问题，所以发挥的作用受到了限制。② 到 1941 年 2 月，八个援华机构合并为"美国联合援华会"，开始时只将它视为一个临时性的组织。在日军全面侵华后，身在中国的外国友人目睹日军的暴行，以各种方式援助中国，国际华侨的捐款、各国左翼政党的捐款纷沓而来，为工合运动提供了资金。

另外，在中国近代以来，中国经济体系受帝国主义经济渗透的影响，工业设施几乎集中于沿海及黄河长江中下游地区，日本发动全面侵

---

① 薛暮桥等：《怎样办合作社》，新中国书局 1949 年版，第 4—5 页。

② ［美］T. 克里斯托弗·杰斯普森（T. Christopher Jespersen）：《美国的中国形象（1931—1949）》，姜智芹译，江苏人民出版社 2010 年版，第 57 页。

华战争后，中国的经济中心从沿海地区转移至内陆。伴随战争出现的大量失业工人流离失所。帝国主义国家在华投资由于战争的爆发而暂时减弱其竞争力。银行资本寻找新的投资领域。更为迫切的问题，是在战火的废墟上重建中国的工业，为长期抗战提供有利条件。工合运动是在此背景下兴起的。它的出现整合了失业工人和难民的力量，因时因地兴办小型手工业生产，解决战争和民用的需要。工业合作运动被誉为中国的"经济国防线"①，在战时工业经济中占有一定地位。工合运动的最初发起人是路易·艾黎（Rewi Alley，1897—1987）。在其自述中，提及发起工合运动的原因及过程，"抗战初期，我见到了很多中国工业遭到日本人的破坏"，"我开始考虑如何以我在上海等地工业界中所取得的实践经验为抗战力量服务。许多难民涌向内地，如何能把他们组织起来，建立抗战中的经济力量。"②

1938年春，日本入侵中国后，整个战局对中国极其不利，日本完全侵占上海后，为了摧毁中国的工业生产能力，放火焚烧了上海部分地区。艾黎当时任上海公共租界工部局工业科科长，他是第一批获得日本军事当局批准视察废墟的少数人之一。工厂废墟和潮水般的难民使艾黎深受触动。"在战前上海各工厂约雇用男女工人60万人，但到了1938年4月全上海继续工作的工人，只剩13万人。"③中国所建立起来的现代化工业几乎全部位于沿海各省。这些工业基地因为战争损害严重，使中国不再具有抵御日本经济侵略的能力。日本货从沿海涌入内地，中国遭受战争打击之外的经济打击。日本却借此补充战争费用。

第一个设想工业合作社的人是埃德加·斯诺夫人④，这与艾黎的想法不谋而合。他们构想了一个长期的计划，认为在内地建立起较小的工厂、作坊，对战后实现较健全的工业化也将起到促进作用。其他支持中国工合运动的人中有金陵大学社会学系教授史迈士（Lewis S. C.

①　卢广绵、寿祝衡、齐福霖编：《回忆中国工合运动》，中国文史出版社1997年版，第1页。

②　卢广绵、寿祝衡、齐福霖编：《回忆中国工合运动》，中国文史出版社1997年版，第29页。

③　陈翰笙：《艾黎与工合》，载张德禄等主编《纪念路易·艾黎文集》，甘肃人民出版社1997年版，第133—136页。

④　海伦·福斯特·斯诺（Helen Foster Snow，1907—1997），笔名尼姆·韦尔斯，当代美国著名女记者，女作家，埃德加·斯诺的前夫人。

Smythe）博士，他主持的广播节目中说中国工合传播了民主的种子，其作用不仅是生产了被褥，而且在于造就了好人。最重要的是美国的筹款，共计 500 万美元。这笔资金会让中国工合站稳脚跟，帮助赢得抗日战争的胜利，并在胜利后在中国广大农村建立起民主的堡垒。①

1938 年 3 月 19 日和 4 月 3 日，艾黎和其他 10 人在上海组成促进中国工业合作社的筹备委员会（上海工合运动委员会）。8 月，埃德加·斯诺、海伦·斯诺、路易·艾黎、胡愈之等在汉口发起成立中国工业合作协会，11 月，该协会总部迁往重庆。该协会的名誉理事长为宋美龄，理事长为孔祥熙，代理事长为杭立武。理事包括林伯渠、董必武、邓颖超、王世杰、邵力子、张治中、沈钧儒、黄炎培等。在武汉，路易·艾黎常向周恩来汇报工合运动的相关情况，博古指示艾黎，"工合"的主要任务必须是促进蒋介石抗战，不要让他投降，并且尽可能地争取美国和其他国家的支持。博古几次联络艾黎，并建议他尽量将武汉工业迁到西北去。艾黎设法将三座棉纺厂和 60 座其他工厂，连同工人迁到西北。工业合作运动在中国西北、东南、西南等地迅速发展。

（三）工合运动的意义

斯诺认为"在工合的技术上面，中国找到了一个对付空军威胁的工业防御的原则"，"这原则不过是如此：集中在人口稠密的大城市里的工业，在不断的轰炸之下，无法有效地或安全地做工，所以必须撤退，分成小的单位，散在广大的区域中，务使轰炸机失掉其唯一决定的后方目标——即是机器、交通和熟练工人的战略集中的固定化"②。

工合运动的筹办者卢广绵回忆其在宝鸡创办第一批工业合作社时的情景，"我离开汉口的时候，艾黎交给我一张 300 元钱的支票，这大约是他自己的钱。这笔钱既是我们两个人的旅费，又是西北工合的开办费"③。"当时大家参加工业合作社工作，都是义务性质，谁都没有支领什么薪金待遇，但工作非常紧张，情绪很高。工人、难民、指导人员不

---

① ［美］T. 克里斯托弗·杰斯普森：《美国的中国形象（1931—1949）》，江苏人民出版社 2010 年版，第 64 页。

② ［美］埃德加·斯诺：《中国的"工合线"》，卢广绵、寿祝衡、齐福霖编《回忆中国工合运动》，中国文史出版社 1997 年版，第 34—41 页。

③ 卢广绵：《抗日战争时期的中国工合运动》，卢广绵、寿祝衡、齐福霖编《回忆中国工合运动》，中国文史出版社 1997 年版，第 84—106 页。

分彼此，打成一片。大家只有一个想法，就是要增加后方生产，支持长期抗战。"① "中国工合将战时所需与战后的民主基础融合了在一起。《时代》周刊也随声附和，称中国工合是民主机制的催化剂，说中国民主的胜利要依靠中国工合这样的民主发电机，取代落后的曲柄摇杆。"②

但是，国民政府仅支持国民党统治区的工业合作运动，大部分经费拨付给国统区的工业合作社。许多英国和美国的同情者也为中国抗日战争提供援助，此外，还有来自菲律宾、澳大利亚、加拿大、印度尼西亚、马来西亚、缅甸、印度支那、暹罗等国家的爱国华侨的捐助。设在重庆的工合管理处企图控制所有海外捐款。1939 年 5 月，陈翰笙夫妇按照中国共产党的指示回到香港，主要任务是协助宋庆龄开展工业合作运动。为了帮助"工合"的发展，也为使国外捐款能够支持解放区的工业合作运动，1939 年 7 月 21 日，宋庆龄等在香港成立工合生产救济基金国际委员会（"工合"国际委员会）。该委员会的主要负责人为宋子文和香港区主教何明华，由艾黎任执行秘书。从 1939 年到 1942 年间，工合运动的领导权实际是属于国际委员会。陈翰笙被委任为"工合"国际委员会的秘书。委员会的其他成员为：名誉主席为宋庆龄；委员包括斯诺、普律德小姐和其他爱国人士；会计为陈乙明。

艾黎为筹备工合事宜，曾三次赴延安见毛泽东主席。谈到工合国际委员会成立的初衷，"我们能够阻止国民党窃取以国外捐赠给我们的捐款的唯一办法，就是在香港设立一个国际委员会，先由普律德女士任干事，她去美国建立美国委员会后，由陈翰笙博士任干事。香港沦陷以后，向延安转赠捐款，要经过在宝鸡的西北区办事处，由于蓝衣社、CC 分子等等的活动增加，困难越来越大。后来，我们又设立了晋豫区、浙皖区等办事处，以便更好地与八路军和新四军加强联系。但是困难一直在增加。当国际委员会在香港时，陈翰笙经由上海银行，通过廖承志和唐明照把捐款直接转到延安给李富春"。③

① 卢广绵：《抗日战争时期的中国工合运动》，卢广绵、寿祝衡、齐福霖编《回忆中国工合运动》，中国文史出版社 1997 年版，第 84—106 页。
② ［美］T. 克里斯托弗·杰斯普森：《美国的中国形象（1931—1949）》，江苏人民出版社 2010 年版，第 63 页。
③ ［新］路易·艾黎：《工合运动记述》，卢广绵、寿祝衡、齐福霖编《回忆中国工合运动》，中国文史出版社 1997 年版，第 29—33 页。

1939 年，毛泽东致信"工合"国际委员会主席何明华，由陈翰笙转交。信的内容节录如下：

> 诸位先生：
>
> 我赞成以合作社的方式在中国组织建设许多小型工业。对于你在这一事业上的热心，以及你在帮助我们抗战上所取得的光辉成绩深表感佩。
>
> 如能在华北游击区和西北接近战区的地方组织建立这种工业合作社，八路军和鄙人自己对此种援助将表示极大的赞赏和热情的欢迎。
>
> ......
>
> 毛泽东
> 于延安 1939 年 9 月 25 日①

10 月，叶挺致信"工合"国际委员会。其内容为寻求援助并对已有援助表示谢意，其内容节录如下：

> 菲律宾抗敌协会及"工合"国际委员会的朋友们：
>
> 你们经常援助在皖南游击区建立工业合作社，我们极为感谢，我们将永不忘怀。
>
> 皖南工业合作中心（即工合事务所）对我们的帮助是重要的。这些工业使我们各区难民参加了生产工作，得到了救济。他们帮助我们利用了土产原料，免致落于敌人手中。藉此我们还可以抵制敌人商品的侵入，使自给自足情况能够实现。皖南全体居民得以受益。
>
> ......
>
> 藉此机会，我们向你们请求给予进一步的帮助，使这一工作继续有利于皖南人民，以支持我们的抗战。我们认为你们是主持正义的，觉得你们一定急于看到中国人民在他们的解放道路中取得胜利。

---

① 卢广绵、寿祝衡、齐福霖编：《回忆中国工合运动》，中国文史出版社 1997 年版，第 332 页。

......

叶挺

1939 年 10 月 10 日[①]

　　陈翰笙在香港结识叶挺，并协助宋庆龄，通过保卫中国同盟为皖南的新四军筹集物资。"工合"国际委员会在香港工作的两年半期间，共收到国外捐款约 2000 万美元。[②] 陈翰笙通过廖承志，经由上海银行转到延安，由李富春在延安经手。从中国最早兴起的信用合作社到工合运动，陈翰笙对合作运动的态度有明显的变化，他是对信用合作社保有意见的，但是对工合运动寄予厚望，认为除经济意义外，它所实行的民主管理方式培养成员的民主意识，将有利于在中国逐渐形成民主的制度。[③]

　　费孝通亦赞成工合运动，认为"乡村工业的变质，主要是在利用动力和机器，变了质的乡村工业，在它的结构中，生产工具的成本一定要加大，因之，绝不是一个在生计压迫下的农民所能购备。他在新式乡村工业中所能得到的利益，还是限于保留于手工生产的部分。机器生产部分所获得的利益，统统会归到占有生产工具的富户手里"。"因之，我们可以说，家庭手工业和作坊工业若单在技术上加以联系，对于乡村工业的贡献，是决不会太大的。反之，这种新式乡村工业的发展，反而会引起乡村社会中贫富的悬殊。"

　　他认为工合为发展乡村工业提供了合适的方式，"家庭手工业和作坊工业在组织上要谋联系，就得采取合作方式。作坊里生产工具的所有权，不使它集中在少数有资本的人手里，而分散到所有参加生产的农民手上。这一点正是现在工合运动的宗旨，已有充分的发挥，我在这里不多申说了"。

---

　　① 卢广绵、寿祝衡、齐福霖编：《回忆中国工合运动》，中国文史出版社 1997 年版，第 333 页。

　　② 据卢广绵在《抗日战争时期的中国工业合作运动》一文中回忆：根据我掌握的各方面材料，到 1946 年为止，仅英、美两国工合推进委员会对工合的捐款，英国有 10 万英镑以上，美国有 300 多万美元，连同港澳、菲律宾、新西兰、澳大利亚各地工合的捐款，共计约 500 万美元。卢广绵、寿祝衡、齐福霖编：《回忆中国工合运动》，中国文史出版社 1997 年版，第 100 页。

　　③ Members of the American Council Staff，Chinese Industrial Cooperatives Marking Time，*Far Eastern Survey*，Vol. 10，No. 18（Sep. 22，1941），pp. 208 - 213.

用合作方式来组织的乡村工业，就可以避免作坊工业成为集中土地权的魔手了。作坊工业成为集中土地权的魔手，是发生于两个原因：一是作坊工业有极限，工业里累积下的资金，因为在少数人手中，不能在消费中用去，因之又得向土地中投去。二是一般农民生计的压迫，他们不能不借钱来维持生活，以致入了那只金融的魔手。作坊工业若是在合作方式中组织起来，则在这工业中所得到的利益，可以分散到一辈需要钱用的农民手上，花在消费之中。他们生计既有了保障，也不必借钱了，这不但安定了工业，也安定了乡村里的土地问题。[①]

中国工合运动并没有带来其热情的支持者所期望的经济和政治变化。国民党政府对中国工合运动不感兴趣，因为让中国农民明白独立思考、独立行动的好处，会威胁蒋介石独裁政府的统治。通过控制重庆中国工合的重要部门，国民党政府不仅在1940年通货膨胀严重影响经济时拒绝增拨资金，还严格限制该组织的发展。

1942年下半年以后，工合运动开始衰落，抗战胜利后，工合运动的经济规模大量衰减。1952年，"工合"与全国供销合作总社合并，所有国际委员会的活动即告结束。

陈翰笙在香港主编了一份英文刊物《远东通讯》（*Far Eastern Review*），由邱茉莉和新华社的胡愈之帮忙，这份刊物专门向国外报道中国抗日战争的形势，使国外人士不仅仅了解国民党政府对外宣布的消息，而且对中国的抗战也有正确的认识。

陈翰笙夫妇在香港期间为保卫中国同盟做了一些工作，此时同盟的实际负责人是廖承志，秘书长是美国共产党员爱泼斯坦，常参加工作的有邹韬奋、金仲华、陈乙明、司徒永觉夫人，国外友人包括贝特兰、斯诺、史沫特莱、弗朗斯等。

陈翰笙在香港再次见到蔡元培先生，蔡先生对周恩来妥善解决西安事变十分佩服。

1940年10月，陈翰笙同陈洪进、刘述舟赴云南西双版纳进行农村调查，据陈洪进回忆："当时，国际太平洋学会拟定了一些研究项目，邀请国际学者进行研究，其中有一项是中国西南边疆少数民族的土地制

---

① 见费孝通《中国乡村农业》，是为张之毅《易村手工业》所做的序，时间为1941年9月。费孝通：《乡土中国》，上海人民出版社2007年版，第237页。

度。陈翰笙选定了这一项目。为时不久，抗日战争爆发，他离开纽约来到香港，参加工业合作运动，募集海外支援，接济后方生产；同时编辑英文《远东评论》半月刊，传播敌后抗战实况。在这紧张的工作中，他仍然没有放弃农村调查的工作。他写信到重庆要我组织西南少数民族地区的农村调查，我立即同意。那时我在重庆中山文化教育馆工作，征得该馆负责人的同意，以中山文化教育馆和太平洋国际学会的名义，选定西双版纳傣族地区、甘孜藏族地区和大凉山彝族地区进行土地制度的调查。我们还征得重庆新华日报社负责人的同意，邀请了报社记者刘述舟参加调查。由于他参加了我们的工作，所以 1940 年 7 月到 9 月《新华日报》上刊登过以长流为笔名发表的西双版纳傣族人民生活的连载报道。我们做完了六十六个村的概况调查和四个村一百六十八户的挨户调查，以及一些必要的个人访问。"① 陈洪进利用此次调查材料写了《甘孜藏族土地制度》。

1940 年年底，陈翰笙回重庆探望父母和妹妹。1941 年 1 月 4 日，皖南事变发生，国民党政府严密封锁消息。陈翰笙在致爱德华·卡特和欧文·拉铁摩尔的信函中介绍了皖南事变的真相，并在《远东通讯》刊登介绍该事件真相的文章，是第一篇向国外报道皖南事变真相的文章。1941 年 1 月 21 日，陈翰笙致信卡特，这是第一封中国人向世界披露皖南事变真相的信件。"1 月 9—12 日，国民党军队和新四军之间发生了一次战斗。约有 4000 名新四军成员奉政府调往江北之命穿越长江。突然，国民党部队袭击了他们。有关这 4000 人是如何被杀被伤，甚至连孩子和护士们也不得不拿起步枪自卫的事实真相总有一天会被详尽披露。副军长项英受伤后被害。军长叶挺受重伤后被俘。自西安事变后，中国的领袖们就保证决不把枪口对准自己的同胞。现在，这个誓言被违背了。如果这种毁约行为继续下去，领袖们怎能指望他们的海外爱国者捐助金钱物资提供支持呢？他们怎么能保证领袖们一再声明的除非敌人撤离，决不跟他们讲和的诺言会得到遵守呢？"② 陈翰笙明确表达反对国民党破坏国共统一战线的政治观念。

---

① 陈翰笙：《解放前西双版纳土地制度》，中国社会科学出版社 1984 年版，第 2—3 页。
② 从翰香、李新玉主编：《陈翰笙文集》，史建云、徐秀丽译，商务印书馆 1999 年版，第 519—520 页。

1941 年 1 月 26 日，陈翰笙再度致信拉铁摩尔，这是关于皖南事变的第二封信。"八路军新四军把日本人牵制在重要战线上，而他们却遭到重庆指挥下的中国军队的后背袭击。当他们正在执行重庆政府的命令时，新四军却被围歼。"① 他将中国政治局势的变化与远东国际局势的变化紧密联系起来。

在香港，陈翰笙还曾帮助梁漱溟筹建"中国民主政团同盟"。梁漱溟对其有所记述，"赴香港创办民盟言论机关《光明报》前后，一九四〇年十二月二十四日我与黄炎培、张君劢、左舜生发起筹组'中国民主政团同盟'（中国民主同盟的前身），这时国内的政治形势十分恶劣"。② "在筹办过程中，还与当时在港的许多左翼人士，如何香凝、廖梦醒、廖承志、柳亚子、陈翰笙、彭泽民等接触，他们自然都对民盟这一工作表示支持。"③ "至于民盟成立宣言的发表方式的分歧，早在宣言起草之前就出现了。我认为应由民盟的负责人共同具名，而青年党曾慕韩首先提出发表时不具名的主张，并得到黄炎培的支持。""由于发表时不具名，孙科抓住这一点大做文章，在香港发表公开谈话，攻击民盟。而不具名发表的最大不利是不能取信于国外，以获得国际上的同情和支持。为补救计，后由陈友仁（曾任孙中山秘书，国民政府外长）和陈翰笙二位向外国记者说明和保证，并由他们代为将这两文件译为中文，宣言和政治纲领才得通过这些记者转发国外。时间是 1941 年10 月。"④

陈翰笙曾撰文回忆香港被攻陷当日的情形："我记得那是一个夜晚，当我们至香港不时听到往来的、间断的隆隆炮声的时候，时钟早已敲过十一下，而且将近子夜了。保卫中国同盟的工作人员和中国工业合作协会的委员们还留在南华球场。白天，展览会和募捐基金的义卖会就在那里举行的，观众人数多达一万人，由于那天是最后一天展示，所以也是为期一月的义卖会最忙碌的一天。"他分析了英国对于香港和日本的政策。"在没有识认到中日战争会给大英帝国带来威胁以前，伦敦政府感

---

① 从翰香、李新玉主编：《陈翰笙文集》，史建云、徐秀丽译，商务印书馆 1999 年版，第 523 页。
② 梁漱溟：《忆往谈旧录·梁漱溟回忆录》，中国文史出版社 2013 年版，第 242 页。
③ 梁漱溟：《忆往谈旧录·梁漱溟回忆录》，中国文史出版社 2013 年版，第 244 页。
④ 梁漱溟：《忆往谈旧录·梁漱溟回忆录》，中国文史出版社 2013 年版，第 250 页。

到很安全，因为它跟华盛顿有联盟的关系，而且它从来没有怀疑过日本竟敢向在太平洋上称霸的英美舰队挑战。"当时他和夫人顾淑型正参加保卫中国同盟的义卖活动，"虽然我们知道港岛是无法防卫的，然而我们却没有料到日本竟会向香港、珍珠港和新加坡等三地同时进攻。那天义卖会会场的结束工作一直到第二天清晨二点才完毕。正在我们工作时，我们许多朋友从九龙渡湾而来，他们很肯定地告诉我们说战争已经爆发了，而且大批的人涌入九龙"。①

　　1941 年 12 月，太平洋战争爆发。陈翰笙夫妇及孙少礼、孙幼礼滞留香港，几经辗转才到达桂林。陈翰笙在桂林主持"工合"国际委员会桂林分会和"工合"研究所的工作（主持者包括孟用潜、陈翰笙、勇龙桂、周康人、狄超白等），并同简竹坚、张锡昌共同出版《中国工业》月刊。结识孟用潜、高士其等同志。陈翰笙在桂林的外国人中有影响力，他结交了很多朋友，包括驻桂林的英军服务处主任赖亚德、驻桂林的美国副领事查理·苏维斯、桂林英国新闻处负责人史密斯、美国新闻处主任格兰姆·派克。廖承志被蒋介石秘密逮捕，陈翰笙将消息透露给外国记者，使何香凝、宋庆龄能够迫使国民党政府释放廖承志。何香凝为陈翰笙画一枝老梅表示感激。

五　为躲避通缉逃亡印度

　　陈翰笙逃亡印度的原因有几个方面，他在回忆录中提及："1943 年11 月，桂林召开苏联十月革命纪念大会。我邀请英国驻两广代理总领事班以安到会，报告英国反法西斯主义运动。在桂林的中共党员有许多人到会听班以安的报告。此事传到重庆后，惹起了麻烦。"②

　　其晚年时，薛葆鼎同志为其作《地下工作二十五年》之回忆时，有其他线索，"中共桂林统战工作委员会的工作是由陈翰笙和李亚群同志一同搞起来的。桂林统战工作委员会与中共广西省委没有横向的联系。它的范围超出了广西，是以桂林命名但实际负责湖南、江西南部、广东一部分及广西等地工作的机构，由周恩来同志直接领导。张锡昌等人也

---

　　①　陈翰笙：《在香港的最后一日》，上海档案馆藏陈翰笙书信中文稿，书信是 1958 年 3 月 22 日写给李云的，文末附上这篇文稿。该文稿收录于《中国福利会二十年》，中国福利会编印 1958 年，第 59—63 页。

　　②　陈翰笙：《四个时代的我·陈翰笙回忆录》，中国文史出版社 2012 年版，第 72 页。

在其中工作"。① 重庆军委会要逮捕他。事因时间久了，香港事发，太平洋学会事发，沿路的账算下来，使国民党觉察出一点名堂，所以军委会电令李济深逮捕陈翰笙。②

1944 年 3 月，李济深要陈此生通知陈翰笙，军委会桂林办公厅接到重庆军委会的电报，要逮捕陈翰笙。那么，李济深为何要放走陈翰笙？在李济深的回忆性文章中可以窥见答案：我在桂林掩护了一部分民主人士……民主人士在桂林的很多，陶行知的育才学校也在桂林，蒋介石特务想去捣乱，我反对并且骂他们，因为军政部的军法处在桂林虽然有办事处，但仍归我节制。邹韬奋、梁漱溟，都是我放他们走的。香港沦陷后，民主人士都回来内地。蒋介石派人来要接他们到重庆去，但因为在桂林有我掩护，他们都不肯去。皖南事变后，叶挺被捕了，军队交给张发奎管。叶挺被软禁在桂林，他不愿去张发奎处，时廖承志被捕，住在江西，我派人去叫顾祝同好好看待廖承志，并帮廖夫人派人送衣服等给他。在桂林，民盟做得很活跃，我亦参加了民盟的活动，后来派朱蕴山到重庆做民主政团同盟改为民主同盟工作。③

陈翰笙是李济深掩护的民主人士之一。陈翰笙夫妇乘英军服务处的军车离开桂林去昆明。后搭英国军用飞机离开昆明，飞往印度的加尔各答，又转赴新德里。陈翰笙进入英国远东情报局，具体工作是编写对外宣传用的新闻材料或电台讲稿。这些事宜又是如何联络的？可以在爱泼斯坦的回忆录中找到线索："也是在德里，在英国新闻部，我们遇到了我们的老朋友、博学多才的陈翰笙博士（邱茉莉在纽约就认识他，我在香港同他相识）。在桂林时，邱茉莉曾帮助他躲避蒋介石特务的搜捕并

① 薛葆鼎：《〈地下工作二十五年〉读后记（二）》，张椿年、陆国俊主编《陈翰笙百岁华诞集》，中国社会科学出版社 1998 年版，第 302—317 页。

② 美国学者麦金农就这一问题进行专门研究，通过对陈立夫进行采访，认为陈翰笙从 1940 年在香港工作后又到桂林期间，从事破坏国民党国际地位的事情，尤其在桂林，陈翰笙是驻桂林的英国、美国记者的主要消息来源。在罗斯福的顾问柯里来华访问时，陈翰笙对美国在华政策的影响发挥到极致，最终导致国民党政府下发逮捕令。见斯蒂芬·麦金农《丢失大陆：20 世纪 40 年代的陈翰笙和冀朝鼎》（Losing the Mainland: Chen Hansheng and Jichaoding in the 1940's），中国社会科学院近代史研究所民国史研究室、四川师范大学历史文化学院编《一九四〇年代的中国》下卷，社会科学文献出版社 2009 年版，第 955—966 页。

③ 李济深：《李济深的略历》，李济深口述，张克明笔录，中国社会科学院近代史研究所中华民国史组编《中华民国史资料丛稿增刊》第 6 辑，中华书局 1980 年版，第 18 页。

移居印度，还帮他找到了一个工作。"① 在流亡印度之前，陈翰笙在文章中对印度有所议论。

中国与印度，同为东方文明古国，同样遭受帝国主义侵略之害。近代以来，中国人对印度的研究及认识经历了一个由感性至理性、由感知其文化精神至探求其社会本质的过程。1916 年，中国一些大学相继开设印度学课程，北京大学开设印度哲学课，讲授者包括许季上、梁漱溟。吕澂、汤用彤在南京支那内学院讲授印度哲学和佛学等课程。陈寅恪在清华大学开设佛典翻译文学课等。1901 年 11 月，康有为赴印度，并作《印度游记》。此后，章太炎、孙中山等对印度民族运动颇有论述及赞同。1928 年 9 月，谭云山作为文化交流学者到达印度，在国际大学研究佛学和印度文化，后与泰戈尔共同促进中印学会建立。甘地、尼赫鲁、泰戈尔等印度民族运动领导者及文化人士对中国抗日战争表示积极支持。尼赫鲁通过在印度举行中国日、组织援华医疗队及提供医药物资援助等方式支持中国。泰戈尔连续公开发表演讲及诗歌谴责日本在华暴行。中印学会成为中印间文化交流的重要平台。许多学者应邀赴印度讲学，如陶行知、徐悲鸿等。

徐懋庸认为印度贫穷的原因有三个：财富分配不均，农业生产技术的落后，农村手工业的崩坏。② 印度革命中困难的问题，第一是封建势力的存在，第二是宗教信仰的不同，第三是阶级利益的冲突。一方面是大地主、工商业主及大部分的政治领袖，他们加入民族运动的目的，只是印度自治，不是印度独立，他们所求的只是政治上的若干改良，不是社会经济的革命，他们反而惧怕彻底的革命，他们最容易同英政府妥协。另一方面，青年知识分子及工人领袖，他们主张印度自治运动应该兼政治与社会两方面，革命应解决农工大众的生活问题，使农民脱离政府、重利债与地主的压迫。两派之间的分歧被英国政府利用，导致印度革命进展不顺利。"印度革命已由民族革命开场，将来要由社会革命煞尾，这是十分可能的。"③

袁学易认为，印度独立对于中国而言，具有重要意义，印度问题是

① 伊斯雷尔·爱泼斯坦：《见证中国：爱泼斯坦回忆录》，沈苏儒、贾宗谊、钱雨润译，新星出版社 2015 年版，第 248 页。

② 徐懋庸：《印度革命史》，新生命书局 1933 年版，第 25 页。

③ 徐懋庸：《印度革命史》，新生命书局 1933 年版，第 61 页。

世界性的问题。英国在印度的统治是世界大战的重要原因之一。①

向达指出印度在英国全球战略中的重要地位，"尤有进者，印度既为英国经济上之生命，故印度之安危，即为不列颠帝国之安危：而欲谋印度之安全，必须保持其英印交通路线之安全。于是取埃及归其保护；具有亚丁；与俄国平分波斯，各守其势力范围；远征阿富汗；侵略我西藏。继复以用印度原料所制成之货品输入中国，垄断市场，以施其经济上之侵略。东方民族之处于水深火热之中，受帝国主义之压迫而无自由，拔其存亡之枢纽，实系于印度"。②

自 19 世纪以来，民族主义之运动兴起于欧洲；于是铜山西崩，洛钟东应，而印度亦闻风起矣。③ 印度以宗教之精神，进行民族主义之运动。

印度是农业国，各地间气候及灌溉条件不同，作物种类及种植方法有差异。以米出产为大宗，是世界第一大产米国。输出依次为大米、小麦、棉花。"印度今日之农业，就产量论，仍未有长足之进步。"④ "其原因大概由于印度农业多为小农制，以自给为原则，不事大规模之生产；重以季风雨丰歉无常，易酿饥馑；加之铁产稀少，输入之新农具为之甚昂，农人无力购用，墨守成法，故步自封。"⑤ 如对其农业技术进行改良，则其农业有较大发展空间。

英国占领印度后，交通渐辟，出产日盛，于是印度入世界市场之林。然而，1896—1897 年大饥荒时，饥馑调查委员会（Famine Commission）的报告指出，"二十年来资生之需虽价格日涨，然而人民佣资曾未能随而增上。一逢饥馑，粮食价格固因以高涨，而佣资则反而减低。故在凶年，民无以为生焉"。⑥

印度自来只有小规模之手工业。自外国货物输入而后，价廉物美，人争购用，于是以前恃手工业为生之辈，至是受天演之淘汰，归于衰矣。顾印度人又笃守旧习，不易变移，有新事物来，难于迎合潮流；此外又以英属各地排斥印度移民，无地可以迁徙。无可如何，只有归农一

① 袁学易：《印度独立运动史略》，神州国光社 1931 年版。
② 向达：《印度现代史》，商务印书馆 1929 年版，第 3 页。
③ 向达：《印度现代史》，商务印书馆 1929 年版，第 3 页。
④ 向达：《印度现代史》，商务印书馆 1929 年版，第 111 页。
⑤ 向达：《印度现代史》，商务印书馆 1929 年版，第 112 页。
⑥ 向达：《印度现代史》，商务印书馆 1929 年版，第 114 页。

途。然地租极重，税其所得之半；虽终年辛勤，而糊口仍难也。①

"总之今日印度之经济生活无一处不仰承他人颜色，以讨一息之生存。言工业：则旧有之手工业固因外货流行致不能存在；新起之工业亦大都在外国人手中，为外国人之资本，印度人虽亦有从事于此者，然而相形见绌，只有勉强图存而已。言农业：则以赋敛过重，民不聊生，终年胼胝，只可糊口，更无余力，以言改良农业。虽近年来提倡合作运动以救济贫乏之农民，顾以农民，缺乏教育，收效仍甚微也。"② 但其对印度田赋的叙述并不准确。

"自一七五七年普拉西战役而后，英国遂称霸于印度；西方诸强在印度无复逐鹿之场，因转其目光于远东以及南洋一带。以百余年来帝国主义经济的及政治的压迫之结果，故至于十九世纪末叶，东方之民族主义，乃蓬蓬勃勃以生矣。举其最著者则有中国日本以及菲律宾三国。而受帝国主义之压迫最先者则唯我中国。"③

李志纯提出，世界文化三大系，西洋、印度与中国，将印度历史分为史前期、古代史、中世史、近世史、现代史，对于印度的地理概况进行介绍。④

陈翰笙在印度进行的研究工作独具特点。"在印度实地考察、研究印度经济并向国人作经济方面的实况介绍，陈翰笙当为第一人了。他的考察研究和介绍对中国学术界和其他各界人士深入了解印度经济起了非常有益的作用。"⑤

1944 年，陈翰笙夫妇抵达印度，此时印度和巴基斯坦尚未分治。陈翰笙有机会接触研究印度社会所需要的第一手资料，并尝试学习印度语。他研究印度的初衷可见于 1944 年 6 月 25 日致张锡昌的信函，其中对中国与印度进行了比较。当时印度的新式灌溉及水电业均较我国进步。以产业之发展而言，我国实已比印度落后。陈翰笙认为印度的农业及工业均较中国更为发达。但是印度经济发展也存在问题。土地问题是

---

① 向达：《印度现代史》，商务印书馆 1929 年版，第 115—116 页。
② 向达：《印度现代史》，商务印书馆 1929 年版，第 116 页。
③ 向达：《印度现代史》，商务印书馆 1929 年版，第 139 页。
④ 李志纯编著：《印度史纲要》，正中书局 1947 年版。
⑤ 林承节：《中印人民友好关系史一八五一——一九四九年》，北京大学出版社 1993 年版，第 416 页。

工业发展的最大障碍。印度工业发展之最大障碍，即如大家所应可预料，即民众之购买力过于薄弱。归根到底，亦即农村经济之尚未妥善上轨道。土地问题是工业发展之最基本问题，如以印度情形而言，实最明显无比也。[①] 印度政府近有农业扩充之计划，但其性质实为预备救济战后复员后之官兵。农村经济之基本问题越来越严重矣。西北旁遮普（punjab）省多自耕农而出小麦，故信用合作最为有成绩。东北比哈尔（bihar）省多大地主而出米、茶，故贫农有协会之组织。南方马德拉斯（madras）省则中农不多，租佃者甚多，其情形与比哈尔不相上下。将来得机会时当加以研究，可以详知印度各种土地制度。

陈翰笙担任德里大学评卷员期间，结识了许多印度学者，包括与马哈拉努比斯、尼赫鲁等都有交往。翻阅了英国皇家学会对印度调查的大量档案。"二战"结束后，陈翰笙进入印度史学会工作，参加两次年会。1945 年 12 月，印度史学会在白沙瓦召开年会，陈翰笙和德里大学史学系主任寇来希教授共同出席，会后同游西北边境开伯尔山口。1945 年，接到陈翰笙信件的陈洪进到达印度，在德里和加尔各答研究印度历史和社会。陈翰笙写出《印度和巴基斯坦经济区域》，1949 年完稿，1959 年出版中文版，1996 年英文版在印度出版。

"二战"结束后，陈翰笙接受美国华盛顿州立大学的邀请，成为该校特约教授，讲授印度史。其后又应邀到约翰·哈近大学、费城宾夕法尼亚大学和纽约亚洲研究所授课并承担研究工作。陈翰笙在美国和加拿大的著名大学，如哈佛、普林斯顿、耶鲁、哥伦比亚、琼斯·霍普金斯等到处宣传中国人民解放战争和土地改革运动。1946 年，陈翰笙接到由周恩来和廖承志署名的秘密通知，要求他与美国共产党联系，他通过美国共产党员认识美共总书记福斯特。9 月，冯玉祥到美国，陈翰笙协助其在美国展开反对蒋介石的工作。

20 世纪 40 年代后期，留美中国科技人员中普遍关心人民当家做主后的中华人民共和国工业化的资金来源问题。美国的中国留学生有一个科技人员社团为此特别邀请陈翰笙教授来做学术报告。他说："工业化，什么叫工业化？印度办了那么多工厂，工业产品不能为广大印度人民消

---

① 陈翰笙：《1944 年 6 月 25 日陈翰笙致张锡昌同志函》，汪熙、杨小佛主编《陈翰笙文集》，复旦大学出版社 1985 年版，第 215—216 页。

费享受，那不叫工业化。将来新中国的工业化要注意提高人民的生活水平，提高人民享受消费工业产品的能力。"他又说："新中国要走资本主义工业化的道路，在 20 世纪为时已晚，走不通了。那么只能走社会主义工业化的道路。社会主义工业建设资金的来源有几个原则问题：一不能像资本主义初期那样搞资本原始积累，如掠夺殖民地等等。二不能靠帝国主义的恩赐，如向帝国主义投靠以换取残羹剩饭式的赏赐。三不能靠出卖自己的领土和主权，否则便是以出卖民族的独立自主为代价。四可以在适当的国际环境中借少量的外债和吸收侨胞或友好人士的投资，而主要得靠自己发展工农业生产、搞好城乡间的流通和分配，加快资金的周转。在杜绝了帝国主义的、封建的、官僚的压迫和剥削之后，社会主义的资金积累会快而多的。"① 显然，陈翰笙在马克思主义政治经济学领域是有深厚造诣的。

这一时期，陈翰笙关注中国时局问题，写出《如何走上工业化的正轨》《民族工业和国内市场》《中国五大独占集团》《中国官僚资本与内战》《中国的土地制度改革》等文章，分析中国内战的实质，并对未来的建设进行展望。他的看法在美国华人中也颇具影响，陈志昆在论及中国土地问题时即赞同其观点，认为中国的土地政策有别于苏联，将自成一体。②

第三节　回国参加新中国建设

一　回国并从事学术研究工作

1950 年，陈翰笙接到周恩来总理的指示，准备回国。1951 年 1 月 31 日，陈翰笙夫妇绕道欧洲返回祖国。陈翰笙婉拒周恩来总理邀其担任外交部副部长及陆定一邀请其出任北京大学副校长。他认为自己不是一个善于办事的人，而擅长于担任研究工作。他协助宋庆龄筹办《中国建设》杂志，请金仲华出任主编。该刊物于 1952 年初创刊，是英文双月刊，第一届编委会成员有金仲华、钱端升、李德全、刘鸿生、吴贻

---

① 薛葆鼎：《薛葆鼎集》，中国社会科学院科研局编选，中国社会科学出版社 2003 年版，第 340 页。

② Chee Kwon Chun, Agrarian Unrest and the Civil War in China, *Land Economics*, Vol. 26, No. 1 (Feb. , 1950), pp. 17 – 26.

芳、吴耀宗、陈翰笙。李伯悌为记者，爱泼斯坦任执行编辑，邱茉莉负责印刷，顾淑型负责美术设计。杂志在北京编译，在上海出版发行，陈翰笙为其撰写多篇稿件，介绍中华人民共和国建设的成就。

陈翰笙参与了中华人民共和国成立初期的一系列外事活动。1951年9月，他作为中国文化代表团的成员赴印度、缅甸访问。1952年4月，陈翰笙随同中国代表团出席莫斯科国际经济会议，并于4月7日参加经济发展迟缓国家问题小组讨论时发言。"主要强调中国愿意和一切国家在平等的基础上发展贸易关系。我们认为在平等互利的基础上发展正常的国际贸易，对于改善发展迟缓国家的经济情势及提高人民的生活水平有着极大的作用。现在首要的问题就是大家要共同努力，以解除国际贸易与人民生活必需品在交换上的障碍；让各国的输出品能够卖给出合理价格的主顾，而不是被迫以低价出售；同时让各国输入合理价格的并为本国所需要的货物，而不是被迫输入垄断价格的以至不需要的货物。"① 陈翰笙起草了关于这次国际经济会议的报告。

1952年7月，陈翰笙作为理事出席第三次世界和平理事会，在柏林召开，同行者包括郭沫若、马寅初、蔡廷锴、章伯钧、梅汝璈、李一氓、萧三、刘宁一、吴耀宗等。在大会闭幕后，陈翰笙与马寅初、李一氓组成文化代表团访问捷克和保加利亚。1955年6月，第四次世界和平大会在芬兰赫尔辛基举行，陈翰笙再次随团参会。1955年4月，亚非会议在印度尼西亚的万隆召开，陈翰笙作为代表团成员出席。

1955年6月初，中国科学院设立哲学社会科学部，陈翰笙被选为学部委员。这一时期，陈翰笙的作品包括：《50年来印度史学界》《走向社会主义的保加利亚》《从亚洲国家会议看亚洲经济》《从赫尔辛基归来》《美国垄断资本》等。

1955年12月，陈翰笙夫妇陪同宋庆龄出访印度、巴基斯坦和缅甸。1956年4月，陈翰笙随团出席世界和平理事会在瑞典斯德哥尔摩召开的裁军大会。1956年11月至1957年2月，陈翰笙参加全国人民代表大会代表团访问苏联、捷克、罗马尼亚、保加利亚、南斯拉夫和阿尔巴尼亚。

陈翰笙在"反右"斗争中因周恩来总理下达指示而避免被牵涉。此事使得陈翰笙不再参与《中国建设》的管理工作。1958年，外交部国

---

① 陈翰笙：《四个时代的我·陈翰笙回忆录》，中国文史出版社2012年版，第95页。

际关系研究所和中国科学院哲学社会科学部世界史研究组先后成立，陈翰笙出任副所长及主任。

1958 年 8 月，陈翰笙作为人大代表参观天津的工业技术革命展览馆、霸县胜芳镇人民公社及塘沽新港等，见到了"大跃进"期间的"卫星田"。9 月 13 日随全国政协参观团参观安徽，参观内容是高炉、高产稻田、棉田等。1959 年 3 月，再次随全国政协参观团参观贵州省。1960 年 3 月初，随全国政协参观团赴甘肃，三年困难时期的食物短缺显现出来。1962 年赴浙江考察。1966 年赴晋西考察"四清"运动。

1962 年，陈翰笙作为全国政协委员，同另外五位经济学家（沈志远、彭迪先、吴半农、关梦觉、千家驹），在全国政协大会上，提出三点建议：第一，粮食过关应该是指全国而言，不是要求每个人民公社都要粮食过关。如果要求每一人民公社都要粮食过关，那就会把经济作物，如棉花、茶、烟叶等挤掉了。第二，不同意当时提出，工业要就地取材，就地生产，就地销售的口号，认为如果那样做，那么上海、天津、青岛这些轻工业基地的原料哪里来呢。第三，主张开放农村集市贸易以活跃市场。

1968 年春，陈翰笙被隔离审查。11 月初，陈翰笙夫人顾淑型病逝。1969 年，陈翰笙被发配到湖南茶陵"五七"干校劳动。[①] 在此期间其眼病无法医治，导致视力几乎全失。1971 年，陈翰笙回京。1972 年 1 月下旬，陈翰笙在家人陪同下将顾淑型的骨灰撒到富春江，位置在桐庐的窄溪。

二　从事历史学研究

1971 年回京后，陈翰笙仍居于东华门 38 号，他在寓所中开办英文补习班，登门求教者皆纳入门下，有教无类。其教授方法灵活，选用范文范围广泛，因材施教。学生包括年轻的学生、大学的教师、工厂的工人，甚至送煤的小伙子，共计 300 多人。后有 100 多人在美国留学和工作。

同时，陈翰笙开始着手编辑《华工出国史料汇编》，他邀请卢文迪、彭家礼、陈泽宪帮忙，共同编辑。

1978 年后，陈翰笙以 80 岁高龄继续参加各种学术活动。出任北京

---

① 陈翰笙：《四个时代的我·陈翰笙回忆录》，中国文史出版社 2012 年版，第 140 页。

大学国际政治系兼职教授,中亚文化研究会常务理事长,中国社会科学院顾问,中国社科院农业经济、社会科学情报、南亚和世界历史四个研究所的学术委员,世界历史研究所的名誉所长。担任中国大百科全书外国历史编委会主任、商务印书馆外国历史小丛书编委会主任等职。

陈翰笙在晚年致力于恢复中国工合运动,包括曾发起和参与"工合"运动的路易·艾黎和卢广绵等。从 1983 年开始着手恢复。1984 年中央一号文件鼓励农民向各种企业投资入股,或联合兴办各种企业。工合是合作经营的方式之一,可以促进农民走新型合作经济的道路。

1980 年 10 月 13 日,曾经在共产国际和中共地下党组织秘密支持下创办《中国论坛》,并且担任过中国民权保障同盟临时中央执行委员的美国记者伊罗生,带着妻子维奥拉来中国,先后会见宋庆龄、丁玲、茅盾、刘尊棋、陈翰笙等老朋友。伊罗生在关于这次访问中国的著作中记述了陈翰笙的早期革命经历。

陈翰笙在晚年依然坚持指导年轻学者治学,并亲自指导研究生,他的教学思想非常朴素,有教无类、认真严谨。

1981 年 6 月 3 日,邓小平在悼念宋庆龄的悼词中说:"在抗日战争期间,宋庆龄同志拒绝到当时国民党政府所在地,她先后在广州和香港组织'保卫中国大同盟',向同情中国抗日战争的国外人士和海外侨胞进行募捐,坚持不懈地支持中国共产党领导的抗日战争,揭露国民党反动派对日妥协投降、对内反共反人民的政策。国民党政府为此曾通过外国势力向宋庆龄同志施加压力,遭到宋庆龄同志和在座的陈翰笙同志的驳斥。"① 陈翰笙在陈洪进等协助下,开始进行回忆录的撰写。陈翰笙在党史上的地位才逐渐引起研究者的关注。

1984 年,陈翰笙与周谷城、于光远、宦乡、贾兰坡等学者共同倡议成立了中国太平洋历史学会。1985 年赴山东长岛参加学会的讨论会,在发言中指出中国作为太平洋国家,应当重视研究太平洋问题。太平洋历史学会发展较快,陈翰笙建议去掉名字中的"历史"二字,倡导多学科的综合研究,1993 年,中国太平洋历史学会正式改为中国太平洋学会,陈翰笙任太平洋学会的名誉会长和《太平洋学报》的名誉主编。

2004 年 3 月 13 日,陈翰笙在协和医院去世,享年 108 岁。

---

① 龚育之:《党史上的陈翰笙》,《学习时报》2004 年 4 月 26 日。

第二章　陈翰笙学术研究的理论背景

　　理解陈翰笙治学方法的特点，需要回顾 20 世纪上半叶的学术语境与社会环境，探寻社会现实问题如何影响社会科学研究的主要概念和理论框架，这是一个需要中西兼顾的问题。随着经济危机和两次世界大战的爆发，国际社会危机不断，动荡不安。殖民地半殖民地国家和地区争取民族独立、反抗德意日法西斯政权成为重要的历史潮流。知识分子或活跃于政坛，或参加抵抗运动，或远避战乱著书立说，以各种方式成为历史潮流的弄潮儿。中国的知识分子也以各种身份和立场参加革命，为探寻一条适合中国社会发展的道路而进行学术研究，为理解知识分子与社会现实的关系提供了具有时代特点的例证。对陈翰笙学术思想的理论背景进行梳理需要追溯两个重要的问题：第一，界定中国半殖民地半封建社会性质所需要运用的基本学术概念；第二，西方的农村问题研究在 20 世纪上半叶所关注的主要问题及与之相对应的基本学术概念。

第一节　马克思及后继者的基本观点与方法

　　马克思严谨的论述建基于欧洲的历史事实，列宁的论断是基于对欧洲各个资本主义国家的考察和对俄罗斯现实问题的思考，马克思和恩格斯多次申明他们提供的是一种方法，为历史地解释社会形态的实质预留了巨大的空间。了解其著述和观点之后，难免产生疑问，即中国的情况如何？现实的社会问题永远要比理论所能够解释的更为复杂，陈翰笙与"中国农村派"的成员利用马克思主义方法观察中国农村社会，为回答这个问题提供一种视角。同时，将中国农村问题纳入整个资本主义发展的图景中，能够发现在一个资本主义占据绝对优势的世界中，中国从传统社会转向现代社会，深受资本主义世界经济网络的影响。马克思在

《资本论》中所提及的资本原始积累、资本主义生产方式的内在规律在
中国社会的发展进程中的情况需要进行历史的考察。

　　20 世纪 20 年代，马克思主义经典作品多以节选或者缩写本的方式
在中国传播，并有多种关于马克思主义的译著流行。[①] 20 世纪上半叶，
围绕马克思提出的问题解答中国社会性质问题，是中国学术界争论不休
的焦点，它包括一系列相互关联的问题，如中国古代社会性质、亚细亚
生产方式、中国历史分期等，是社会史论战的重要内容。陈翰笙及"中
国农村派"成员没有对马克思的论述进行讨论，未介入对于中国古代社
会性质的争论中，他们运用马克思主义的概念和方法对当时的社会进行
认识和分析，以唯物史观为基本的观念和研究方法，以生产关系为出发
点分析社会性质。马克思和列宁的基本观点是其认识中国社会现实问题
的出发点。马克思提供了宏观的视角，其中关于资本主义社会前史、分
工问题、原始积累问题以及土地问题的理论，都与陈翰笙和"中国农村
派"的研究关系密切。

一　马克思所描述的资本主义社会前史

　　马克思对人类历史的考察注重于生产关系的变革，原初的历史的关
系包括四个因素：第一，人们为了能够"创造历史"，必须能够生活；
第二，已经得到满足的第一个需要本身、满足需要的活动和已经获得的
为满足需要而用的工具又引起新的需要，而这种新的需要的产生是第一
个历史活动；第三，每日都在重新生产自己生命的人们开始生产另外一
些人，即繁殖；第四，生命的生产，无论是通过劳动而生产自己的生
命，还是通过生育而生产他人的生命，就立即表现为双重关系。一方面
是自然关系，另一方面是社会关系；社会关系的含义在这里是指许多个
人的共同活动，不管这种共同活动是在什么条件下、用什么方式和为了
什么目的而进行的。考察人在社会中结成的关系及这种关系的变革成为
马克思主义者的重要研究方法。

　　只有历史地理解生产力和生产方式才能探寻历史的本质。换言之，

---

　　① 胡为雄：《1920 年代与马克思主义经典同时传播的七本译著》，《北京行政学院学报》
2014 年第 3 期。这七本译著包括：考茨基的《阶级斗争》、布哈林等的《共产主义 ABC》、塞
利格曼的《经济史观》、郭泰的《唯物史观解说》、考茨基的《资本论解说》、马尔西的《马
格斯资本论入门》、柯卡普的《社会主义史》。

理解社会的本质在于对其生产方式及生产力的理解。一定的生产方式或一定的工业阶段始终是与一定的共同活动方式或一定的社会阶段联系着的，而这种共同活动方式本身就是"生产力"；由此可见，人们所达到的生产力的总和决定着社会状况，因而，始终必须把"人类的历史"同工业和交换的历史联系起来研究和探讨。①

在《资本论》中，马克思点明资本主义制度产生的重要方面，这是宏观的人类历史进程，是生产者和生产资料相互分离的历史过程，对劳动者的剥夺是用血和火的文字载入人类编年史的。它深刻地改变了人类私有制的形态，"靠自己劳动挣得的私有制，即以各个独立劳动者与其劳动条件相结合为基础的私有制，被资本主义私有制，即以剥削他人的但形式上是自由的劳动为基础的私有制所排挤"。② 马克思倾向于将原始积累的过程追溯到资本主义的史前时期。"要使资本主义生产方式的'永恒的自然规律'充分表现出来，要完成劳动者同劳动条件的分离过程，要在一极使社会的生产资料和生活资料转化为资本，在另一极使人民群众转化为雇佣工人，转化为自由的'劳动贫民'这一现代历史的杰作，就需要经受这种苦难。小生产的消灭，个人的分散的生产资料转化为社会的积聚的生产资料，从而多数人的小财产转化为少数人的大财产，广大人民群众被剥夺土地、生活资料、劳动工具，——人民群众遭受的这种可怕的残酷的剥夺，形成资本的前史。"③

马克思在资本主义形成及其之前的历史进程间尝试区分出社会经济形态的转折过程，在欧洲历史进程中，资本主义社会同封建社会的经济结构递进是一个前后相继的过程，"资本主义社会的经济结构是从封建社会的经济结构中产生的。后者的解体使前者的要素得到解放"④。在社会经济结构的演进中，资本主义社会历史地形成了。马克思考察英国资本主义制度形成的过程，从其中抽象出资本主义成长的一般特征，"创造资本关系的过程，只能是劳动者和他的劳动条件的所有权分离的过程，这个过程一方面使社会的生活资料和生产资料转化为资本，另一方面使直接生产者转化为雇佣工人"，原始积累内在于这个历史进程中，

---

① 《马克思恩格斯选集》第一卷，人民出版社 2012 年版，第 160 页。
② 《马克思恩格斯选集》第二卷，人民出版社 2012 年版，第 298—299 页。
③ 《马克思恩格斯选集》第二卷，人民出版社 2012 年版，第 298 页。
④ 《马克思恩格斯选集》第二卷，人民出版社 2012 年版，第 291 页。

"所谓原始积累只不过是生产者和生产资料分离的历史过程"。①

马克思将资本的积累、流通都视为直接生产过程的一个要素。资本主义生产的内在规律，表现为资本的积累和资本的集中，随着资本的集中不断发展，劳动过程的协作形式日益扩大，科学被日益应用于技术方面，土地被日益有计划利用，劳动资料被日益转化为只能共同使用的劳动资料，一切生产资料因作为结合的、社会的劳动的生产资料使用而日益节省，各国人民日益被卷入世界市场网，从而资本主义制度日益具有国际的性质。

资本主义的发展进程是一个不断深化和扩展的进程。"一旦这一转化过程使旧社会在深度和广度上充分瓦解，一旦劳动者转化为无产者，他们的劳动条件转化为资本，一旦资本主义生产方式站稳脚跟，劳动的进一步社会化，土地和其他生产资料的进一步转化为社会地使用的即公共的生产资料，从而对私有者的进一步剥夺，就会采取新的方式。"②这种新的剥夺方式是通过资本的集中进行的。

马克思认为原始积累不是资本主义生产方式的结果，而是它的起点。原始积累的首要因素是大量的人突然被强制地同自己的生存资料分离，被当作不受法律保护的无产者抛向劳动市场。对农民土地的剥夺是全部原始积累的基础。

资本主义的形成是一个世界历史进程的结果，它逐渐发展成为具有多层次的世界经济网络，在资本主义国家和非资本主义国家间产生了资本主义性质的经济关系，逐渐形成了具有内在逻辑性的世界市场。资本主义的扩张和伸展形成一个密切联系的世界经济网络，不仅是资本家，普通的市民和农民的生活都受制于资本主义生产的基本规律。这个多层次、不平衡的网络将中国社会纳入其中，这个转变是如何形成的，又将如何影响中国社会的发展，必须依据现实情况进行回答。陈翰笙及"中国农村派"所进行的调查，还包括众多的马克思主义者所进行的研究，是力图科学地回答这个问题的尝试。

二 劳动分工在人类社会发展中具有重要地位

劳动分工是人类历史进程中一个重要的问题。分工的出现是人与

---

① 《马克思恩格斯选集》第二卷，人民出版社 2012 年版，第 291 页。
② 《马克思恩格斯选集》第二卷，人民出版社 2012 年版，第 299 页。

人、阶级与阶级、民族与民族之间矛盾的前提，也成为理解这种相互关系的历史线索。分工的出现是历史进程中的一个重要阶段，分工只是从物质劳动和精神劳动分离的时候起才真正成为分工。从这时候起意识才能现实地想象：它是和现存实践的意识不同的某种东西；它不用想象某种现实的东西就能现实地想象某种东西。从这时候起意识才能摆脱世界而去创造"纯粹的"理论、神学、哲学、道德等等。但是，如果这种理论、神学、哲学、道德等等同现存的关系发生矛盾，那么，这仅仅是因为现存的社会关系同现存的生产力发生了矛盾。分工是如此重要，可以引发一系列的矛盾，生产力、社会状况和意识，彼此之间可能而且一定会发生矛盾，因为分工使精神活动和物质活动、享受和劳动、生产和消费由不同的个人来分担这种情况不仅成为可能，而且成为现实，而要使这三个因素彼此不发生矛盾，则只有再消灭分工。①

从资本主义生产方式的产生开始，全世界范围内各民族间的交往规模和范围都逐渐扩大，伴随着武力的征服和贸易网络的扩张，资本主义生产方式对世界历史进程的影响不是简单叠加，而是内在于世界历史进程之中，形成盘根错节的世界经济网络。不考察精神或信仰方面的差异，不考虑文化形态等问题，从物质生产方面寻求可以被观察和解释的历史线索，使其贯穿于人类历史进程中，马克思清晰揭示了分工问题对于社会成员间的关系的影响，并将其扩展成为世界范围内的分工。

"全部人类历史的第一个前提无疑是有生命的个人的存在。因此，第一个需要确认的事实就是这些个人的肉体组织以及由此产生的个人对其他自然的关系。"② 马克思对这种关系进行考察，在人类历史中寻找社会经济形态变迁的源头，他认为分工是一个重要的线索。"一个民族内部的分工，首先引起工商业劳动同农业劳动的分离，从而也引起城乡的分离和城乡利益的对立。分工的进一步发展导致商业劳动同工业劳动的分离。同时，由于这些不同部门内部的分工，共同从事某种劳动的个人之间又形成不同的分工。这种种分工的相互关系取决于农业劳动、工业劳动和商业劳动的经营方式（父权制、奴隶制、等级、阶级）。在交

---

① 《马克思恩格斯选集》第一卷，人民出版社 2012 年版，第 162—163 页。
② 《马克思恩格斯选集》第一卷，人民出版社 2012 年版，第 146 页。

往比较发达的条件下，同样的情况也会在各民族间的相互关系中出现。"① 分工在历史发展进程中的重要作用表现在每一个阶段，它还决定个人在劳动资料、劳动工具和劳动产品方面的相互关系。可以清晰地考察人类历史上的所有制形式：第一种所有制形式是部落所有制；第二种所有制形式是古典古代的公社所有制和国家所有制；第三种形式是封建的或等级的所有制。到了资本主义生产方式下，私有制的形态发生变化，"以各个独立劳动者与其劳动条件相结合为基础的私有制，被资本主义私有制，即以剥削他人的但形式上是自由的劳动为基础的私有制所排挤"。②

通过对分工的关注，就能为理解历史进程中商业劳动同农业劳动、城市和乡村、商业劳动同工业劳动、从事不同工作的个人等之间的区别甚至对立寻找到一个重要的线索，能够理解阶级间的对立的源头。马克思又指出，在交往比较发达的条件下，同样的情况也会在各民族间的相互关系中出现。资本主义世界经济网络是不平衡的，各个民族在其中由于所处的地位不同及经济发展程度差异，其身份分为主导者和规则制定者及被动参与者。分工成为贯穿于民族内部和民族之间相互关系的历史因素。随着资本主义的发展，分工跃出民族的界限，而不同民族间进行的分工，决定着各民族在一个资本主义性质的世界经济网络中所处的地位。

三 资本的原始积累

资本的积累和集中与资本的原始积累是有区别的，在资本主义积累之前有一种原始积累，它不是资本主义生产方式的结果，而是它的起点。财富分配的不平均不能依靠神话来解释，征服、奴役、劫掠、杀戮等在历史上起着巨大的作用。所谓原始积累只不过是生产者和生产资料分离的历史过程，原始积累形成资本及与之相适应的生产方式的前史。

"资本主义社会的经济结构是从封建社会的经济结构中产生的。后者的解体使前者的要素得到解放。"③ 生产者转化为雇佣工人包括两个过程，一方面是生产者从行会等束缚下解放出来，另一方面是生产者只

① 《马克思恩格斯选集》第一卷，人民出版社 2012 年版，第 147—148 页。
② 《马克思恩格斯文集》第五卷，人民出版社 2010 年版，第 873 页。
③ 《马克思恩格斯选集》第二卷，人民出版社 2012 年版，第 291 页。

能出卖自身。马克思认为资本原始积累的典型形态是英国，他考察英国资本主义原始积累过程中的重要因素，包括：对农村居民土地的剥夺、惩罚被剥夺者的血腥立法、资本主义租地农场主的产生、农业革命对工业的反作用、工业资本的国内市场的形成、工业资本家的产生。所有这些方面都利用国家权力，促使从封建生产方式向资本主义生产方式的转化。"暴力是每一个孕育着新社会的旧社会的助产婆。暴力本身就是一种经济力。"① 在这个历史的考察中，马克思不仅揭示生产者同劳动资料相分离的过程，他也对资本主义原始积累的过程进行道德拷问。因为这个过程是劳动者的被剥夺，是以自己劳动为基础的私有制的解体，这就是资本的历史起源。如果把资本积累过程放入世界历史范畴中进行考察，并与分工密切联系，这个过程就更为复杂。

生产的要素包括保证资本主义的生产方式能够顺利完成的一切方面，流通、积累都可以表现为生产的要素。它的完整的环节："一个货币额转化为生产资料和劳动力，这是要执行资本职能的价值量所完成的第一个运动。这个运动是在市场上，在流通领域内进行的。运动的第二阶段，生产过程，在生产资料转化为商品时就告结束，这些商品的价值大于其组成部分的价值，也就是包含原预付资本加上剩余价值。接着，这些商品必须再投入流通领域。必须出售这些商品，把它们的价值实现在货币上，把这些货币又重新转化为资本，这样周而复始地不断进行。这种不断地通过同一些连续阶段的循环，就形成资本流通。"② 它的循环过程：货币额—生产资料和劳动力—商品—货币—资本。流通和积累在这个过程中完成，资本流通的一个完整环节才全部完成。基于这一前提，才能够对资本主义生产方式进行全面考察。

马克思的分工理论能够揭示出不同国家和民族间的关系的经济方面。扩张和不断征服是资本主义发展的特征，和之前的历史现象不同，资本主义的扩张不是炫耀武力或者获得贡赋，它以多种手段谋求利润。"以资本为基础的生产，其条件是创造一个不断扩大的流通范围，不管是直接扩大这个范围，还是在这个范围内把更多的地点创造为生产地

① 《马克思恩格斯选集》第二卷，人民出版社 2012 年版，第 296 页。
② 《马克思恩格斯选集》第二卷，人民出版社 2012 年版，第 253 页。

点。"① 陈翰笙在对中国的烟农进行调查的过程中对这个问题有清晰的阐述，即英美烟公司②的生产不仅包括卷烟生产，更延伸至烟草的种植和收购、烟农获得的贷款、成品卷烟的销售等领域，正因如此，看似遥远的英美烟公司与中国普通烟农之间形成了密切的经济联系。

资本主义生产方式的扩张是西方资本主义国家扩张的经济实质。"资本一方面具有创造越来越多的剩余劳动的趋势，同样，它也具有创造越来越多的交换地点的补充趋势；在这里从绝对剩余价值或绝对剩余劳动的角度来看，这也就是造成越来越多剩余劳动作为自身的补充；从本质上来说，就是推广以资本为基础的生产或与资本相适应的生产方式。"③ 在殖民地半殖民地社会，与资本的循环过程相适应的生产方式未必是资本主义的生产方式，只要能够保证赚取利润，奴隶制的、封建制的生产方式或者剥削方式仍被保留。

资本的积累和集中是资本主义生产方式的特征。资本积累的一般规律包括：第一，在资本构成不变时，对劳动力的需求随积累的增长而增长；第二，在积累和伴随积累的积聚的进程中资本可变部分相对减少；第三，相对过剩人口或产业后备军的累进生产。资本主义积累有其自身的规律：资本的积累本性，决不允许劳动剥削程度的任何降低或劳动价格的任何提高有可能严重地危及资本关系的不断再生产和它的规模不断扩大的再生产。

马克思关注在资本主义生产过程中的人，资本家和工人在生产过程中相互对立。"资本主义生产过程，在联系中加以考察，或作为再生产过程加以考察时，不仅生产商品，不仅生产剩余价值，而且还生产和再生产资本关系本身：一方面是资本家，另一方面是雇佣工人。"④ 马克思需要"研究资本的增长对工人阶级的命运产生的影响"。⑤ 工人阶级不仅生活经济状况恶化，而且没有机会获得改变，"即使完全撇开工资提高而劳动价格同时下降等情况不说，工资的增大至多也不过说明工人

---

① 《马克思恩格斯选集》第二卷，人民出版社 2012 年版，第 713 页。

② 英美烟公司（British - American Tobacco Company），由美国烟草公司和帝国烟草公司合并而成，1902 年进入中国，在中国建立了一个庞大的烟草王国。也译为"英美烟草公司"。

③ 《马克思恩格斯选集》第二卷，人民出版社 2012 年版，第 713 页。

④ 《马克思恩格斯选集》第二卷，人民出版社 2012 年版，第 259—260 页。

⑤ 《马克思恩格斯选集》第二卷，人民出版社 2012 年版，第 273 页。

必须提供的无酬劳动量的减少。这种减少永远也不会达到威胁制度本身的程度"。① 陈翰笙对马克思关注的这个问题进行延伸，他要回答工业资本与中国农民间的关系。

马克思以英国为例考察资本主义的原始积累，他也将原始积累与世界历史进程相互联系。美洲金银产地的发现，土著居民的被剿灭、被奴役和被埋葬于矿井，对东印度开始进行的征服和掠夺，非洲变成商业性地猎获黑人的场所——这一切标志着资本主义生产时代的曙光。

大卫·哈维（David Harrey）认为，在承认马克思对原始积累的阐释的先进性和创新性的同时，也需要承认历史学家和经济学家已经做出的大量工作，这些工作证明了历史进程中原始积累的方式更复杂。"原始积累的历史在其细节上远远比马克思所叙述的更加细微和复杂。"②

资本的历史起源是直接生产者的被剥夺，即以自己劳动为基础的私有制的解体。在世界历史进程中，这个剥夺的过程具有持续性，只有在历史进程中对这个过程进行持续追踪，才能够理解它的持续性。

卢卡奇将罗莎·卢森堡（Rosa Luxemburg）的《资本积累》和列宁的《帝国主义是资本主义的最高阶段》视为马克思《资本论》后最具有生命力的马克思主义著作，他们使历史过程本身以生动的方式展现出来。二人都从资本主义历史发展逻辑角度考察资本主义的积累问题，并认为随着资本积累的不可持续，资本主义也将埋葬自身。所不同的是，"列宁的问题史就成为十九世纪欧洲革命的一部内部史；而罗莎·卢森堡的文献史表述则发展成资本主义制度为其生存和扩展而斗争的历史"。③

罗莎·卢森堡认为，将原始积累限制在某个上古的时点、某段资本主义的史前时期是错误的，资本主义的原始积累是持续性的原始积累。资本主义是在两种不同的剥削形式基础上存在的，第一是商品市场和剩余价值的生产场所，包括工厂、矿山和农场，这是一个纯粹的经济过程，即在商品市场和剩余价值的生产场所；第二是资本主义与非资本主义生产方面的关系，原始积累的持续主要发生在外围地区，即那些在资本主义生产方式主导的地区之外的区域。在所有这些地方，殖民的和帝

---

① 《马克思恩格斯选集》第二卷，人民出版社 2012 年版，第 276 页。

② ［美］大卫·哈维：《跟大卫·哈维读〈资本论〉》，刘英译，上海译文出版社 2014 年版，第 327 页。

③ ［匈］卢卡奇：《历史与阶级意识》，杜章智等译，商务印书馆 1996 年版，第 86 页。

国主义的做法都是至关重要的。这是在国际舞台上，涉及资本主义与非资本主义的生产方式之间的关系，它的主要方法是殖民政策、国际借款制度、势力范围政策和战争。

这样，原始积累存在于资本主义性质的经济网络的外围地区，原始积累和资本积累的关系不仅是历史进程中的历时性关系，它更成为一种共时性的相互关系。资本主义增长的可能性，在于这一制度内生产出来的不断增加的剩余价值量，必然要由这一制度之外的消费者来实现。资本主义发展的历史逻辑展现为对非资本主义地区的不断干预，扩展资本主义生产方式，改变非资本主义地区人民的生产方式，从而摧毁资本主义自身赖以维持的区域。资本主义国家间的竞争日趋强烈，最终只有以武力相互争夺。"资本积累的帝国主义阶段，意味着资本的世界竞争阶段，包含对资本落后地区——在那里资本曾经实现其剩余价值——进行工业化及资本主义的解放。这一阶段的特点是外债、铁道建设、革命与战争。"[1] 资本主义生产方式的原始积累和资本的积累成为一个世界历史进程中不同国家间的并行的历史进程。可以这样认为，对于资本主义和非资本主义国家间经济关系的理解，一直延续至今。

对于罗莎·卢森堡关于非资本主义地区被吸附进资本主义经济体系的观点的批评者而言，帝国主义渗透并不总是消灭前资本主义的生产方式，在许多落后地区，奴隶制和各种形式的封建主义只是被资本主义整合进世界经济中，而不是被消灭了。[2] 帝国主义完全可能阻碍非资本主义地区经济的发展，这是一种更复杂的国家间关系，它们通过资产所有权、技术垄断和债务等手段维持这种关系。需要更具体地针对帝国主义扩张方式的研究，这种研究需要深入非资本主义社会内部进行细致分析，说明帝国主义扩张的路径。陈翰笙的研究是这方面的一个具有代表性的研究尝试。

四 农业问题和土地问题

（一）马克思小土地所有制理论的基本内容

关于马克思对半封建殖民地社会土地演变趋势的一些理论，主要见

---

[1] ［加］M. C. 霍华德、［澳］J. E. 金：《马克思主义经济学》，顾海良等译，中央编译出版社 2014 年版，第 110 页。

[2] ［加］M. C. 霍华德、［澳］J. E. 金：《马克思主义经济学》，第 112 页。

于《资本论》第四十七章"资本主义地租的起源"中，马克思从辨析欧洲古典经济学派对于地租的认识着手，在其中涉及了他对于小土地所有制的地租、工资、利润等问题的认识。马克思说："货币地租在其进一步的发展中——撇开一切中间形式，例如撇开小农租佃者的形式不说——必然或者使土地变为自由的农民财产，或者导致资本主义生产方式的形式，导致资本主义租地农场主所支付的地租。"① 实物地租向货币地租的转化是生产方式和生产关系转化的内容之一，土地制度或往小土地所有制发展，或往资本主义农业发展。

如果土地制度向资本主义农业发展，就会产生租赁土地给资本家的现象："这些资本家一向置身在农村范围之外，现在却把他们在城市中获得的资本和城市中已经发展的资本主义经营方式，即产品只是作为商品，并且只是作为占有剩余价值的手段来生产的形式，带到农村和农业中来。这个形式只有在那些在从封建主义生产方式过渡到资本主义生产方式时期支配着世界市场的国家，才能成为一般的常规。"②

如果土地制度向小块土地所有制发展，"农民同时就是他的土地的自由所有者，土地则是他的主要生产工具，是他的劳动和他的资本的不可缺少的活动场所"。③ 自耕农的这种自由小块土地所有制形式，作为占统治地位的正常形式，一方面，在古典古代的极盛时期，形成社会的经济基础；另一方面，在现代各民族中，它又发现它是封建土地所有制解体所产生的各种形式之一。只能出现在不能发展资本主义农业的国家内，不能支配着世界市场的国家内。"和城市人口相比，农村人口在数量上占有巨大优势，因此，尽管资本主义生产方式通常已取得统治地位，但相对地说还不大发展，从而在其他生产部门内，资本的积聚也是在狭小界限内进行的，资本的分散仍占优势。按照事物的本性，农产品的绝大部分，在这里必然作为直接的生存资料，由它的生产者即农民本人消费，并且只有除此以外的余额，才作为商品进入同城市的贸易。"④

小块土地所有制按其性质来说排斥社会劳动生产力的发展、劳动的社会形式、资本的社会积聚、大规模的畜牧和对科学的累进的应用。

---

① 《马克思恩格斯文集》第 7 卷，人民出版社 2009 年版，第 902 页。
② 《马克思恩格斯文集》第 7 卷，人民出版社 2009 年版，第 903 页。
③ 《马克思恩格斯文集》第 7 卷，人民出版社 2009 年版，第 909 页。
④ 《马克思恩格斯文集》第 7 卷，人民出版社 2009 年版，第 909 页。

"为购买土地而支出货币资本，并不是投入农业资本。这其实是相应地减少了小农在他们的生产领域本身中可以支配的资本。这相应地减少了他们的生产资料的数量，从而缩小了再生产的经济基础。这使小农遭受高利贷的盘剥，因为在这个领域内，真正的信用一般说来是比较少的。"① "小土地所有制的前提是：人口的最大多数生活在农村，占统治地位的，不是社会劳动，而是孤立劳动；在这种情况下，财富和再生产的发展，无论是再生产的物质条件还是精神条件的发展，都是不可能的，因而，也不可能具有合理耕作的条件。"②

马克思认为地租的变化是遵循价值规律的，但是要考虑到地租和农产品价格间的相互关系，要考虑复杂的现实因素对于地租变化的影响。"虽然剩余价值体现在超额产品上，但是反过来，超额产品作为产品量的单纯增加额并不就表示剩余价值。它可以表示价值的减少。……地租也可以由于农作物的连年歉收而大大增加，因为谷物的价格将会上涨，尽管这个超额价值将会体现在一个数量绝对减少而价格已经更贵的小麦的量中。反过来，地租也可以由于农作物连年丰收而下降，因为价格将会下降，尽管这个已经下降的地租将会体现在一个数量已经增加而价格已经比较便宜的小麦的量中。"③

当农业生产由自然经济向商品经济发展时，和市场与货币的关系愈密切，就不能不使地租由以生产物的量为基础改变为以生产物的价格为基础，因为不是依照生产物价格决定的生产物地租，"不以产品价格为依据的产品地租，——因而它可以大于或小于现实的地租，所以不仅可以成为利润的扣除，而且也可以成为资本补偿部分的扣除，——已经是一个过时的形式。事实上，产品地租在它不仅在名义上而且在实质上是地租的时候，完全要由产品价格超过它的生产费用的余额决定"。④ 所以它是一个过时的形态，和资本主义生产方式是相矛盾的。所以，当资本主义生产方式发展后，"关于产品地租，首先应该指出，它只是一个由过时的生产方式遗留下来的并作为遗迹残存的传统，它和资本主义生产方式的矛盾表现在：它可以由于私人的契约而自行消失，而在立法可

---

① 《马克思恩格斯文集》第7卷，人民出版社2009年版，第916页。
② 《马克思恩格斯文集》第7卷，人民出版社2009年版，第918页。
③ 《马克思恩格斯选集》第7卷，人民出版社2009年版，第890页。
④ 《马克思恩格斯选集》第7卷，人民出版社2009年版，第891页。

以进行干涉的场合，例如拿英国的教会什一税来说，它还可以作为一种不合理的东西被强制取消。第二，产品地租在它还在资本主义生产方式的基础上继续存在的地方，它只是并且也只能是货币地租穿上中世纪的外衣的一种表现而已"①。

同时，必须考虑在不同社会系统中形成的不同地租形式。"同直接生产者直接相对立的，如果不是私有土地的所有者，而是像在亚洲那样，是既作为土地所有者同时又作为主权者的国家，那么，地租和赋税就会合为一体，或者不如说，在这种情况下就不存在任何同这个地租形式不同的赋税。在这种状态下，对于依附关系来说，无论从政治上或从经济上说，除了面对这种国家的一切臣属关系所共有的形式以外，不需要更严酷的形式。在这里，国家就是最高的地主。在这里，主权就是在全国范围内集中的土地所有权。但因此在这种情况下也就没有私有土地的所有权，虽然存在着对土地的私人的和共同的占有权和用益权。"②

在地租已定时，土地价格是由利息率调节的。如果利息率低，土地价格就高；反过来道理是一样的。在小块土地所有制占统治地位的地方，情况完全不同。

第一，信用的一般规律并不适用于农民，因为这个规律要以生产者是资本家为前提。第二，在小块土地所有制占统治地位——在这里不谈殖民地——和拥有小块土地的农民是国民的主体的地方，资本的形成，也就是说，社会的再生产，相对来说是微弱的，而前面已经说明过的意义上的借贷货币资本的形成，则更加微弱。这要以积聚和一个富有的有闲资本家阶级的存在作为前提。第三，在这里，土地所有权是绝大部分生产者的生活条件，是他们资本的不可缺少的投资场所，所以，土地价格上涨是由于对地产的需求超过其供给，而和利息率无关，并且往往和利息率一起上涨。

（二）考茨基的土地问题理论

中国在 1927 年已有考茨基的著作出版，译本书名为《资本是如何操纵世界的?》，译者是戴季陶和胡汉民，由上海民智书局出版，该书德文版书名为《马克思的经济学说》，日本学者高畑素之曾依德文第 13 版

① 《马克思恩格斯文集》第 7 卷，人民出版社 2009 年版，第 890—891 页。
② 《马克思恩格斯文集》第 7 卷，人民出版社 2009 年版，第 894 页。

（1910 年版）日译初版。戴季陶据此日文版进行翻译。后来，胡汉民续译第三章和第四章以后的章节。上海民智书局还在 1927 年 10 月出版了考茨基的《资本论解说》。沪滨书局在 1930 年出版了《科学社会主义的历史来源》。神州国光社在 1930 年出版了考茨基的《农业问题论》。

　　1931 年，中央研究院社会科学研究所出版了由宗华翻译的考茨基著作，标题为《近代农村经济的趋向》，是考茨基《土地问题：近代农业的趋向及社会民主党的农村政策》一书的节选本，包括原书第五章"资本主义的农村经济"和第八章"资本主义农村经济发展过程中的农民"的内容。蔡元培为该书作序，他说明了社会学所进行农村经济调查的原因，"社会学范围很广，我们集中于农村经济，因农村经济是乡村社会演进的关键，而乡村是吾国社会的基础"，而"研究所的任务，不但在自身进行研究的工作，并应供给所外学者研究上的便利，引起一般人对于研究的兴趣。社会学组为要达此目的，拟编印关于前资本主义，资本主义，及现代殖民地农村经济的参考资料"。① 陈翰笙也为该书写了序言，他讲明翻译考茨基及其他诸种著作的意图，"凡是一个社会的结构都含着两部分要素：过去的已经崩溃的残余部分和最近的正在发展的前进部分。中国今日的社会也是那些遗留的封建关系和新兴的资本主义结构而成。外国工业资本和金融资本早已侵入中国，并且有支配我们全部社会经济的威权。在中国研究社会学的人们当然不能不明了那工业资本和金融资本占统治地位的资本家社会"。② 这部著作对价值、剩余价值和利润、差额地租、绝对地租、地价这几个基本概念进行了理论辨析。更为重要的内容是其关于土地问题的理论。为理解陈翰笙及"中国农村派"的农村经济问题研究的理论框架提供了参考。

　　1. 考茨基分析了欧洲资本主义发展过程中小农经济的特征

　　考茨基考察的是资本主义社会中的小农经济特征。考茨基以欧洲小农经营的特点为例进行阐释，他总结出小农经营的耕地碎分、效率低下、多重经济身份等问题。他还指明欧洲的小农经营的多样性。例如，关于小农耕地的面积在各地是不同的，在普遍出现土地碎分的同时，也

---

　　① ［德］考茨基：《近代农村经济的趋向·序言》，宗华译，国立中央研究院社会科学研究所 1931 年版。

　　② ［德］考茨基：《近代农村经济的趋向·序言》，宗华译，国立中央研究院社会科学研究所 1931 年版。

存在大的农村家族公社，"我们曾见之于中世纪；在现代我们还能见之于那些农村经济仍然停留于中世纪阶段的民族中，如在南斯拉夫和东斯拉夫人中间"。[①]

小农由于自身生产的特点，其经济身份是多重的。专供自己消费的农村工业的破坏使那些不能生产出超过于他自己和家庭所必需的生活资料的剩余的小农们，不得不去找求补助的工作。为要达到这个目的，这些小农本来能够分出一部分必要时间，因为他自己所经营的农业只是一时地需要他全部的劳动力。他要求得货币，不是用出卖剩余生产品，而是用出卖剩余劳动力的方法。他在商品市场上所表现的好像是一无所有的无产者。当他不是为了商品市场而是为了自己的家庭经营去做工的时候，他便是一个土地所有者，一个在自己田地上生产生活资料者；这种家庭经营是与他的经济活动有密切的联系的。

考茨基认为，当小农在生产中具有这样多重的身份时，是不能简单地运用一般经济规律对其进行分析的，必须考虑到其经济特殊性。"然而竞争的规律却不适用于家庭经营。大的家庭经营比起小的来无论如何更为优越，小的家庭经营总要多浪费些劳动力；可是我们却从没有见过家庭经营倾向于集中的痕迹，也从没有见过少数的大家庭经营代替了多数的小家庭经营。"[②]

2. 小农经营停留在商业生产的集中倾向范围之外

考茨基认为，如果小农的农业经营离开了商品生产的范围，而只成为整个家庭经营中的一部分，那么它一定就停留在现代生产方法所特有的集中倾向的范围之外。"他的这种很小的农业经营，无论怎样不合理，无论怎样无利益，可是他还是要紧紧地握着，正如他的妻子对她可怜的家庭经营不肯放手一样。这种家庭经营花费了浩大的劳动力，而所换得的结果却是无限量的贫穷；但是这也就构成了那种使他们不用去服从人家的意志和完全脱离了剥削的唯一的境地。"[③] 经济和政治越是往前发

① ［德］考茨基:《近代农村经济的趋向》，宗华译，国立中央研究院社会科学研究所1931年版，第65页。

② ［德］考茨基:《近代农村经济的趋向》，宗华译，国立中央研究院社会科学研究所1931年版，第65页。

③ ［德］考茨基:《近代农村经济的趋向》，宗华译，国立中央研究院社会科学研究所1931年版，第66页。

展，农民对货币的需要亦愈增长，而国家和公社向他的征求越加紧。小农亦感觉到找求货币的越加重要，因此不得不越加重视于找求副业而忽视了农业。

小农的雇佣劳动，或资本主义式剥削下的小农的家庭工业，正和工业中妇女雇佣劳动一样，会使其家庭经营更趋拙劣；然而并非使其家庭经营完全消灭。他的农业经营就会越加变得不合理，并且使他觉得过于繁重而必须使其缩小。他很容易去找到购买他这块不需要的土地的人。

在欧洲各地，小农经营的发展趋势是不同的。在那些除了自己的农业经营外还有很多机会可以找到副业的地方，事情却完全不同了。"在这种情形下，人口的增长就会随着生活条件而更加变成无产化了；人们更加容易得到独立的机会，每个小孩生下来都被赋予了一宗最重要的遗产——一双手。"① 人口急剧地增加，同时对于土地的需要亦随之很快地增强；然而对这土地并非看作为了出售而生产的生产手段，而是看作自己的家庭经济的基础。如果副业的出现一方面可以使，甚至逼得使单个的农业经营缩小而因此又能使小经营的数量同时大大地增加，那么在另一方面，它亦能引起人口急剧地增加，而这种增加又是趋向着小经营数量的扩大。在这情形下自然就会形成大经营的分碎。

3. 小农经营相比资本主义经营的土地价格更高

充作资本主义的商品生产用的每块土地的价格要用地租的高低来决定。一般来讲，它的卖价是等于资本化的地租。资本主义的企业家不肯给出高于这个数量的价格，如果想不使其利润低过于一般的水准。竞争通常亦不会把它的价格抬高过于这个常率。有时亦有因为非经济的原因而使地产的价格高过于资本化的地租。

农民不是资本家而是简单的商品生产者，他虽也出卖他的农产品，可是完全不需要或者只在很小的范围内需要雇用劳动者。他自己就是劳动者，他并不是靠他的财产的收入而是靠他的劳动的收入而生存，他的生活方式也就是雇用劳动者的生活方式。土地就是他用自己的劳动去制造食料的手段，而并不是用来获得利润或地租的手段；如果他在生产品上所得的收入除去偿还他的费用外，还能偿给他以工钱，这样他就可以

---

① [德] 考茨基：《近代农村经济的趋向》，宗华译，国立中央研究院社会科学研究所1931年版，第68页。

过活。利润和地租他是可以放弃的。所以农民在简单的商品生产的阶段中，为了某块土地所支付的价格可以比在资本主义生产的阶段中所支付的要高些，如果其他条件都是一样。这种情形，自然往往会使农民陷于十分窘迫的地位，尤其当他还保留着简单商品生产时固有的习惯——为了土地而支出过多的价格——的时候；可是他自己当简单商品生产虽非在形式上而在事实上早已进到资本主义的阶段时，却并不是资本主义的企业家，而只是被资本剥削的劳动者而已。

如果农民购买了土地，没有或者没有完全付价，而在土地上负了抵押的债务，那么他在自己的经营中，不但必须挣出工资的部分，而且还须挣出地租来；因此过高的土地价格，对于他正如对于资本主义的企业家一样，便是很大的损失。很高的地价，只有当他不想再做农业主，就是当他出卖自己的地产时，才有利于他。但是当他开始和正在经营的时候，这样高的地价，却增加了他的负担而对他有害了。可是现代的大土地所有的主人们只知道用那些只足以助长地价增高的方法去挽救这农业的困难。好似宗法社会的主人的这般人们，他们所打算的不像农业主而像土地投机家。①

小农借着替别个农业主劳动，来满足他们全部的或大部分的对于货币的需要。这里土地价格对于商品生产，以及对于价值法则的种种关系，至少在买主方面是消失了的。在卖主方面资本化的地租就构成土地最低价格；但是在买主方面却只以他自己的购买力，尤其是他自己的需要为标准。人口增加得越迅速，向外移出便越成困难；因此要得到一小块土地为满足生活需要及取得社会的独立的基础之绝对的必要亦越紧张，于是一块细小的土地所值的价格（或是租金）亦将越高。在农业经营中的劳动与在家庭经营中的劳动一样不能作为支出，而只能作为自己的消费；因为它是什么都不值的。

从土地的耕作中所给予家庭经营的一切，都好像是纯粹的利润。要计算生产品的货币价值，并把它划分为工资、资本的利息和地租，几乎是不可能；所以无论如何，是没有人那样做的，因为在这种经济中货币

---

① ［德］考茨基：《近代农村经济的趋向》，宗华译，国立中央研究院社会科学研究所1931年版，第69页。

是无关紧要的。①

小的地产贵于大的地产，在城市中亦可以见到和此相类似的情形。城市中的房屋，容积率愈小，房价愈高。较高的地价和较高的房价这两种现象，一部分可以归结到一个相同的原因：需要小块土地或狭小房屋者的极端的窘迫状态，使他们对于土地垄断者只能表示出很微弱的反抗。谁把小土地的较高的价格归原于它的较大的生产率，那么他就应该把小住宅的较高的房价归原于其住居者的较大的收入了。

小土地的较高的价格，自然在那些很顺利地具备着人口增加的条件和在农业以外还能获得副业的地方，都成为大土地分碎化的强有力的动机。在这种情形下，地产的分割与土地所有权的分碎化会扩大到很广的范围。土地财产越小，想获得副业的动机越大；副业越占重要的地位，那么土地就会越加变小；可是这样土地就越加不能满足家庭经营的需要。这现象尤其因为这种过小土地的经营将变成完全不合理的经营而更加增多。

4. 小农经营范围趋小与贫困是相伴随的

牲畜和农具的缺乏，使用合理的土地耕种，尤其使深耕成为不可能；只有为了家庭经营的需要，而不是为了维持土壤肥沃的需要去决定选择耕种的植物。牲畜货币的缺乏，就是表示自然肥料和人造肥料的缺乏；此外还要加上人类劳动力的缺乏。

为了取得货币而劳动越占首要的地位，家庭经营上的劳动就成为次要的事业，而前者所吸收的家庭中最好的劳动力就越加多，尤其当家庭经营特别需要这些劳动的时候，如在收获的时候。因此对自己的小土地上的劳动就越加要委之于妇女、小孩和差不多是残废的祖父母。父亲与较大的儿子们不得不去"帮工"。这样一来，很小的农业经营，正如无产者们的家庭经营一样，虽经妇人化了最浪费的劳动，及类似牛马的苦役；可是所得到的却是再可怜不过的结果——已一变而成为仅是家庭经营中附带的事业了。

这种农业经营越加继续不断地缩小和越趋穷困就使它越不能满足家庭经营的一切需要。于是帮工所得的收入不但必须用来交纳国家及公社的赋税，以及用来购买工业生产品或国外的农产品——咖啡、烟草等

---

① ［德］考茨基：《近代农村经济的趋向》，宗华译，国立中央研究院社会科学研究所1931年版，第71页。

等；而且也必须用来购买本国的农产品——特别是谷物。自己的经营在窘迫时还要出产马铃薯、白菜、蔬菜、羊乳；或在顺利时，出产些牛乳、猪肉和鸡卵，但所产的谷物量，却是不充分的。

5. 小农业者和工业无产者共同受到资本家的剥削

农业的运动确是一种特殊的与工商业资本的运动完全不同的运动。在农业中经营集中的倾向，并不使小经营完全消灭；而在这种倾向发展得太过的地方倒反会产生相反的倾向，即集中的倾向和分散的倾向在相互交替。这两种倾向也能具有相辅相成的作用。小经营的数目在增加，但其所有者在商品市场上所表现的却是无产者，就是商品——劳动力的出卖者。他们的土地所有只能在商品生产的范围以外，即在家庭经营的范围以内才有意义。在商品市场上成为劳动力商品出卖者的这般小农业主，是和工业的无产阶级具有共通的一切利害关系的，并且并不因了前者的所有而曾陷于与后者彼此仇视的地位。他们的土地所有固然多少使那些在小块土地上操其经营的农民脱离了生活资料商人的权弄；可是却没有解脱资本主义企业家，——不论他是工业企业家或是农业企业家——的剥削。① 凡是已经发展到这个阶段的地方，农村中小经营的增加，只变成为无产者家庭经营增加的一种特殊形式；这种增加是与资本主义式的大经营的增加相提并进的。

这般家庭工业者对于资本家是最可靠的被剥削者。甚至长时期的失业也不足以把他们从资本家那里驱逐出来。"所以在资本主义剥削下的家庭工业中，可以看到最长久和最浪费的劳动时间，最可怜和最残酷的工钱报酬，最广泛地使用童工和女工以及最鄙陋的工作场所和住处；概括地说，就是整个资本主义生产方法中最可怕的状态。这是最无耻的资本主义剥削的制度；这又是农民无产化的最退化的形式。"② 对于那些单靠农业劳动不够维持生活的小农人口的一切援助的企图，把他们引渡到家庭工业，而且必然在经过了一度很短促而很成问题的高涨之后曾使他们猛烈地落到最深和最无出路的贫穷。所以我们应当采用最果决的手段来同他们斗争。

---

① ［德］考茨基：《近代农村经济的趋向》，宗华译，国立中央研究院社会科学研究所1931年版，第83页。

② ［德］考茨基：《近代农村经济的趋向》，宗华译，国立中央研究院社会科学研究所1931年版，第94页。

考茨基认为家庭工业不过是走向大工业的一种过渡时期。这意味着随着大工业的发展，这种家庭工业也走向消亡。

在那些农业并不作为商品生产，而只作为满足家庭经济之需要的地方，它就不会服从竞争的动力；而且构成了一种保守的成分，这成分使过去的一切还能继续地存在。这就是农业它使家庭工业的死战还能苟延到无穷的地步，并且不让那种在半世纪前已经不能存在的手工纺织沦于消减。虽然在近代，乡村家庭工业在大工业侵入农村的地方，到处都发生崩溃；但这并非因为大工业与家庭工业者的竞争，确实因为给他们获得新的工作的可能。[①]

陈翰笙断定中国农村社会形态仍然处于前资本主义时期，但是考茨基所论述的土地分散趋向、生产率低下、普遍贫困和自我剥削等因素也是 20 世纪上半叶中国农村经济的特征。考茨基对于小农经济问题的分析为陈翰笙研究中国农村经济问题提供了可以借鉴的理论框架。

第二节　列宁"帝国主义论"基本观点与方法

任何社会科学研究者在论述 20 世纪早期的历史进程时都不能回避帝国主义问题，对帝国主义问题最有解释力的理论是列宁的帝国主义论。陈翰笙的研究方法深受列宁的影响，他未在关于农村问题的著述中提及列宁的任何作品或者列宁的观点，但是只需要阅读列宁的文章，就能够理解陈翰笙与列宁在观点上与方法上的一脉相承。陈翰笙没有对列宁进行简单的模仿，他以中国知识分子的视角将列宁的方法进行延伸。列宁论述了帝国主义发展的一般特征，陈翰笙论述在帝国主义的扩张中中国的情况如何。

一　工业资本与金融资本的关系

《帝国主义是资本主义的最高阶段》这部作品的政治性和历史性结合得如此紧密并相得益彰，是人们在试图认识 20 世纪初期的世界历史图景时可以参考的重要文本。列宁在其中表述的观念已经内化为人们对

---

① ［德］考茨基：《近代农村经济的趋向》，宗华译，国立中央研究院社会科学研究所1931 年版，第 95 页。

于 20 世纪初期世界历史认识的基本概念。他以马克思对于资本主义的认识为基本理论框架，综合利用、吸收和批驳西方政治学家和经济学家的观点，对资本主义发展至帝国主义阶段的经济实质进行剖析，揭开了资本主义世界经济网络的宏观图景，并提出一个具有时代性的历史认识主题，即如何在变化中认识资本主义的发展。

资本的积累和资本的集中前后相继，马克思认为正是作为资本主义生产方式要素的积累和集中的发展，导致资本家从剥夺工人到相互剥夺，资本主义生产方式的外壳最终将被打破，资本主义将被新的生产方式所取代。"随着那些掠夺和垄断这一转化过程的全部利益的资本巨头不断减少，贫困、压迫、奴役、退化和剥削的程度不断加深，而日益壮大的、由资本主义生产过程本身的机制所训练、联合和组织起来的工人阶级的反抗也不断增长。资本的垄断成了与这种垄断一起并在这种垄断之下繁盛起来的生产方式的桎梏。"[1] 最终，生产资料的集中和劳动的社会化的不相容，将葬送资本主义生产方式本身。从对于以个人劳动为基础的私有制的第一个否定到对以非劳动者为基础的私有制的第二个否定，否定之否定的历史进程告一段落。马克思的这一观点成为列宁帝国主义论的理论基础。

西方的后殖民主义者将列宁的帝国主义理论作为分析的理论基础。西方政治学者将霍布森—列宁帝国主义论视为分析帝国主义问题最重要的理论。西方的国际关系研究者将帝国和帝国主义问题密切联系，讨论霍布森—列宁帝国主义论的基本观点。1902 年，霍布森[2]出版《帝国主义》一书，提出帝国主义是一种国家政策，同国家主义的复兴密切相关，他分别考察帝国主义的经济方面和政治方面，试图解释帝国主义的实质。他认为在 20 世纪初期的西方国家中，对商品的有效需求出现不足，因为一般收入的分配使工人阶级所占的份额太少，雇佣阶级和占有阶级的份额太多，结果出现生产过剩，也就使得西方国家争夺国外市

① 《马克思恩格斯选集》第二卷，人民出版社 2012 年版，第 299 页。
② 霍布森（John Atkinson Hobson，1858—1940），生于英国杜贝，毕业于牛津大学，先后任牛津大学、英国伦敦政治经济学院讲师，著述甚多，包括《贫穷问题》（1891）、《近代资本主义的演进》（1894）、《失业经济学》（1896）、《分配经济学》（1900）、《帝国主义》（1902）、《工业制度》（1909）、《工作与财富》（1914）、《新世界的问题》（1921）、《财富的科学》（1927）、《民主主义》（1934）、《一个经济学异端的自供》（1938）等。

场，而帝国主义政策是 20 世纪初期西方世界政治中最有力的运动。霍布森是通过对于包括英国、意大利等在内的西方国家的 19 世纪下半叶历史的观察来分析帝国主义政策的。他提出了以保持资本主义政策为前提，由国家对分配进行干预，进而改造社会福利，从而缓解帝国主义政策的办法。霍布森对帝国主义进行的研究及在其他著作中提出的改良主义方法对西方的经济理论和政治理论产生重要影响。列宁在著作中借鉴了霍布森对于帝国主义经济实质进行的分析，但在认识上与其有重要分歧。

列宁在马克思《资本论》的观点基础上，有选择地借鉴霍布森的帝国主义观点，分析 20 世纪初期帝国主义的经济实质这个基本经济问题，说明 20 世纪初期全世界资本主义经济在其国际关系上的总的情况，即"资本主义已成为极少数'先进'国对世界上绝大多数居民实行殖民压迫和金融扼杀的世界体系"。[①] 帝国主义的实质就是资本主义发展进入垄断阶段以后在政治上的表现。垄断正是"资本主义发展的最新阶段"的最新成就。竞争转化为垄断。生产的社会化有了巨大的进展。就连技术发明和技术改进的过程也社会化了。生产社会化了，但是占有仍然是私人的。社会化的生产资料仍旧是少数人的私有财产。在形式上被承认的自由竞争的一般架子依然存在，而少数垄断者对其余居民的压迫却更加百倍地沉重、显著和令人难以忍受了。[②]

银行在资本主义进入垄断阶段后发挥了重要的经济职能，成为垄断者。随着银行业的发展及其集中于少数机构，银行就由中介人的普通角色发展成为势力极大的垄断者，以及本国和许多国家的大部分生产资料和原料产地。[③] 在资本集中方面，银行成为最有效率的机构和金融工具。因为银行的这种职能发挥得淋漓尽致，资本主义的经济网络才能够更迅速地成长为世界性的经济网络。在资本主义经济网络的扩张中，经济和政治紧密结合在一起。"银行渠道的密网扩展得多么迅速，它布满

---

① 《帝国主义是资本主义的最高阶段》（1916 年 1 月 6 日），《列宁选集》第二卷，人民出版社 2012 年版，第 578—579 页。

② 《帝国主义是资本主义的最高阶段》（1916 年 1 月 6 日），《列宁选集》第二卷，人民出版社 2012 年版，第 593 页。

③ 《帝国主义是资本主义的最高阶段》（1916 年 1 月 6 日），《列宁选集》第二卷，人民出版社 2012 年版，第 597 页。

全国，集中所有的资本和货币收入，把成千上万分散的经济变成一个统一的全国性的资本主义经济，并进而变成世界性的资本主义经济。……这是集权，是垄断巨头的作用、意义和实力的加强。"①

银行业发展的最新成就还是垄断。这是一个历史的进程，马克思提及的资本家对资本家的剥夺，银行在这个过程中扮演重要角色。随着资本的集中和银行周转额的增加，银行的作用根本改变了。分散的资本家合成了一个集体的资本家。银行为某些资本家办理往来账，似乎是在从事一种纯粹技术性的、完全辅助性的业务。而当这种业务的范围扩展到很大的时候，极少数垄断者就控制整个资本主义社会的工商业业务，就能通过银行的联系，通过往来账及其他金融业务，首先确切地了解各个资本家的业务状况，然后加以监督，用扩大或减少、便利或阻难信贷的办法来影响他们，以致最后完全决定他们的命运，决定他们的收入，夺去他们的资本，或者使他们有可能迅速而大量地增加资本，等等。

列宁认为，资本主义的发展是从小规模的高利贷资本开始，而以大规模的高利贷资本结束。一切资本主义的工业生产都与金融建立联系。资本的集中就包括生产的集中这一过程；从集中生长起来的垄断；银行和工业日益融合或者说长合在一起——这就是金融资本产生的历史和这一概念的内容。在商品生产和私有制的一般环境里，资本主义垄断组织的"经营"必然变为金融寡头的统治。除工业生产之外，金融工具众多也是资本主义发展的特点。作为金融资本主要业务之一的有价证券发行业，盈利极大，对于金融寡头的发展和巩固起着重大的作用。拿发展得很快的大城市近郊的土地来做投机生意，也是金融资本的一种特别盈利的业务。在工业高涨时期，金融资本获得巨额利润，而在衰落时期，小企业和不稳固的企业纷纷倒闭，大银行就"参与"贱价收买这些企业，或者"参与"有利可图的"整理"和"改组"。因为集中在少数人手里的金融资本，通过多种渠道，如创办企业、发行证券、办理公债等巩固金融寡头统治，替垄断者向整个社会征收贡税。垄断既然已经形成，而且操纵着几十亿资本，它将绝对不可避免地要渗透到社会生活的各个方面去，而不管政治制度或其他任何"细节"如何。

---

① 《帝国主义是资本主义的最高阶段》（1916年1月6日），《列宁选集》第二卷，人民出版社2012年版，第600页。

在列宁对考茨基和其他西方资本主义经济学家的批驳中，马克思主义和资产阶级改良主义两种社会制度截然不同的政治主张已十分清晰，资产阶级改良主义将帝国主义的政治和它的经济相互割裂，而马克思主义强调经济上的垄断与政治上的垄断、暴力、掠夺是紧密结合在一起的。资本主义发展到垄断阶段，这个问题是社会内部的问题，也是国家间关系问题，列宁借用霍布森的观点，指出如果资本主义能够发展远远落后于工业的农业，提高人民大众的生活水平，那么就不会有过剩资本。但是，如果这样做，资本主义就不是资本主义了，资本主义输出到落后的国家去，是因为当地资本少、地价低、工资低、原料便宜，这一切条件使得资本有利可图。

二　半封建半殖民地社会是处于过渡阶段的社会形态

列宁的经典著作《帝国主义是资本主义的最高阶段》为中国左翼知识分子审视世界局势和分析中国问题提供了一套方法论。他提出一个问题，20世纪初期全世界资本主义经济的基本特点是什么？他在回答这个问题的时候提醒人们注意资本主义的新变化及这种变化对于国际局势的影响。列宁直面殖民地半殖民地遭受侵略和剥夺的问题并以理论和现实行动回应问题。他的帝国主义理论成为殖民地半殖民地国家争取民族独立最有力的思想武器。虽然在陈翰笙的著述中见不到对列宁著作内容或观点的引用，但是如果以列宁在《帝国主义是资本主义的最高阶段》中所表达的观点为理论提纲，能够发现二者间的理论联系。

资本输出是在20世纪初期才迅速发展起来的，资本输出扩大和加深资本主义在全世界的进一步发展。资本主义早已造就世界市场，而资本输出的增加会使垄断同盟走向达成世界性协议的目标。资本同盟世界按照实力来瓜分世界，这不是道德因素能够进行解释的历史现象，只是因为集中已经达到了这样的阶段，使得他们不得不走上这条获取利润的道路，并在全世界范围内相互争夺。

垄断资本主义的四种主要表现：第一，垄断是从发展到很高阶段的生产集中生长起来的；第二，垄断导致加紧抢占最重要的原料产地，尤其是资本主义社会的基础工业部门；第三，垄断是从银行生长起来的；第四，垄断是从殖民政策生长起来的。金融资本为殖民政策提供了新的内容，包括争夺原料产地、争夺资本输出、争夺势力范围，等等。垄断资本主义本身是腐朽的，因为它发展为以食利和高利贷为生，当一切矛盾尖锐到不能调和的阶段，世界范围内的战争接踵而至。金融资本和垄断组织到处都带有统治的趋向而不是自由的趋向，在一切政治制度下都发生全面的反动。民族压迫、破坏民族独立的趋向随之加深。被掠夺、被压迫民族的状况如何，是一个迫切需要回答的理论问题。

"半封建半殖民地社会"这个概念是一个描述社会形态的概念。① 这个概念的形成过程与中国社会发展进程有密切关系，是中国马克思主义理论学者在恩格斯和列宁的观点基础上，结合中国的社会现实进行理论探索的结果。

1851 年，恩格斯在写作《德国的革命与反革命》时，描述当时德国的状况是人民的阶级构成十分复杂，德国的封建贵族仍然保留着很大一部分旧日的特权。封建土地所有制差不多到处都居于统治地位。封建领主保留着很多封建特权，他们充任政府的高级官吏和军队里的军官。资产阶级远未富裕和集中。城市里的小手工业者、小商人、工人和农村中的农民一起构成国民的大部分。这是德国在 1848 年革命前的社会状态，普鲁士的政治制度是一种"半封建半官僚"的君主制。为人们提供了半封建半官僚的社会的阶级状况分析的例证。

1900 年，列宁在《对华战争》中谴责沙皇俄国对中国进行的侵略战争，还将中国视为"工业不发达、还多少保留着宗法式生活特点的国家"。②

1912 年，列宁在《中国的民主主义和民粹主义》一书中分析孙中山的政治纲领，认为他是真诚的民主主义者，但是与社会主义空想观点一致，是民粹主义的政治纲领。他认为中国的革命任务之一是消灭封建制度。"中国这个落后的、农业的、半封建国家的客观条件，在将近 5 亿人民的生活日程上，只提出了这种压迫和这种剥削的一定的历史独特

---

① 周兴樑在《关于近代中国"两半"社会性质总理论的由来》（《历史教学》2005 年第 2 期）一文中，指出"半封建"和"半殖民地"概念是革命导师恩格斯与列宁最早提出的。列宁用"半封建"指中国社会性质，"半殖民地"指中国的国际地位。将"两半"概念联璧来说明中国社会性质是蔡和森的理论创新。

② 《对华战争》，《列宁选集》第二卷，人民出版社 2012 年版，第 279 页。

形式——封建制度。"① 这种制度的基础是农业生活方式和自然经济占统治地位。中国、波斯、土耳其都被视为半殖民地国家。

1915 年,列宁在《社会主义与战争》中,将被压迫的、附属的、主权不完整的国家战胜压迫者国家的战争视为正义的,中国、波斯被视为这类国家。

在 1920 年 7—8 月召开的共产国际第二次代表大会上,列宁做题为《民族和殖民地问题委员会的报告》,提出在解决殖民地和民族问题时,不从抽象原理出发,从具体的现实生活中的各种现象出发。划分压迫民族和被压迫民族。列宁认为被压迫国家的农民问题十分重要,并提出"处于半封建依附状态"的农民能够出色地领会建立苏维埃组织这一思想。"那些不仅受商业资本剥削而且也受封建主和封建国家剥削的被压迫群众"也可以理解建立苏维埃这一思想。农民社会生活中的生产关系中,包括封建的生产关系,还存在工业资本和商业资本对于农民生产生活的影响,其相互间的复杂关系是理解半殖民地半封建社会形态的切入点。

半殖民地半封建社会是一个具有过渡性质的社会形态。它指完全的封建已经过去,而下一个社会形态还未形成的历史阶段。联系列宁所表达的对于半封建半殖民地社会的观点,这个概念不是要解决历史上社会形态发展的问题,而是对处于 20 世纪上半叶、受到西方帝国主义国家掠夺的国家的社会形态进行描述。列宁能够认识资本主义新的发展趋势,以及这种趋势与现实间的关系,为殖民地和半殖民地国家和地区提供认识框架和进行抗争的理论武器。

列宁在《帝国主义是资本主义的最高阶段》中提出的垄断理论成为陈翰笙解释中国解放战争时期的经济特征的主要理论。

1937 年瓦尔加(E. Varga)等人的论文集《现阶段资本主义的研究》由章汉夫等据英译本、日译本重译,里面收录的文章包括:《世界经济的回顾与展望》(章汉夫译)、《葡萄牙和西班牙事件》(潘惠田译)、《一九三六年第四季度资本主义国家的经济》(梁简恒译)、《"帝国主义论"研究》(孙冶方等译)、《论资本输出问题》(茹伊著,贝叶译)、《论独占与物价高涨》(西里勃列可夫著,健夫、柳仁合译)。

---

① 《中国的民主主义和民粹主义》,《列宁选集》第二卷,人民出版社 2012 年版,第 293 页。

为纪念列宁的"帝国主义论"提出二十周年，几位苏联学者共同完成了《"帝国主义论"研究》，瓦尔加完成了第一章节"《资本论》底天才的继续和完成"，他比较马克思和列宁的写作背景的差异，及列宁对于马克思的理论方法的继承和发展。关于垄断理论有如下介绍，"因于资本底集合和集中自由竞争促成了垄断（独占）底统治。垄断资本主义给了生产力发展不少的障碍"。①

西里勃列可夫著《论独占与物价高涨》，进一步阐释垄断理论的内涵。"资本主义独占的目的，是在于获得额外利润。""额外利润线是资本主义独占的经济实现。""独占的支配关系和势力，当作独占价格的现象而表现出来。"独占的一切支配形态和帝国主义的一切矛盾都集中在独占价格上面。"独占价格和它里面所包含的额外利润，是独占支配的经济的实现。"②

陈翰笙有两篇文章谈解放战争时期的独占问题，分别为用英文撰写的《经济独占与中国内战》（最初发表于美国《远东概览》杂志）及其缩减版《中国五大独占集团》。在这篇文章中，陈翰笙指明中国的垄断同资本主义的垄断还不相同。一方面，中国自公元前 10 世纪就开始维持一种政府专营制度，至公元前 2 世纪以后以盐铁产销为主要内容，由政府专门经营获利。这种制度几经演变，到了近代，政府专营制度成为营私牟利的一个来源。它与现代国家资本主义不能相提并论，因为"在本质上它的商业性超过了工业性，而且集中于军政官僚政客，及地方军阀手中"③。中国并没有国家资本主义，这同欧洲是不同的，"封建主义和资本主义是矛盾的，正如国家资本主义和殖民地情况一样。当资本主义发达至于国家专营阶段的时候，生产已大部分社会化，虽则产业所有权仍归私人"④。而中国政府的官营只保障私人的所有权，并加强国有企业的官僚化，分散及破坏生产的力量。所以，中国政府的专营或国有，"只是一种高级官僚手中的资本累积，仍然是处于一种前资本主义

---

①　［匈］瓦尔加等：《现阶段资本主义的研究》，章汉夫等译，世界学术社 1937 年版，第127 页。

②　［匈］瓦尔加等：《现阶段资本主义的研究》，章汉夫等译，世界学术社 1937 年版，第216 页。

③　中国社会科学院科研局编选：《陈翰笙集》，中国社会科学出版社 2002 年版，第 428 页。

④　中国社会科学院科研局编选：《陈翰笙集》，中国社会科学出版社 2002 年版，第 430 页。

的经济过程"①。

陈翰笙以政府垄断茶业和棉花销售来说明政府在谋利的同时与民争利，不顾及产业的发展。"因为专营的目的在于扩张它自己的势力，政府控制了外汇、运输和银行，很快便腐化了成为政府的囤积、投机和走私。"② 国民党政府的独占经济由五大派系垄断，包括 CC 系、政学系、孔祥熙领导的旧金融集团、宋子文集团以及蒋氏集团。

通过对国民党政府的独占经济实质的分析，能够说明其所代表的经济势力是落后而非进步，是阻碍中国经济发展而非起到促进作用。陈翰笙明确提出，中共解放区内实行的是前社会主义的合作经济，国民党政府控制区内是一种依靠军事独裁控制的前资本主义买办性的政府独占经济。南京政府的原则包括政府经济独占、一党统治和外国军事财政援助。中国的内战就是两个集团各自保卫其主义体系的斗争。

第三节　西方社会科学中关于农村问题的方法和观点

从方法上对于陈翰笙的研究进行考察必然涉及马克思主义方法和西方其他社会科学研究方法在 20 世纪上半叶的转型问题，那么，中国社会经济史的兴起和西方经济社会史研究在方法和内容方面有何异同。如果把陈翰笙及"中国农村派"对于中国农村进行的社会调查定位为更偏重于社会学的研究，这种研究对于中国的经济社会史研究有什么影响？

陈翰笙作为中国学者深入研究中国和印度的农村问题，提出的学术观点在美国学术界引起广泛的关注，这是 20 世纪初期中国学者与西方的中国问题研究者进行交流与对话的一个实例。理解 20 世纪上半叶西方社会科学研究方法及历史学研究方法的转型，对于理解陈翰笙研究方法和观点而言具有重要意义。20 世纪上半叶，西方传统的注重于叙事的历史学向以社会科学为定向的历史研究与写作转化。社会科学取向的历史学的新形式强调的是各种社会结构和社会变迁的历程。伊格尔斯指出，"各式各样社会科学取向的历史学，织就了从定量的社会学与经济

---

① 中国社会科学院科研局编选：《陈翰笙集》，中国社会科学出版社 2002 年版，第 430 页。

② 中国社会科学院科研局编选：《陈翰笙集》，中国社会科学出版社 2002 年版，第 433 页。

学研究方法和年鉴学派的结构主义到马克思主义的阶级分析那样一道方法论的意识形态的光谱"。① 在陈翰笙的著述中交融的马克思主义观点和社会调研方法正是这光谱的闪光之点。

一　经济史与经济社会史研究的兴起

借助社会科学概念研究历史是 20 世纪以来历史研究的重要趋势之一，虽然受到后现代主义的挑战，但是人们已经形成了一种关于"坚实的"历史的概念，这种对于社会结构等问题的宏观史学研究成为人们观念之中的历史的骨架。弗雷总结 20 世纪法国社会科学化史学研究的两个特点：第一，史学必须通过向兄弟学科借用研究主题与方法；第二，史学必须是一如既往无所不包的普遍性学科，具备对社会现象进行最为全面的理解的条件。② 这两个特点无疑为理解 20 世纪上半叶新史学的种种特点提供线索。

1919—1920 年，马克斯·韦伯即在慕尼黑大学讲授"普通社会经济史概论"，其后授课内容被整理成《经济通史》出版，对资本主义制度如何从西欧的封建社会中成长起来进行一系列分析。19 世纪 80 年代，英国政治经济学历史学派兴起，包括詹姆斯·罗杰斯、威廉·坎宁安、阿诺德·汤因比和威廉·阿什利，经济史研究逐渐规范化并职业化。1926 年，艾伦·鲍尔、理查德·托尼和伊弗雷姆·利普森创建经济史学会，出版《经济史评论》。但是，即使是经济史学家，也宣告研究历史的视角可以更为宽阔。与此同时，社会学家对历史研究的科学性提出质疑，孔德、斯宾塞、涂尔干都从不同角度质疑以政治事件为研究对象的历史的科学性，认为它们只不过是肤浅的表象，是特定民族历史的表象而不是真实。③ 在这种对传统以政治史研究为主流的历史研究的质疑中，经济社会史这个术语出现在历史研究中，成为文化史、经济史之后的重要历史研究领域。社会学家贡献了研究方法和基本概念，为拓

---

① ［美］格奥尔格·伊格尔斯：《二十世纪的历史学——从科学的客观性到后现代的挑战》，何兆武译，山东大学出版社 2006 年版，第 2 页。

② ［英］彼得·伯克：《法国史学革命：年鉴学派，1929—1989》，刘永华译，北京大学出版社 2006 年版，第 5 页。

③ ［美］格奥尔格·伊格尔斯：《二十世纪的历史学——从科学的客观性到后现代的挑战》，何兆武译，山东大学出版社 2006 年版，第 4 页。

宽历史学研究领域提出了重要的问题，即历史学应当以何种方法认识社会。

1929 年，费弗尔和布洛赫创办《经济社会史年鉴》，宣告在研究方法上，历史学与地理学、社会学、心理学、经济学、语言学、社会人类学等合作。朗格诺瓦与瑟诺博斯让位于拉布拉什①和涂尔干②。1936 年，比利时历史学家亨利·皮朗的著作《中世纪欧洲经济社会史》出版了英文版，他传递了这样的信念，即相对于政治史，书写共同体的历史的正确方法更应当注重对于社会发展的经济研究。皮郎在英国的好友，历史学家韦诺格多夫（Vinogradoff），从俄国来到英国，专注于研究英国中世纪法律，并以此作为认识欧洲封建制度的渠道。传统的以事件为中心的历史学研究方法与多种史学写作方法并存。多种方法的融合无疑使历史学的研究视角更加宽广，为"整体的"历史学研究铺平道路。

1914 年，英国经济史学家阿什利出版《英国的经济组织》，他指出：经济史，即人类经济活动的历史，是人类利用环境、从中获取赖以生存的物质资料并满足与生存有密切关联的物质需要的历史。③ 经济史研究的对象往往是有着各种职责分工的协作体，内容十分宽泛，协作与分工是经济组织的重要特点。具体到英国的农业制度，英国土地占有的差异十分巨大，依据土地占有面积可以区分三个社会等级，即地主、佃农和农业工人。

经济史研究逐步发展成为重要的史学研究领域。在 20 世纪上半叶西方经济史研究的作品中，有两个十分重要的特点，第一个是对于农村经济发展形态及经济组织形式研究的注重，第二个是对于阶级的关注，在分析经济史发展过程中的问题时，以阶级为基本的分析单位。阶级分析作为西方社会科学研究的基本方法，被应用于社会分析中，在 20 世纪上半叶的经济史和经济社会史著作中，阶级问题是一个重要问题，从经济角度和政治法律角度看阶级问题是研究欧洲社会的两种重要途径。

1908 年，英国历史学家坎宁安（Cunningham）出版《西方文明的

---

① 维达尔·德·拉布拉什（Paul Vidal de la Blache, 1845—1918），法国人文地理学家，1891 年创办《地理学年鉴》。

② 涂尔干（Emile Durkheim, 1858—1917），法国社会学家。

③ ［英］威廉·詹姆斯·阿什利：《英国的经济组织》，王丽译，商务印书馆 2018 年版，第 2 页。

经济面貌》（*Western Civilization in its Economic Aspects*），从西方文明的整体角度审视经济问题。布瓦松纳①在《中世纪欧洲生活和劳动》（1921年）中认为西欧在某种程度上是一个经济统一体。中世纪欧洲经济史的重要内容包括拓殖运动、广大的劳动阶级从依附地位上升到比较自由的地位、土地所有制从封建地产演进到这种地产的逐渐细分为自耕农、公簿持有农和有各种租期的租佃农的小地产。布瓦松纳宣称所追求的不仅在于说明人和土地的法律地位的变动，而尤其是在于描绘出劳动阶级在他们生活于其中的历史体制内所处的地位，追溯政治和社会制度、交换、工业和农业生产、土地拓殖、土地的和流动的财富的分配对于这样一些经济变革的相互作用，这些经济变革引起了新的劳动形式的出现，并赋予人民大众以他们从未有过的社会地位。② 阶级是一个重要的经济史分析概念，为认识社会整体提供一个工具性概念。

二　经济史研究中的农村问题

为何研究农村问题？因为迟至 20 世纪初期，在绝大多数国家和地区，农村是决定国家基本经济状况的社会组成部分。只有从历史中才能够找到理解现实的路径，只有借助社会的、经济的方法才能够对农村问题进行细致研究。

1931 年，马克·布洛赫出版《法国农村史》，托尼也关注了布洛赫的作品，这部作品有鲜明的特点，不但是一部社会经济史，而且也是一部农民心理史和人文地理史。布洛赫提出一系列具有启发性的观点，第一点就是研究农村问题的重要性，他不是为了解中世纪社会生产关系制度本身，而是在于了解这种制度对法国中世纪以来农业生产和农民个人主义的影响。他认为 20 世纪法国农村面貌中几乎没有一个特点不能从对过去时代演变的研究中得到解释。

第二点就是研究农村问题的方法，他关注荒地开垦、耕作技术、传统土地公用制度、农业革命等问题，这构成了这一时期研究农村问题的框架。东西方在农耕方式方面的比较被提出，农牧业结合被视为欧洲农

---

① P. 布瓦松纳（P. Boissonnade，1862—1935），普瓦蒂埃大学教授、法兰西学院通讯院士，擅长中世纪法国社会经济史研究。

② ［法］布瓦松纳：《中世纪欧洲生活和劳动》，潘源来译，商务印书馆 1985 年版，第 4 页。

耕方式的特征。"旧式农业经济并非完全建立在农耕上面,在法国与在所有欧洲国家一样,它是以耕地与牧场的结合为基础的。这是一个主要特征,也正是欧洲技术文明与远东截然不同之处。"① 农村阶层的划分是以法律关系为标准,千百年来,明显反映农民差别的有两方面的内容,一个是为领主服役,另一个是耕畜的拥有或缺乏。农民社会的成员应当包括直接在土地上劳动、生活的耕作者组成的社会。18 世纪,法国的乡村集团出现了明显的阶级分化,阶级间的分界线随着时代的不同而变化。划分阶级的标准包括法律地位、份地占有、是否占有牲畜等。布洛赫认为阶级是历史词汇中最模棱两可的词语之一,因为在不同时代,村民间的法律身份存在变化,对其进行论证是白费力气的,他倾向于以法律为基准划分阶级。

第三点,农村问题是一个古老而又现实的问题,必将为现实提供借鉴。法国虽然经历了大革命,但是农业生产习惯顽强保留下来,到了20 世纪初期,法国小型或中等水平的农业经营体遭受重重危机:无休止的信贷困难的危机,进口谷物的竞争,由雇佣劳动者外流和人口出生率下降引起的劳动力短缺,农民日益需要的工业品的涨价。在分成制佃农地区,小农经济受到大地产主的束缚。小农经济受到资本主义经营者,包括贷款人、运转商等的束缚。小农在法国代表着一种强大的经济力量和社会力量,他们对革新不抱有兴趣,而服从于传统的习惯。只有历史地认识农村问题,才能促成现实的变革。

三 经济社会史研究中的封建社会

1930 年,国立中央研究院社会科学研究所出版一系列农村经济参考资料,其中包括陈翰笙著《封建社会的农村生产关系》,陈翰笙使用比较的方法,就封建社会的本质问题进行广泛考察,包括日本、东欧、西欧和俄国的封建赋役制度的内容都在其考察的范围内。其立意在于通过广泛的历史考察为认识中国的封建社会建立一个参照系。陈翰笙在《中国农村经济研究之发轫》中列举可以供阅读的社会学著作的作者,包括萨尔维奥利(J. Salvioli)、科瓦洛斯基(M. Kovalowsky)、韦伯

① [法]马克·布洛赫:《法国农村史》,余中先、张朋浩、车耳译,商务印书馆2016 年版,第40 页。

（Max Weber）、维诺格拉多夫（P. Vinogradoff）。通过对于陈翰笙所征引作品的阅读，不难发现，在20世纪上半叶的经济史及经济社会史研究中，对于封建社会的本质特征及其如何发展为资本主义社会的分析是一项重要的研究内容。这个问题的研究领域已超越政治史研究范畴，而需要从社会制度、经济形态等方面说明社会的发展问题。马克思注重从生产力和生产方式方面分析这个历史过程，诺斯从私有权关系的建立来阐述西方的兴起，韦伯从西方宗教观念等方面论述西方资本主义制度的自发产生。

陈翰笙所收集的论著集中于历史研究领域，为了解20世纪30年代西方历史学家对于封建社会的本质问题的观点提供一个阅读范围。他的立论基础认为封建社会的生产可以说全部是农村生产，并且人类社会从古代到现代的发展过程要经历一个封建社会时代。在考察封建社会的生产关系方面，陈翰笙援引杜博洛夫斯基（S. Dubrowski）[1]的观点，即封建社会的本质可以由田租的方式来观察，在自然经济条件下，物租占主流则是赋役制势力支配，力役田租占主流则是强役制。在俄罗斯封建制度的发展中，存在一个由赋役制转向强役制的过程。封建社会由赋役制向强役制的转化与政治制度由地方分权向集权过渡是相一致的。商业资本和高利贷资本的发展引起赋役制到强役制的过渡。杜博洛夫斯基以马克思主义方法研究封建社会及农民运动，其作品《1917年俄国革命中的农民运动》于1929年在柏林出版，虽然承认该书的重要史料价值，但仍被美国书评人视为"共产主义运动的赞歌"。[2]

20世纪30年代，杜博洛夫斯基的著作被译为中文。1933年3月，神州国光社出版的"中国社会史论战丛书"中有杜氏所著《亚细亚生产方式、封建制度、农奴制度及商业资本之本质问题》，译者是吴清友。该书原是一本油印小册子，由"东方学者协会"出版于1929年。汉译本由胡秋原作序。该书批评亚细亚生产方式论。杜氏的另一部书仍由吴清友翻译，出版于1938年，名为《封建制度农奴制度及商业资本之本质》，由言行出版社出版。陈翰笙对于封建社会的认识，借鉴了杜氏著

---

[1]　杜博洛夫斯基，苏联农业史学家，供职于苏联国际农民运动研究所并任所长，陈翰笙于1927年4月赴苏联，也任职于该研究所，二人应当相识。陈翰笙在论述封建社会的生产关系问题时对其观点多有引用。

[2]　G. A. P. Review, *Journal of the Royal Statistical Society*, Vol. 92, No. 4 (1929), pp. 621–62.

作中的很多概念，如"工偿制""代役制"等。杜氏提出的封建社会的研究方法如下：要了解封建社会的本质，必须在特殊的生产方法中，在直接生产者—农民—生产条件占有者，首先就是在土地占有者中去找。就是那种建立在小自然的农业与家庭工业联合上的生产方法及被马克思在实物地租学说中所表现出来的那些生产关系，是封建制度的特征。[①]杜氏以俄国历史为例分析封建制度的特征并总结其研究方法。陈翰笙在研究中国农村经济问题和封建制度问题过程中，对其基本概念和研究方法多有借鉴。

　　陈翰笙在论述欧洲的封建制度时引用布瓦松纳著《中世纪欧洲生活和劳动》（1921 年），这部作品是当时少见的、以整个欧洲为研究对象的作品之一。考察西欧和拜占庭的经济生活，涉及土地开发、农民、领地制度、工商业等经济生活各方面的内容。布瓦松纳认为，欧洲的封建制度是一种政治的、社会的和经济的制度，到 10 世纪时呈现出确定的形式，在随后的三个世纪中达到顶点。西欧封建制度的主要原则就是社会职能的分工原则。军事的和宗教的阶级同时把它们的社会的和政治的权力建立在一个坚定的经济基础上。[②]布瓦松纳强调欧洲不同地区的封建制度的差异性，但是也可以用合逻辑的方式对其进行定义，"封建制度，在它的各个方面同以前的所有制形式，即同村庄的集体财产和自由的个人所有制是不相容的，因为后两者阻碍它的发展，回避它的垄断"。[③]军事和教会阶级掌握土地财产和大部分劳动成果，就是封建制度的特征。他对封建制度下了这样的定义："封建制度归根结底是建立在这样一种组织上：为了报答往往是虚构的保护，它使劳动阶级处于懒怠阶级的支配之下，把土地不是给予那些耕种它的人，而是给予那些能把它攫取到手的人。"[④]

　　在考察日本的封建制问题时，陈翰笙引用三位日本学者和一位西方

---

　　① ［苏］杜博洛夫斯基：《亚细亚生产方式、封建制度、农奴制度及商业资本之本质问题》，吴清友译，神州国光社 1933 年版，第 79 页。

　　② ［法］布瓦松纳：《中世纪欧洲生活和劳动》，潘源来译，商务印书馆 1985 年版，第 121 页。

　　③ ［法］布瓦松纳：《中世纪欧洲生活和劳动》，潘源来译，商务印书馆 1985 年版，第 122 页。

　　④ ［法］布瓦松纳：《中世纪欧洲生活和劳动》，潘源来译，商务印书馆 1985 年版，第 133 页。

学者的论断，第一位是小野武夫，第二位是朝河贯一。① 小野武夫是日本农村经济学的权威，在《农村社会史论讲》（1927 年）中质疑封建社会有集权的制度。朝河贯一在《日本史中的农业》一书中则分析日本历史上庄园制的内容，贵族将自己占有的"功田""位田""赐田""私垦田"分给农民耕种，农民则替地主筑路、造屋、架桥，还需要缴纳谷米。第三位是本庄荣治郎，他在《日本社会经济史》（1928 年）中考察日本农民负担的租税。

欧洲学者研究封建制度的路径是从政治角度出发，即封君封臣制度形成的轨迹，政治制度角度很难寻找东西方都适用的解释框架。

封建制度（Feudalism，封建主义）的命名，源于欧洲学者对中世纪社会经济形态的概括。② 据布洛赫的考察，这个词语可以追溯到中世纪，延续至 17 世纪法国的"封建主义"一词，在法律意义上使用。1727 年，德·布兰维利耶伯爵出版《议会历史文书》，使用封建主义、封建政府作为社会状态的名称。经过法国大革命，封建体制与资产阶级政治体制被截然分开。

阿什利认为：直到 18 世纪，英国一直是以农业为主的国家，农民的命运是经济史研究的核心问题。"现代英国制度建立的基础是封建制度：它是从采邑制度发展而来的，而采邑制度则是封建制度鼎盛时期欧洲封建制度的基本组成部分。"③ 从采邑制度到地主制度，一系列的非封建因素，如商业发展、改革和议会政体等推动了制度发展。农村中有清晰的社会等级：地主、佃农和农业工人。

1939—1940 年，布洛赫的《封建社会》一书出版，这部著作被认为是西方学者研究封建社会的综合性的经典著作。布洛赫明确认为封建主义是一种社会类型。1944 年，比利时历史学家冈绍夫的《何为封建主义》法文版出版，以狭义封建主义为研究对象，可以被认为是西方从法律和政治角度研究封建社会的代表性著作。

西方学者和苏联学者对封建社会研究的方法有明显差异。不难看

_____

① 朝河贯一（K. Asakawa，1873—1948），日本学者、作家、历史学家。
② 林甘泉：《"封建"与"封建社会"的历史考察》，《"封建"名实问题讨论文集》，江苏人民出版社 2008 年版，第 6 页。
③ ［英］威廉·詹姆斯·阿什利：《英国的经济组织》，王丽译，商务印书馆 2018 年版，第 6 页。

到，封建社会与半殖民地半封建社会概念在对一个社会的社会性质的界定中，其所指涉的对象是不同的，封建社会被用以描述一种历史进程之中的社会状态，包括具有鲜明特征的政治制度和以土地占有为基础的经济关系，与特定时期的生产方式相互联系。对封建社会进行剖析和认知是对历史进程进行认知的过程。而半封建社会所指涉的是资本主义生产方式有一定发展的社会中阻碍这种经济发展的政治和经济制度及生产关系，进而，半封建社会所概括的社会形态包括20世纪上半叶的中国、波斯、印度等国家。半封建社会的特征被概括为停滞、落后、保守、腐朽等，在资本主义国家扩张的过程中受到掠夺。

在20世纪上半叶的革命进程中，半封建社会不能作为一个纯粹的学术概念，它必将与革命相互联系，成为带有浓厚政治色彩的概念。半封建社会这个概念的内涵就与官僚主义的、保守的、超经济的权力等相互勾连。在革命中所热切反对和需要改变的对象被划入半封建社会所具有的特征的范畴中，使其成为革命对象。对半封建社会的特性的剖析也就与对革命的认知、阐释及论证其合理性密切相关。作为一个概念，半封建社会本身就具有了价值判断的意味和政治意味，不能像封建社会一样成为一个纯粹的历史学概念。对于半封建社会和封建社会两个概念的考察，即是为理解政治与学术概念相互关系提供例证，它们相互塑造。与政治革命发生密切联系的概念还有"阶级"，它由一种社会分析方法变为甄别敌我的标准，深深卷入革命进程。

第三章　为解答现实问题进行学术研究

　　20 世纪初期，留学欧美的学子，实为中国知识界的开风气之先者。或将此时代称为中国的启蒙时代。西方的启蒙时代，以复兴希腊罗马文化之形式提倡人文主义，将人从神学的枷锁中解放出来，成为现代科学之发端。中国的启蒙时代，与此则完全不同。此时中国内外交困，正寻发展之途。各种西方的社会思潮相继涌入，中国的学术研究从传统转向现代。相较于纯粹的学术研究，更为迫切的是现实的需要。静心于书斋的学者有之，投身于现实的学者也存在。无论其治学旨趣如何，这一代学人的学术研究与争鸣，为中国现代社会科学研究奠定了坚实的基础。陈翰笙与同时代学者相近，对国际问题进行关注和研究，对西方史学理论十分推崇，同时其自身的研究也独具特点，他赋予学术研究明确的现实取向，力图以学术研究解答现实问题。他的文章合为时而著，与时代的发展密切相关，是时代的回响。

第一节　分析世界大势与中国的困境

一　概括 20 世纪上半叶世界的潮流

　　第一次世界大战后，虽然英国衰落，美国取而代之成为第一强国，但是国家间关系的本质没有变化，美国走的扩张之路与英国无异。国际关系发展大的趋势是：其一，资本与权力的勾结，权力是资本的后盾，资本是权力的目标，在帝国主义国家中普遍存在；其二，国际组织与裁军会议的无效，不能遏制帝国主义国家瓜分殖民地与争夺权力的势头；其三，国际条约的签订基于地缘政治和资本获利的考虑；其四，帝国主义的扩张在全球范围内激起反抗；其五，资本没有国界，它分裂全球，也分裂帝国主义国家自身，资产阶级和无产阶级间的斗争普遍存在；其六，民族主义因素已经不可忽视，成为影响政治行动和革命运动的最重要因素之一。

（一）帝国主义：资本与权力支配世界

陈翰笙发表于《现代评论》的一系列文章，勾勒出 20 世纪 20 年代中期世界的潮流。他对国际关系持一种现实主义观念。资本主义的存在不可忽视，但是，美国、英国、法国、德国、日本等同为资本主义国家，其资本的威权大小、运作过程又绝不相同，资本主义国家之间也存在纷争、妥协、合作和相互控制。陈翰笙总结世界近世史上的两个并行的趋势：一是帝国主义激发国家主义；二是资本主义激发社会主义。没有拿破仑的侵略就不能引起西班牙和普鲁士的反抗。没有资本家的压制就不能引起劳工的革命。所以帝国主义越暴烈，国家主义越愤恨；资本主义越团结，社会主义亦越凝固。①

什么是国家？"新国家主义发达，近四百年中帝王渐渐不能代表国家。国家成了一群人民在一定地方的组织，有一致的意旨，实行一致的政策，且不为外人所干涉的。"②

什么是帝国主义？它是不以种族，不以国界，而以经济利益为根基的一种组织和政策。组织是集中的，托拉斯式的。政策是包办，是谋专利的。这种组织和政策下，什么资本、生产、交通、市场、政治、学术，没有一方面不被资本主义的威权霸占。现在反帝国主义的意义在乎打倒外国人在中国已有的资本主义；在乎防止本国人自己同样发展资本主义。③ 陈翰笙细致地考察了西方学者对于帝国主义的定义，他反对从文化、种族、工业发展、人口增长、农工关系等角度对帝国主义进行定义，而认为列宁对于帝国主义的界说最完备。列宁以为可从五个方面看它：一是生产和资本的集中造成一个势力最伟大的专利；二是银行资本与工厂资本的联合造成少数财政资本家的专政；三是农工货物的输出不及财政资本的输出重要；四是国际专利的机关分配世界市场；五是资本主义的列强瓜分世界属地。他断定帝国主义即资本主义最发达的时期，即资本主义的末路。

----

① 陈翰笙：《国际资本的大团结》，《现代评论》1926 年第 58 期。
② 陈翰笙：《国家类别与国际联合》，《晨报副刊》1925 年 10 月 6 日。
③ 陈翰笙：《什么是帝国主义》，《现代评论》二周年增刊 1926 年 12 月。

　　由于在美国接受过正统的史学训练，陈翰笙在研究国际问题时，侧重于采用史学方法，即承认客观的历史进程，国家的主观观念难以影响客观历史进程的发展。他以国家利益为核心，分析不同国家所采取的外交政策。例如，在论述英国意图吞并莫索尔油田的过程中，从法国、美国和土耳其的国家利益出发，说明法国和美国将结成联盟，反对英国对莫索尔油田的独占。国家利益是一个内涵广阔的概念，他侧重于经济因素，经济与产业相连，经济包括资本的流动，资本的扩张导致威权的扩张，考察经济因素便能解释一国外交政策的走向。他在文章中罗列大量的经济数据，以阐释一国外交政策的变化。

　　他提出，国际关系变革，最主要的原动力，是经济的关系。[1] 仅就经济而言，生产是一切经济的基础，无论资本主义或社会主义，没有生产就讲不到分配。在对欧洲经济的分析中，他认为，首先，欧洲经济发展的前提，是一个统一而不分裂的欧洲。第一次世界大战后，日本、英国、捷克、波兰，相继用武力干涉苏联，其结果，就是苏联、东欧、西欧诸地区经济的隔绝，使欧洲经济遭受重大打击。其次，欧洲的国际政治和经济密切相关，只有妥善处理好国家之间的政治关系，才能促进各国经济的发展。第一次世界大战后，欧洲的战胜国加之于德国的战争赔款，使得德国几乎完全承担全部的战债，其结果，是欧洲经济的日益恶化，政治上措置得自相矛盾，经济上无可改善的可能。

　　第一次世界大战结束后，世界财政中心已移至纽约，美国资本的威权已经在各个方面展露无遗，美国资本对欧洲国家，如英国、德国、意大利、比利时等的渗透清晰表现出来，这是美国资本主义的扩张，它成为世界上最大的资本老板。"美国的资本势力雄厚；因为要保守它在欧洲的经济权利，不得不速谋欧洲政治的和平。"[2] "美资渐有操纵世界大部分工业的趋势。美国政策自必跟它转移"[3]，美国控制东亚的企图也暴露出来。它向西班牙购买菲律宾并出兵对其进行征服，在 20 世纪初期观之，可以解释为经济原因，美国贪图菲律宾的矿产和资本家享有的各种经济特权，为此，美国迟迟不允许菲律宾独立[4]，当时的中国尚未

---

① 陈翰笙：《何以德国能进国际联盟》，《现代评论》1926 年第 92 期。
② 陈翰笙：《美国资本的势力》，《现代评论》1926 年第 70 期。
③ 陈翰笙：《欧美银行家的宣言》，《现代评论》1926 年第 104 期。
④ 陈翰笙：《菲律宾独立的问题》，《现代评论》1926 年第 91 期。

解决自身独立问题，对美国夺取远东土地问题不甚敏感。今日观之，不仅是经济问题，更重要的是菲律宾对于美国的地缘战略意义。20世纪初期，美国在亚洲进行战略布局，其影响延至今日。陈翰笙对当时国际局势的分析是具有前瞻性的。

在此背景下，国际格局的变动和国际条约的签订便不难理解。《洛迦诺条约》是美、英、法、意等欧洲国家围堵苏联、维持资本主义国家利益的协约，而《苏土条约》《俄德条约》都是苏联为对抗《洛迦诺条约》而订立的。苏联以此确立同德国和土耳其的军事互助关系，英国则协同美国、拉拢德国，双方在欧洲范围内寻求势力均衡。影响美国外交政策的是少数资本家，"华盛顿的外交和军政无非要使美国资本家到国外找寻市场比售出品；到国外找寻原料供给国内不断的生产；到国外获得治外法权，建设公司和工厂，且能尽量的投资。所以国际政治经济的政策不听命于政治经济的原理，而不得不屈服于工厂银行的要求"[1]。资本主义的势力增长与产业组合的范围扩大在历史上有并行的趋势。"托拉斯"的势力范围扩充国外的时期，就有国际的资本主义大联合。国际的"托拉斯"就是表明这一点。什么是威权？联合组织即是威权。托拉斯即是资本主义的最复杂最凶险的利器。[2]

帝国主义国家，美国、英国、法国等既有合作又存纷争，合作表现在对殖民地半殖民国家的掠夺中相互协调，纷争表现在对于领土、能源、特权等的攫取。"德国自实行道威斯经济改造的计划后，已处处受英美的支配。所以对欧洲方面德国只可跟从英法等签订罗卡诺协约，对于东亚方面只可跟从英美等签订华盛顿协约。"[3]列强间的合作取决于资本的渗透。

由欧洲的局势扩展至世界的局势，国际局面的基础有三个：英国产业的堕落、苏联产业的改组和美国威权的增长。"一战"后，英、法、美、德等帝国主义国家经济上渐渐打成一片，但是"世界的产业从分量

---

① 陈翰笙：《国际新局面》，汪熙、杨小佛编《陈翰笙文集》，复旦大学出版社1985年版，第379—411页。

② 陈翰笙：《国际资本的大团结》，《现代评论》1926年第58期。

③ 陈翰笙：《国际新局面》，汪熙、杨小佛编《陈翰笙文集》，复旦大学出版社1985年版，第379—411页。

讲已有稳定的样子；从性质讲就未必有稳定的倾向"①。产业的分量渐趋稳定的原因：世界生产量已近乎恢复战前的数目；世界商货总值已近乎战前的数目；世界金融关系大部分已恢复战前状况。产业的性质趋向不稳定的原因：世界生产涨落的速度毫无准则；世界生产涨落的程度比战前还要险恶；世界生产发展的程度与速度在国际比较上差别太大；世界生产的工具——钢铁——增加得比生产还要快；同时生产的工具可以造机器亦可以造枪炮，可以助生产亦可废止生产；生产虽然近乎恢复战前的状态，参与生产的人数反而减少。

第一次世界大战结束后，国际局势更是微妙，德国虽然战败，需赔偿高额赔款，而且久久不能加入国际联盟，但是这种种限制反而使得德国能够在外交方面有所折冲。首先是德国的赔款问题，成为美国和欧洲国家间相互进行政治较量的焦点；其次是德国与邻国的边界问题，《洛迦诺条约》的签订，是对《凡尔赛和约》的变更，给了德国行动的自由权；最后是德国 1926 年 3 月在进行加入国际联盟谈判中，可以向其他欧洲强国提出种种意见。德国问题的解决成为"三十年太平时局"的关键。② 推动这种变革得以实现的，是经济原因。德国虽然在"一战"中败北，其面临裁军赔款的种种困境，但是其资本的势力却依靠美国等国家资本的援助恢复过来，"德国钢铁业联合托拉斯"是资本集中中的集中，承受战败痛苦的不是德国的资产阶级，德国资本的复兴推动其帝国主义的复兴，其帝国主义的扩张将直指中国。

陈翰笙对于国际联盟不抱乐观态度，战后美国威尔逊总统首先提议组织一个"国际联盟"的团体，希冀挽回国际公法，图谋世界和平。这个古怪东西最初即为少数强国所把持，成为它们外交上的一种利器。那联盟常任理事的位置被英、法、意、日四国代表独占，好像一百二十年前俄、奥、英、德四国外交家垄断维也纳会议一样。联盟的本身的价值，大为减少。③ 帝国主义国家间的纷争包括对于殖民地的争夺，在"一战"后并未随国际联盟的存在而告终，而是无视国际联盟的存在，对作为成员国的阿比西尼亚也进行瓜分，这种争夺激起殖民地国家的反

---

① 陈翰笙：《国际新局面》，汪熙、杨小佛编《陈翰笙文集》，复旦大学出版社 1985 年版，第 379—411 页。
② 陈翰笙：《德国与国际联盟》，《现代评论》1926 年第 67 期。
③ 陈翰笙：《何以德国能进国际联盟》，《现代评论》1926 年第 92 期。

抗。"杜尼斯的两百万阿拉伯民族中新近组织国家主义革命党。叙利亚的革命军虽暂时失败，它的民党势力实有蔓延阿拉伯半岛全境的趋向。摩洛哥独立革命军至今尚能和法西联军争雄。这都是反抗外国的侵略，要求民族自决和自治的强有力的表示。"①

陈翰笙亦不看好裁军会议的前途，他认为帝国主义国家只是借助裁军会议来相互制约军事力量的发展，而不愿此会议对自身有所限制。"国际竞争的心理作用，根本上是基于国际公法的失去效力。"② 例如，在不同兵种之间，帝国主义国家纷纷抑制对方的强项而积极发展自身军力。但英美是两个最强的海军团，他们认定联盟召集裁兵会议只限于陆军一项。法、意、日却要推翻华盛顿的海军条约，所以通过宣言主张裁兵会议须将海陆航空并作一起讨论。大约法国是愿意用当时德国海军力为英美标准。英美也就愿意用当时德国陆军力去为法国的标准。将来如果会议开幕，德国必赞助英美强迫法国裁减陆军。苏联又可利用法国的孤立，暗中相助，以为他日伸张势力于西欧外交的预备。如此，裁军会议的前途实在不堪设想。③ 美国虽然参加裁军会议，但是其国防预算为发展空军拨出大笔款项，其大力发展海军，并向巴西派出海军顾问团，以帮助其海军发展，并利用其地理位置充作美国在大西洋的防线。如此，美国在向太平洋扩张时可无后顾之忧。

(二) 社会分裂：从国际社会到国家

帝国主义的台柱是工商业的发展、资本的堆积、劳工权利的剥夺和一切殖民地的利用。④ 无论是帝国主义国家间还是受到其支配和剥夺的国家内，社会阶级的分化是明显的，存在资本家和统治者，及与之相对立的广大的其他社会各阶级。

在帝国主义国家内部存在不同阶级间的斗争，其斗争根源既有经济因素，也含政治因素。以英国为例，英国实力的衰落直接影响其国内的工人团体对于政府对外政策的态度。工人团体支持并援助国内外劳工向

① 陈翰笙：《属地政策的新发展》，《现代评论》1926 年第 77 期。
② 陈翰笙：《国际新局面》，汪熙、杨小佛编《陈翰笙文集》，复旦大学出版社 1985 年版，第 379—411 页。
③ 陈翰笙：《国际裁兵会议的前途》，《现代评论》1926 年第 68 期。
④ 陈翰笙：《英国帝国主义的前途》，《现代评论》1925 年第 55 期。

资本家提出正当的要求，赞成各殖民地脱离英国而自决为独立国家。①
在美国，贫富差距悬殊，财富掌握在少数富人手中。存在大资本家压制
一般农民的事实，政府不顾人民的困苦，执行的是倾向于资本家的财政
政策。② 在法国，"钢铁，煤炭，铁路，纺织等工业都由少数人操纵。
六百亿佛郎短期公债的国库券大多由几位银行家收管"③，整个国家分
裂为资产阶级和无产阶级两个相互对立的阵营，"一战"后国家债台高
筑、经济不振，加剧了两个阶级的对立。既然存在维护某一个阶级的利
益的政府，就会产生对政府的反抗。工人反抗的手段是罢工，陈翰笙对
工人罢工充满同情，"总同盟罢工如一九〇三年荷兰的，一九〇四年意
大利的，一九〇五年俄国的，一九〇九年瑞典的，一九一〇年法国的，
一九一三年比利时的，都含着政治意味"。但是反抗成功与否，取决于
组织的完善和强有力的领导者，他观察英国的罢工运动，认为"总罢工
的终止，并非出于劳资双方的妥协，亦非出于政府高压的威权，不过出
于工人领袖的盗卖工人"。④

在各个资本主义国家间存在矛盾和对立。资本在全世界范围内的流
动，为帝国主义国家扩张权力奠定了基础。英、美、德、法的银行家倡
议废除美国和欧洲各国间的保护关税，"美国若无保护关税，欧洲货就
容易畅销。欧洲工商发展，美国投在那里的资本便可多享利息。欧洲国
际若无保护关税，工业国就不难侵掠农业国。因为大工业国都有美国资
本，它们获利，间接即是美国资本获利"⑤。葡萄牙和西班牙虽然都是
欧洲国家，但是其受到英、美、德等国家资本的渗透和支配，"西班牙
人尽管高唱国家主义的声调，尽管昂首挺胸的追想四百年前黄金时代的
西班牙，若再容忍这样的当局去窃权卖国，不到几时，便都成为殖民地
的民族了。资本家和军阀固无所谓国际界限。最可怕是，外国资本家以
武力做内应；本国武力专政徒然供给外人帝国主义的驱使"⑥。英国以
资本控制匈牙利，通过借款收取利息，实际上控制了匈牙利的经济，陈

---

① 陈翰笙：《英国帝国主义的前途》，《现代评论》1925 年第 55 期。
② 陈翰笙：《美国政府与农民》，《现代评论》1926 年第 84 期。
③ 陈翰笙：《哀哉法兰西》，《现代评论》1926 年第 89 期。
④ 陈翰笙：《英国总罢工的失败》，《现代评论》1926 年第 87 期。
⑤ 陈翰笙：《欧美银行家的宣言》，《现代评论》1926 年第 104 期。
⑥ 陈翰笙：《西班牙的专政》，《现代评论》1926 年第 79 期。

翰笙将其称作英国在中欧的"财政资本主义","匈牙利亲英政策的最大弊端不仅是一个财政问题,并且钳制全国经济的命脉,使匈牙利和它亲法派的邻邦不能订立互助的商约。这种商约实在是救济目前穷困的唯一利器"。①

对于第一次世界大战后造成冲突的原因,陈翰笙指出了国家思想、民族自决、经济因素等,在欧洲内部的国家间,这几个因素交替作用,国家的冲突被分为不同因素所引起的冲突,如意大利和德国为争夺梯罗尔南部的冲突,就起源于民族自决和国家思想的冲突,而波兰与莱茵两个问题就起源于经济冲突。②

在国家内部,社会的稳定依赖于合理的政策,政府的政策往往代表某些阶级的利益,陈翰笙观察葡萄牙革命,认为其社会不稳定的根源在于:"葡国赋税重于小民,轻于富户。今年预算表中入不敷出的数目达墨银八百五十万。政府为弥补亏空计不免滥发纸币,因此货币价值,日见低落。食物涨价二倍有半。但工价增加还不到一倍的光景,难怪他们的社会常有不安定的现象。至现在资本家所拥护的武力专政或可暂时巩固币价,也许还可解决一部分的财政问题,但它绝不能奠定社会经济的基础。"③

欧、美、日的国际托拉斯一面组合起来,一面竞争原料、市场等。欧、美、日的各政府一面赞成国际联盟,一面锐意筹备海、陆、航军的武器。这不能不说是现时世界政治与经济上的矛盾地方。但若国际的资本团结长此下去,则牟利主义日盛,国家观念日衰;资本主义可告大成,社会主义更须努力出面反抗。将来国际间资本的团结对待国际间劳工的团结,或者要开世界的新局面,酿成世界空前的大战争。④

另一重对立的关系,是社会主义和资本主义之间的关系。苏联国内的经济可以分为两类,一类是社会主义化的各种国有的与合作社的经济,另一类是非社会主义化的属于小资本家或农民自有的经济。这两类的消长,就是苏联内政和外交的关键,间接就影响到世界的政治和经济。至于消长的速度又与世界市场的情形、世界经济的分工和世界资本

---

①　陈翰笙:《匈牙利的亲英政策》,《现代评论》1926 年第 83 期。

②　陈翰笙:《梯罗尔南部的问题》,《现代评论》1926 年第 63 期。

③　陈翰笙:《葡萄牙的革命》,《现代评论》1926 年第 78 期。

④　陈翰笙:《国际资本的大团结》,《现代评论》1926 年第 58 期。

主义的势力有连带关系。若苏联社会主义化的经济生长颇速，足见它抵抗帝国主义的本领不小。若苏联资本主义或非社会主义化的经济不在那里消沉，自然可以证明它不得不顺应帝国主义的潮流了。

对于苏联实行的社会主义制度，陈翰笙的态度是十分赞赏的，他指出苏俄在成立九周年时，其工业、农业、交通、教育等方面均有所进步，这进步不仅体现在产值的增长，而主要体现在其通过革命解决了大多数俄人的切身问题。他通过列举数据说明苏联的社会主义性质无须质疑。

陈翰笙关注苏联的新经济政策，认为"列宁主义主张农民的剩余财富一任农民自由支配，以为只要无产阶级能专政，则农民中资本主义的趋向反能促进生产的发达"。[①] 新经济政策的推行，允许自由租借田地与自由雇佣的农耕，使得苏联农业生产迅速增加，这是苏联势力日趋巩固的一个重大原因。苏联是世界大农国之一，当时虽经工业化，农民问题仍然是它经济和政治的关键。在俄国十月革命后，布尔什维克党内就政党问题、政府问题、工化问题、农民问题展开争论。政党问题就是苏联除共产党外应否另有政党，或共产党内可否容纳各派的组织。政府问题就是争论苏联政府是否为真正的无产阶级专政。工化问题就是争论现时应否重工抑农，应否抬高工产品价格以促进工业化的程序。农民问题就是如何看待农民私人经济的经济性质问题，是属于资本主义性质还是社会主义性质。[②]

关于对抗帝国主义问题，以民族主义为号召已是客观的趋势，以宗教为纽带的穆斯林的联合也是重要的力量，"全球回教徒有两亿三千万。在英属者七千九百万，法属两千六百万，意属二百万。如此世界回民占世界人口七分之一。在英属者又占总数三分之一以上。回民的联合怎能不影响到列强的外交呢？"回民最多的国家是印度，有 6665 万。回教国最强的是土耳其，其人口 9/10 皆穆罕默德信徒。他们有一神教的训练和厉害的态度。所以对抗异样文化的能力，较大于信服多神而具伸缩性的哲学的印度教教徒。印土两国回教徒的联合与否，实为推翻帝国主义

---

① 陈翰笙：《苏联的共产党大会》，《现代评论》1926 年第 56 期。
② 陈翰笙：《布尔什维克党内的风潮》，《现代评论》1926 年第 94 期。

的成败关键。① 埃及内政上的冲突，来比亚土人的暴动，阿拉伯、叙利亚、摩洛哥的战争，最近一年中回教徒很有声色地表示他们努力和奋斗的精神。英法意帝国主义的高压，促使非洲北方和亚洲西南人民的联合了。同样在英国蹂躏下的中国民族，对于回教民族的奋斗，应有满腔的同情和敬意。②

关于法西斯问题，法西斯政策无非以武力拥护极端的国家主义。内政上它是反宪法或半宪法的专政。外交上它是一意孤行的侵略。外交失败，处处遭国家主义派的痛恨。内政软弱，便使急于发达产业的资本家怂恿政变。③ 在对意大利法西斯政权的观察中，他认为法西斯政治充满弊端，因为其政府拥护大资本家，许给其好些自由权利，一面使那法西斯式的职工团完全依附于政府威权之下。又政府的政策支持田主而压制佃户，佃户和工人都处于反抗政府的地位。

二 分析中国面临的困境

陈翰笙对国际局势的观察十分敏锐，他捕捉到帝国主义国家间的相互制衡与合作，细致入微地剖析其制衡与合作的原因及其对于现实的影响。他具有国际战略意识，能见微知著，厘清世界局势发展的理路。他具有地缘政治思想，能从地缘政治入手分析外交政策的深层原因。他对于一个国家所采取的外交政策的分析亦十分中肯，即外交政策的实行是可以计算出利弊得失的，尤其是弱国与强国间之外交，一笔借款或一项协议，往往会影响弱国的全国经济命脉，并造成深刻的政治影响。20世纪初期的几个重要趋势：其一是资本主义的发展及其引发的各资本主义国家间的利益之争；其二就是帝国主义所引发的社会主义运动，接踵而至的阶级分裂从国际社会至国家内部；其三是殖民地半殖民地地区和国家的抗争，民族主义和宗教，均成为联结抗争者的纽带。

对于英国、美国等帝国主义国家而言，资本和强权勾结在一起，其外交政策受到资本的影响，逐利而动，利用外交政策谋取经济利益和政治利益。通过扩军为资本提供强权后盾，第一次世界大战后，这种外交

① 陈翰笙：《回民的大联合》，《现代评论》1926年第62期。
② 陈翰笙：《回民联合的大进步》，《现代评论》1926年第86期。
③ 陈翰笙：《波兰的革命》，《现代评论》1925年第76期。

局面在世界范围内随处可见，不平衡不对等的外交政策，也处处激起反抗，所以陈翰笙在文章中屡次提出将会爆发大战的警告。他反对帝国主义，对 20 世纪 20 年代的叙利亚革命等殖民地国家反抗帝国主义国家的革命运动怀有深切同情，并每以此类革命比附中国，鼓励同胞团结御辱。

（一）中国面临的内外交困局面

1919 年，陈翰笙毕业于波莫纳大学，其学位论文是《好心的对外政策》①，对于中国在世界上的重要性予以充分肯定：创造未来是世界强国的责任，如果要保证民主世界的安全，未来的幸福将主要取决于一个民主的中国。如果全世界所有人口排成一列，每 4 个人里就有一个是中国人……中国领土面积超过了整个欧洲大陆。仅仅是煤这一种产品，中国的产量就占了亚洲的 5/6。中国丰富的资源的开发和建设将给全人类带来好处。它们能够帮助那些饱受蹂躏的地方并使那些受战争破坏的地方复苏。这就是使中国成为一个独立的民主国家的强有力的理由；这就是阻止东方大普鲁士主义，即侵略成性的军国主义日本的威胁的强有力的理由。

列强在东亚的政策，"欧战以后，英美渐趋于国际资本主义联合的主张；法日仍旧继续国家资本主义的政策。两方冲突，急需调和，故有华盛顿会议，有四国协约，有英日同盟的废止。无非要想把列强剥夺中国的方法从竞争的变为合作的罢了"。②九国协约是列强盗取中国的联合预约券。③

帝国主义国家对中国的剥削如何可能，这剥削对中国经济和政治的影响如何，剥削的程度和方式是否有变化，陈翰笙对这些问题有所探讨。他运用社会调查等方法，以案例式研究剖析中国社会。以铁路问题为例，1937 年 7 月 21 日，陈翰笙在《远东观察》发表《中国的铁路战略，新的方式》一文，对帝国主义国家在中国投资以及中国的新变化进行分析。他认为比较 20 世纪初期和 20 世纪三四十年代，帝国主义国家

---

① 陈翰笙：《好心的对外政策》，中国社会科学院科研局编《陈翰笙集》，中国社会科学出版社 2002 年版，第 299—311 页。

② 陈翰笙：《国际新局面》，汪熙、杨小佛《陈翰笙文集》，复旦大学出版社 1985 年版，第 409 页。

③ 陈翰笙：《十一国钳制中国的协约》，《现代评论》1926 年第 57 期。

在中国的剥削方式已经发生了变化。在后一时期，"与初期阶段相反，近年来的积极性主要来自中国，如我们所看到的，国家铁道部在大部分新铁路计划中都是首要的建议人，同时，计划的实施大部分掌握在铁道部手中，或在由它主持下组织起来的中国公司手中。外国贷款是由中国去寻求，以实现她自己的计划，而不是用来压迫她推动别人的计划。中国资本与外国资本共同参与为新铁路提供资金"。① 铁路对于一个国家的现代化进程而言十分重要，"一个严密的运输系统在促进一个国家的政治统一和国防力量强大方面的作用明显到用不着证明。它是经济进步的一个不可缺少的基础，这一点也同样无需争辩。事实上，缺乏适当的交通工具长时期以来成为中国现代化的一大障碍。然而，在像中国这样的一个国家，铁路尽管有着可靠的优势，却也随带着危险的要素"。②

铁路从一开始就是帝国主义的工具，中国第一条铁路反映的不是一个年轻的、成长中的国家的活力，而是受到一个古老衰微国家的软弱性诱惑的掠夺势力的国际竞争。中国在 20 世纪 30 年代进行新一轮的铁路建设，在旧有铁路线路的基础上，将开拓南部和西部，将遥远的西南部地区纳入全国的铁路系统中。那么，中国扩展中的铁路是只促进外国在经济上的渗透，还是中国将能够进入与之一致的工业化进程，使它们作为一种真正的民族解放和民族进步的工具的能力得以实现？陈翰笙指出：首先，国际竞争仍然是铁路政治学中的一个重要因素；其次，它们的形式已有了实质性的改变；最后，已经出现一种新的要素，即中国的民族主义。

"国外贷款是建筑在外国在华利益关系上，设想那些鼓励并指导资金流入中国的政府对其行为的政治意义会不加考虑，就未免太天真了。从这一观点看，铁路贷款本身首先表现为英日之间政治抗衡的一个工具。"日本考虑在中国参与修建的铁路都有利于日本军队的调动，这遭到中国的消极抵抗。由于日本的重工业远远落后于英国，它把铁路贷款作为一种国家政策的工具与英国竞争，其经济地位是软弱的。对于中国而言，"新的铁路网将有助于政治和经济的集中，到目前为止，它们明

---

① 陈翰笙：《中国铁路战略，新的方式》，从翰香、李新玉主编《陈翰笙文集》，史建云、徐秀丽译，商务印书馆 1999 年版，第 231—250 页。

② 陈翰笙：《中国铁路战略，新的方式》，从翰香、李新玉主编《陈翰笙文集》，史建云、徐秀丽译，商务印书馆 1999 年版，第 231—250 页。

显地加强了民国政府对半自治的地方政府的控制。随着中国逐渐结合成一个完整的经济体，新的交通工具将加强她与诸如饥荒这样的地方突发事件作斗争的能力"。①

在中国，从 1933 年开始铁路建设的兴旺，这具有经济和政治变革双重含义。至 1936 年，中国共有铁路 10731 千米。铁路可以加强国家政治的统一和增强国防力量。但是在中国，铁路最早却成为帝国主义国家控制中国经济、获取初级产品的工具。中国最新的铁路计划，将把中国西部和西南部，包括广东、广西、四川都纳入统一的铁路系统。而这一计划是在南京国民党政府的直接或间接主持下进行。其政策是鼓励中国资本尽可能多地投资，并且引进外国贷款。引进外国资本需要归还被拖欠的项目。中国铁路归还新旧欠款的能力依靠于经营效率能够提高的程度和可以预期的营业额增长数量。

在外国企业间存在向中国提供材料的激烈竞争。这种竞争更多地限制在经济领域。英国、德国、比利时和法国纷纷以不同的方式投资于中国的铁路。但是，与 20 世纪初期相比，有很大变化，首先，贷款条件中以外国控制为目的的条款明显少于初期阶段。外国资本的直接投资不起作用。中国人认为由外国政府或企业实际拥有并控制铁路是最为危险的国外投资方式。所以在新的线路中没有特许权，没有铁路警卫，没有中国领土上的外国行政机构以及由这类安排引起的各种政治危险。

但是，不能忽视铁路建设的政治方面。国外贷款是建筑在外国在华利益关系上，铁路贷款本身首先表现为英日之间政治抗衡的一个工具。日本虽然在武力上侵略中国并积极筹划建立有利于其运兵的铁路网，但是其资本有限，其经济地位的软弱使其无法与英国抗衡。"英国尽管不反对与日本妥协，却作出了明显努力以阻止日本势力在亚洲大陆扩张，她用帮助中国加强金融和经济实力的方法，通过中华民国政府的宣传发生影响。"② 外国为中国铁路提供资金不仅是激烈的市场竞争，而且是构成远东国际政治的各种势力的综合。

---

① 陈翰笙：《中国铁路战略，新的方式》，从翰香、李新玉主编《陈翰笙文集》，史建云、徐秀丽译，商务印书馆 1999 年版，第 231—250 页。
② 陈翰笙：《中国铁路战略，新的方式》，从翰香、李新玉主编《陈翰笙文集》史建云、徐秀丽译，商务印书馆 1999 年版，第 231—250 页。

陈翰笙通过社会调查的方式描述中国的困境，他关注人口的迁徙问题。人口的迁徙在人类历史发展上是常有的现象，而中国自 19 世纪中期至 20 世纪上半叶，人口迁徙大多迫于天灾人祸。人口迁徙不是伴随暴力冲突与入侵掠夺，而是伴以颠沛流离，苦无居所。人口流动的方向有二，其一是各种方式的海外流动；其二是迁往中国东北。[①] 这迁徙与中国社会的动荡和衰落是紧密相关的。与半封建半殖民地社会下人民备受经济压迫和战乱之苦紧密相关。对这个社会现象，陈翰笙既通过实地调查了解难民的东北流亡，也关注华工出国研究。关于难民的东北流亡问题，他根据见于报端和各种调查报告中的数据估算流亡的人数，并进行实地调查，对难民流亡的景象进行细致入微的分析和刻画，透过他的作品，20 世纪上半叶中国社会的动荡不安和人民的疾苦跃然纸上。

（二）分析日本侵华的实质

陈翰笙以经济因素分析和阶级分析方法为基本方法，阐释日本对华政策的实质，认为日本的帝国主义制度不完全是一种经济制度，它首先是掠夺性的和军事性的。日本社会内部是分裂的，各个阶级的利益并不统一，即使统治阶级内部也存在利益分歧，所以才有其对外政策之争。日本对中国的侵略，是经济蚕食与军事侵占相结合，是帝国主义式的侵略。

1. 分析日本的帝国主义政策

陈翰笙对日本怀有戒心，"日本虽工商发达而缺乏原料；要预备在太平洋和美国或它国角逐，非攫取满洲，扩充它的富源不可。战败俄国，征服高丽，不过是这个满洲政策的先驱。华府会议限制海军以后，日本于政治，经济，和钢铁业方面更加积极筹划，巩固它在中国的地位。首先是交通问题。如果这个问题解决，便能利用原料，操纵富源，影响到金融，银行，工厂，商业。我们很可以说日本的铁路政策就是和平时期的战略"。[②] 1926 年，日本提议借款给汉冶萍公司，但是提出三个苛刻条件："一是以后公司不许向任何它方借款。二是铁矿输入日本，不问市价若干，概以每吨六元计算。三是公司须按期偿还积欠日本四千

---

① 陈翰笙：《难民的东北流亡》，1930 年原载"国立中央研究院"社会科学研究所《集刊》第二号，略去《本著的原料》，上海出版社 1930 年版。

② 陈翰笙：《吉海铁路的问题》，《现代评论》1926 年第 103 期。

余万借款的利息。日本显然要切断中国的钢铁。如此，它能便宜取用铁料去制造生产和战斗的工具，我国实业的发达就不得不受打击了。对我佯为亲善，却采阴毒手段暗中盘算我们的利源。它这种野心不减当年提出的二十一条的精神。"①

他指出日本的帝国主义制度不完全是一种经济制度，它首先是掠夺性的和军事性的。作为上一次中日战争结果的中国战争赔款，成了日本资本主义发展的一个温床；但由于这个岛国自身的工业化不足，缺乏充分发展的国内市场，再加上迫切需要解决由激烈的国际资本主义竞争引起的各种问题，现在日本帝国主义充分暴露出了它的矛盾和弱点。矛盾在于，日本资本家迫切要求前进，但他们得不到国内发展必需的资本，更不必说有较多剩余资本供输出。日本的体制缺少资金来源以开辟一片新的领地，在那里移民并产生新的财富。②

陈翰笙认为，李顿调查团③的决定，其一，欲终止目前危及和平之举动，其二，便利两国争执中现有原因之最后解决。但是前一点不足以撤退侵占中国东三省的日军，反而阻碍中国军队增加兵力进行正当防卫，后一点使日本军队据有在东北三省的驻兵权，并且为帝国主义协作瓜分中国提供机会。他将李顿调查团比作 1928 年印度的西门调查团，号召国人团结抗议其决议，以免重蹈印度之覆辙。

侵占中国东北后，日本并未满足，将扩张目标指向全中国，其扩张野心，更是面向整个亚洲。日本侵占中国东北并创立银行，中国的经济压力陡然增加。④ 陈翰笙对日本的南进政策进行分析，认为日本的扩张力量渗入中国南端省份悄悄地进行着。日本的北向和南向扩张在其内部

---

① 陈翰笙：《汉冶萍借款的提议》，《现代评论》1926 年第 106 期。

② 陈翰笙：《中日战争的经济背景》，《美亚》第 1 卷第 11 期，1938 年 1 月，从翰香、李新玉编《陈翰笙文集》，史建云、徐秀丽译，商务印书馆 1999 年版，第 260—269 页。

③ 1932 年 1 月 21 日，国际联盟成立李顿调查团，调查中日关系问题。由英、美、法、德、意五国代表组成。3 月 1 日，伪"满洲国"在长春成立。经过几个月调查，9 月 4 日写出调查报告：关于中日冲突的起因，认为"九一八"事变并非日本以武力侵犯中国的简单事件，污蔑中国人民抵抗日货是中日冲突之重要原因，说中国革命运动使日本受害较其他国家为大，认为从苏联来的共产主义目前的传播是研究中国东北问题具有根本重要的因素。但其承认日本的做法是违反国联盟约、九国公约和非战公约的。建议将东北变为列强共管的殖民地。

④ Chen Han-Seng, Economic Conditions in China: A Brief Survey, January to June, 1932, *Pacific Affairs*, Vol. 5, No. 9 (Sep., 1932), pp. 769 – 774.

正得到几乎相等的重视。满洲国的发展未能如当初策划者鼓吹循此方向扩张所预期的那样顺利。为了抵消这项失策并满足日本国内某些人长久以来感觉日本作为强国的国运要求广泛得多的扩张宏图,已采取多种步骤,一方面将华北纳入日本的轨道,另一方面向南伸展其经济和政治势力。[①]

日本南进的首要表现是在中国南端省份进行活动,这类活动将给中国的国民经济带来灾难性的后果,日本的终极目标是征服中国。日本渗入中国的东南部分的行动表现在以下各方面:一是将台湾发展为行动基地,使整个岛屿军事化,并将台湾人以官方或半官方形式遣往大陆;二是在福建利用治外法权获得土地,保护罪恶行为,伸张日本的警察系统,进行高利盘剥;三是最近计划从日本和"台湾"向福建和广东移民十万人;四是图谋获取有特殊战略价值的中国领土;五是为攫取福建和广西矿产资源控制权的部署,推荐日籍工程师和专家参加对安溪铁矿的勘探;六是沿东南海岸线增进航运权益的活动越加频繁;七是扩大有组织和大规模的走私活动;八是对自治运动的利用。前四种表现可列为主要是政治性的活动;后三种是经济性的;而最后一种则是为巩固前七种渗入做法所获致或可希冀的成果。[②] 日本在中国南端的渗透与正常的商业经营活动相结合,具有隐蔽性,但是从日本在华北的行动中不难推测出其政治倾向。陈翰笙认为,日本在中国南方的所作所为正如它在华北的活动一样,将给中国的经济和政治生活带来灾难性的后果。他认为日本的渗透和其他侵略活动必然激起中国人民的反抗。

在全面抗战爆发后,他分析中日战争的基本性质及日本政府所代表的阶级利益。日本资本主义发展的全部历史是由战争和赔款孕育而成。这条发展路线受到世界经济危机的刺激,并导致沈阳事变和随之而来的伪满洲国的建立。在日本,这次事变使激进派和稳健派之间的政治分歧具体化了。日本的激进派包括青年军官、重工业和钟渊纺织会社,正是激进派鼓吹军事恐吓,导致 1937 年 7 月的不宣而战。日本的稳健派包

---

① 陈翰笙:《日本在中国南端省份的渗入》,《远东研究》第 5 卷第 22 期,1936 年 11 月 4 日,中国社会科学院科研局编《陈翰笙集》,中国社会科学出版社 2002 年版,第 375—376 页。陈翰笙文中的南方包括整个马来半岛、荷属印度、菲律宾、新几内亚和所罗门群岛。

② 陈翰笙:《日本在中国南端省份的渗入》,中国社会科学院科研局组织编《陈翰笙集》,中国社会科学出版社 2002 年版,第 376—377 页。

括轻工业界、出口商、代表中产阶级的政治家和军队中的守旧分子。1937 年 6 月日本近卫内阁改组是两派妥协的产物。两派都希望在中国实现速胜。与此相伴随的是，日本从军方到舆论界普遍宣扬中国缺少继续抗战的能力。中国抗战问题一般说来也成为当时世界政治的一个主要论题。①

战争已经使日本资产阶级中出现矛盾，分为两个集团，即重工业集团和轻工业集团。在侵略中国方面，前一个集团首先关心的是直接获得原料，后一个集团主要关心的是立刻扩大市场。重工业集团和日本军国主义者的政策是当前的中日战争直接的，无论如何都是最重要的原因。在日本，1919—1930 年，劳工纠纷波动的总趋势是扩大的。1931—1935 年间，由于日本政府的非常时刻法规加上工人领袖的爱国立场，劳工纠纷稳步下降。至 1937 年 4 月，近 15 个月中生活费用急剧上涨引起了一系列劳资纠纷，开始是在中小型工厂，后来发展到了大型的日本工业企业。②

1938 年 1 月，陈翰笙在《美亚》上发表《中日战争的经济背景》，他提出，对于日本的侵略，中国人民除了继续抵抗之外，无可选择。中国抗战是一场革命，中国战争，像法国大革命一样，成了一个世界性的问题。③ 很明显，远东真正的问题是一个军国主义和帝国主义反对民主主义和民族主义的问题。④ 他指出日本政府以反对布尔什维克为幌子实行对中国的侵略，是想博得意大利和德国的支持，实际上"日本对亚洲大陆的入侵和日本在中国的侵略却实际把中国的布尔什维克变成了热诚的民族共和主义者，中国红军为了保卫国家而进行了改编"。⑤

2. 概述中国各阶级应对日本帝国主义政策的状况

国内不同阶级在抵御侵略过程中表现出了显著的政治观念差别。

---

① 陈翰笙：《中国持续抗战的前景》，丛翰香、李新玉编《陈翰笙文集》，史建云、徐秀丽译，商务印书馆 1999 年版，第 270—278 页。

② 陈翰笙：《日本工业界纠纷日多》，《远东观察》1937 年 4 月 28 日，丛翰香、李新玉编《陈翰笙文集》，史建云、徐秀丽译，商务印书馆 1999 年版，第 228—230 页。

③ 陈翰笙：《中日战争的经济背景》，丛翰香、李新玉编《陈翰笙文集》，史建云、徐秀丽译，商务印书馆 1999 年版，第 260—269 页。

④ 陈翰笙：《中国持续抗战的前景》，《美亚》第 2 卷第 8 期，1938 年 10 月，丛翰香、李新玉编《陈翰笙文集》，史建云、徐秀丽译，商务印书馆 1999 年版，第 270—278 页。

⑤ 陈翰笙：《中日战争的经济背景》，丛翰香、李新玉编《陈翰笙文集》，史建云、徐秀丽译，商务印书馆 1999 年版，第 260—269 页。

1924 年是国民党发展的转折之年，之前它一直在衰退，直至它在共产党领导人的推动下进行改组和革新，才能够再度成为一个革命组织。1927 年 4 月，以蒋介石为首的买办资产阶级分子背叛革命，国民党和代表金融资本家的蒋介石政府日益成为帝国主义利益冲突的工具。在中国反对国民党的力量除共产党外还包括四派团体。陈翰笙对这些团体不抱乐观态度。第一派是"国家主义派"，他们鼓吹建立强大的国家资本主义但是没有任何阶级基础。第二派是民主知识分子，他们对中国的现实完全盲目，对祖国的性质和这个国家的真正的社会经济关系没有了解，而只是熟记国外大学灌输的民主、自由、公正等概念。第三派是前政治家和前军阀。第四派是清代遗老。这四派团体可以描绘出反国民党阵营中一切非共产党成分的思想体系的总体形象。

1932 年，日本侵占中国东北后，陈翰笙对中国的经济政治状况进行了分析。他对日本的侵略与中国国民党政府的软弱同样愤慨。中国面临侵略时，其社会内部各个阶级间所持有的政治立场完全不同。"南京统治阶级的政治和小县城中不那么耀眼的政治之间没有什么本质的不同。政治不是按地理分类，而是以阶级界线划分。"[1] "目前的国民党政府依赖的所谓的'大资产阶级'并不是我们所理解的本来意义上西方语言中的'民族资产阶级'。它主要由买办银行家、债券投机商、鸦片走私者和城市化的地主组成——不是企业家，不是真正的资本家。可以很容易地把它看作这样一个阶级：由于其阶级活动的本质和在社会结构中不起独立作用而受帝国主义控制，在面对外国武力的耀武扬威时会本能的表现出歇斯底里的恐惧。"[2]

日本侵占中国东北后进行经济控制和货物输入。其控制手段逐步深入，首先摧毁铁路、工厂，关闭银行，其后利用南满铁路控制交通命脉，并成立新的中央银行发行货币，建立新的钢铁厂和炼油厂，控制矿山并规定极低的粮食收购价格。日本在深入中国内地的战争中对经济的

---

① 陈翰笙：《揭开幕布的中国政治闹剧》，1932 年 1 月 13 日—7 月 9 日，陈翰笙于 1932 年以"观察家"的名义发表了约 15 篇文章，作为《中国论坛》（周刊）的一个专栏，从翰香、李新玉编《陈翰笙文集》，史建云、徐秀丽译，商务印书馆 1999 年版，第 116—176 页。

② 陈翰笙：《揭开幕布的中国政治闹剧》，1932 年 1 月 13 日—7 月 9 日，陈翰笙于 1932 年以"观察家"的名义发表了约 15 篇文章，作为《中国论坛》（周刊）的一个专栏，从翰香、李新玉编《陈翰笙文集》，史建云、徐秀丽译，商务印书馆 1999 年版，第 116—176 页。

影响十分严重，南京、上海、天津和汉口，这些地方土地价格大跌、工厂关闭、商业损失严重。日本货物却向中国输出，以走私方法逃避关税，在价格上与中国的货物进行竞争。①

南京国民政府的财政处于极其困难的境地。政府通过提高糖税、加紧征收盐税、提高邮资、推迟国内公债偿付期等手段，仍然面临军事和行政费用的紧缺。各省滥发公债盛行。农业危机和商业停顿使货币和现金从内地各县流入上海，大量的闲置资金存在银行中，几乎没有投资。把上海的货币运往内地省份要花相当高的费用。在内地省份和上海之间来往的商品量太小了，以至仅靠汇兑无法实现货币的转移。②

在日本侵略中国已经成为事实后，蒋介石忙于与汪精卫、胡汉民等进行争权夺利的政治斗争，而采取不抵抗政策。在上海抗战的十九路军士兵不仅得不到军事上的援助和任何奖励，而且受伤士兵只能被遣散。陈翰笙观察到，十九路军上上下下提供了一个能够反映当时中国历史的令人感兴趣的横截面，即封建性的军队如何萌生爱国主义精神并成为民族的保卫者。十九路军的抗战说明只有中国城市和乡村的劳苦大众才对日本帝国主义的侵略进行真正有效的抵抗。

长江三角洲上的小工厂、小商店和小商业中心中的小资产阶级分子一直保持着一种初期的民族主义爱国精神。这种精神得以产生是由于作为企业家，他们希望有为他们自己开发中国的机会，而在受外国控制的"殖民资产阶级"的角色中他们看不到个人经济发展的机会。他们希望排除一直占统治地位的外国竞争力量，他们是一个"强大的"将在帝国主义其他势力中占有自己地位的中国的主人公，因而这些小企业家们比银行家们更爱国。在某种有限的程度上，银行家集团不得不保持对小资产阶级的压制，并受到他们剧烈的憎恶。③

日本的帝国主义之网对中国政治经济产生了广泛影响。

日本在对中国进行军事占领的同时，也进行了经济渗透。陈翰笙清

---

① 陈翰笙：《中国经济状况 1932 年 1—6 月简述》，《太平洋事务》1932 年 9 月，从翰香、李新玉编《陈翰笙文集》，史建云、徐秀丽译，商务印书馆 1999 年版，第 109—115 页。

② Chen Han-seng, Jpanese Economic Offensive Aided by Chinese Speculators and Flight of Capital to Foreign Banks Here and Abroad, *The China Weekly Review*（1923 - 1950），Jan 18, 1941.

③ 陈翰笙：《揭开幕布的中国政治闹剧》，从翰香、李新玉编《陈翰笙文集》，史建云、徐秀丽译，商务印书馆 1999 年版，第 116—176 页。

楚揭示出，日本对中国的侵略绝不仅限于军事占领，在进行全面侵华前，日本已经使用各种方法渗透进中国的经济体系。中国国民党政府在应对其经济渗透过程中未制定行之有效的政策。日本侵华是帝国主义政策，经济渗透与军事侵略相结合，军事侵略是重拳，经济渗透是渐进而不易察觉的偷袭，日本的帝国主义之网，悄悄渗入中国的经济肌体，使其病入膏肓，失去抵抗能力。

1936 年，日本发动全面侵华战争前，陈翰笙对中国经济发展的状况进行密切的关注，他将经济状况和政治形势相互联系。单纯的棉花产量和工厂数量的增长不能表示中国工业的增长，相反，由于日本资本在中国的扩张及中国出产的原棉等供应日本工厂生产，单纯的数量增长往往意味着中国民族工业的衰退。

当日本以军事、经济、政治各种势力向中国渗透时，中国的农业和工业发展都受制于人，日本商人从中国的粮食和商品作物增长中获利，利用中国的资源压制中国的民族工业。南京国民党政府仅仅凭借政策制定不能使中国免于日本人的经济渗透。并且，在日本发动全面侵华战争前，南京国民党政府所面临的财政困境加剧，在中央和地方存在普遍的政府赤字。虽然军队和警察的支出占有优先地位，但是并未为中国抵御日本侵略建立有效的防御力量。

日本的经济渗透构成帝国主义之网，建立农产品收购网以控制中国农产品的收购，与之相对应，通过走私手段向中国倾销其产品；通过压制中国的航运业发展而大力发展日本在华航运业，以达到军事和倾销商品的双重目的；更高一个阶段，则利用中国的工业原料和港口，设立日资控制的工厂；种种政策之下，中国被控制地区只能束手就擒，利润源源不断地流向日本，供其在军事上侵略中国。

日本对中国进行货币剥削和税收剥削，人民在战争中蒙受深重的苦难。1939 年 2 月 11 日，北平伪政权以 1.5 亿元储备金建立银行。此后，这家伪银行流通货币接近 3 亿元，这些无担保的纸币部分用于维持伪政权，部分用于购买原料，部分兑换中国的法币。税务方面，日本在东北伪政权的岁入，在最初 5 年中，迅速从 9600 万元增长到15300 万元。冀鲁平原和长江三角洲都在逐渐变成大批日本商品的倾销地。日本军队在沦陷区继续不断搜刮粮食和原料，东北成为敌人军需制造和征取劳役的场所。日本人以殖民地看待沦陷区而加强殖民地化的一切设施。

在农产品收购方面，1936 年中国水稻和小麦的收成是自 1912 年以来的最高产量。丰收既满足农民的粮食需求，也会使从事投机的日本商人获利。大丰收会加重农民贫困，大部分农民负债是主要因素。农民收成越多，他们需要卖掉的也越多；但他们越急于出售，他们能够从收获物中得到的价值也就越低。事实上，经常出现这种情况：农民出售大量粮食所得的钱比他出售少量粮食时所得要少。而由于高利贷扼住了农民的生计，他不可能为他自己日后所需储存起部分收成。真正的获利者除国内的投机商外，就是中国谷物的外国进口商。稻谷是日本从中国进口商品中最多的一种，他们对小麦的收购也十分积极。①

为应对日本人的收购，南京政府计划建立一个机构专门调节稻谷和小麦的销售，但是这一计划不包括对小麦的禁运，其效果不佳。

1936 年中国棉花的收成约为上一年的两倍。"这种增长远非单纯的好事，由于远东当前的经济和政治形势，从很多方面看来，收成以目前这种方式膨胀，不仅会加重农业危机，而且会成为对日本人有利的事。"② 在中国棉产这种相当令人兴奋的现象后面，可以察觉到一些因素。首先当然是价格的全面上涨，但是，即使不是更重要，也是同等重要的还有，政府强制种植的法令；各省政府和很多大银行发起的合作运动；日本人关于扩大种植的宣传；等等。然而，尽管中国农民正在生产着越来越多的非食物性农产品，尽管这个国家正在以空前规模生产着纺织工业原料，中国工业还是无法应付一系列尖锐压迫它的力量。③

最值得注意的是，正在全力扩张的日本在华纺织厂在利用棉产的增长方面处于有利地位，同时大量原棉正在向日本出口。……这一切直接有利于那些致力于让日本控制中国的势力，那些人正在使用诸如"工业日本和农业中国"或"中日经济集团"之类的语言。在当时的政治和经济形势下，很容易弄明白，棉产的增长为什么可以解释为向着日本目

---

　　① 陈翰笙：《丰收给中国农村带来新威胁》，《远东观察》1936 年第 5 卷第 23 期，从翰香、李新玉编《陈翰笙文集》，史建云、徐秀丽译，商务印书馆 1999 年版，第 195—197 页。

　　② 陈翰笙：《中国棉花产量翻番》，《远东观察》1936 年第 5 卷第 20 期，从翰香、李新玉编《陈翰笙文集》，史建云、徐秀丽译，商务印书馆 1999 年版，第 190—192 页。

　　③ 陈翰笙：《中国棉花产量翻番》，《远东观察》1936 年第 5 卷第 20 期，从翰香、李新玉编《陈翰笙文集》，史建云、徐秀丽译，商务印书馆 1999 年版，第 190—192 页。

标成功的方向移动。同样非常明显的是，棉花增产自身与它所代表的农业的进一步商品化，只能使中国农民的生产状况更为恶化。[1]

冀察政务委员会决定对从冀东进入这两省的货物征收相当于海关税收 1/8 的消费税，是在使华北大规模走私活动"合法化"的道路上迈出了重要的一步。这种做法对于全国经济的影响是有害的。[2] 天津走私活动的后果是中国人的合法贸易和工业迅速下降。而日本人的商品沿着经由冀东的港口和铁路进入中国市场。

日本在天津成立"特种贸易品"查验局，设立北平、保定、张家口、石家庄、沧州、泊头镇、祁口、高阳八处分局，日本走私货物只需要进行简单登记就可以进入河北和察哈尔两省。

日本人收购粮食的行动直接推动日本航运业在长江流域的扩展，日本渗透活动的另一个部分是争夺中国东南沿海港际贸易。这威胁了中国航运业的发展。在华北沿海，日本不断扩大影响，对中国航运造成更大冲击。致使许多中国航运公司不得不接受外国投资。[3] 外国航运公司，特别是日本航运公司的竞争，是众多中小公司破产的主要原因。中国航运业的困境是普遍性的。国民党政府的措施是立法对中国航运商人发放补助金以建造新船。

陈翰笙以中国财政部的报告和零散描述为依据，并且考虑到政府的报告往往比较乐观，认为至 1936 年年底，中国的中央和地方各省政府面临普遍的财政赤字。财政赤字的主要原因是军队和警察的支出。对于中国经济而言，这是一个恶性循环，维持治安引起赤字上升和赋税负担加重，后者又造成更多的农民负债、更加贫困和更多的不安定，随之而来的是对国库提出新的维持"治安"的需求。中国的财政赤字既是农村经济崩溃的原因，又是其结果。[4]

在日本的保护下，日本纺织厂在天津迅速发展。这些纺织厂既有日

---

① 陈翰笙：《中国棉花产量翻番》，《远东观察》1936 年第 5 卷第 20 期，从翰香、李新玉编《陈翰笙文集》，史建云、徐秀丽译，商务印书馆 1999 年版，第 190—192 页。

② 陈翰笙：《冀察政务委员会使走私合法化》，《远东观察》1936 年第 5 卷第 22 期，从翰香、李新玉编《陈翰笙文集》，史建云、徐秀丽译，商务印书馆 1999 年版，第 193—194 页。

③ 陈翰笙：《挽救中国航运的新一轮努力》，《远东观察》1936 年第 5 卷第 23 期，从翰香、李新玉编《陈翰笙文集》，史建云、徐秀丽译，商务印书馆 1999 年版，第 198—200 页。

④ 陈翰笙：《中国军费带来巨大财政赤字》，《远东观察》1936 年第 5 卷第 23 期，从翰香、李新玉编《陈翰笙文集》，史建云、徐秀丽译，商务印书馆 1999 年版，第 201—204 页。

本人购买的原中国纺织厂，也包括日本新建的工厂。日本通过合作创办、低价买入等方式逐渐确立在华日资工业的优势地位。日本的进一步计划是争取建一条新的铁路，把天津与通往太原、开封、汉口和广州的铁路连接起来。这将为促进天津的日资工厂在中国内地的市场提供更多的手段。[①]

在其他省区，日本的侵略同样打乱了中国的经济网络。绥远、察哈尔和中国西北部构成一个经济区，这里的人民过着一种相当简单的经济生活。这一地区的贸易沿几个方向流动，一条路线是通过蒙古人民共和国到达穿越西伯利亚的铁路，另一条通过东北，到达海参崴或大连，第三条是张家口到天津一线。日本向绥远和察哈尔不断渗透。这两省在经济上对中国而言有重要价值，具有丰富的矿产资源，尤其是铁和盐，提供大量牲畜，并且拥有大片草原和土地开垦潜力。这对日本人同样重要，"通过蒙古族的军人政府，日本人禁止已受日本控制或在其势力影响之下的地区输出马匹和盐。结果是张家口地区的居民必须付高价买盐；中国军队难于买到蒙古马"[②]。

（三）对中国在抗日战争中浴火重生充满信心

日本全面侵华战争爆发后，国共两党终于实现第二次合作，陈翰笙对抗日民族统一战线的形成充满信心。他历史地考察影响中国抗战的诸种因素，认为中国人民正一心一意为民族和民主战斗，他们必将胜利。陈翰笙列举了四个影响中国抗战的因素，包括：中国各政党间缺乏完全的合作；军队的训练和装备低劣；缺乏长期战争所需的财力；各省军阀首脑扩张自己的权力而不服从中央政府。他认为，在抗战爆发后，这些因素逐渐发生变化，中国会进行长期抗战。中国存在着保卫民族传统和维护自由发展的愿望，中国的民族主义精神表现为对抗帝国主义的侵略。民族主义与民主相伴生，一个受到外部威胁的民族倾向于更高度的民主。为了进行全国抗战动员，中国的行政机构需要更有效和更集中。

对比中日的社会结构，陈翰笙认为中国没有一个阶级能够从日本统

[①]　陈翰笙：《新崛起的纺织业中心天津》，《远东观察》1936年第6卷第1期，从翰香、李新玉编《陈翰笙文集》，史建云、徐秀丽译，商务印书馆1999年版，第210—212页。

[②]　陈翰笙：《绥远和察哈尔的经济态势》，《远东观察》1936年第5卷第25期，从翰香、李新玉编《陈翰笙文集》，史建云、徐秀丽译，商务印书馆1999年版，第205—209页。

治中获得好处，而日本的侵略对该国某一特定阶级有着巨大的利益，追求少数人的私利代替了共同防卫，这必然引起政治分歧。

陈翰笙辩证地看待中国进行的抗日战争。认为中国人在进行维护民族独立的战争中，将兴起民族主义精神，并追求民主制度，最终，中国将摆脱历史传统的束缚，重新建构一个新的社会。民族主义和民主，全国抗战和重建，是紧密连接在一起的。战争不只是战争，它的强烈程度和持续时间也是多变的。战争的特征和性质有着本质的不同。从人类的一般历史进程看，从毫无个人意识的奴隶社会到充满冲突的自由放任社会，再到一个和平的世界大同的社会，既存在推动人类进步的战争，也存在阻碍进步的战争。① 抗日战争，将推动中国团结抗战。

陈翰笙将健全的民族主义视为真正的国际主义的奠基石。民族主义意味着人民要维护他们最优秀的文化，要维护使人民自身得到进步的自由，民主则意味着共同的义务和权利。为了民族独立，必须有一个稳固的共同防卫体系，共同防卫也需要共同的权利。民族主义和民主与殖民主义水火不容。②

抗日战争是一场民族解放战争，它将使人民获得国外和国内的双重解放，人民寻求的是独立、自主和自由。在此过程中，战争的动员和难民的流亡将加速家族制度的解体。官员在流亡中和人民有了更多的接触。最重要的，是土地关系将逐渐变化，一直受现代工业和银行资本压迫的手工业走上复苏的道路。

战争状况引起了初步的农业集体经营，带来土地制度的变化。有三种集体经营形式。第一种是无地者在新开垦的公共土地上共同耕作。第二种是有些地方集体工作是由那些有自己土地要照料的农民进行。第三种是按照行政命令在那些因入伍而不在村里的农民私有的土地上机动进行。

抗日战争对中国经济和政治的影响是多方面的，陈翰笙就这一问题先后在《远东观察》《美亚》等杂志发表文章。1941 年 11 月 30 日，他在《远东通讯》发表《中国经济和政治总形势》一文，提出中国在抗

---

① 陈翰笙：《古国的新生》，《天下月刊》1936 年第 10 卷第 4 期，中国社会科学院科研局编《陈翰笙集》，中国社会科学出版社 2002 年版，第 407—420 页。

② 陈翰笙：《古国的新生》，《天下月刊》1936 年第 10 卷第 4 期，中国社会科学院科研局编《陈翰笙集》，中国社会科学出版社 2002 年版，第 407—420 页。

战中遇到的经济困境：一种是先前发行的纸币使接受大笔补贴的工厂主得利，而现在通货膨胀扰乱了一般生产过程，并使价格运动极不规律；另一种是原先没有足够的制成品供出售，现在则由于通货日益膨胀，商品制造条件极为不利。① 他指出经济状况恶化会直接造成政治困境，"粮食危机、工业危机和通货膨胀的僵局极可能结合起来，在明年 3 月或 4 月达到顶点"。地方骚动将不可避免，动乱很可能成倍增加。政府中的绥靖主义集团将会利用这一问题力主与敌人直接议和。抗击日本侵略对中国的影响：战争带来的不可避免的穷困、苦难、不幸和饥饿对创立一个共同自卫、共同负责的制度发挥了不可抗拒的影响。这场战争肯定会促进中国的民主制度。②

三　探讨中国如何向现代社会转型

陈翰笙总结 2500 年来中国社会生活中的特点。中国文化的一致性要由民族相对的同质性来解释。③ 第一，没有严格意义上的个人的和私有的土地所有权，社会生活以家族和家庭组织为基础，这种组织以家长式统治和妇女处于从属地位为其外在标志；第二，存在一种对官场的过分尊敬，并且，由科举考试制度促进了一种对文学成就的过分重视；第三，很多世纪以来，中国除了手工业外没有工业生产，广泛存在的高利贷和无理性的商业贸易只会导致消极态度的蔓延。士兵是纯粹的雇佣军。中庸和顺从被看作明智和美德。④ 中国面临从传统转向现代的问题。

陈翰笙设想的民主制度是现代社会构成要素之一，另外的要素，即工业化，不仅是工业之生产，还需农业之生产，均实现现代化。

（一）工业化是政治与经济交互发展的结果

20 世纪上半叶，中国的知识分子和西方的中国研究者，对于中国有一个共识，即中国还处于前现代的状态，要实现转型，中国要变成一

---

① 陈翰笙：《中国经济和政治总形势》，《远东通讯》1941 年 11 月 30 日，从翰香、李新玉编《陈翰笙文集》，中国社会科学出版社 2002 年版，第 296—300 页。

② 陈翰笙：《中日战争的经济背景》，《美亚》1938 年第 1 卷第 11 期，从翰香、李新玉编《陈翰笙文集》，史建云、徐秀丽译，商务印书馆 1999 年版，第 260—269 页。

③ 陈翰笙：《中国农民》，从翰香、李新玉编《陈翰笙文集》，史建云、徐秀丽译，商务印书馆 1999 年版，第 301—327 页。

④ 陈翰笙：《古国的新生》，中国社会科学院科研局编《陈翰笙集》，中国社会科学出版社 2002 年版，第 407—420 页。

个有组织与稳定的国家，在此共识后的分歧，则是如何实现这种转变，是通过革命还是渐进的改良。这两条途径并不是截然分离的，革命不排斥渐进的改良。两种途径可以被纳入同一个历史进程。陈翰笙主张以革命的方式解决中国问题，依据是在对改良的方式进行考察后，无法找到可行的路径。对于合作社运动的考察以及陈翰笙的态度的变化，即映射出陈翰笙对于改良和革命问题的实践及思考。

由于工业化是政治与经济交互发展的结果，认识中国社会的政治和经济特点就成为十分重要的问题。陈翰笙认为，经济与政治相互关联，理解中国内战的性质关键在于理解国民党政府的实质，这需要分析其经济政策的本质。他认为，中国在内战中呈现的是两种经济发展趋势。一种是在中国共产党解放区内实行的前社会主义的合作经济，另一种是在国民党统治区内实行的依靠军事独裁控制的前资本主义买办性的政府独占经济。国民党政府的原则已经违背了孙中山的三民主义，转而奉行政府经济独占、一党统治和外国军事财政援助。中国的内战根本就是两个集团各自保卫其主义体系的斗争。[①] 封建主义和资本主义是相矛盾的，国民党政府是一种依靠军事独裁控制的前资本主义买办性的政府独占经济。其前资本主义性，体现在中国政府的专营制度，本质上它的商业性超过了工业性，而且集中于军政官僚政客及地方军阀手中。

中国政府的专营制度历史可以追溯至公元前 10 世纪到 6 世纪之初，但是其最初兴起限于若干器具的手工生产，后扩展至盐铁，这类政府专营的目的是适合国库的需要。陈翰笙认为，16 世纪中叶起，随着对外贸易和现代金融经济的渐次深入，中国政府专营制度成为营私牟利的来源，与官僚控制相结合。1938 年后，中国政府专营事业的性质有了基本的变化。国民党政府成为中国主要的经济包办人。陈翰笙认为中国没有资本主义，更谈不上国家资本主义。因为，当资本主义发达至于国家专营阶段的时候，生产已大部分社会化，虽然产业所有权仍归私人。中国的专营只对管理国家事务的官僚有利，政府专营不促进生产的社会化，却加强他们所控制企业的官僚化，分散及破坏生产的力量。"国家资本主义，在西方系表示资本主义经济的顶点，但中国的政府专营或国

---

① 陈翰笙：《经济独占与中国内战》，《民潮》1947 年第 5 期，中国社会科学院科研局编《陈翰笙集》，中国社会科学出版社 2002 年版，第 428—435 页。

有企业，在历史的观点来说，只是一种高级官僚手中的资本累积，仍然处于一种前资本主义的经济过程。尽管中国政府专营也获有剩余价值，但它并不是由正常的商品流通中得来，反之，纯系以政治上的压力而获得过分的利润。政治的独裁支持着经济垄断。"①

国民党政府控制了外汇、运输和银行，很快便腐化成为政府的囤积、投机和走私。中国的全部政府专营事业都带有一种买办性，政府利用政治及军事力量，享有一切运输和银行的优先权，以官限的低廉价格采购生产品，再向世界市场出售博取过分的利润，于是生产窒息、工业疲敝。垄断中国经济的是国民党政府中有势力的各个派系，陈翰笙列举了 CC 系、政学系、孔祥熙领导下的旧金融集团、宋子文集团和蒋氏集团，这些派系通过发行钞票和接管敌伪产业等手段分割和垄断着中国的经济命脉。

陈翰笙对于工业化有明确的定义：从手工业生产占优势的社会转变到机器制造占优势的社会，就是现代工业化的过程。这种历史演进通称为工业化。② 历史是前进的，中国的社会迟早要工业化。在工业化的阶梯上，英、美、德、日、苏是工业化国家，加拿大、印度和澳大利亚等是半工业化的国家，伊朗、埃及、西班牙和中国的工业化程度更低，还没有走上工业化之路。

除民族独立、政治独立是我们工业化的大前提外，农产的改进、教育的革新，尤其是政策的制定，是中国工业化的三个重要前提。

按历史的观点讲，工业化有它一定的程序，决不能违背基本演变的原则。因此可以说工业化绝不是一种主观的愿望，而必须具备一定的背景，要达到工业化的目的，不能不创造一个相当顺利的环境。中国工业生产最严重的困境是环境不顺利。环境因素包括以下方面。

第一，必须要确定工业化的政策，而诚诚恳恳一贯有力地执行之，工业化的政策要以国外历史的教训和人家实际的经验，适应国内各地产业发展的程度而确定。在中国，需要国营工业和民营工业的适当配合。

第二，必须要提倡工业化的教育，培养无数切切实实负责干练的青

---

① 陈翰笙：《经济独占与中国内战》，《民潮》1947 年第 5 期，中国社会科学院科研局编《陈翰笙集》，中国社会科学出版社 2002 年版，第 428—435 页。

② 陈翰笙：《如何走上工业化的正轨》，《中国工业》1944 年第 23 期，中国社会科学院科研局编《陈翰笙集》，中国社会科学出版社 2002 年版，第 421—427 页。

年，要建立一个革新的教育制度培养工业化所需要的人才。需要科学的教育精神。中国传统的注重名位身份，带有宗法思想，不追求或尊重个人的责任和工作的教育精神，是反科学的教育精神，也是反工业化的。

第三，必须要积极改进工业的原料，尤以农产品为主。农业的改进可以解决两个问题。其一是提供粮食和工业化所必需的原料。其二是提高农民的购买力进而解决工业化的市场问题。英国的工业是靠海外的农业而兴起的，美国和德国的工业靠其国内农业建立。中国的民族工业必然建基于农业生产的改进。

（二）合作运动有助于工业化的发展

中国的农民在军阀混战中自发抵抗，1928年，在华北出现农民组织的"红枪会"和"天门会"，在东北出现"大刀会"，这类组织是专门反对军阀、警官和税官的农民组织。1927年在江苏省南部出现农民暴动，反对高额地租和增加税收，因此需要有更为现代化和有效率的组织将农民团结一致。

合作运动源于1919年五四运动，很多学生认识到经济和政治是不能够分离的，必须实现经济的改变，才能实现最终政治变革的目的。他们当中许多人转向合作运动；像在欧洲建立的那样，是作为组织社会最妥善的方法以实现其所渴望的变革。早期的合作运动主要成立信用合作社，以资金的投放为主。陈翰笙认为，这是发自社会底层的民主运动，很快就被南京政府设立的各种机构所领导。

1937年3月，陈翰笙在《远东观察》上发表《合作社是治中国病的万应灵药吗?》一文，探讨中国将合作社作为经济救助的途径的有效性。陈翰笙认为，合作社一直是资本主义或社会主义发展的一种工具，它们的真正职能是把不同经济单位联合起来，使生产或出售，或两者都更为便利。但是，合作社能够对国家建设发挥什么作用，需要考察特有的经济和政治环境。当对中国的合作社做具体分析时，考察中国特殊的环境，应当如何评价合作社的作用，需要谨慎分析。陈翰笙对在中国发展合作社运动持谨慎态度。

陈翰笙赞同工业合作社的发展，他也投入这一运动中，参与管理工作。他不赞成信用合作社的过度发展。他不否定信用合作社在农业生产中的作用，但是在中国特定的环境下，信用合作社并未如预期那样发挥积极推动农业生产的作用。首先是国民党政权对合作社的态度，陈翰笙认为国民党不同意共产党重分土地的政策，而以减租政策取代之，但是该政策在各个省均难以推行，只能以合作社运动取代减租政策。在国民党政府的推动下，华洋义赈会、国民党官员和来自战地司令部的政工人员以及各个银行，都成为兴办合作社的积极力量。这些势力间的分歧远多于合作。

华北农民的合作运动中，华洋义赈会对农民合作社给予优惠。目的是尽量改善农民的经济状况，从而把他们的生活水平提高到"贫困线"以上，避免灾年之苦。但是，华洋义赈会仅通过提供贷款一个渠道组织合作社。贷款年息为8％，远低于当时农村30％—50％的年息。1926年，华洋义赈会在北京和定县举办合作讲习所，向成员介绍合作社的义务和合作实践。合作社在中国完全是新生事物，很多参加合作社的人只是为得到低息贷款。原有放贷单位大多数掌握在基督教徒手中，参加基督教的农民多数比一般群众富足，而且有文化。他们是合作社的核心。由于这个原因，广大农民群众认为合作社完全是西方基督教的组织。①

银行对通过合作社在农村投资纯粹出于经济原因。1931—1934年农村普遍破产使货币流入城市，上海战争后证券投机停止，不动产交易一直处于低潮，工业投资无利可图，唯一的投资途径只有面向农村，合作社是进行投资的恰当途径。1934—1935年，合作社的数量翻了一番，也证明了这一动向。银行投入的资金很快成为主导性的资金。

合作社本来是应当从社会底部进行民主运动，迅速转化为必须接受上层指导的体系，并且是以信用合作社为主导。合作社的组织者和社员通常是地主、富农和商人，他们掌握了地方上的政治和经济权力，以合作社的名义从银行或政府机构获得资金并将其贷款给农民，这一贷款的利率常常要加倍。合作社职员滥用权力的现象也存在。所以，陈翰笙对于早期中国以信用合作社为主导的合作运动不抱乐观的态度，它的范围有限，"现有体制下合作社的资金问题把它们限制在商品化农业已经存在，并可能越来越发展的富裕县"，合作社可以帮助中国进入世界市场，并且受到随之而来的各种影响。"中国合作社运动最初由知识分子和那

---

① 陈翰笙：《国民党统治下的中国农民》，《国际农业研究所通讯》莫斯科1928年1—14期，从翰香、李新玉编《陈翰笙文集》，史建云、徐秀丽译，商务印书馆1999年版，第89—108页。

些真诚希望千百万中国人民能够过得更好的领导人发起,但在发展和扩大的过程中,它变成了中国经济制度所固有的各种社会病症的牺牲品。"①

抗日战争爆发后,工业合作社开始兴起,最早出现在上海。中国所建立起来的现代化工业,几乎全部位于沿海各省,上海一地现代化工业的投资,几乎占全部的一半。日本侵略者搬走了可用的机器,大批工人流离失所成为难民。中国对日本的经济侵略不再能进行有效的防御。日本货从沿海涌入内地,中国人民代付出了日本的部分战争费,在财政上支援了对其自身所进行的征服和破坏。

埃德加·斯诺夫人是第一个设想以组织工业合作社的方式来帮助中国弥补生产面临的巨大损失的人。这个观点才使得转移技术工人就等于替代大工厂迁到内地成为可能。这是用智谋战胜了在运输上似乎是不可能逾越的困难。路易·艾黎,时任上海工部局工业科科长,采用了这一观点,并构成一个长期计划,认为在内地建立起较小的工厂和作坊,对战后实现较健全的工业化,也将起促进作用。

1938年3月19日和4月3日,在上海成立促进中国工业合作社的筹备委员会,即上海"工合"运动委员会,该委员会的主席徐新六在洽谈贷款途中死于日本人之手。最终,通过英国驻华大使卡尔爵士向蒋介石夫人呼吁,得到资金投入工合运动。

在工合运动兴起的第一年,西北工合运动迅速发展,归功于三个因素。第一,当时汉口的中国政府是在反对日本侵略——抗日民族统一战线政策的影响下,给予工合运动支持。蒋夫人和孔祥熙的威望,对这一运动的创始阶段很有帮助。能够战胜西北地方当局部分人士的潜在偏见。第二,大批从汉口和长江流域逃到西北的青年男女,他们是真正爱国的有才能的青年。第三,中国工合西北地区办事处的主任卢广绵具有卓越才能,善于说服中央和地方各省政府的中国官员,应付裕如以保护工合运动。

"工合"在其他地区的发展不如在西北的显著,主要是由于对"工

---

① 陈翰笙:《合作社是治中国病的万应灵药吗?》,《远东观察》第6卷第7期,1937年3月31日,从翰香、李新玉编《陈翰笙文集》,史建云、徐秀丽译,商务印书馆1999年版,第113—227页。

合"的行政管理，有较多官僚化的干扰。而这些地区办事处的领导人也缺乏能力与地方当局打交道，因之使得许多爱国的青年男女参加这一运动受到阻碍。但是，在湖南省中部、广西省、江西省、广东省、福建省都发展了工业合作社。

1937 年中日战争期间，从甘肃经过陕西的中部和南部，然后经过四川的东端到湖南、广西、广东、江西和福建延伸着介于中日两方前线的地带，由此向西存在着中国的后方，工业合作社在后方各地区有所发展。1944 年日本人在湖南、广西、江西发动军事进攻，合作社地区办事处随之减少，云贵与川康合并为西南地区。在战事的前方区，南部包括江苏、安徽与浙江，北部前方区包括延安、绥远、察哈尔、山西、河北、河南和山东，延安是这个地区的主要中心。

克服政治上的复杂情况，最初地主们和保守集团拒绝让合作社对新四军及其所属的游击武装进行资助。但自从这个地区"工合"运动资金是来自海外的捐助，特别是来自菲律宾的同情资助者时，政府就很难拒绝对利用这些捐款的承诺。折中的办法是：用于创办合作社的部分款项援助国民党军队，而在新四军驻地乡村中的工合单位则得以拓展。①

1939 年 7 月 21 日，在香港成立"工合"生产救济基金国际委员会，从 1939 年至 1942 年，"工合"运动的领导权实际属于国际委员会，筹组该委员会的主要负责人是宋子文和香港区主教何明华，后者出任委员会主席。

合作社显示了所有各阶级和来自不同背景的中国人是能够共同工作，并掌握自己命运的。在此期间，"工合"的发展受到不利因素的影响，包括通货膨胀、政府倾向于垄断、重庆工合管理处的错误处理和 1941 年后政治上的反动阻碍了所有进步的趋势。

1942 年联社出现，标志合作社进入一个新的发展时期。联社不仅是在合作社以外的促进机构，而且实现了合作社的商业职能。这是合作社用自己的步伐站立起来的标志。联社充当了工业合作社的基础，替代了办事处的职能。为了扩展工合运动，专门的教育培训机构是必需的。

---

① 陈翰笙：《工合：中国合作社史话》，《太平洋关系丛书》第 24 号（Gung Ho：The Story of Chinese Cooperative）美国太平洋关系学会 1947 年，纽约、旧金山、夏威夷版，张秀杰译，杨小佛校，汪熙、杨小佛《陈翰笙文集》，复旦大学出版社 1985 年版，第 176—212 页。

培黎学校相应而生。

陈翰笙对于合作运动的态度出现变化，因为，战前中国存在的合作运动仅限于信贷和借款，而战争期间的合作社以生产为基础，通常是手工业与半机械化的联合。在工合运动开始后，陈翰笙对合作运动有了新的认识。他指出了合作运动的迅速发展，在数字统计上，中国的合作运动是有进步的，"目前估计全国合作社的社数当在12万左右，社员总数约可500万人"。[1] 并区分了两类合作社，生产合作社和信用合作社性质不同，生产合作社以增加生产及改善生产者的生活为唯一宗旨，信用合作社以投放资金及稳取利贷为主要意念。赈灾会、建设厅、农本局、中央及各省府经济委员会、南北各大银行，一齐努力于农贷。农贷的方式主要是通过信用合作。

陈翰笙在思考解决中国问题的路径时，其着眼点是现实问题，现实的紧迫是他进行研究的根本前提。同时，他的社会实践活动为他进行理论思考提供了现实参照。他参加工合运动，通过实践解决现实问题。他寄希望于工合运动，希望以此途径实现中国向有组织与稳定的社会转型。他将其归于一种民主的制度。

"当农业合作社发展到全国时，将构成中国生产制度的革命。这自然具有伟大的影响并有力地推动工业合作社。农业和工业合作社两者促进了农民步出其家庭，有力而迅速地打破封建制度的枷锁。合作社运动在中国构成了一种社会和经济的革命。古老的农业互助的传统由于缺乏有力的组织是难以转化到合作化运动的。这个地区减租，减税和减息的政策相当削弱了传统的农业制度。而合作社的形成才真正为人民走向于为自己谋福利，提供了一个新的社会组织形式以代替旧者。"[2]

陈翰笙认为中国合作运动的前途在于工业合作社的发展，工业合作社已成为我国生产合作社的骨干。它虽救济流亡，却不是单纯的慈善机构。它虽然有工厂和作坊，组织上却完全是民主的。工业合作社是生产者自己的组织，没有包含半点反生产的意义。

工业合作社的发展存在困难，被敌伪占据的地方没有发展工业合作

---

① 陈翰笙：《合作运动与农村机构》，《工合通讯》1940年第6期，汪熙、杨小佛《陈翰笙文集》，复旦大学出版社1985年版，第168—170页。

② 陈翰笙：《工合：中国合作社史话》，汪熙、杨小佛《陈翰笙文集》，复旦大学出版社1985年版，第176—212页。

社的可能，有些地方政治机构尚未改进，也无法发展工业合作社。只有彻底明白农村社会关系的真相，才能办好工业合作社。必须竭力避免公文政治的旧套，善于利用行政的力量，配合行政力量扫除组织合作社事业的障碍。不能将合作社办成剥削农民的农村机构，也不能办成强制农民参加的行政机关。政治上的民主制度是发展合作制度的保障。农村中民主制度的实现，又在乎积极改善农村机构。少数人把持农村政治经济势力，便使大多数贫农和雇农没有办法参加合作社。

工合的困难可以分为社务和业务两方面。合作社一切对内问题谓之社务，一切对外问题谓之业务。社务方面的困难：出于社会背景不甚单纯，社员行止过于流动，社员意识亦近陈腐，社员程度似太幼稚，加以账目不免假造及盈余分配不均等弊端。业务方面：资金总额的不够分配，贷放款项的手续纷繁，成本高涨的难以应付，运销条件的种种不利，以及税捐与兵役的牵制。工合社业务方面最主要的困难，在乎资金总额的不够应用。资金不足则无法使用机器，即无以使纯手工业转换到半机器的工业。纯手工业历久必然要倒台，资金不足则无法应付有季节性的业务。工合的贷款制度有许多困难。在高利贷盛行的中国，一年或一年半的借款似乎已经是长期贷放，但两年以内短期借款对工合或任何合作运动的协助仍然很少。

第一，农民银行的工贷有地域业务的限制。第二，农民银行对工合的贷款，只限于个别的合作社，即所谓单位社。第三，在工合方面凡请求 5 万元以上的贷款，非先经工合协会总办事处的许可不能办，而在农行方面凡 10 万元以上的贷款必须请示于总行。如此函件往返延误时间甚多。第四，农行的工贷员对于工合社的报告甚少积极性、建设性的批评，而多以贷方之立场为立场的消极意见和挑剔语气，有时不免被道听途说并不确实的报道所影响。①

虽然有种种缺点，工业合作社仍然有积极的意义，陈翰笙提出中国工业合作的发展前途是广阔的，他认为通过这一方式可以解决很多现实问题。最现实的，中国农村通常在很多时间里有好几百万空闲劳动力，每当冬季收获已毕，空闲的数量可以增加到好几千万。合作社可以利用

---

① 陈翰笙：《目前工合的困难问题》，《中国工业》1943 年第 21 期，汪熙、杨小佛《陈翰笙文集》，复旦大学出版社 1985 年版，第 171—175 页。

这些空闲劳力于地方工业，渴望提供生产力和其生活水平。制度上的，将合作社作为导引民主的实践方法。

可以为中国实现工业化提供合适的途径。只要中国的小规模农业盛行，小工业必然同样存在。并且，中国的小工业将日趋重要。由于中国可资利用的资本总额不大，用合作社发展小工业是最有效途径。从日本的发展中可以借鉴经验，日本小工业普遍存在，包括小规模的工厂和家庭作坊经营。但是许多小生产者实际上是各个较大组织的一部分，可以获得大规模购买、供应和综合财务的经济利益，也因此受制于垄断集团。中国应当以合作社形式发展小工业，却又必须防止垄断集团的发展，唯一的途径是用小规模生产合作社代替大垄断组织联盟的成员。小生产通过合作社运动，可以紧密配合工业化的步骤，以补助大工厂的不足并防止剥削。

可以解决农村的普遍贫困问题，并为工业化打造市场。中国的农村，一方面存在农业劳动力的失业或半就业状态，另一方面存在普遍贫穷。农村的广泛贫穷是工业化绊脚石，农业劳动力不能充分发挥。工业合作社可以解决这两个方面问题。

具有政治上和社会上的意义，陈翰笙希望工业合作社成为中国民主制度得以发展的一个途径。民主在于社员可以自行管理和组织生产，自行监管管理者。[1] 合作化工业不仅局限于经济和商业范畴，充分享有经济和政治自由是成为现代公民的基础。合作社制度可以培养作为合作社基础的个人责任心。当人民在相互合作的习惯中培养起个人的责任感时，自然就会在生活上发展一种民主的观点。

第二节　史学研究应多种方法并举

陈翰笙一直以历史的方法作为基本的研究方法，他在后半生的大部分时间里，都是作为中国社会科学院世界历史研究所的所长，成为一代史学大家。他之所以能够担任这个社会角色，主要是因为自己对历史研究的热爱，同时，因为他丰富的国内外学习、工作经历，开阔的学术视

---

[1]　陈翰笙：《工合：中国合作社史话》，汪熙、杨小佛《陈翰笙文集》，复旦大学出版社1985年版，第176—212页。

野，都是他从事这些工作的有利条件。他在外交史、经济史、国别史、劳工史等领域都有自己独特的学术贡献。

一　历史研究具有宽广视角

陈翰笙在西方接受正规史学训练，他以现代社会科学方法研究中国问题。史学方法是其最基本之方法。他的史学研究偏重于社会史、经济史，基本的单位是国家、社会和区域。在研究方法上，注重史学方法与其他社会科学方法并用，将政治学、经济学、地理学等概念引入历史学研究。与 20 世纪初期兴起于美国的史学社会科学化潮流相合。

（一）以传统西方史学方法进行外交史研究

陈翰笙利用米尔本著《东方商业》中对东印度公司十七年的详细统计分析最初中英茶市组织，因为茶叶占到东印度公司运输到伦敦货物的 95%，要知道鸦片战争前中英的外交，应了解中英茶市组织。陈翰笙认为这一问题在中国外交史上有重要地位。"最初中英茶市一百五十年内，两方政府都奖励通商，颁给专利。公行和公司都用全副精神来解决交通问题；公行管理陆运，公司管海运。两方都供给政府无数的财源，受政府许多的取缔。但因经济上供求的势力不能均平，专利终不能勉强维持。这一段是近世欧亚通商史中第一章的材料。和我国鸦片战争前的政治外交，有莫大的关系。"[1]

陈翰笙在其博士学位论文《1912—1913 的伦敦大使会议，暨阿尔巴尼亚的独立：外交研究》[2] 中，以历史的方法梳理第一次世界大战前欧洲外交的发展，他批评欧洲强国英、法、俄等为维持欧洲均势而牺牲弱小国家的政治运作。他认为民族主义在欧洲的兴起已经不容忽视，由之而来的政治诉求如果被压制，政治争端在所难免，并由此导向战争。"1914 到 1918 年的世界大战的间接的起因于阿尔巴尼亚炎症的变化。"[3] 陈翰笙提出，如果以违背正义和自由原则实现和平，这种和平只是权宜

---

[1]　陈翰笙：《最初中英茶市组织》，《国立北京大学社会科学季刊》1924 年第 3 卷第 1 期。

[2]　陈翰笙：《1912—1913 的伦敦大使会议，暨阿尔巴尼亚的独立：外交研究》，中国社会科学院科研局编《陈翰笙集》，中国社会科学出版社 2002 年版，第 312—374 页。

[3]　陈翰笙：《1912—1913 的伦敦大使会议，暨阿尔巴尼亚的独立：外交研究》，中国社会科学院科研局编《陈翰笙集》，中国社会科学出版社 2002 年版，第 312—374 页。

之计。

从地缘政治观点审视阿尔巴尼亚问题,其表现十分复杂。"阿尔巴尼亚是土耳其欧洲领土的一个组成部分,而土耳其欧洲领土又是破坏欧洲外交均衡的政治病的一个软弱易攻破的环节。"① 塞尔维亚、希腊、奥匈帝国和意大利争夺阿尔巴尼亚,奥匈帝国不愿看到塞尔维亚控制阿尔巴尼亚,意大利不能容忍希腊得到科孚北部,俄国支持塞尔维亚,法国支持希腊,德国支持奥匈帝国。

《圣斯特法诺条约》把阿尔巴尼亚重要的城市斯特鲁加、奥赫里德、科尔察和迪布拉置于保加利亚的控制下,它非常可能为保加利亚打开通往亚得里亚海的道路。所有强国对巴尔干半岛,这一通往近东和远东的通道,或多或少都有着经济或战略利益。

陈翰笙认为,如果德国向东方挺进的道路上没有俄国的泛斯拉夫主义的话,第一次世界大战是有可能不发生的,正如 1914 年所发生的情况那样,全面的欧洲战争,在很大程度上,是由斯拉夫人的政治抱负和德国人的经济野心之间的致命的冲突引起的。德国与奥匈帝国结成实体和精神的同盟。从戈特恰科夫亲王时代起,泛斯拉夫主义就被用作了俄国的征服计划。1912 年,在亚得里亚海出口问题的争端中受到了俄国的祖护,她尽力以泛斯拉夫主义的名义支持塞尔维亚。尽管这一争端是个民族、政治和地理争议的混合物。

法国支持希腊,一方面是出于情感,另一方面是历史性的,她在海上的对手是意大利,与意大利进行迂回斗争是法国的国策。自 1878 年柏林会议以来,法国一直支持希腊对阿尔巴尼亚南部的要求。

根据当时的国际局势,在法国和俄国的影响之下,阿尔巴尼亚本来有可能被希腊和塞尔维亚瓜分;她也有可能被意大利和德国支持下的奥匈帝国瓜分。为什么当时在伦敦的大使们,看来正在联合和妥协,却没有忽视阿尔巴尼亚的独立?肯定是由于阿尔巴尼亚的民族主义。没有民族主义,阿尔巴尼亚的自治在当时的环境下就不会得到支持,也不可能最终得到实现。

有些人无法区分民族自决的意义和一个民族此时此地有无自我治理

---

① 陈翰笙:《1912—1913 的伦敦大使会议,暨阿尔巴尼亚的独立:外交研究》,中国社会科学院科研局编《陈翰笙集》,中国社会科学出版社 2002 年版,第 312—374 页。

的能力之间的不同，他们可能会对阿尔巴尼亚成为一个独立国家抱有怀疑。这是一个保持了纯粹性的民族，整体上是同质的，紧密结合在一起的，其民族特性体现在人种和语言上。"欧洲过于无知，没有帮助和促进以人种和种族原则为基础的自治省的形成。"① 民族主义与政治诉求相关，阿尔巴尼亚人要求自己的国土一寸都不能被其他任何外国吞并。

在柏林会议上，阿尔巴尼亚问题没有得到解决。而阿尔巴尼亚人明确要求建立自己的国家。1912 年，阿尔巴尼亚人进行起义，结束了青年土耳其党的统治。随之爆发了第一次巴尔干战争，阿尔巴尼亚宣布独立。

伦敦大使会议的真正原因是出于列强把战争限制于局部并推迟解决亚得里亚海问题的普遍的共同的愿望。伦敦大使会议没有帮助维护巴尔干同盟的远大目光。通过对阿尔巴尼亚的贬低、剥夺，使其不完整，他们做了一件每个人都最希望的事——巴尔干的均衡和稳定——非常难以做到的事情。没有经济上的解放和自由，大使会议之后的阿尔巴尼亚仍然是欧洲脚下的足球，是国际阴谋的温床。②

伦敦大使会议签署了结束第一次巴尔干战争的伦敦和平条约，暂时解决了阿尔巴尼亚问题，这次会议留下了隐患。第二次巴尔干战争随即爆发，并且最终爆发了第一次世界大战。

（二）史地兼容

陈翰笙在美国和德国学习历史的时期，正是新史学潮流席卷美欧的时期。在德国，亨利·贝尔（Henri Berr，1863—1954）倡导一种综合史，并在 1900 年创办《综合史杂志》，他要求的是一种能把某个特定时代里社会和文化各个方面集合为一个整体的历史学。贝尔受到法国社会学家埃米尔·涂尔干（Emile Durkheim，1858—1917）、法国地理学家保尔·维达尔·白兰士（Paul Vidal de la Blache，1843—1918）和德国地理学家弗里德里希·拉采尔（Fridrich Ratzel，1844—1904）的影

---

① 陈翰笙：《1912—1913 的伦敦大使会议，暨阿尔巴尼亚的独立：外交研究》，中国社会科学院科研局编《陈翰笙集》，中国社会科学出版社 2002 年版，第 312—374 页。
② 陈翰笙：《1912—1913 的伦敦大使会议，暨阿尔巴尼亚的独立：外交研究》，中国社会科学院科研局编《陈翰笙集》，中国社会科学出版社 2002 年版，第 312—374 页。

响。① 而在美国，"新史学"的潮流使得历史研究出现向社会学的转向。在英国，经济史研究方兴未艾。这股新的史学潮流在历史学研究方法及研究领域方面产生广泛影响。陈翰笙无疑也感受到这些变化并在历史研究中引入多种方法。

陈翰笙研究国际问题运用多种方法，最基本的方法是历史的方法，在历史的方法中引入其他方法，包括历史地理学和经济学方法。他认为政治问题的根源是经济因素，在对西伯利亚问题的分析中，他追溯西伯利亚的历史演变并透过政治问题寻找经济原因。他认为西伯利亚的经济潜力是引发日本与苏俄进行军事较量和争夺的关键。认识西伯利亚的经济概况，基本的方法是经济区域分析。将西伯利亚分为九个区域，依次论述，从而获得科学认识。

史学研究的范围已从传统注重政治史而扩展至社会史，"史学范围不仅在民族过去的政治法律与宪章，亦不止追寻军事与外交上变迁的陈迹。史学是研究与叙述民族过去的生活的。凡物质与精神的文明，科学美术宗教工商业等以及行政区域与社会阶级，均无不纳入。即据农业史一门而言，农民如何适应土壤，如何开辟田地，如何策划灌溉，如何百折不回的和天然环境奋斗，如何勤俭劳苦的在边疆拓殖进取，都与地理多少有关系。要透彻农业史，又不能不具备地理知识"②。在社会科学的架构中，史学与地理学有密切关系，"普通讲来，因开拓土地利用农产而后有政治的组织。更泛言之，则人类史迹皆动与反动间互应的关系造成。反动虽多系乎人，动的志趣每激发于地。研究社会科学者，因此宜注意地理学"③。19 世纪在欧洲学界人地关系已引起研究者的注意，出现自然地理与人文地理分支。

"近世科学与实业日形发达，其原因不纯在地理。然科学与实业的发达足以助长民族的意志与实力。民族的意志与实力转变为政治经济的关键。政治经济惯能变换天然情形，增减天然势力。"人类的活动对自

---

① ［美］格奥尔格·伊格尔斯、王晴佳、苏普里亚·穆赫吉：《全球史学史》，杨豫、［美］王晴佳译，北京大学出版社 2019 年版，第 131 页。

② 陈翰笙：《两种政治地理参考书》，《国立北京大学社会科学季刊》1925 年第 3 卷第 3 期。

③ 陈翰笙：《两种政治地理参考书》，《国立北京大学社会科学季刊》1925 年第 3 卷第 3 期。

然环境造成影响。"解释地理，恐非历史不可。"①

　　但是，应当定明地理学的界限，不能将地理学视为包容一切的学问，陈翰笙反对法国地学家埃尔伯特·法弗尔（Albert Favre）的观点，即称地理为通晓一切科学，指示一切人生途径，包容一切知识的学问。历史和地理相互印证，才能具有较为科学的认识。

　　陈翰笙基于地缘政治视角，对西伯利亚问题进行分析，在地理上，西伯利亚位于东北、蒙古、新疆的北方，富于渔利、黄金、黑貂和森林，人口稀少而物产丰富。就国际关系而言，这个地区是中国、日本和苏联三种不同的政治经济势力会集的地区。西伯利亚问题是一个复杂又重要的国际问题。

　　康熙二十八年（1683）《尼布楚条约》，咸丰八年（1858）《瑷珲条约》，光绪七年（1881）《伊犁条约》，日俄战争后《朴茨茅斯条约》，民国 10 年（1921）大连会议，民国 11 年（1922）长春会议，民国 14 年（1925）的《日俄条约》和中俄划界交涉等都是西伯利亚问题的表现。

　　西伯利亚是一个历史地理概念，在俄国一般人的心目中西伯利亚指乌拉山到太平洋一切的俄国殖民地。咸丰十年（1860）《北京条约》将乌苏里河以东的地方割让给俄国，俄国人设立东海滨省并建筑海参崴为军港镇守太平洋北岸。俄国人设立东方总督的行政区域，这个区域和俄国中亚细亚区域中间就成为两大行政区域，即东西伯利亚和西西伯利亚。②

　　在苏俄成立后，西伯利亚的政治区域因为外交、军事和种族的关系几次变化和改组，而西伯利亚未来的政治走向和政治区域划分取决于其经济实力如何发展，陈翰笙认为，外交、军事和种族比较经济上实际的区别，是暂时的或容易变迁的。西伯利亚的行政区域必然与经济区域相

---

①　陈翰笙：《两种政治地理参考书》，《国立北京大学社会科学季刊》1925 年第 3 卷第 3 期，陈翰笙介绍两种地理著作，其一为 Arthur Dix：Politische Geographie，一九二二年出版，柏林 R. Oldenbourg，发行；其二为 Otto Maull：Politische Geographie，一九二五年出版，柏林 Gebr. Borntraeger 发行。

②　陈翰笙：《西伯利亚的政治经济》，《国立北京大学社会科学季刊》1925 年第 3 卷第 4 期。

符合，因为政治是要随着经济而转移的。①

（三）关注俄国和印度史学史

1927 年，陈翰笙撰文谈俄国历史研究问题②，介绍俄国史学研究除马克思主义派别外三种最重要的派别。俄国的史学分为马克思派史学和非马克思派史学。非马克思派史学又包括黑格尔派、斯拉夫派、小资产阶级派。陈翰笙推崇唯物主义思想、支持从现实的需要出发进行历史研究，以及史学的发展是社会发展的产物，二者是相呼应的，他以上述观念为基础进行论述。

陈翰笙认为史学的发展是社会发展的产物，俄国资产阶级史家所著史书带有阶级色彩。资产阶级钳制人民的工具是政治，政治是他们的基础，所以政治史是他们唯一的研究。只有小资产阶级史家和同情封建制度的史家注重经济，但其人数少又不受学界重视。俄国史家的代表及其作品是与俄国社会发展的阶段相呼应的。俄国的资本制度成立已三百年，前二百年是商业资本制，近百年来有工业资本制。商业资本制的要素在商人和地主的联合。商人需求多量的畜产矿产和谷产等。在那个时代这些物产只有地主可以供给。因此地主所有的农奴竟成俄国社会的基础。地主全靠政治势力去压逼多数的农奴，约束农奴尤为商业资本制的命脉。在此制度下，商人和地主都不喜欢有什么变迁，自然就趋向于守旧的观念。于是代表资产阶级发挥守旧观念的史家便应时而起，其代表人物就是卡拉姆津。

卡拉姆津的历史观念在于保存皇室威严，没有进化思想，遇着他不能解释的事情就归纳到天意的好坏，卡拉姆津所著的几十本历史书仅有参考事实的价值。

工业资本制较商业资本制更复杂，社会的组织不能保守稳固的状态，卡拉姆津的历史观念不能适应现实。1840 年后，俄国史学开始大量吸收黑格尔的学说。黑格尔的学说在乎认识事实的变动。俄国史家应用其进行政治变迁的研究，因为卡拉姆津未论述政治如何起源和变迁。而经济的变迁尚未进入俄国史家视野。黑格尔学派在俄国的史学代表是

---

① 陈翰笙：《西伯利亚的政治经济》，《国立北京大学社会科学季刊》1925 年第 3 卷第 4 期。

② 陈翰笙：《俄国历史的研究》，《国立北京大学社会科学季刊》1925 年第 4 卷第 1—2 期。

索洛维约夫和卡维林。索洛维约夫的学生是克柳彻夫斯基。索洛维约夫论述了俄国政治制度的进化历程，没有注意其变化的经济基础。陈翰笙不同意黑格尔的历史观念，批评黑格尔误以为少数有资本势力的压制多数劳工阶级是"秩序"。这与好像误以团体的社会为少数人所造成的一样来得荒谬。

斯拉夫派的兴起与沙皇尼古拉一世时期的经济状况相适应。"那时俄国已开始有工业资本主义。政府祖护工业资本，所以谷产的价格年年跌落。农村中的田主便一面反对政府势力，一面更要保守农奴制度。因为怕农奴脱离拘束，自然就重视农村为俄国的国粹。到后来农村被工业化，谷价忽然抬高，一般田主就不像从前那样守旧。他们很明白奴隶的工役是不及雇用的工役较有生产力。所以他们又欢迎一八六一年俄皇亚历山大第二解放农奴的诏书。"① 在此背景下，斯拉夫派由原来崇拜农村而转变为赞同旧派史学。

陈翰笙肯定了俄国小资产阶级史家所抱有的唯物史观念，以施查扑夫为代表，以为他虽然不运用马克思主义方法，但是他有法国百科全书派的唯物史观念，认为历史为物质上所必要的事件所造成，所以一切家庭和政治的由来不能从神秘不可测的理论解释。虽然他的唯物史观念是旧式的，不明了自然界如何因经济关系影响于人群社会，但是他为马克思主义学派开启先河。陈翰笙强调历史研究为现实提供借鉴。

历史研究与地缘政治主张：麦金德认为谁能支配俄国就可以支配欧亚大陆，从而控制世界。中国人关注俄国应该胜过关心其他国家。400年前大西洋航业发展，东欧和东亚的商业就渐渐堕落。在美国人看来，东亚仅是东欧地方的延长。但如今太平洋海权兴起，英、美、日和俄国的交涉日趋繁杂，我们和它们的关系亦不免更加密切。中国人研究俄国出于现实的需要，包括地缘政治和商业联系。研究俄国应该从历史入手，研究历史又应当明白史学的本身。

从 1944 年到 1955 年，陈翰笙在印度进行实地研究，并参与其历史学会议，新中国成立后随代表团访问印度，对印度历史及经济状况均有所见。认为研究印度史可以完成双重的使命。一个是政治的使命——联

---

① 陈翰笙：《俄国历史的研究》，《国立北京大学社会科学季刊》1925 年第 4 卷第 1—2 期。

合印度保障世界和平；另一个是科学的使命——更精细地了解社会发展的过程。①

他关注印度史学上的问题和印度历史的分期问题。印度古代史止于13世纪回教人的统治。印度历史学家沙史屈利的观点是以莫卧儿王朝的皇帝奥朗则布死去的1707年为印度近代史开始的时间，因为此后莫卧儿王朝即没落。陈翰笙不同意，认为1803年应该作为印度中古史完结近代史开始的时间，因为英帝国主义的侵入将印度的农村公社制破坏了，是一个划时代的社会革命。他以印度生产关系的变化来划分印度史。

印度古代史上争论问题很多，政治方面非常贫乏。最重要的争论是印度河流域古代文化的年代问题。印度的中古史大部分完全是回教统治阶级的历史。直到16世纪末期，印回两方的文化开始混合起来。历史记载也就包括全国，没有印、回的分歧或完全忽视印度回教人的倾向。② 17—18世纪，印、回所以能打成一片，形成一个新的混合的民族文化，原因在于莫卧儿皇帝阿克巴尔的政策。③

关于印度历史的基本资料。考古方面的发掘是古代史最可靠的资料，还有外国人旅居印度的记录。中古史最可靠的资料是当时的法典、传记及官厅往来的公文，同时也是外国旅客的报告。近年来中古时代私人著作渐渐被发现，这些也是研究印度中古史良好的参考资料。研究印度近代史的基本资料，以东印度公司的文件和各官厅所藏的往来公文最可靠。各种法令和传记，外国人旅居印度的记录也有参考价值。

1961年，陈翰笙著《古代中国与尼泊尔的文化交流——公元第5至17世纪》④，黄盛璋提出不同的意见，见《关于古代中国与尼泊尔的文化交流》一文，认为陈翰笙的文章在中文文献的引用上遗漏了一些重要史实，肯定陈翰笙的文章在引用尼文和梵文文献方面有贡献，对于中

① 陈翰笙：《五十年来印度的史学界》，《新建设》1952年3月，汪熙、杨小佛《陈翰笙文集》，复旦大学出版社1985年版，第219—231页。
② 陈翰笙：《五十年来印度的史学界》，《新建设》1952年3月，汪熙、杨小佛《陈翰笙文集》，复旦大学出版社1985年版，第219—231页。
③ 陈翰笙：《五十年来印度的史学界》，《新建设》1952年3月，汪熙、杨小佛《陈翰笙文集》，复旦大学出版社1985年版，第219—231页。
④ 陈翰笙：《古代中国与尼泊尔的文化交流——公元第5至17世纪》，《历史研究》1961年第2期。

尼关系史以及和中国文献对比研究非常有用。但是认为陈翰笙引用藏文资料不多，存在一些问题，主要是文献错误，一是中文有关这方面文献记载未受重视，二是西方汉学家已经整理出来的有关尼泊尔的历史文献未受到重视。

（四）关注中国世界史研究的方法论问题

陈翰笙对于中国的世界史学科建设提出了具有开拓性和指导意义的观点。他主张中国人要有自为一体的世界历史体系。中国世界历史研究应当以马克思主义为理论指导。他指出研究世界史的目的：中国人不能闭关锁国，闭眼不看世界的现状和历史。如果不懂世界史，就不懂我国当前的许多事。要了解世界，改造世界，就必须研究世界历史。他界定世界史的内涵，即把世界史看作一个整体，从世界历史的角度去了解、探讨各种重大课题，世界历史不是国别史的总和。他指出有意义的世界通史的标准：应当说明社会组织如何转变的，人类如何进步的。要说明世界历史演变的过程，揭示历史发展的普遍性规律。

对于研究世界史的方法，他认为总体上包括三点，第一点是资料的收集和整理，第二点是外语的学习，第三点是研究者之间的分工合作。他强调世界史研究要重视资料的收集和整理，必须在充分占有第一手资料的基础上，对错综复杂的历史现象进行科学的分析和综合。世界历史是具有强烈阶级性的学科，同一件事、同一个人物，不同的阶级会对其作出完全不同的评价。所以中国学者要在占有大量资料的基础上，运用无产阶级的观点进行科学研究，解释人类历史发展的普遍规律。

陈翰笙一直主张要普及世界历史知识。在他参与主编《世界历史小丛书》过程中，他强调丛书的可读性。他在这一领域的研究仍然强调研究对现实的作用，以研究来加深人们对现实的理解和认识。陈翰笙虽然认为世界史不是国别史的总和，但是他很好地处理了世界史与国别史、区域史之间的关系，体现在他的学术研究中和他对于其他学者研究的评论中。他关注中国与其他国家的互动，如他对华工史料的整理，就是探讨这种互动的一个方面。他研究南亚地区的经济发展，时时与中国相互对照。他介绍美国的垄断财团、分析美国的农业发展等问题。他关注中国学者研究各个国家的国别史成果并积极进行评价。在这些研究中，他的一个出发点就是国别史是以世界史为背景的。研究任何国家和地区都要联系地看问题，看国家与地区间的相互联系和影响。

　　1951 年 7 月，在中国史学会成立大会上，陈翰笙在发言中谈到历史科学问题。"过去在孔子和受孔子学说影响的时代，谈不上真正的历史科学。因为孔子学说把天意作为人意，所谓'天道即是人道'，认为人类是不可能创造新社会的。西洋也曾经有同样情形。过去一般的西洋学者也把神明的意旨作为人类的意旨，把宇宙的规律作为社会规律。直到十八世纪上半期，意大利学者维戈方才说基督教以外的国家一定是人类自己创造的。维戈的意思是人类掌握着他们自己的命运，这个观念便是研究历史学的基础。"①

　　"维戈把认为的历史和自然的世界分开了，但没有懂得两者之间的相互关系。维戈把人类历史划成林居、茅屋、农村、都市四个时期，但只是说了政治组织一方面而没有懂得为何能如此发展。直到马克思方才吸收维戈的意思而进一步完成真正的史学观。马克思首先要人们注意生产技术。只有从生产技术的演变才能明白人类社会和自然世界间的相互关系。也只有从生产技术的演变才能明白各种社会组织的发展。"②

　　马克思指示了社会发展的基本规律，也便是为真正的史学铺平了一条大道，但马克思的著作集中于对资本主义社会的分析，我们还要根据他的学说来集中研究封建社会的历史，特别是要明白封建社会如何崩溃而转变到新民主主义社会。

　　陈翰笙提倡以马克思主义为基本方法，进行世界通史的编纂。第一，以五种社会形态划分社会阶段。第二，总结人类历史发展的规律。③ 历史发展的普遍规律，就是从一种社会转变到另一种社会的阶级斗争。阶级斗争是社会的转变和历史发展的动力。

　　世界史是一门阶级性很强的学问，对同一事件、同一人物，由于立场、观点和方法的不同，可以得出全然相反的结论来。④ 我们必须很好地运用无产阶级的立场、观点和方法，从大量的资料中选择核对那些最典型的资料，来毫无顾忌地揭示世界历史发展的内在规律。⑤

----

　　① 中国史学会秘书处编：《中国史学会五十年》，海燕出版社 2004 年版，第 14 页。
　　② 中国史学会秘书处编：《中国史学会五十年》，第 14 页。
　　③ 陈翰笙：《对研究世界史的几点意见》，《世界历史》1978 年第 1 期。
　　④ 陈翰笙：《对研究世界史的几点意见》，《世界历史》1978 年第 1 期。
　　⑤ 陈翰笙：《对研究世界史的几点意见》，《世界历史》1978 年第 1 期。

我们要了解世界，改造世界，就必须研究世界历史。① 一部世界历史，说到底，是世界上被压迫民族反抗压迫民族，被压迫阶级反抗压迫阶级的历史。世界史既要叙述压迫民族和压迫阶级对人类历史犯下的罪行，也要记录被压迫民族和被压迫阶级为自身求解放而进行前仆后继的斗争的历史。因此一部世界史，实际就是一部世界阶级斗争的教科书。② 可惜直到现在写世界通史的人们，只是把欧美亚非一些国家的历史，或多或少地分期叙述一下，并未说明社会组织是如何转变的，人类是如何进步的。无论学术性著作或通俗著作，都有这个缺点。③

1957 年整风运动期间，陈翰笙发表一篇论述美国问题的文章，题目为《资本主义国家的民主和自由》，其中通过分析英国议会改革的过程、美国的选举制度及法国的宪法演变，指出"资产阶级的专政，操纵了资本主义国家的法律"。④

陈翰笙认为在欧洲和美国比较流行的一些世界通史著作，如英国剑桥大学的《世界近代史》，汤因比的《历史研究》，包括苏联科学院主编的《世界通史》等，都存在共同的缺点，即这些著作仅仅是国别史的拼凑，很难使读者通晓社会的组织是如何转变，人类的文化是如何进步的。陈翰笙赞同以马克思主义为指导的世界历史编纂，即说明原始社会如何分化为阶级社会的，阶级社会中又如何通过斗争而改变生产关系，促进生产力向前发展的。世界史的作用，"就是要让读者了解社会发展的客观规律，懂得社会组织如何改变，人类如何进步的根本原因，从而使得这门科学成为我们从事革命实践的思想武器"。⑤

陈翰笙认为，真正有意义的世界通史，其方法是马克思主义的，首先，应该从各地区或各国选择一个典型的原始社会、奴隶社会、封建社会、资本主义社会以及社会主义社会的历史，来说明世界历史演变的过程。从一个典型的社会来分析它的演变，其目的是总结历史发展的规律。历史发展的规律与阶级关系、组织体系和生产力发展的规律性紧密

① 陈翰笙：《对研究世界史的几点意见》，《世界历史》1978 年第 1 期。
② 陈翰笙：《对研究世界史的几点意见》，《世界历史》1978 年第 1 期。
③ 陈翰笙：《对研究世界史的几点意见》，《世界历史》1978 年第 1 期。
④ 陈翰笙：《资本主义国家的民主和自由》，《民主与自由》，中国青年出版社 1957 年版，第 128—140 页。
⑤ 陈翰笙：《对研究世界史的几点意见》，《世界历史》1978 年第 1 期。

相关。其次，在世界历史研究中应注意比较研究，比较的对象是各大洲或各国同类型的社会，这类不同社会的比较有助于证实历史发展的普遍规律性。

关于世界历史的研究方法，研究工作应当从大量可信的史料中去精心探索，我们必须在充分地占有第一手资料的基础上，对错综复杂的历史现象进行科学的分析和综合。陈翰笙认为，第一手资料大约可以有三类。第一是地下挖掘出的大量文物资料。第二是中外各国的已出版和尚未出版的各种档案。[①] 第三是当事人的可靠的记载，尤其是回忆录、日记、书信等。第二手材料是可靠的或较为可靠的历史著作。

二 《帝国主义与中国海关》和《华工出国史料汇编》

新中国成立后，先后成立的中国历史学会和中国经济学会合组了一个"中国近代经济史资料丛刊编辑委员会"。委员会有十一位成员，包括陈翰笙、范文澜、千家驹、狄超白、巫宝三、吴承明、严中平、陈振汉、孙毓棠、王毓瑚、丁名楠；以陈翰笙、范文澜、千家驹三人为主要负责人。编委会成立后所做的第一件主要工作，便是与对外贸易部海关总署研究室合作，编译了一套"帝国主义与中国海关"丛书，自 1957 年至 1965 年共出了十辑，书名如下：第四编，中国海关与中法战争；第五编，中国海关与缅藏问题；第六编，中国海关与中葡里斯本草约；第七编，中国海关与中日战争；第八编，中国海关与英德续借款；第九编，中国海关与义和团运动；第十编，中国海关与庚子赔款；第十二编，中国海关与邮政；第十三编，中国海关与辛亥革命；第十五编，一九三八年英日关于中国海关的非法协定。

至于第一至第三、第十一、第十四共五辑则有的因材料不齐，有的因其他原因，所以一直没有出版。这套丛书在 1961 年前由科学出版社出版；1962 年起，由于出版社业务分工的调整，改由中华书局出版。十年动乱期间，这一工作中断了。陈翰笙与千家驹都下放到五七干校"改造"，范文澜同志于 1969 年逝世。迨至党的十一届三中全会以后，

---

① 陈翰笙参与编辑的一部重要史料集《解放前的中国农村》，是一部关于农村经济问题、农民革命运动的史料汇编。时间跨度自 20 世纪 20 年代中国共产党建立前后至中华人民共和国成立，是研究中国近代经济史、农民运动史和新民主主义革命史的一部十分珍贵和重要的参考资料，也是研究中国共产党对农村问题的理论、方针、政策的重要文献资料之一。

拨乱反正、百废待举，学术界亦有欣欣向荣的景象。这部资料集得以再版。陈翰笙主持的另一部重要史料集是《华工出国史料汇编》。

契约华工出国始于 18 世纪，19 世纪初开始，出国华工人数逐渐增多，到 19 世纪 50 年代达到高潮，至 20 世纪 30 年代才告结束。粗略估计，前后 200 多年，出国华工人数达到 1000 万人次。华工出国同西方资本主义向东方侵略扩张属于同一历史过程。中国地权集中，人民到处流徙是这一过程的国内背景，而殖民主义者为开发南洋殖民地需要中国廉价劳动力是这一过程的主要因素。美洲殖民地在非洲奴隶贸易被禁止后，以契约华工为替代劳动力。华工出国的几种情况包括：猪仔贩运、苦力贸易、赊单苦力、名义上合法化实则强迫的招工。

华工出国在国内外所受到的待遇极为残酷，美国修建横贯大陆的中太平洋铁路招募大批华工，但是铁路竣工，美方即解雇华工，并在全国范围内排斥华工，制定法案限制华人移民。这种行径在澳大利亚、加拿大等地引起连锁反应。清朝统治者对华工缺少有力监管措施，对华工被虐杀漠不关心。

东南亚各殖民地借助于廉价华工，得到迅速繁荣发展，新加坡和马来亚是明显例证。"资本主义的繁荣发展离不开对殖民地的掠夺和对落后国家人民的奴役，即离不开对廉价劳动力的残酷剥削。今天资本主义世界的物质文明和财富都是被奴役人民的血汗和生命换来的。其中也凝聚着无数华工的血汗和生命。"[①] 华工出国在 20 世纪 30 年代基本结束，其原因一是资本主义世界经济危机的袭击使各地失业后备军不断扩大；二是工业的发展和科学技术的进步。

20 世纪早期，中国已有华侨史撰述，李长傅在《南洋华侨史》[②] 中提出，华侨史具有两重意义：其一，华侨史是中国史和世界史重要的一部分，研究中国民族发展史、中外国际关系史、世界殖民史，必须明了华侨史；其二，华侨在国际问题上占有重要位置，如若研究南洋问题、华侨问题及华侨的源流和背景，应进行彻底认识。南洋华侨史的研究有两个问题，一是史料的来源，二是史料的考订。南洋华侨史研究的史料

---

① 陈翰笙：《"猪仔"出洋——700 万华工是怎样被拐骗出国的》，《百科知识》1979 年第 5 期，中国社会科学院科研局编《陈翰笙集》，中国社会科学出版社 2002 年版，第 440—449 页。

② 李长傅：《南洋华侨史》，暨南大学南洋文化事业部 1929 年版。

来自中国和外国文字，20 世纪二三十年代，并无专门史料。该书考订的中西史料中，将华侨史及华工史并立。"华侨移居于南洋之时期，始于秦汉而迄于现在，可分为四时期。第一期在十四世纪即元以前，我国初通南洋为华侨移植之初期。第二期在十五世纪即明之初叶，中国征服诸岛，华侨移植渐盛，并占有优越地位。第三期自十六世纪至十九世纪之中叶，即明之初叶，至清之末叶，欧人势力东侵，华侨与欧人时发生冲突，惟因地力正待开辟，需要劳力，故人数反激增。第四期自十九世纪之末至现在，即最近五十年间，华侨完全在欧洲势力压迫之下，实华侨之生死关头也。"①

关于华工史，"十九世纪以来，清廷弛海禁，许华人自由出洋谋生。时南洋群岛，正待开辟，需要劳工，华侨前往者甚多，有自由移植者，有契约移植者。此种契约劳工，含有贩卖之性质，即所谓猪仔是也"。"其待遇之苛，比之美种之黑奴，有过之无不及也。"② 李长傅在书中介绍猪仔贩卖的大致过程。

另外一部温雄飞著的《南洋华侨通史》，将华工史隶属于华侨史，考察东西交通与华人出国。对于史料仍十分重视，"全史价值，基于史料之真伪。故审定史料，为入手第一步之最重要工作，且侨史之时间，虽只一千年，而其空间，则跨越数个政治区域。有言语宗教之不同，是以史料不专限于中国方面"。③ "依史料之性质，有原始史料与副助史料之分。原始史料者，即秉笔者对于史料本身，有直接或间接关系之著述。或该史料本身有遗迹之存留，如碑碣建筑物货币等均属之。简称曰原料。副助史料者，对于原始史料，时代或地点相距较远，又无直接或间接之关系。仅据已经传播之史料，加以剪裁删削，又其著述之目的，不在此事，仅引单言片语，断章取义，以为佐证者，简称为副料。"④ 查照史料，认为在南洋群岛，其社会中原存在奴隶制，而非"猪仔"贩卖为开端。认为"猪仔"在南洋的地位，因时代不同而异，分为两个时期，以 19 世纪为界限，前期为奴隶，后期为债奴。前期的数量较少，而待遇比后期来者要好，后期来者数量多但待遇残酷。所引史料，

---

① 李长傅：《南洋华侨史》，暨南大学南洋文化事业部 1929 年版，第 3 页。
② 李长傅：《南洋华侨史》，暨南大学南洋文化事业部 1929 年版，第 38—39 页。
③ 温雄飞：《南洋华侨通史》，东方印书馆 1929 年版，第 1 页。
④ 温雄飞：《南洋华侨通史》，东方印书馆 1929 年版，第 2 页。

包括中国史书及英国印度等地报刊或史著。

1943 年姚枬著《马来亚华侨史纲要》，提出华工大部分与会党和"猪仔"两个问题相关，"猪仔"受到残酷的待遇，但是为马来西亚的繁荣做出巨大贡献。[①] "猪仔"贩卖与会党有密切关系，从事贩运者，大多为党徒。殖民地的开辟所需劳动力，先掠夺自非洲，迨至 19 世纪初叶，黑奴废止，华工出国带有奴隶贩卖之性质。[②] 该书著者对"猪仔"的叙述较为简略，1946 年姚枬著《中南半岛华侨史纲要》，竟略去"猪仔"贩运一节，以国别即越南、缅甸、暹罗为纲目，简明介绍各国华侨人数等问题。

陈翰笙是中国华工史领域的开拓者。他研究华工问题缘起于 1932 年，在广州遇见美国驻沙面领事，对方恰是他在波莫纳的校友。陈翰笙经其介绍到美国领事馆翻阅出国华工档案，看到美国和其他国家商船把中国苦力从香港一批批运到海外的情况记述，萌生了进行中国华工史研究的想法。20 世纪 30 年代，他为《太平洋事务》所作的书评中，对这一问题就有讨论，他认为华工出国，对亚洲的欧洲殖民地及美国西部资本主义的发展，起到了重要的促进作用，而在人们回顾这段历史时，这种作用被忽视了。

1937 年，陈翰笙与拉铁摩尔和卡尔·派尔泽合作，完成探讨移民问题的著作《定居地的限制》，他在其中撰写了美国的中国移民问题，涉及海外华工。[③] 但是直至 20 世纪 70 年代，他最初的想法才付诸实践。他同卢文迪、陈泽宪、彭家礼共同编辑了《华工出国史料汇编》[④]，共十辑，365 万字。其中包括中国和外国的官方文书、根据调查所得而撰

①　姚枬：《马来亚华侨史纲要》，商务印书馆 1943 年版，第 15 页。

②　姚枬：《马来亚华侨史纲要》，商务印书馆 1943 年版，第 19 页。

③　I. Bowman, Owen Lattimore, Chen Han-Seng, K. Pelzer, *Limits of Land Settlement*, New York: Council on Foreign Relations, 1937.

④　《华工出国史料汇编》共分十辑，计 300 多万字。第一辑为《中国官文书选辑》，主要由中国第一历史档案馆的同志从《钦定总理各国事务衙门清档》等资料中辑录出来的有关华工出国问题的官方文献，这是研究华工史最有权威性的史料；第二辑为《英国议会文件选译》，第三辑为《美国议会文件选译》，是从英美官方文件"蓝皮书"和"白皮书"中辑录出来的。这三辑互相印证，为我们全面了解和研究中外反对势力贩卖我国人口的罪行提供了可靠的资料。第四辑为《关于华工出国的中外私人综合性著作和资料》，辑录了一些中外人士日记等中有关华工、华侨的内容，从中可以看到华工的苦难以及他们对侨居地的贡献。第五辑至第十辑则分别辑录了东南亚、拉丁美洲、美国和加拿大、大洋洲、非洲和欧洲的华工史料。陈翰笙：《四个时代的我·陈翰笙回忆录》，中国文史出版社 2012 年版，第 144—145 页。

写的报告和资料及相关的中外专著。陈翰笙将华工史视为中国史乃至世界史上的一个重要问题。在中国史意义上，西方侵略者在中国大肆掳掠华工，正是旧中国沦为半殖民地的明显标志。清政府在华工问题上的无所作为甚至推波助澜，是旧制度腐朽崩溃的表现。在世界史意义上，华工出国史与黑奴贩运史同样重要，都深刻地揭示出资本主义形成后在世界范围内残酷的资本积累过程。西方资本主义国家所享有的极为丰富的物质财富是建立在这种残酷剥削上的。

他将华工史同华侨史分离开来，指出二者之间存在重要的区别，使华工史成为一个独立的研究领域。他所主持的史料汇编为中国的华工史研究提供了宝贵资源。在 20 世纪初期，梁启超等人曾关注华工问题，并有一些文章讨论这一问题，但是并未成为历史学界所关注的一个重要领域。在很长时期内，华工史和华侨史是一体的。华工问题的双重重要意义没有被研究者广泛注意。20 世纪 70 年代，厦门大学、暨南大学、北京大学、中国社会科学院等研究华侨史的研究所和科研机构纷纷成立，使得华工史研究进入更多历史研究者的视野，而逐渐成为历史研究中一个重要的领域。

陈翰笙对华工史的研究与他一贯的学术关注相关，仍然处于研究帝国主义与殖民地间的关系的范畴之内。他建立起华工研究的逻辑框架，为华工问题研究在世界历史研究中确定了位置。殖民主义者在中国大肆掳掠劳工，是中国沦为半殖民地的明显标志。

"猪仔"名称的由来：英文苦力（Coolie）一词源于印度泰米尔语，指从事重体力劳动的人，这名词在汉语里读音和意义相通，故译成"苦力"。但英文档案中所称的苦力，是专指被拐贩到西欧和美国从事奴隶劳动的华工。这种人在我国文献中就叫作"猪仔"。我国明末清初，福建沿海商人曾和农民、手工业者订立"公凭"，自造航船，到婆罗洲垦殖开矿。这类人并不是猪仔，而是到海外去的移民。①

陈翰笙指出，掠夺华工出国从 16 世纪开始，苦力被贩卖到南洋、大洋洲、美国、非洲各地及俄罗斯。贩卖过程极为残酷，秘鲁、古巴等洋人来中国招工，与猪仔头订立合同，指定每只船装多少名，限期开船，要求如数收足。猪仔头以拐、骗、掳掠等方法施于乡民，从中牟

---

① 《"猪仔"出洋——700 万华工是怎样被拐骗出国的》，《百科知识》1979 年第 5 期。

利。华工是美种西印度洋各地种植园的主要劳力。陈翰笙估算，18 世纪至 20 世纪中期，华工出国的数量不少于 600 万—700 万人。华工的遭遇与奴隶无异。在西方资本主义发展的早期，很多殖民地上长期遭受残酷剥削的劳动力第一代是白奴，第二代是黑奴，第三代是黄奴，也就是中国的苦力。

陈翰笙提出研究华工史的学术意义，在剥削阶级统治下编写的历史，从来都是为剥削阶级的利益服务的，歌颂帝王将相的历史，它丝毫也不反映劳动人民在形形色色剥削制度下，创造世界、改造世界的活动。如果要编写一部中国工人阶级的历史，不能不首先提到华工；而要编写一部华工出国史，必须从收集和整理华工出国史料入手。编辑这部史料，主要是为对要了解或研究这个问题的研究者提供参考。

第四章　广泛开展中国农村社会调查

20 世纪上半叶，以社会调查方法认识中国社会现实成为一种普遍的方法。仅农村调查，就可以列举出日本"满铁"的中国农村调查、南京金陵大学卜凯主持的农村调查、晏阳初主持的平民教育运动的农村调查活动、北平社会调查所的调查研究活动等。这一时期对于中国农村经济问题的研究团体和刊物也为数众多。陈翰笙及"中国农村派"成员以《中国农村》杂志为理论阵地，积极利用其调查成果发表观点。[①]他们开展中国农村社会调查，与其他学术团体的农村调查有显著区别，将马克思主义方法和西方社会科学研究方法相互融合，论证中国的半殖民地半封建社会性质。

第一节　20 世纪上半叶关于中国现实问题的论战

20 世纪二三十年代，是第一次世界大战之后国际形势发生巨大变化与各种力量调整的时期，美国经济从战后的一段繁荣时期走向危机和大萧条，欧洲的德、意、西班牙等出现了法西斯势力抬头趋势。中国在北洋军阀统治和军阀割据状态中，各种社会思潮涌起，军阀割据主张，孙中山革命思想，秋收起义后中共的主张，西方思想的影响，中国社会各个阶层的人们从生活的不同状态产生不同认识，各种社会思想会聚。在

---

① 日本学者玉木英夫在著作中介绍中国农村社会性质论战，提及论战双方"中国经济派"和"中国农村派"。"在中国，自前年（1934 年）年底以来，关于中国农村社会经济的现阶段及其研究对象的问题，曾发生了烈火般的论争。在阵营的一方面，有中国经济派——以南京发行的中国经济杂志上的王宜昌先生作中心的，另一方面则有'中国农村派'——以上海发行的中国农村月刊的陶直夫先生为中心的中国农村经济研究会诸位"。见［日］玉木英夫《中国农村社会论战批判·绪言》，刘怀溥、徐德乾译，不二书店 1936 年版。

知识分子中间出现了社会调查热潮，社会调查方法也多种多样。20 世纪
30 年代兴起的中国社会性质论战、中国社会史论战、中国农村社会性质
论战，在理论上是相互关联、密不可分的。论战的兴起充分说明在当时
的社会形势下，学术研究与政治发展紧密相关。以马克思主义解释中国
社会性质不是单纯的学术问题，它关系着对于中国革命的性质、任务、
动力及前途的认识。对于当时的中国而言，这是最重要的时代之问。

一　中国知识界大论战的理论背景

1927—1937 年，从大革命失败到抗日战争全面爆发，中国的前途
问题成为中国知识界最关注的问题，中国社会性质与中国革命的性质引
起激烈争论。1928 年 7 月，中国共产党第六次全国代表大会决议中提
出，中国社会是半殖民地半封建社会，中国革命的性质是反帝反封建的
资产阶级民主革命。中国革命的基础及中心任务是：（1）驱逐帝国主
义者，达到中国底真正统一。（2）彻底的平民式的推翻地主阶级私有
土地制度，实行土地革命。中国底农民（小私有者）要将土地制度之
中的一切半封建束缚完全摧毁。（3）因此中国革命现在资产阶级性民
主阶段上的第三个任务，已经就是力争建立工农兵代表会议（苏维埃）
的政权，这是引进广大的劳动群众参加管理国事的最好的方式，也就是
实行工农民主专政的最好的方式。[1] 这一决议在苏联和中国都引起争
论。托洛茨基派、陈独秀取消派、改组派和国民党右派，都对中国社会
和中国革命的性质提出不同看法。

1927 年"四一二"反革命政变后，共产国际内部就中国革命问题
的讨论就已显现出理论分歧，就如何以马克思主义理论解释中国革命问
题的争论影响现实的革命策略。此前和此后的争论，都将俄国革命和中
国革命进行比较，以此判定中国革命的性质、前途及发展动力等重要问
题。共产国际提出建立苏维埃的口号，是同斯大林的名字直接联系着
的，他在同托洛茨基就这个问题进行激烈争论后于 1927 年秋亲自批准
了这一方针，而托洛茨基早在这年春天就要求在中国组织苏维埃。[2]

①　高军编：《中国社会性质问题论战（资料选辑）》，人民出版社 1983 年版，第 2—3 页。
②　中共中央党史研究室第一研究部编：《共产国际、联共（布）与中国革命文献资料选
辑（1927—1931）》，中央文献出版社 2002 年版，第 3 页。

在共产国际内部，关于中国革命问题的争论十分激烈。季诺维也夫在 1927 年 4 月 14 日提出：立即宣布和实现中国共产党在政治上和组织上完全地和绝对地对国民党的独立性，也就是说，中国共产党在政治上和组织上完全独立。① 并且提出只有建立苏维埃才能保证和准备中国走上非资本主义的发展道路。

1927 年 4 月 19 日，布哈林将俄国革命和中国革命进行比较，批判拉狄克认为中国革命是资产阶级革命的观点。他总结出中国革命的几个特点，包括：第一，中国革命是一次民族解放革命；第二，它是一次发生在半殖民地国家的民族解放革命；第三，它是一次反帝革命；第四，它在发展的现阶段暂时还只是一场资产阶级革命；第五，中国革命有一种经过若干不同阶段和时期转化为社会主义革命的趋向。促成这场转化的前提包括：同中国工人阶级的力量相比，中国的资产阶级力量较弱；中国不仅受资本主义的包围，而且也受社会主义的包围，还受着殖民地的包围。这些复杂的特征决定着中国共产党和共产国际面临的策略问题也必然具有复杂性和特殊性。② 但是，在提到中国革命策略时，他仍然强调不必退出国民党，"需要为控制国民党而斗争，需要使出全部的力量确保国民党内部的重心向左转移"③。

布哈林引用国民党政府农商部的调查数据说明中国是一个小土地占有制国家，但强调中国不是"典型"封建主义的国家中土地关系的简单重复，也不是由"典型"封建主义转化为"典型"资本主义或近乎"典型"资本主义制度的国家中土地关系的简单再现。④ 地主所有制在中国不起决定性作用，但是土地问题和农民问题又是中国革命中极为尖锐的问题。

斯大林在 1927 年 4 月 21 日指出中国革命发展的两条道路，或者是民族资产阶级击败无产阶级，或者是无产阶级把民族资产阶级挤到一

---

① 中共中央党史研究室第一研究部编：《共产国际、联共（布）与中国革命文献资料选辑（1926—1927）》下，北京图书馆出版社 1998 年版，第 22 页。

② 中共中央党史研究室第一研究部编：《共产国际、联共（布）与中国革命文献资料选辑（1926—1927）》下，北京图书馆出版社 1998 年版，第 37—39 页。

③ 中共中央党史研究室第一研究部编：《共产国际、联共（布）与中国革命文献资料选辑（1926—1927）》下，北京图书馆出版社 1998 年版，第 71 页。

④ 中共中央党史研究室第一研究部编：《共产国际、联共（布）与中国革命文献资料选辑（1926—1927）》下，北京图书馆出版社 1998 年版，第 43 页。

边。他在此时仍然强调左派和共产党人在国民党内密切合作的政策具有重要性。

托洛茨基在 1927 年 5 月 7 日撰文批评斯大林对于中国革命的观点，主张武装工农并建立苏维埃。

对中国革命的政策制定同苏联内部的政治斗争相互联系，苏联在 20 世纪 20 年代末 30 年代初逐渐形成对斯大林的个人崇拜。在共产国际内部，托洛茨基和斯大林的分歧表现在中国是资本主义社会还是封建社会。托洛茨基认为中国的权力掌握在资产阶级手中，斯大林认为中国处于半殖民地地位并且遭受封建残余的压迫。1927 年下半年发生了对托洛茨基和季诺维也夫领导的"左"倾反对派代表人物的"清洗"，1928—1929 年在反右倾和右倾调和分子的口号下清洗布哈林及其拥护者。

随着斯大林个人崇拜的发展，在共产国际活动中教条主义也加强了。布哈林及其拥护者被解除共产国际的工作后，在共产国际执委会及其所属的科研教学机构内，在东方学界，在论述中国和中国革命当前迫切问题（关于中国的社会经济制度、关于孙文主义的阶级本质、关于陈独秀主义的本质）的中国学杂志上，即使过去也仅限于发表官方的评价，而在 30 年代初则代之以严厉的批判运动，随之而来的是贴标签、政治谴责和迫害。[①]

20 年代末至 30 年代初的第一次镇压浪潮，主要触及联共（布）和共产国际机关以内以及东方劳动者共产主义大学和中国劳动者共产主义大学教师和学生中的托洛茨基反对派的积极拥护者，以及在工农红军学院里任教的军事专家中的一些东方学者和中国学者。30 年代中期，基洛夫遇刺后，在共产国际机构内开始进行逮捕。被逮捕的有东方书记处的负责人萨发罗夫（沙发诺夫）、曼达良，还有东方书记处领导下进行活动的中国研究所的一些工作人员。这次逮捕是 1937—1938 年大镇压浪潮的序幕，在其后的大镇压浪潮中，被逮捕和处决的有在共产国际机构、中国研究所、共产国际执委会院校、外交人民委员部和军事机关、苏联科学院和高等院校中工作的大部分中

---

① 中共中央党史研究室第一研究部编：《共产国际、联共（布）与中国革命文献资料选辑（1927—1931）》，中央文献出版社 2002 年版，第 5 页。

国问题专家。

为研究如何制定对中共的政策，共产国际执委会及其专门委员会同中共驻共产国际代表团、中国研究所一起制定了共产党政策的基本方针，及农村土地政策、工会政策和军事政策，以及城乡群众性组织工作和宣传鼓动工作的基本方针。[①] 也试图将一些较发达国家的经验和工作方式，首先是俄国革命的经验运用到中国的形势和中共的工作中来。与此同时，在总结和审查 20 年代末以来中共政策中的许多具体问题和方针时，也表现出一种更加深刻地理解中国现状和中共活动条件的一些方面的倾向。在这方面具有重要意义的是开展对中国的研究，培养一大批在以往年代里有国内工作经验的专家。在共产国际执委会东方书记处活动中的这种倾向反映在对涉及农村土地政策、军事政策和军事建设途径的方针的修改上和对武装力量作用本身的理解上。这方面最重大的修改是对 20 年代末 30 年代初的政策作出的修改，特别是在共产国际七大后作出的修改。[②]

中国共产党对土地问题的认识有一个渐进的过程，1922 年 7 月中国共产党第二次全国代表大会宣言，对农民进行分类：第一，富足的农民地主；第二，独立耕种的小农；第三，佃户和农业雇工。各种事实证明，加给中国人民（无论是资产阶级、工人或农人）最大的痛苦的是资本帝国主义和军阀官僚的封建势力，因此反对那两种势力的民主主义的革命运动是极有意义的。1925 年 10 月，中共中央在北京的执行委员会扩大会议，第一次提出要解决农民的土地问题。1926 年 5 月，中国共产党召开广东省第二次农民代表大会，指出半殖民地的中国国民革命便是一个农民革命。1927 年八七会议，明确提出土地革命是中国资产阶级民主革命的中心问题。1928 年中共六大，提出中国是半殖民地半封建社会，中国革命现阶段的性质是资产阶级民主革命。1930 年形成并试图实现的李立三的极左主张和行动计划，李立三从 1929 年年底至1930 年 9 月的时期里实际上领导了中共中央政治局。推行的政策，是通过中国一些大城市的暴动和罢工，借助于红军力量的冲击，引起世界

① 中共中央党史研究室第一研究部编：《共产国际、联共（布）与中国革命文献资料选辑（1927—1931）》，中央文献出版社 2002 年版，第 6 页。

② 中共中央党史研究室第一研究部编：《共产国际、联共（布）与中国革命文献资料选辑（1927—1931）》，中央文献出版社 2002 年版，第 6 页。

大战的"爆发",从而保证中国革命的胜利。共产国际阻止了这一方针的实施,因为这一方针引起了中国领导层中的尖锐危机并给它的力量带来了重大损失,特别是在大城市里。①

共产国际执委会及其驻华代表于 1932 年初在"上海保卫战"期间批准的策略,即上海各阶层居民和保卫上海的部队进行广泛的爱国主义鼓动,以武装抗击日本军阀占领上海的图谋的策略,使中共的组织遭到了进一步的削弱和党在城市积极性的衰退。这一情况以及中共在城市里的工作屡遭失败、工作人员屡遭逮捕,促使中共做出决定,于 1933 年初将中共领导机关从上海搬到苏区,这实际上是默认固守城市的尝试失败。②

在中共六大以及随后 20 年代末 30 年代初共产国际的文献中制定的关于农民土地问题、军事问题的决议,使得中国共产党有可能不断加以利用,转入各种形式的反政府武装斗争和各种类型的中国农村反抗运动以及分化瓦解军阀队伍的轨道。③

从 1927 年秋到 1937 年夏,莫斯科的对华政策经历了这样一个过程:从计划夺取政权和首先在一些地区包括一些大城市(类似广州革命根据地那样)建立苏维埃到得出结论,在"牢牢控制并进一步扩大根据地的基础上建设和加强红军"作为压倒其他一切工作的主要任务。在当时的条件下,这意味着把中共全部活动的重心转移到农村中来。④

二　中国农村社会性质论战的基本过程

中国农村社会性质论战是在苏联和中国学界的论争的宏观背景下展开的,其论点与苏联学者的观点有千丝万缕的联系。

(一)苏联学界的论争

关于中国社会性质和亚细亚生产方法问题,最初在苏联学者间进行

① 中共中央党史研究室第一研究部编:《共产国际、联共(布)与中国革命文献资料选辑(1927—1931)》,中央文献出版社 2002 年版,第 12 页。
② 中共中央党史研究室第一研究部编:《共产国际、联共(布)与中国革命文献资料选辑(1927—1931)》,中央文献出版社 2002 年版,第 18 页。
③ 中共中央党史研究室第一研究部编:《共产国际、联共(布)与中国革命文献资料选辑(1927—1931)》,中央文献出版社 2002 年版,第 19 页。
④ 中共中央党史研究室第一研究部编:《共产国际、联共(布)与中国革命文献资料选辑(1927—1931)》,中央文献出版社 2002 年版,第 20 页。

激烈的争辩。虽然都在马克思主义框架下，但是存在理论分歧，其关键点即是马克思主义的社会形态论对东方社会历史发展如何适用。东方社会是否因其特殊性而存在不同于欧洲的社会形态，这种社会形态是否独立于封建社会之外。

普列汉诺夫提出："古代社会代替了氏族社会组织；同样，东方社会制度产生以前的社会组织也是氏族社会组织。这两种经济制度的类型，每一种都是生产力在氏族组织内部增长的结果，生产力的这种增长最后必然要使氏族组织解体。如果这两种类型彼此有着很大的区别，那么它们的主要特征是在地理环境的影响之下形成的。"①

瓦尔加在《中国革命的展望》（1925 年）和《中国革命的根本问题》（1928 年）中提出，外国资本未侵入之前，中国社会是在亚细亚生产方式的支配下，以同一技术水准，而反复生产着。

拉狄克在《中国革命运动史》中提出，中国是商业资本主义社会，该书分析中国问题，凭借的数据来自分布于东北、山东、山西等地的传教士。他认为中国已经实行土地私有、农村已经出现分化、存在大量的雇佣劳动，所以中国是处于商业资本主义社会，欧洲资本主义入侵时，所遇到的即是此社会。

1928 年，马季亚尔在《中国农村经济研究》的序论部分"亚细亚生产方法与帝国主义"中，提出"帝国主义在中国是推翻了何等社会或破坏了何种生产方法？"这一问题，其答案是"毫无疑义的，根据马克思的见解，侵入中国之殖民地政策适足以破坏亚洲式的生产之经济的基础"。在中国"亚洲式的生产方法之'残余'是几乎还遍布了全国"。② 马季亚尔将亚细亚生产方式视为"中国特殊社会制度之理论的分析基础"。马季亚尔同时提出各东方专制政体之一般特点：第一，社会事业是中央政府之职务；第二，全国除大城市的休间地不计外，都分成乡村公社，这个公社有完全自给自足的组织，而形成了自

---

① ［俄］普列汉诺夫：《卡尔主义的根本问题》，人民出版社 1958 年版，第 40 页。转引自林甘泉、田人隆、李祖德《中国古代史分期讨论五十年（一九二九——一九七九年）》，上海人民出版社 1982 年版，第 22 页。

② ［苏］马扎亚尔：《中国农村经济研究》，陈代青、彭桂秋译，神州国光出版社 1934 年版，第 2 页。

己之小世界。①

　　莫斯科中国问题研究所并不同意马季亚尔的观点，并在《中国农村经济研究》之前言中明确表达其不赞同马季亚尔关于中国的特殊性的论述。提出"中国地主之历史的来源，是与西欧迥异，我们这点也是无疑议地如此主张的，但是中国农民被剥削，不是大地主，而是由官僚来源之中小地主；正因为他多少还没有改变其本身剥削方法及其农民剩余生产物之交付形式，他就还多少没有失去其为封建的性质，这是事实"。②"分析中国现代的社会的经济的性质，说他由亚洲生产方法转变到资本主义的过渡制度，都是和实际不相符合。"③ 其反对的出发点是承认马克思主义对于解释人类历史发展的适用性，承认人类历史发展进程的规律性。当然，中国社会自身的历史发展存在特殊性未被否认，但是这种特殊性仍然可以在封建社会的框架下认识，而不能被归入一种特殊的亚细亚生产方式。并且，并不存在任何一种不具有特殊性的封建社会形式。

　　基于以上的理论前提，1929 年，杜博洛夫斯基发表《"亚细亚"生产方式，封建制度，农奴制度及商业资本之本质问题》，批判马季亚尔的观点，认为其不应当把亚细亚生产方式当作一种独特的社会经济形态。1930 年，马季亚尔发表《社会结构与农业问题》，提出亚细亚生产方式的定义。同年康民学院开研讨会讨论亚细亚生产方式问题，马季亚尔在会议讨论中放弃了"亚细亚的"是帝国主义遇见的制度，但是他认为在社会史上，亚细亚社会是存在过的。

　　1931 年 2 月，康民学院列宁格勒支部东洋学会开会讨论亚细亚生产方式问题，马季亚尔未出席会议。与会者就亚细亚生产方式问题分为两派：第一派是支持亚细亚生产方式者，以戈根为代表；第二派为反对亚细亚生产方式者，以哥德斯为代表，哥德斯的论点是苏联学者反对马季亚尔观点的集大成。他的观点包括两部分内容，第一，指明亚细亚生

---

　　① ［苏］马扎亚尔：《中国农村经济研究》，陈代青、彭桂秋译，神州国光出版社 1934 年版，第 37 页。

　　② ［苏］马扎亚尔：《中国农村经济研究》，陈代青、彭桂秋译，神州国光出版社 1934 年版，第 7 页。

　　③ ［苏］马扎亚尔：《中国农村经济研究》，陈代青、彭桂秋译，神州国光出版社 1934 年版，第 9 页。

产方式的争论与中国革命是有关联的；第二，明确提出历史的方法论来反驳马季亚尔。指出亚细亚生产方式就是封建主义而不是其他。此次争论后，马季亚尔在《中国农村经济研究》修订版中放弃原有观点。哥德斯的见解在苏联史学界占据主导地位。1933 年，苏联东方史家司特鲁威发表《古代东方奴隶社会的产生、发展和瓦解问题》，指出古代东方是奴隶社会。1934 年，科瓦列夫在《关于奴隶社会的几个问题》中指出亚细亚生产方式是奴隶社会变种论。

（二）中国学界的论争

苏联学者的争论对中国学术界产生重大的影响。日本学界关于亚细亚社会问题的论争对中国也产生一定影响，如相川春喜和平野义太郎提出亚细亚社会是先于奴隶制的阶级社会。郭沫若先于 1929 年提出亚细亚社会为原始共产社会，后于 1936 年提出亚细亚社会是家长制或氏族财产，是奴隶制以前阶级的命名。

1. 论战的走向

中国社会性质论战、中国社会史论战和中国农村社会性质论战，是中国 20 世纪上半叶相互关联的三场学术论战。论战从一个侧面反映了当时中国思想界和学术界的政治分野。

中国社会史论战是由中国革命性质和社会性质的论战引起的，它说明历史和现实、史学和政治之间有着十分密切的联系。在论战中，参加者有些共同的前提。在理论方面，马克思主义成为社会分析工具。在对中国现实的论述方面，都承认中国和世界市场间的关系，承认帝国主义对中国的经济掠夺，承认农村中存在集地主、高利贷者、官僚于一体的阶级。但是在此基础上，所得出的结论却是截然不同的。

1928—1932 年，中国的学者就中国革命的现实问题与中国社会的性质问题展开争论。包括国民党左派、共产主义者和托派。

1932 年，从中国社会性质论战转向中国社会史论战，中国社会史论战主要讨论三个问题：第一，亚细亚生产方式；第二，中国历史上有没有奴隶制社会阶段；第三，"商业资本主义社会""前资本主义社会""专制主义社会"。

1935 年，"中国经济派"和"中国农村派"又展开中国农村社会性质论战。

1927 年以前，中国的马克思主义者对中国社会的分析以列宁的论述为出发点。"帝国主义阶段历史发展的动力与尚未进入帝国主义的时期是截然不同的。因为中国的资本主义是作为帝国主义的附属物而出现的，中国从其发展中获益甚少，反倒是加深了帝国主义对中国的渗透。若要将中国生产力成熟壮大的希望寄托于资本主义的发展无异于是自杀，因为与资本主义的发展相伴而生的，必然是帝国主义对中国经济命脉的控制。"① 德里克对马克思主义在中国的传播进行了时段的划分，马克思主义理论介入中国社会思想可以大致分为三个阶段：第一个阶段从 1899 年至 20 世纪最初 10 年，中国人对马克思主义的兴趣是非常有限的；第二个阶段从 1918 年到 20 年代中期，对于马克思主义的兴趣平稳上升；第三阶段始于 20 年代中期的革命运动，它使得马克思主义思想在众多中国知识分子中广泛传播。② 德里克区分了政治性的革命和社会性的革命，指出 1925—1927 年正是由前一种转向后一种的时期，并认为共产党人对阶级斗争的重视是国共两党分歧的关键。

德里克认为，就 20 世纪初中国社会现状或社会性质的论战，参加的几方未能找到具有说服力的证据，因此，论战转向了历史学领域，即在中国历史发展中寻找证据，以马克思主义解释中国的历史进程。在中国社会史论战中，就左翼史学工作者来说，本身存在许多不足之处。例如，对马克思主义的经典著作缺乏认真系统的钻研，有些人只是从外国一些解释唯物史观的教程或小册子中接受了这方面的知识；不少人对中国的具体历史实际并没有做深入的研究，论战往往是从概念到概念；在强调马克思主义关于社会经济形态的理论适用于中国的同时，忽视了中国历史发展的特点，因而不免于公式化和简单化，等等。③

除社会史论战外，论战的另一个方向，即向中国的社会现实寻找证据，分析中国社会的性质，若以学科分类，则更偏于社会学领域，陈翰笙领导的"中国农村派"，即是向现实寻找证据的研究者。他们并未割裂现实同历史间的关系，而是将二者相互融合。如果说 1927 年前中国

---

① ［美］阿里夫·德里克：《革命与历史——中国马克思主义历史学的起源，1919—1937》，翁贺凯译，江苏人民出版社 2010 年版，第 49 页。

② ［美］阿里夫·德里克：《革命与历史——中国马克思主义历史学的起源，1919—1937》，翁贺凯译，江苏人民出版社 2010 年版，第 18 页。

③ 林甘泉、田人隆、李祖德：《中国古代史分期讨论五十年（一九二九——一九七九年）》，上海人民出版社 1982 年版，第 9 页。

的马克思主义者对中国社会的分析还带有以概念和推理解决问题的倾向，那么陈翰笙领导的中国农村调查即其相关著作的出版，则走向以马克思主义为指导的实证分析。

2. 不同派别关于中国社会性质的观点

第一，托派认为中国社会已经是资本主义社会。在中国社会性质论战中，托洛茨基派，陈独秀取消派，认为在中国资产阶级在政治上获得优越地位，中国社会性质和革命性质已改变了，无产阶级只能在国民党政府统治下，进行合法议会斗争，将来再进行社会主义革命。1929年12月15日，陈独秀在《我们的政治意见书》中提出："在经济上，中国封建制度之崩坏，土地权归了自由地主与自由农民，政权归了国家，比欧洲任何国家都早。自国际资本主义打破了中国的万里长城，银行工厂铁路电线轮船电灯电话等所有资本主义社会的形式，都应有尽有，已经形成了官僚买办的资本主义，到了欧战前后，更进入了民族的大工业资本时代，商品的生产与消费及货币经济，连穷乡僻壤都达到了，自然经济已扫荡殆尽。"①

托派的另外一位代表严灵峰在其《"中国是资本主义的经济，还是封建制度的经济?"》（《动力》1930年7月15日）中，认为"自从世界历史发展到新阶段——帝国主义时代，恰恰相反，不但不保持封建势力而且更加速殖民地资本主义生产方法的发展"。帝国主义侵入中国，"中国社会经济资本主义化的过程，还是有蒸蒸日上之势。资产阶级在社会上政治作用之扩大等等都是反映中国社会内部资本主义成分的增高"②。他以列宁的帝国主义理论为依据，认为中国被纳入资本主义市场，即已发生社会性质的变化。在农村中的实物地租也被认为具有资本主义性质，"于是自然品的地租便可在交换经济发展的社会中立足。因为象中国这种自然品地租与自给的封建领主经济下的自然品地租在形式上即数量上虽然没有什么分别；但在质量上业已截然不同；因为此种自然品地租仅是表现地域的分区——即农村与城市之间的自然分工；并不阻碍资本主义经济的发展。反而，促进发展过程"③。因为，自然品佃

---

① 高军编：《中国社会性质问题论战（资料选辑）》，人民出版社1983年版，第90页。
② 高军编：《中国社会性质问题论战（资料选辑）》，人民出版社1983年版，第350页。
③ 高军编：《中国社会性质问题论战（资料选辑）》，人民出版社1983年版，第352页。

租"是以满足市场的需要，准备交换为出发点"。"商业资本和高利贷资本不是属于封建制度的本身而是与封建制度相对立的。"① "中国农村的商业资本，不能不与城市的买办发生关系，城市买办，不能不与世界帝国主义的财政资本家发生关系，即不能不依赖于近世资本主义的生产方法。"②

任曙在其《中国经济研究绪论》（中国问题研究会 1931 年 1 月 15日出版）中，认为中国经济的中心问题是帝国主义问题，对外贸易问题是中国经济问题的中心问题，对外贸易是中国整个经济变动的动力。他的结论是："我们由进出口对外贸易的发展，以及进口商品是否深入并支配了全国穷乡僻壤的经济生活，便可断定中国整个经济已发展到了如何的阶段；即封建的自然经济崩溃；资本主义的商品经济占了优势。"③

第二，"新生命派"认为中国已经发展为商业资本主义社会。"新生命派"以陶希圣、梅思平为代表，陶希圣提出中国只有"士大夫阶级的残余"而没有地主阶级，只有"封建势力"而没有封建制度。陶希圣著《中国社会到底是什么社会?》（1928 年 10 月《新生命》），承认"世界上从来没有纯粹的社会型出现于历史"④。认为中国社会"宗法制度已不存在，宗法势力还存在着"，"封建制度已不存在，封建势力还存在着"，并认为"战国时代，中国已进入商业资本主义"。⑤ 陶希圣承认中国社会存在阶级，但否认阶级斗争。他认为帝国主义改变了中国社会构造。"从前受封建势力的支配的中国资本主义得到一种非正常的发展。在法律上，中国的资本分属于外国资本家，买办，官僚及中国资本家，但在经济上，则莫不附庸并屈服于外国资本之下。以外国资本为中心，形成了一个资本阶级。"⑥ 陶希圣的结论是，中国社会是一个宗法封建社会构造的商业资本主义社会。1930年，陶希圣提出"中国社会是金融商业资本之下的地主阶级支配的社

---

① 高军编：《中国社会性质问题论战（资料选辑）》，人民出版社 1983 年版，第 353 页。
② 高军编：《中国社会性质问题论战（资料选辑）》，人民出版社 1983 年版，第 354 页。
③ 高军编：《中国社会性质问题论战（资料选辑）》，人民出版社 1983 年版，第 437 页。
④ 高军编：《中国社会性质问题论战（资料选辑）》，人民出版社 1983 年版，第 24 页。
⑤ 高军编：《中国社会性质问题论战（资料选辑）》，人民出版社 1983 年版，第 31 页。
⑥ 高军编：《中国社会性质问题论战（资料选辑）》，人民出版社 1983 年版，第 37 页。

会，而不是封建制度的社会"。①

"改组派"以顾孟余为代表，提出中国的封建制度早已崩溃，中国社会的经济构造是一个为封建思想所支配的初期资本主义社会。

第三，中国共产党反驳以上各派观点，认为中国仍然处于半殖民地半封建社会。潘东周在《中国经济发展中的根本问题》（1929 年 7 月《世界月刊》）中提出，"理论问题固然重要，但理论的重要正因为他能以解答实际生活中的具体问题，理论而不与实际问题相连系，则即使正确的理论也无从表现其在社会实际生活中的作用"。"以社会科学的方法而整理中国实际问题的确还非常之少。"② 中国社会经济所面临的问题，一是帝国主义的压迫，二是封建残余的压迫。中国经济发展中的根本问题是生产关系问题而不是生产技术问题。

何干之认为，目下最流行的是半封建的农业经营，即是商品经济已普遍流行，土地已自由买卖，身份的等级制已失了基础，可是土地仍操纵在地主手里。……这种关系是半封建的收租地主与佃农的对立。半封建的经营地主和雇役农民的对立，决不是资本主义的经营。③ 在农民经济中最普通流行的是商品经济。这种经济具有两种形式：在内地，农民还保有相当的独立地位；在沿海沿江各省，商业高利贷资本已控制着农业生产，而这商业资本，与都市民族资本和帝国主义又发生着密切的关系。这种农业经济既不是自然经济，也不是资本主义经济，乃是在帝国主义统制下的商品经济。④

中国金融机关是顺着票号、钱庄、银行的演变而滋长起来，站在它背后推动它、培养它的是帝国主义。⑤ 帝国主义向殖民地进出的主要目的之一是倾销商品和收集原料。中国的金融组织就为他们效劳，一面推

---

① 高军编：《中国社会性质问题论战（资料选辑）》，人民出版社 1983 年版，第 115 页。
② 高军编：《中国社会性质问题论战（资料选辑）》，人民出版社 1983 年版，第 62 页。
③ 陈翰笙、薛暮桥、冯和法合编：《解放前的中国农村》第一辑，中国展望出版社 1985 年版，第 611 页。
④ 陈翰笙、薛暮桥、冯和法合编：《解放前的中国农村》第一辑，中国展望出版社 1985 年版，第 611 页。
⑤ 陈翰笙、薛暮桥、冯和法合编：《解放前的中国农村》第一辑，中国展望出版社 1985 年版，第 612 页。

销商品于内地，另一面又从内地为他们吸收原料。① "有人问中国是什么社会，我可以丝毫不用迟疑来答复，是半殖民地半封建社会，或换一句话来说，就是半殖民地化的半封建社会。"②

3. 中国农村社会性质论战

中国农村社会性质论战不是一个孤立存在的论争，它是中国社会性质论战的余波。20 世纪 30 年代，中国的知识界掀起了对农村问题讨论的高潮，论述中国农村问题的著述可谓洋洋大观。其论述的范围之广阔也令人叹服，既有从中国历史发展脉络纵向之梳理，又包括对英、美、法、丹等西方国家农业发展之借鉴。最密集的讨论，则集中于如何解决中国农村问题，各种学说相继登场，如孔德之社会学、泰勒之农村社会学、季特之合作主义等，均被移入中国并奉为良策。中外学者，纷纷躬耕践行以解决中国农村问题，如国联代表特莱贡尼之来华、拉西曼报告、卜凯之调查、乡村建设、乡村复兴等。各派均著书立说，阐释观点，种种讨论，无疑是中国农村社会性质论战的丰厚土壤。

中国社会性质问题论战与中国农村社会性质论战密切相关，论战的参加者也关注中国农村问题，在论战前后，有研究农村问题的论著出版，如朱佩我、朱其华等，但是，在论战中屡次引用马克思主义观点的各位论者，在涉及中国农村问题时，即立刻放弃了马克思主义，而在论著中充斥着对中国农村问题种种现象的罗列，以及对于中国历史发展的粗糙的梳理，不能深入分析问题的实质。"中国农村派"是以马克思主义方法研究中国农村问题的肇始，其学术贡献在于架构了对中国农村问题研究的理论框架。相较于同时代的其他论者，无疑是具有前瞻性的。

对于中国农村社会性质不同认识与当时社会现实具有相关性：

第一派，资本主义的生产方式在中国农村中已经占到统治的地位。中国农业改造或农民运动的任务是反对资本的统治，是无产阶级革命的性质。

第二派，中国整个处于帝国主义资本的支配下，所以中国是资本主

---

① 陈翰笙、薛暮桥、冯和法合编：《解放前的中国农村》第一辑，中国展望出版社 1985 年版，第 612 页。

② 陈翰笙、薛暮桥、冯和法合编：《解放前的中国农村》第一辑，中国展望出版社 1985 年版，第 613 页。

义社会，只有无产阶级才能实现民族解放进而解决农村问题。

第三派，中国农村是半封建性质，铲除封建主义和帝国主义是与解放不可分离的，是资产阶级民主主义的运动。

20 世纪 30 年代初期，《中国经济》和《益世报》的《农村周刊》等发表了王宜昌、王毓铨、张志澄、王景波（尹宽）等关于中国农村社会性质的托派见解，认为土地问题已经解决。他们被何干之称为"中国经济派"。①《中国农村》发表文章进行反驳，展开关于中国农村社会性质的论战。论战时间主要是在 1934—1935 年。"中国农村派"以钱俊瑞、薛暮桥、孙冶方等为参加论战的主力。②

"中国经济派"认为中国已经发展为资本主义社会。

王宜昌提出，"在经济结构上，中国是无分乎洋华资本主义的，而是以资本主义这生产关系统一了洋华的民族和政治的对立，中国底主要生产关系是资本主义，中国经济是资本主义正在完成其国内市场的统一。中国社会是资本主义的社会了"。③

刘镜园赞成"托派"的观点，提出"中国今日的社会是资本主义关系占统治地位"，这种资本主义"是买办资本主义"。"继之而起的应当是民族资本主义，可是中国的民族资产阶级太不争气，太无出息了，打倒帝国主义的任务，它不能领导下层民众来完成，必有待于下层民众自觉的独立的努力。"对于中国革命的进程"中国无须经过民族资本主义，可以由买办资本主义走到社会主义"，实现途径是"无产阶级与下层民众，脱离教条主义者的影响，为民主主义进行勇猛坚决的斗争，才能走向政权"。④ 社会性质应当由生产力来决定。

---

① 吴敏超在《"中国经济派"考》中，梳理了"中国农村派"和中国经济派就中国农村社会性质问题进行论战的过程，指出论战的主要战场是天津《益世报》农村周刊和《中国农村》两份刊物，而被何干之视为主战场的《中国经济》刊物只处于次要地位。进而提出与"中国农村派"进行论战的王宜昌、张志澄等人不是托派的主力，只是没有党派的知识分子，论战双方都坚持以唯物史观为指导，对论战的考察不应当以学术派别依附于政治派别，而应当以更贴近史实的视角审视论战本身。吴敏超：《"中国经济派"考》，《近代史研究》2010 年第 6 期。

② 钱俊瑞以陶直夫、周彬为笔名，薛暮桥以余霖、薛雨林为笔名。

③ 王宜昌：《中国社会史短论》，《读书杂志》1931 年第 1 卷第 4、5 期合刊；高军编：《中国社会性质问题论战（资料选辑）》，人民出版社 1984 年版，第 630 页。

④ 刘镜园：《中国经济的分析及其前途之预测》，《读书杂志》1932 年第 2 卷第 2、3 期合刊；高军编：《中国社会性质问题论战（资料选辑）》，人民出版社 1983 年版，第 656—657 页。

"中国农村派"以社会调查论证中国农村中仍由封建性的生产关系主导。

钱俊瑞用陶直夫为笔名发表的《中国农村社会性质与农业改造问题》（1935 年 8 月 20 日），点明中国农村社会性质问题讨论具有重要的政治意义，关系到中国革命的动力和前途问题。中国还是一个农业国家，帝国主义国家对中国的奴役并未带来近代资本主义产业。中国的农业生产在衰退。"中国的农业改造问题或农民问题，在整个民族的国民经济的改造运动之中，应当占首要的地位；同时这个农业改造或农民问题的任务与性质，在规定中国整个改造任务与性质的时候，是有决定的作用的。"① 国际资本对中国农村的支配是存在的，但是，中国农村中，土地所有还是占有剩余生产物的最主要的基础，土地上的直接生产者还是经营独立的经济，乡村的政权还是以巨大的土地所有为根据，前资本主义的地租还是剩余生产物的支配的形态。

"中国的农村社会还是具有半封建的性质，在那里封建和半封建的生产方式（因此也是剥削方式）乃由帝国主义维持着，半封建的势力与国内资本乃在外资的支配之下，结合地存在着。"② 中国和世界资本主义体系的关系是：中国农村以中国国民经济最主要的部分构成世界资本主义体系中的一环。帝国主义在中国农村中的资本未清算半封建性，相反起到加强这种半封建性的作用。这种关系具有某种普遍性，"这种特性几乎是在帝国主义阶段的殖民地和半殖民地，一切被金融资本所维持着的半封建关系所共有的特性"。③

在方法论上，提出"社会经济结构的发展是由生产力决定的"，但是"社会经济结构的性质"不仅仅由生产力决定，还需要考察生产关系的特征。"在生产力与生产关系的辩证关系之中，生产力是决定的、主导的因素。可是在辨认某一社会经济结构的性质的时候，我们决不能单纯地，直接地用生产力来决定；而要从生产关系本身——特别是生产手段所有者与直接生产者之间的对立关系，劳动者与生产手段的结合形式，以及剩余生产物被榨取的形态——的分析来决定。"④

① 薛暮桥、冯和法编：《〈中国农村〉论文选》上，人民出版社 1983 年版，第 117 页。
② 薛暮桥、冯和法编：《〈中国农村〉论文选》上，人民出版社 1983 年版，第 134 页。
③ 薛暮桥、冯和法编：《〈中国农村〉论文选》上，人民出版社 1983 年版，第 135 页。
④ 薛暮桥、冯和法编：《〈中国农村〉论文选》上，人民出版社 1983 年版，第 121 页。

钱俊瑞以周彬为笔名发表的另外一篇文章《中国农村经济性质问题的讨论》（1935 年 6 月 1 日）提出，"至于半封建的意义，一定地是指那种封建经济已在崩坏，资本主义经济已有相当的发展，可是还没有占到优势的过渡阶段说的"。① 商品经济和资本主义经济是不同的，"商品经济发展的第一个阶段是单纯商品经济；直到劳动力也变成商品的时候，商品经济才完成其更发展更成熟的形态，即资本主义的商品经济"。② 区分两个问题，即"中国受世界金融资本支配"和"中国的生产方式资本主义化"，"中国农村派"同意第一个问题，但否认第二个问题。中国和印度受到帝国主义剥削的方式相同，都是资本利用原有的落后剥削形式对殖民地的经济生活进行控制，这落后的剥削形式包括商业资本、高利贷资本甚或封建地租。

对中国农村生产关系的研究，要找到帝国主义侵入中国农村的附着点。研究外资支配农村的结果，农村生产方式的变化及其程度，要找出国内的基本矛盾即其同国际资本主义统治间的关系。

薛暮桥用余霖为笔名发表了《中国农业生产关系底检讨》（1935 年 2 月 1 日），对生产关系进行定义：土地所有形态之下隐藏着的人与人之间的社会关系。中国土地关系的过渡性质意味着封建残余和资本主义萌芽并存。在这种土地关系下，农民受土地的束缚：第一，多数农民未离开土地成为无产阶级；第二，多数农民被束缚于土地上同时又未有足够供独立生活的土地。半自由半独立的贫农最容易受到高利贷者和封建性的商人的剥削。

中国各个不同区域间，土地所有制度存在差异，土地集中的趋势及经营方式即有差异。比如，"华南稻作区域底土地所有比较华北旱作区域更为集中，同时借地经营也比较华北格外普遍"。③ 其原因需要具体分析，第一，旱地生产力的薄弱使得收租地主和借地经营的农民都不易发展；第二，华北经济较落后，土地所有的集中和借地经营的普遍是同经济发展的先进同步的。

土地所有的集中和借地经营是资本主义生产方式中的必然现象，在

① 薛暮桥、冯和法编：《〈中国农村〉论文选》上，人民出版社 1983 年版，第 146 页。
② 薛暮桥、冯和法编：《〈中国农村〉论文选》上，人民出版社 1983 年版，第 147 页。
③ 薛暮桥、冯和法编：《〈中国农村〉论文选》上，人民出版社 1983 年版，第 156 页。

中国，这两种趋势却与收租地主和贫困佃农并存。根据在各地的调查，中国的地主拥有土地的同时却把土地的大部分出租以收取地租。而租进土地的包括富农、中农和贫农，贫农占有绝大部分，其租进土地是为生存而非逐利，经营手段非资本主义方式。土地的商品化不能成为资本主义性质的证据，实物地租或货币地租的形式也不能成为是否为资本主义性质的证据。

对于中国农村生产关系的考察，地主经营同富农经营都非常重要，富农存在地主化的现象，即出租一小部分土地以收取地租。不同区域间富农经营方式不同，工商业不发展的地方富农经营往往带有更多封建意味。雇农和贫农的身份是重叠的，不易相互区分。农业生产落后是世界各国的共同现象，"资本主义统制农业生产，除使农业生产本身资本主义化外，还可采取另一方式，这就是用借贷资本或是商业资本底形态侵入农村，间接控制农业生产"。①

帝国主义同中国农村的关系，积极方面：第一，中国农村中自然经济体系被摧毁，农业和手工业分离，农业中的商品生产得到发展；第二，使中国农业生产直接间接从属于世界市场。消极方面：第一，帝国主义侵入中国是中国国民经济发展的障碍，削弱了资本主义农业经营的发展；第二，帝国主义经济掠夺阻碍了农业资本积累，使得农业再生产无法扩大；第三，帝国主义利用封建残余势力进行对中国农村的经济榨取，使得资本主义农业经营举步维艰。

孙冶方在《财政资本底统治与前资本主义的生产关系》（1935 年 9 月 30 日）中指出，财政资本即指金融资本，以列宁的帝国主义理论为依据，指出宗主国同殖民地的关系，虽然宗主国带给殖民地工厂、矿山、铁路等，殖民地半殖民地的民族工业在此背景下产生出来，但是不能认为殖民地半殖民地已被改造为资本主义制度。列宁认为财政资本是常与殖民地的封建制度相结合起来的。资本输出，仅仅加剧了世界经济的不平衡和矛盾。

资本势力的大小是国际金融资本同殖民地半殖民地民族资本间的表面的差别，更深一层，二者间的差别在于垄断与非垄断方面。而这并非根本差别，根本的差别在于，国际金融资本在殖民地半殖民地享有的特

---

① 薛暮桥、冯和法编：《〈中国农村〉论文选》上，人民出版社 1983 年版，第 167 页。

权使其成为超然的势力。国际金融资本阻碍中国现代工业的发展：第一次世界大战后，国际金融资本输出的新趋势有两种，其一，资本主义危机加深了资本主义的腐化程度，资本家更愿意利用资本进行高利贷投机经营；其二，资本本身的运动规律，决定其为追逐超额利润，从技术发达的部门流入技术落后的部门。技术越发达，资本有机构成越高，利润率越低落，欧美资本在投入殖民地后即维持当地的封建制度而不愿发展其生产力。"中国农村可以算是这一类经济形态底代表者。少数封建的和高利贷商业资本的分子垄断了全国大多数的土地。这些大的土地私有者便是财政资本统治和无数零细的直接生产者之间的联络者，他们是财政资本统治殖民地半殖民地底农村经济的支持者；财政资本在自己的政治统治不能直接到达的半殖民地国度，所依赖于他们的地方更为重要。"①

第二节　陈翰笙基于中国农村调查所形成的观点

　　陈翰笙未直接参加中国农村社会性质论战，《中国农村》刊发了陈翰笙的几篇文章②，是在中国农村社会性质论战结束后。陈翰笙在论战进行时身在莫斯科，但是，陈翰笙作为"中国农村派"的中心人物，农村派成员在论战中表达的思想与其是一致的。他所领导的中国农村调查成为论战中"中国农村派"提出自己论点的最有力的论据。陈翰笙在1934年先后以中英文发表其代表性著作《现今中国的土地问题》《广东的农村生产关系与农村生产力》等。对于后书的讨论成为中国农村社会性质论战中关于生产关系、生产力及调查方法等问题的讨论的一部分。"中国农村派"在对中国农村进行广泛调查的基础上立论，对中国的社会性质进行分析和考证。

---

① 薛暮桥、冯和法编：《〈中国农村〉论文选》上，人民出版社1983年版，第226页。
② 陈翰笙发表于《中国农村》的论著包括：《侵略政策和人口问题》，第三卷第七期1937年7月1日；《农村与抗战》1940年第六卷第10期；《三十年来的中国农村》第七卷第三期1941年1月16日；《抗战建国与劳工问题》1941年第7卷第5期；《目前中国的农村》1941年第7卷第6期；《关于农业增产的两个建议》1942年第8卷第3期；《物价与中农》1942年第8卷第5、6期合刊。

一　中国农村调查研究队伍的构建

20 世纪 30 年代的一系列论战，以及其呈现的繁复的学术争鸣及理论探索，更深远的意义在于对其后中国社会科学研究的诸多启示。中国的社会科学研究在争鸣中渐成规模，向现代的学术研究转型。陈翰笙对于中国农村的调查及中国社会前途的关注，与论战的内容息息相关。他进行中国农村调查的初衷之一，即为对马季亚尔的观点的反驳。1927年 4 月 6 日至 1928 年 5 月，陈翰笙在莫斯科期间，同马季亚尔就中国问题进行争论。他明确反对马季亚尔的观点，但苦于无证据支撑论点，才深切感受到对中国的现实认识之有限。

待至返国，陈翰笙即组织开展大规模的中国农村调查，以调查认识现实。这段缘由，在陈翰笙的回忆录中详加记述。并且，陈翰笙反对魏特夫对于中国社会的论述，认为其以马克思主义观点分析中国历史的努力是失败的，因为其并未将中国的经济视为一个复杂的整体，并且仅关注生产力而忽视生产关系。[①] 这并非陈翰笙进行中国农村调查的全部原因，在此事件之上，即是当时的局势，对中国社会现实进行科学的认识是大势所趋。中国革命的任务、前途、动力等问题，即中国社会向何处去的问题，需得建基于对社会现实的科学认识之上。"中国农村派"的调查与同时代的其他相关调查，均顺应此种形势。恰逢此时的中国，西学日盛，西方学术研究的田野调查、经济计量等方法对于社会科学研究的重要性已日益为人所知，此一时期的社会调查，即开始引入多学科方法。陈翰笙在美国及德国接受的西方学术训练，在北大任教期间对《资本论》的研读，至此与中国的现实结合起来。他是能够跳出藩篱者，未拘泥于历史学，而将历史的、社会的、经济的方法相互结合，独具风格。

20 世纪上半叶，以学术研究为解决现实问题提供借鉴，是时代精神之一种，国难当头，社会动荡，研究者的社会担当即体现于此。在中国进行社会调查是进行科学研究的迫切需要，当时中国社会调查与统计尚处于极幼稚时期。中国农村调查是中国知识界的一个重要主题，进行

---

① Chen Han-seng, Wirtschaft und Gesellschaft Chinas: Erster Teil Produktivkraefte, Produc-tions-und Zirkulationsprozess by K. A. Wittfogel, *Pacific Affairs*, Vol. 4, No. 12 (Dec., 1931), pp. 1104 – 1106.

农村调查的社会组织众多。进行中国农村调查的卜凯认为，"在中国欲使调查的结果，比较正确，诚属不易，然亦非决不可能"，"至结果的可靠与否，须视调查表的性质，调查员的能力，与农人的自身，三者同其重要。不过事实上，前二者尤居首要。再就农人之记忆而言，每有许多事实，若能于诱导而询问之，即能就其所知，和盘说出，如是，则吾人所需求的答案，自不难获得其真相也"。① 陈翰笙认为北京农商部农村经济调查与统计简陋虚妄，而金陵大学卜凯教授的调查则显示其对中国农村经济缺乏深刻认识。哈尔滨东省铁路经济调查局之北满农业调查，其统计报告较金陵大学调查详确，但是调查对象绝少贫农。他所领导的中国农村调查则努力规避这类缺点。

陈翰笙领导的"中国农村派"所进行的农村调查范围广泛，相较于其他学术团体的农村调查在方法、理念、目的上有众多差异。陈翰笙为组织中国农村调查进行了两个方面的准备，一个方面是理论上的准备，另一个方面是研究队伍的构建。陈翰笙及"中国农村派"成员进行了较为完备的理论准备，陈翰笙利用其社会关系网，对于调查队伍进行了积极的构建。通过这两个方面的准备，陈翰笙构建起了一支关于中国农村问题的理论研究队伍，尽管其成员多是青年，但是他们以共同的学术志趣而非利益为纽带密切联系，在研究上积极沟通、互相扶持，在工作中精诚合作、团结有序。其成员日后多成长为杰出的马克思主义经济学家，在各自领域内有所建树。可以将这一学术群体视为一个现代化的知识分子群体，是具有典型性的学人群体。

陈翰笙在组织农村调查过程中主要依靠三个群体来源：第一个群体是他在北京大学任教过程中结识的学生，如冯和法、千家驹、王寅生、陈洪进；第二个群体是江浙一带的左翼知识青年，如钱俊瑞、薛暮桥；第三个群体是在当时已经较为有影响力的农村问题研究者，如吴觉农、孙晓村。其中，以第二个群体的人数最多，包括钱俊瑞、薛暮桥、华应申、朱楚辛、张锡昌、姜君辰、石西民、骆耕漠、孙克定、徐雪寒等人。这些成员大多数为中共党员，在大革命失败后入狱，出狱后在上海读书并从事左翼文化工作，他们共同构成了从事农村调查的主体。以1929 年春进行的无锡调查为例，王寅生负责拟订调查计划等工作。参

---

① ［美］卜凯：《中国农家经济》，张履鸾译，商务印书馆 1936 年版，第 2 页。

加调查工作的 45 人，其中三分之一为国立北京大学、劳动大学、上海法政专门学校等农业或社会经济的毕业生或肄业生；三分之一为当地从事农村改进、工人教育人员或小学教员；三分之一为该县高级中学肄业生。①

中国农村调查进行得十分灵活，趁势而为，依托于多个机构的资助。最初主要依赖于中央研究院社会科学所。陈翰笙组织人员进行剪报，收集资料，翻译出版考茨基、马李亚尔、廖谦珂等人的著作，收集当时中国学者的农村问题论著和调查资料并结集出版，写作理论论著作为调查的指导性论著。

据《中央研究院一九三二年度总报告》，社会学所在 1932 年前已经进行的调查有三项。第一，上海工厂中包身制之研究。年来天灾人祸频仍，农村破产，乡间妇女被迫离村，至上海做工。大抵仅以二三十元之代价，出包二年或三年；出包期内，女工无自由可言。专任研究员陈翰笙于民国二十一年春（1932）即计划研究，并派员赴上海各工厂调查此项包身制之详情。第二，宝山田产转移之研究。宝山自民国四年（1915）田地清丈结束后，关于全县田产买卖抵押，均有详细之登记。专任研究员陈翰笙，于民国二十年夏（1931）曾作概况调查并派员至该县田地册单局抄录其全部表册，现正在整理材料中。第三，无锡农村经济之研究。无锡之工商发达，其农村经济与他县，亦显然有特殊之处。专任研究员陈翰笙，于民国十八年夏（1929）曾偕同调查员至无锡就 22 村中挨户调查 1207 家，又择其附近 33 村及各村经济中心之八市镇作一概况调查。所得材料，现尚在整理中。②

无锡调查的时间是 1929 年 7—10 月，调查团成员共有 45 人。陈翰笙赴东北考察的时间为 1929 年 8 月 5 日。1930 年 5 月与北平社会调查所合作，组成 68 人的河北保定农村经济调查团，调查了 6 个农村市场、78 个村和 11 个村中的 1773 个农户。1932 年 11 月，钱俊瑞、张锡昌、刘端生再次前往武进、江阴、无锡、宜兴、常熟、吴县各处调查。1933 年 11 月至 1934 年 5 月，陈翰笙主持中山文化教育馆和岭南大学合作举

---

①　秦柳方：《云海滴翠——秦柳方选集之二》，中国财政经济出版社 1995 年版，第 83 页。

②　中国第二历史档案馆藏《中央研究院一九三二年度总报告》，全宗号：三九三，案卷号：64（2）。

行的广东农村经济调查，考察了梅县、潮安等 16 个县的概况，挨户调查了番禺等 10 个代表村的 1209 户农家，同时进行了 50 个县 335 个村的通信调查。1934—1935 年，陈翰笙又主持调查了美种烟草产区三省 127 个村，对其中 6 个典型村 429 户作深入的家庭调查。

这一时期基于农村调查写成的著作有：《黑龙江流域的农民与地主》《亩的差异》《中国东北部的兵差与农民》《无锡的土地分配与农村资本主义的发展》《高利贷资本论》《太公田与广东农村经济》《土地公有方案的实际意义》《察绥蒙古底社会关系分析》等。史沫特莱用英文发表的《西北社会革命背景》也是基于这些调查材料完成的作品。

为争夺美国的"棉麦贷款"，宋子文组织全国经济委员会。汪精卫让彭学沛出面，吸收邹秉文、邹树文、陈翰笙等成立"农村复兴委员会"，直属行政院，要求分润"棉麦贷款"。1933 年 5 月，陈翰笙介绍孙晓村到农村复兴委员会任专员，孙晓村到农复会工作，负责农村调查，参加了苏、浙、豫、陕四省的抽样调查，以及广西、云南二省调查，其他农村派成员也参加了上述六省调查。

因为国民党政府对社会学所的农村调查的左翼倾向产生怀疑并干扰社会学所的工作。陈翰笙和一批青年人先后离开了中央研究院，在孙晓村的邀请下，多数青年参加了农村复兴委员会的六省调查。在那里和在中央研究院一样，工作也受到顽固派的牵制和干扰。为了应对这些干扰，1933 年，陈翰笙发起筹备组建中国农村经济研究会，地点在上海法租界赓余里的一间楼下厢房。中国农村研究会建立后，没有经费，以有固定工资收入的发起人为主，按月捐付会费。研究会开始即由薛暮桥编印《中国农村经济研究会会报》，内部发行。不久，即编辑出版《中国农村》月刊，由薛暮桥主编，负责全部工作。

表 4-1　　　"中国农村派"进行农村社会调查的时间、
　　　　　　范围、参与者、相关著述发表情况

调查时间	调查范围及参加人员	调查报告
1928 年	浙西杭、嘉、湖各属 20 县做村区调查；中央研究院社会科学所；曲直生指导浙大劳农学生 20 余人工作，计时 3 个月，调查 85 村	《浙西农村之借贷制度》

续表

调查时间	调查范围及参加人员	调查报告
1929 年 2—5 月	无锡 22 村,1204 户农户,其他 55 个农村的概况和 8 个市镇的工商业;中央研究院社会科学所;陈翰笙、王寅生、张稼夫、钱俊瑞、秦柳方等 45 人	《无锡市曹庄村农村经济调查》《无锡市东吴塘村农村经济调查》《中研院调查浙江钱塘道属农村及无锡县农村经济文件》
1930 年夏	河北保定清苑县 11 个村;中央研究院社会科学所;北平社会科学调查所;陈翰笙、王寅生、张稼夫、钱俊瑞、石凯福、项世澄、张锡昌	《二十八年来保定农村经济调查报告》
1929 年 8 月 5 日	陈翰笙参加"东三省实业参观团",考察东北农业问题	《黑龙江流域的地主与农民》(陈翰笙与王寅生合著),1929 年,中央研究院社会科学研究所专刊,第 1 号。《难民的东北流亡》(统计由张辅良、廖凯声、徐燮钧等人参加),中央研究院社会科学研究所集刊,第 2 号
1929 年 9 月—1930 年 2 月	上海工厂中包身制之研究,陈翰笙派员赴上海各工厂调查此项包身制之详情	《中国农村经济研究之发轫》对此次调查有所介绍
1931 年夏	宝山田产转移之研究。宝山自民国四年田地清丈结束后,关于全县田产买卖抵押,均有详细之登记。专任研究员陈翰笙,曾作概况调查并派员至该县田地册单局抄录其全部表册,现正在整理材料中。瞿明宙、张锡昌赴宝山信函。(12 月 14 日)陈翰笙之许寿裳函,记二人赴宝山调查事(12 月 13 日)	
1933 年 11 月—1934 年 5 月	广东农村调查;广东番禺县 69 个村庄,10321 户农户,在广东花县调查 22 个村庄,用通信调查方式调查了该省 38 个县、152 个村庄;中山文化教育馆、岭南大学、太平洋国际学会;陈翰笙、王寅生、孙冶方、薛暮桥	《广东农村的生产关系和生产力》《中国的地主和农民》

续表

调查时间	调查范围及参加人员	调查报告
1933 年	山东潍县、安徽凤阳、河南襄城三个烟草产区；对 127 个农村进行实地调查，还对 6 个典型村、429 户进行更为深入的挨户调查；南开大学经济学所、太平洋国际学会；王寅生与张锡昌、黄国高等	《工业资本与中国农民》
1933 年	对河南省豫北辉县、豫中许昌、豫西镇平、新乡、滑县做概况调查；农村复兴委员会；张锡昌、贾益赞、黄可铭	《河南省农村调查》
1935 年 7 月—1936 年 7 月	陕北和关中的农村经济；农村复兴委员会；王寅生、王国高、石凯福、勾适生	《陕西农村经济》
1939 年 10 月—1940 年	云南调查；太平洋国际学会；陈翰笙、陈洪进、刘述舟	《西双版纳的土地制度》

二 农村调查的方法与基本概念

1928 年，从苏联回到中国后，陈翰笙即开始进行更为具体的中国问题研究。他领导的社会调查从都市社会着手，调查上海工人生活状况，从调查中发现"研究中国劳工问题者，同时不可不切实明了一般劳工之乡村经济背景也"。[①] 并且，对工人的调查遭到国民党当局的批评，遂转向中国农村。

（一）史学与社会学方法相互结合，认识社会实质

陈翰笙领导的中国农村调查采用社会学和史学方法。《中国农村经济研究之发轫》[②] 一书，可以视为进行调查所运用之方法的纲领性文章。界定了调查的方法、范围，阐明了农村经济研究的重要性。

社会科学中有二种重要科学，非专究社会生活之某一方面如经济法制宗教等，而以至周密之方法观察整个社会生活之全部者。此即史学与社会学也。史学所以追求且叙述某一时代某一地方社会生活之全部。社会学则应付普遍问题：例如，何谓社会？社会发展与衰落之基本原因何在？各种社会现象如经济的，法律的，科学的，有何相互关系？各种社

---

① 陈翰笙：《中国农村经济研究之发轫》，汪熙、杨小佛主编《陈翰笙文集》，复旦大学出版社 1985 年版，第 34 页。

② 陈翰笙：《中国农村经济研究之发轫》，汪熙、杨小佛主编《陈翰笙文集》，复旦大学出版社 1985 年版，第 31—42 页。

会现象之演进作何解释？历史上社会形式有几种？各种形式又如何转变？社会学探讨人类进化之原则，以为史学之方法，故可称为社会科学中最概括，最抽象之科学；史学则整理可靠之史实，以供研究社会学之材料。史学固当以社会学之哲理为指南而后可得正确之方法，社会学亦须筑于历史的事实上而后可免错误之论断。[①]

陈翰笙为社会学研究限定两项内涵。其一，科学的社会学的研究目的是了解具体的社会实质，"在今日，科学的社会学已陷于危险的境地。它不是偏倾于社会现象之一种无意义的分类，便只自封于种种哲学观念的一个抽象体系。这两种情形都不能使我们了解具体的社会实质"。其二，经济因素在社会学研究中至关重要，因为经济因素为各种行为之动机，或为特殊环境之成因，经济的事实是组成社会学的基础。中国社会经济的事实，属于资本主义发达以前的种种关系。社会学研究的主旨即是："社会学的主要工作，在使现时的社会实质进抵于科学的认识，而解释其进展的路向，不忘一切历史的和经济的意义；分析人类的相互关系，而明了某种社会条件之下的集团意识。"[②]

第一，厘清学科之间的相互关系后，要关注具体操作问题。

关于经济的因素，中国各个经济区域间差异明显，调查选择具有区域代表性的村庄进行。以经济区域划分中国农村，选举农村经济显然特殊之地方着手调查。首先选定的为无锡和保定两处。继之考察东北难民状况和西北灾荒问题。

与实地调查相结合，陈翰笙又组织积累剪报材料，"就全国重要二十四都市，择其中文报纸内容最丰富者共三十五种，搜集各项社会纪实材料"，以与农村调查数据相互对照。

第二，是计量单位的统一。

通过实地调查，陈翰笙发现，在中国各地农村中，实际亩的大小向来并不完全遵照法定标准的，小的在 2 公亩以下，大的在 32 公亩以上。在一省内，亩的大小各地差异甚大，在一县内，亩的差异同样存在。以无锡为例，亩的大小不同至少有 173 种。亩的差异既影响税收，也影响

---

① 陈翰笙：《中国农村经济研究之发轫》，汪熙、杨小佛主编《陈翰笙文集》，复旦大学出版社 1985 年版，第 31—42 页。

② 陈翰笙：《中国的农村研究》，《劳动季刊》1931 年第 1 卷第 1 号，汪熙、杨小佛主编《陈翰笙文集》，复旦大学出版社 1985 年版，第 43—46 页。

田地的统计。亩的差异影响农村调查的结果。以往的农村调查，包括金陵大学的农业调查，以一个数目去概况所有的亩，不能得到正确的结果。①

　　陈翰笙领导的调查小组，在无锡调查田亩的方法是根据该地插秧和收稻的技术从各家所有或所耕的农田一块一块地调查的。② 调查小组每到一村，挨户调查他们所有或所耕农田的块数及各块农田的亩数，每亩的稻块数，每稻块的棵数和相邻棵间的纵横距离；任意选择四五块农田实测它们的棵地面积。把挨户调查所得各种大小不同的棵地面积求得平均数，然后参照实测得到的棵地面积的平均数，决定该村的标准棵地面积。用标准棵地面积与各块农田的稻块数和每稻块的棵数连乘，去求各农田的实际大小。这种调查方法在苏常一带都可适用，湖南、广西有些地方也可以适用。

　　（二）以生产关系为中心的社会调查

　　相对于改良派对于生产力的强调，陈翰笙将生产关系视为中心问题。陈翰笙认为，一切生产关系的总和，造成社会的基础结构，社会意识受动的社会结构的决定，社会结构在其演变上受社会意志的影响而产生新的社会意志。农村诸问题的中心在哪里呢？它们是集中在土地之占有与利用，以及其他的农业生产的手段上；从这些问题，产生了各种不同的农村生产关系，因而产生了各种不同的社会组织和社会意识。③

　　中国有具体的情况，19世纪中叶以来随着工业资本的侵入，尤其是最近金融资本的侵入，已经促进了中国经济的工业化。其最大的影响即工业化和农产品的商业化，已渐次深入农村。④ 中国农村经济的情况是"土地面积标准的缺乏，农田的分散和农村地权的非常复杂，都很明

---

　　①　陈翰笙、王寅生：《亩的差异》，《国立中央研究院社会科学研究所集刊》第一号，上海1929年。

　　②　无锡插秧和收稻的方法是全县一致的。插秧的时候，农民依右臂左右所及在一直线上均匀插种6棵。这样种着的每6棵稻，叫作一"横"；插完一横，便后退一足之地再插第二横。所以在同一块田里任何两棵相邻的稻的横距离是相同的，任何两棵相邻的稻的纵距离亦是相同的；即在同一村上的两块田里，亦大致一律。棵间纵横距离的乘积，便等于每一棵稻所占的耕地面积，称作"棵地"。同一村上的棵地大小是相差不远的。

　　③　陈翰笙：《中国的农村研究》，《劳动季刊》1931年第1卷第1号，汪熙、杨小佛主编《陈翰笙文集》，复旦大学出版社1985年版，第43—46页。

　　④　陈翰笙：《中国的农村研究》，汪熙、杨小佛主编《陈翰笙文集》，复旦大学出版社1985年版，第43—46页。

显的指出一种前资本主义社会的本质"①。

要明了封建社会的本质，必须分析它的生产关系。封建社会的生产简直可说全部是农村生产。土地所有的大小，僧侣政治的有无，集权分权的差异，地主是否有司法权都不是封建组织的根本。封建社会的生产关系要从田租来观察。在自然经济还没有遭到破坏的时候，如果物品田租流行得最广，即是表现着赋役制势力的支配；如果力役田租流行得最广，即是表现着强役制势力的支配。这种生产关系，因为地方和时代的不同，显然有很多的差异。陈翰笙通过纵向和横向的比较分析，历史地梳理封建社会的生产关系。生产关系的变化同政治制度的变化是相关的。陈翰笙列举法国、德国、俄国、日本、罗马、印度和中国的封建社会生产关系的特点，比较其异同。他立论的前提是封建社会作为在人类社会中较为普遍存在的一种社会形态，随着地域的变化，各具不同特点。他将共时性和历时性的比较融为一体。封建社会之下的制度，因时因地有差异，他强调的是田租的形式的变化，"印度的与中国的地主在赋役制下同样是以物租的形式向农民榨取剩余生产物的。这种榨取方式同欧洲中古时代地主所用的完全没有什么差别。在赋役制下，这种榨取的方式决不会因土地属于封建国家或属于私人所有而有所改变。因为赋役制时代的赋税与田租是同一性质的"②。在由封建社会向资本主义社会转型之中，这种变化持续存在，田租的形式具有多样性，但是不出封建社会之外。由此，东方和西方的封建社会，便可纳入一个框架中进行分析和比较。

20 世纪上半叶，中国社会的生产关系，仍然需要具体问题具体分析，陈翰笙大致将封建社会的生产关系分为赋役制、强役制和工偿制，为研究中国农村的生产关系提供了坐标。

1. 赋役制

以小规模农业的自然经济为基础，联合着农业与家庭手工业，在小经营中制造必要的及剩余的生产物。这种剩余生产物以物品田租的形式

---

① 陈翰笙：《中国的农村研究》，汪熙、杨小佛主编《陈翰笙文集》，复旦大学出版社1985 年版，第 43—46 页。

② 陈翰笙：《封建社会的农村生产关系》（中央研究院社会科学研究所出版农村经济参考资料之一），中国社会科学院科研局编《陈翰笙集》，中国社会科学出版社 2002 年版，第 13—31 页。

流入地主的掌握中。力租占很小部分。①

赋役制的剩余劳动生产物普通和必要劳动生产物都在直接生产者的经营中间。强役制下的必要劳动生产物虽然在直接生产者的经营中，其剩余劳动生产物却在地主的土地上面。赋役制下的农民是相对的独立生产者。强役制下的农民完全失去他的独立性质。西欧赋役制时代的政治表现为分权；强役制时代为集权。强役制经济逐渐在俄国确立。日本的庄园制也是赋役制的一种。

2. 强役制

每一块世袭财产的土地，划分为地主的和农民的两种农田。后者分给农民作为他们的"分有地"。这些农民除土地外还得到林地，有时并得到牲畜等。他们用自己的劳力和自己的农具来耕种这土地，以获得自己的食料。农民从这样得来的生产品就是代表一种必需生产品；对于农民是一种必要的生活资料，而对于地主就是一种必须要的劳动的保障。农民的剩余劳动是用在以他同一的农具去耕种地主的土地上的。这种劳动的生产物便流入地主的仓库中。强役制在西欧 8 世纪时已普遍。

强役制得以存在需要四个条件：自然经济占统治的势力；直接生产者必须分得林地和农田，并且被束缚在土地上；农民个人的隶属于地主，地主拥有经济以外的强制；技术极低和守旧状态是强役制的条件和结果。②

3. 工偿制

强役制破坏后，农民经济便从地主经济中分离出来。以俄国的情况为例，从封建的强役制向资本主义制度转变不会立刻完成，因为：第一，资本主义生产上所需要的各种条件还没有完备；第二，强役制没有完全消灭，农民经济还没有完全从地主经济中分离出来。地主可以利用工偿制的形式继续享受他旧有的权利。短期义务、轮流帮工、派用车辆、擅加体刑、农民被编入社会团体工作等"经济以外的强制"依然存在。

工偿制是具有资本主义的和强役制度的特征联结起来一种过渡的制

---

① 陈翰笙:《封建社会的农村生产关系》，中国社会科学院科研局编《陈翰笙集》，中国社会科学出版社 2002 年版，第 13—31 页。

② 陈翰笙:《封建社会的农村生产关系》，中国社会科学院科研局编《陈翰笙集》，中国社会科学出版社 2002 年版，第 13—31 页。

度。在过渡时代所特有的各种形式不同的地主经营，可以归纳到最复杂的两种基本制度：工偿制度和资本主义制度。不能以报偿的形式判定工偿制的本质，在契约的雇佣下，就用货币来支付；在对分农产制下，就用生产品来支付。工偿制的形式非常复杂。①

工偿制和雇工制相互融合，也就是从封建社会向资本主义社会的过渡。工偿制下雇佣劳动的报偿，常常会比资本主义的"自由"雇佣劳动来得低。工偿制下对分的物租，一般讲来，总比钱租贵，有时甚至贵过两倍。付物租的租佃在最贫苦的农民中特别发展。这是饥寒交迫下的一种租佃。在这种租佃下的农民已经没有能力来反抗他自身变成农村雇佣劳动者的趋势了。

纯粹资本主义的"自由"雇佣劳动的报酬，确高过于一切奴役形式的或资本主义以前各种形式的报酬，这个事实不但见之于农业，而且见之于工业；不但见之于俄国，而且见之于其他国家。工资上的差异之外，工偿制下必须保留"经济以外的强制权"。没有相当的不平等，工偿制便不能成立。②

旧的制度是代表生产力停滞的形态和专制的残酷的统治。同样地，新的资本主义制度是代表一种进步的势力，虽然这个新制度的内部暗藏着不少的矛盾。现代地主经营中的工偿制可以分为两种：第一，只是有耕畜和农具的农民所能履行的；第二，没有任何农具的农村无产者所能履行的。第二种工偿制就是向着资本主义的直接过渡形态。③农民的分化也是工偿制崩溃的主要原因。富裕的农民自然不会去接受工偿制，只有贫穷者才接受报酬最少而又破坏自己的经济的工作。农村中无产者也不能适应工偿制，他们不被束缚在土地上。中等农民，随着自然经济的破坏和商品经济的发展，分化为无产者或富农。④

具体到中国社会，中国社会是一个非常特别的社会，纯粹的封建已

---

① 陈翰笙：《封建社会的农村生产关系》，中国社会科学院科研局编《陈翰笙集》，中国社会科学出版社 2002 年版，第 13—31 页。

② 陈翰笙：《封建社会的农村生产关系》，中国社会科学院科研局编《陈翰笙集》，中国社会科学出版社 2002 年版，第 13—31 页。

③ 陈翰笙：《封建社会的农村生产关系》，中国社会科学院科研局编《陈翰笙集》，中国社会科学出版社 2002 年版，第 13—31 页。

④ 陈翰笙：《封建社会的农村生产关系》，中国社会科学院科研局编《陈翰笙集》，中国社会科学出版社 2002 年版，第 13—31 页。

过去，纯粹的资本主义尚未形成，正在转变时期的社会，即前资本主义社会。①

无锡所调查的全体农户中，以资本主义形式经营农业者，占总数7.1%，一部分以资本主义形式经营农业者占24.2%，以前资本主义形式经营农业者占68.7%。最后的一种形式自然是最流行的。这种经营究系何种生产关系，尚待研究；唯此种生产关系决非属于赋役制，或强役制，或工偿制，则可断言。②

三　中国农村经济总论

陈翰笙从一个广阔的视角审视中国问题，他强调中国和世界的相关性，中国土地问题得不到合理解决，人口流动和对外贸易将会出现新的问题，不但会给中国，而且会给世界带来不良后果。他也注重分析外在的力量，尤其是帝国主义资本侵入中国带来的消极影响。他将注意力集中于经济因素，因为他认为理解经济状况是理解中国社会政治状况的基本要素。他也关注经济和政治的结合与相互作用，帝国主义资本对中国的影响，不具有纯粹的经济性质，而往往表现为超经济的力量，资本和权力相结合，才对中国经济产生了难以抗拒的消极影响。所以，陈翰笙关注两个维度中的关系，即中国与世界的关系和资本与权力的关系。

处于过渡时期的社会形态如此复杂，资本主义网络侵入中国经济，它的侵入方式是通过同买办和乡绅的相互勾结，而非对封建制度的彻底扫除。在农村中，主导性的生产关系仍然是封建式的。

（一）中国农村经济非自然经济

中国的商人资本甚至在公元前4世纪就开始发展，自然经济很早以前就从中国消失了。因而外国工业扩张所侵袭的并不是中国的自然经济，而是中国的市场关系。外国工业扩张从来没有在中国建立新的商业组织，它只是帮助发展了中国旧有的商业组织，并使商人资本在中国农业经济中的地位得以加强。在扩张开始之前，农业和家庭手工业的结合

---

① 陈翰笙：《中国田地问题》，《农业周报》1930年第41期。
② 陈翰笙：《中国的农村研究》，汪熙、杨小佛主编《陈翰笙文集》，复旦大学出版社1985年版，第43—46页。

就已经完全不是纯粹意义上的自然经济；毋宁说它对农民是一种抵御贫困、避免破产的保障。对商人资本来说，家庭手工业一直是一种维持生存的辅助手段。只要新式工业没有迅速地发展，手工业的衰退就意味着中国农民的日益穷困，以及随之而来的中国农业的萧条。

中国资本少得可怜，财政和贸易在很大程度上取决于外国商品。外国资本和外国商业，尤其是日本资本比比皆是。而内战和交通的中断阻碍了商业的发展。1927 年山东英美烟草公司满足卷烟业的需求不少于70％，价值 3000 万元，中国最大的"南洋兄弟烟草公司"仅满足需求的 25％。天津 6 家中国纺织厂拥有 2300 万元资本和储备基金，但欠外国资本大量债务。其中两个厂已转移到日本人手中。日本资本不仅限于东北，而是渗透到长江流域。[1]

（二）中国的土地问题

1930 年，陈翰笙提出田地问题随社会关系的变化而变化。中国田地问题有两种特殊的征象：中国农民耕地的不足和中国农民资本的不足。[2]

1933 年，陈翰笙在太平洋学会年会提交的文章中，进一步提出，"土地所有与土地使用间的矛盾，正是现代中国土地问题的核心"[3]。该文受到参会学者的一致肯定。[4] 陈翰笙的中国农村问题研究成为当时的学者认识中国农村问题不可回避的观点，尤其是认为当时中国农村存在普遍破产的观点。[5]

陈翰笙认为，中国的自耕农不是自给自足的，农村中不少于 65％的农民需要土地耕种。但是，农民面临的现实问题是土地分配的不均和耕地分散。他以保定农村调查的数据说明问题，调查 10 村的 1565 家，

① 陈翰笙：《国民党统治下的中国农民》，《国际农业研究所通讯》莫斯科 1928 年 1—14 期，从翰香、李新玉编《陈翰笙文集》，史建云、徐秀丽译，商务印书馆 1999 年版，第 89—108 页。

② 陈翰笙：《中国田地问题》，《农业周报》1930 年第 41 期，陈翰笙、薛暮桥、冯和法《解放前的中国农村》第二辑，中国民望出版社 1987 年版，第 77—79 页。

③ 陈翰笙：《现代中国的土地问题》，中国社会科学院科研局编《陈翰笙集》，中国社会科学出版社 2002 年版，第 36—59 页。

④ *Problems of the Pacific*, 1933. *Economic Conflict and Control. Pro-ceedings of the Fifth Conference of the Institute of Pacific Relations*, *Banff*, 1933. Chicago：University of Chicago Press, 1934.

⑤ Leonard T. K. Wu, Rural Bankruptcy in China, *Far Eastern Survey*, Vol. 5, No. 20 (Oct. 8, 1936), pp. 209 –216.

其中65%的农家耕地不足。在全国范围内，土地占有的情况有很大差异，"在扬州与杭州之间的地带，地主完全是收租的。自己经营的地主，甚属少见"①。"在江苏无锡，千亩以上的地主仅有耕地8.32%，中小地主却有耕地30.68%。该地9%的土地，属于地方公团、庙宇及各宗族。只有余下52%的耕地，为600000农民所有。"② 而在广东，普遍的情形是，"74%的贫苦人家，占有耕地不及1/5，同时2%的人家，却占有耕地1/2以上"③。

与土地分配不均并行的是耕地的分散问题。在印度和中国，耕地分散问题尤其明显。"1930年，1390家中，有4.92%的地块，每块不足一亩，57.44%的地块，每块为4.99亩，37.64%为五亩及五亩以上。"④ 耕种小块分散的农田，不仅浪费时间及劳力，更无从进行农业改良。"自己经营土地的地主与富农的耕地地块，大块的占百分数较多，小块的占百分数较少，反之，中农与贫农，尤其是雇农，小块地段占百分数较高，而大块地占百分数较低。"⑤ 耕地分散的趋势是农业生产的障碍，也是地质日益贫瘠的主要原因。使中国的农作物亩产量低于美国等其他国家。

"小农田天然排除大量生产的发展、大量劳力的使用、资本的集中、多数牲畜的饲养与科学的应用。"⑥ 若想改良中国的农业生产，必须解决耕地分散的问题，若解决耕地分散的问题，必须想办法实行土地的合理分配，若要实现土地的合理分配，必须确立一种合理的制度。但是，这个链条的顶端，将政策制定的权力掌握在手中的大地主，不会推动一种合理的土地制度的出现，相反，他们通过各种方法加速占有土地。他

---

① 陈翰笙：《现代中国的土地问题》，中国社会科学院科研局编《陈翰笙集》，中国社会科学出版社2002年版，第36—59页。

② 陈翰笙：《现代中国的土地问题》，中国社会科学院科研局编《陈翰笙集》，中国社会科学出版社2002年版，第36—59页。

③ 陈翰笙：《现代中国的土地问题》，中国社会科学院科研局编《陈翰笙集》，中国社会科学出版社2002年版，第36—59页。

④ 陈翰笙：《现代中国的土地问题》，中国社会科学院科研局编《陈翰笙集》，中国社会科学出版社2002年版，第36—59页。

⑤ 陈翰笙：《现代中国的土地问题》，中国社会科学院科研局编《陈翰笙集》，中国社会科学出版社2002年版，第36—59页。

⑥ 陈翰笙：《现代中国的土地问题》，中国社会科学院科研局编《陈翰笙集》，中国社会科学出版社2002年版，第36—59页。

们拥有多重身份以加强自身的权力。所以，陈翰笙提出，大地主是促成农村崩溃的主要因素。"在近代的经济影响之下，私人财产的发展，已有一世纪的行程。国有及公有的土地，为大地主所掠夺，他们非法的然而在事实上垄断了这些土地的地租。"①

历史地看，中国的耕地种类繁多，在几百年间，一直分为兵士的屯田、各种官田、庙田、族田及私田。直至近代，这些耕地能发挥其固有社会职能，到 20 世纪之初，这些田地逐渐转入私人之手。转入的途径是承继、转租、典当、税务纠纷或各地方政府的公开拍卖。东北诸省的大部分官田迅速变为私产。此外，战乱和饥馑也加速了土地集中。耕地集中于地主和富农之手。地主能否加强自己的权力对占有土地而言至关重要，其内部逐渐出现分化。

在重利盘剥、罗网密集的政治和商业剥削之下，地主和富农却不能趋向于资本主义化。北方的贫农多为雇工，南方的贫农多为佃农。许多地方佃农与地主分担赋税。佃农交付的地租，既包括利润也包括名义工资之一部分。中国地租高达全部收获的 40%—60%，纵使政府的减租政策也无实效。

此种情形下，农业生产的衰落成为必然结果。1927—1932 年对陕西合阳、河北保定、湖北应城、江苏镇江西湖村和无锡、浙江嘉善县顺恩村的调查数据分析，农业生产衰退包括耕作田亩的缩减、生产工具的缩减、谷价的跌落、耕地价格的跌落等。

（三）中国的赋税问题

赋税问题是整体性的问题，地主和农民都需承担。"内外债，强迫借款，辅币滥铸，纸币滥发都是变相的赋税，并且是赋税中最重要的部分。"② 因为中国农民占人口比重大，所以中国农民几乎肩负了中国财政的全部负担。20 世纪初期，中国财政上最明显的情形便是军费支出的膨胀和政府收入的削减。军阀的混战争权致使各省军费支出逐年增长。中央和各省间无有效的财政系统，收入与支出无定数。自民国十四年（1925）后中央财政即筑于强迫借款的上面。强借与公债便须增加

---

① 陈翰笙：《现代中国的土地问题》，中国社会科学院科研局编《陈翰笙集》，中国社会科学出版社 2002 年版，第 36—59 页。

② 陈翰笙：《中国农民担负的赋税》，汪熙、杨小佛主编《陈翰笙文集》，复旦大学出版社 1985 年版，第 1—30 页。

新税与附加税，现在的国债即是未来的国税。① 赋税种类繁多，陈翰笙列举了外债、公债、强借、滥发的辅币及纸币、田赋、契税、鸦片田税、盐税、煤油税、农产品税、通过税、营业税，更加上额外的勒索和拉夫。凡此种种，令农民难以承受，农民的资本越弄越少，致使增加生产无从讲起。

农业的衰退，使地主不但感觉收租的困难，而且感觉田赋的繁重。谷麦跌价而田赋增加，军事征发更加重田赋负担，许多地主必须出卖土地甚至放弃田亩。"赋税繁重，并不能使地主制度趋于崩溃，不过驱无力纳税的旧地主速就灭亡，而新的地主予以产生。这些新地主能够负担或避免那些赋税。"②

中国田赋在名义上是累进的，而实际是反累进的。有势力的在外地主，将纳税的负担加在贫农身上。地主的性质在改变，从单纯依靠收租的地主转变为跻身政治和商业的多重身份的地主。只有多重身份，才能加强他们的权力。他们往往身兼收租者、商人、盘剥重利者和行政官吏。由此，中国的农村行政，为地主的广大的势力所渗透。税收、警务、司法、教育，统统建筑在地主权力之上。地主与富农，利用小农之贫困，经营商业兼放高利贷，获取商业利益。

（四）中国融入资本主义经济网络

1929 年以来的世界经济危机加速了殖民地和半殖民地扩张的过程。中国未能幸免，外国扩张，尤其是在世界经济危机开始之后，打破了中国旧的经济平衡，使中国很快落入殖民地状态。这种分解的显著表现和分解阶段：手工业的消亡、农业的萧条和中国现代工业的衰退。③ 关税和政府财政反映了当时中国的经济状况。以 1932 年中国关税为例，进口税占 82.55%，这样大比例的进口税不仅表明进口和政府财政之间的重要关系，而且标志着对中国极为不利的巨大贸易逆差。

陈翰笙同意李希霍芬的观点，即在和世界市场的商业关系中，中国

---

① 陈翰笙：《中国农民担负的赋税》，汪熙、杨小佛主编《陈翰笙文集》，复旦大学出版社 1985 年版，第 1—30 页。

② 陈翰笙：《现代中国的土地问题》，中国社会科学院科研局编《陈翰笙集》，中国社会科学出版社 2002 年版，第 36—59 页。

③ Chen Han-Seng, Economic Disintegration in China, *Pacific Affairs*, Vol. 6, No. 4/5（Apr. - May.，1933），pp. 173 – 181.

的某些地区比其他地区与外国关系更密切。南方对外贸易的发展不仅是相对地而且是绝对地引起了北方的衰退。中国只有很少的地方农业比较活跃繁荣。中国未能作为一个整体性的市场与资本主义经济网发生联系。其后果，就是在贸易中丧失自主权。"田赋、地租和高利贷的沉重压迫迫使贫困农民为满足现实需求而不是为了利润出售产品。因而他们完全受商人资本的支配。价格的变动简直骇人听闻。"① 在世界大战期间，工业国家增加了它们对中国原料的需求，即使战后在某种程度上也仍然如此。这些需求加速了农产品的商品化。小麦、棉花和烟草的种植面积有很大的增加；蛋类、桐油和花生油大批量出口。这些产品价格的波动经常掌握着中国农民的生死。

政府的力量和政策在应对资本主义经济网的压力中扮演着重要角色。而国民党政府并未增强这种能力。身负沉重外债和内债的政府正在通过征税寻求出路，因为其自身濒临财政破产的边缘。仅仅一种税，兵差，就足以加速农村破产。增税造成的影响像旋涡一样扩散。它首先使地租增加。在兵差摊派严重的地方，佃农不得不直接负担一部分田赋。由于农作物商品化程度提高，货币地租代替了实物地租。货币地租正在城市周围和铁路沿线发展；由于货币是购买一切物品的手段，货币地租因此引起了预租的产生。

有限的货币周转和现金支付的最大需求迫使人们借债；小生产者和贫农首先需要钱还债。事实上，由于中国货币经济的发展从属于外国银行、外国进口商品和外国工厂在中国的优势地位，极大地削弱了农民的购买力。而正是由于农民的这种低购买力，以前把钱直接借给贫农的地主和富农们采用了一种新的高利贷方式。他们现在把钱存在钱庄和银行里，由后者做调查工作并提供贷款给穷人。这种间接借出货币的方式只是使农村的利息率增加。部分由于农产品日益商品化，部分由于手工业的衰退而引起了高利率，为商业资本进一步向农村渗透造成了良好的机会，提供了最有利的条件。由于农民的贫困，单纯的商业资本不可能得到很大发展。……但尽管带有商业性质的高利贷难以为继，带有高利贷

---

① Chen Han-Seng, Economic Disintegration in China, *Pacific Affairs*, Vol. 6, No. 4/5 (Apr. - May. , 1933), pp. 173 - 181.

性质的商业资本却很容易地敲开了贫农的家门。① 中国农民经常预售他们的农作物。他们把农作物卖给各种商人，以便购买生产资料或生活必需品。这些商人因此而使商业利润和高利贷利息都得到保证。

一支庞大的外国公司代理人队伍正在用进口肥料、进口棉布和煤油，还有其他外国工厂生产的商品从事高利贷性质的贸易。这在广东和福建特别盛行，那些地方的当铺正在迅速让位于这一带有商业外表的新式高利贷。一旦农民落入高利贷者或高利贷者兼商人的掌心，他们就永远无法解脱。高利贷者使生产资料减少，他迫使再生产过程在更为令人沮丧的条件下进行。在国外扩张主义的巨大影响下，赋税、租金、商业和高利贷资本都把货币财富集中到城市中，然后又从城市流向外国。②

第三节　以烟草调查实证帝国主义资本运作过程

在半殖民地半封建的中国，外国资本的入侵，对中国的经济发展究竟起了什么作用，这是一个长期有争论的问题。为了分析帝国主义资本在中国如何运作，陈翰笙选定英美烟公司为典型，在安徽的凤阳、河南的许昌、山东的潍县等烟草种植区，对该公司渗透到农村的经济网络进行实地调查③。调查的结果，由陈翰笙用英文写成《工业资本与中国农民》④ 一书。

一　指导烟草调查的基本理论框架

列宁提供了分析帝国主义经济的总体框架，陈翰笙在此框架下对于

① Chen Han-Seng, Economic Disintegration in China, *Pacific Affairs*, Vol. 6, No. 4/5（Apr. - May. , 1933）, pp. 173 – 181.

② Chen Han-Seng, Economic Disintegration in China, *Pacific Affairs*, Vol. 6, No. 4/5（Apr. - May. , 1933）, pp. 173 – 181.

③ 这次调查，历时两年，共调查了 127 个村庄，并对其中的 6 个典型村和 429 户做了深入的农家调查。

④ Chen Han-Seng, *Industrial, Capital and Chinese Peasants*, Kelly and Walsh, Limited, Shanghai, 1939. 该书由纽约国际太平洋学会资助出版。1941 年由日本的殿生文男和小田博两位分别由英文译成两个日本文出版。该书出版后即广受关注，被视为远东研究的重要作品，在美国报刊上发表的书评中，陈翰笙被称为"广为人知的经济学家"。其通过实地调查以论证工业资本与农民生活关系的方法受到肯定。相关评论见 FFC, New Books of Interest in the Far East: Industrialization in China, *The China Weekly Review*（1923 – 1950）, Jun. 7, 1941。

帝国主义资本在殖民地的运转进行了细致入微的剖析。到 20 世纪初，世界经济已经发展到帝国主义阶段。银行资本正在迅速同工业资本结合，资本输出变得和商品输出同样重要。人们开始感到金融资本的力量，国际金融家不再满足于向中国输出卷烟，为了获得更高的利润，他们需要以开设卷烟厂的形式在这个国家进行投资。无疑，正是这种资本输出的强烈要求，导致英国和美国六家卷烟公司联合起来在中国建立卷烟制造中心。它们的这个联合企业，在中国以"英美烟公司"为人们所熟知。① 从历史上看，帝国主义国家的工业，总是从它们的殖民地或半殖民地获得它所需要的原料；殖民地或半殖民地很少进口原料来发展自己的工业。帝国主义资本通过在中国设立工厂，可以免付海运费用和关税。而且，不但可以在当地利用廉价的原料，还可以雇佣工资极低的劳动力。②

列宁强调银行资本和铁路的作用，陈翰笙同样关注这些方面。关于银行资本的作用，中国的银行资本只是作为高利贷资本和买办资本混合物的体现，它对于促进民族工业的发展，没有起过什么作用。即使中国银行这个被人们认为在鼓励工业企业方面最有见识的机构，在它的全部投资中，工业贷款也没有超过 1/10。它在收购出口原料和分配外国进口商品方面，已经并且正在做大量的工作。由于外国和中国资本家、买办和地方士绅的共同合作努力，美种烟草的种植，在中国才能够不断推进。③

中国的变化加速了帝国主义的渗透。货币经济随着铁路的修建深入农村。自从 1904 年胶济铁路、1906 年平汉铁路和 1912 年津浦铁路建成以来，货币经济已经在大踏步地猛进。在这些现代交通沿线地区，农民过去常常用他们自己种出来的棉花亲手纺织；可是到了 1913 年，他们已经开始用外国进口的洋纱棉布，甚至洋布也开始流行起来。引入美种烟草的潍县、凤阳和襄城，土壤、气候和雨量适宜，位于现代交通干

① 陈翰笙：《帝国主义工业资本与中国农民》，陈绛译，汪熙校，复旦大学出版社 1984 年版，第 4 页。

② 陈翰笙：《帝国主义工业资本与中国农民》，陈绛译，汪熙校，复旦大学出版社 1984 年版，第 6 页。

③ 陈翰笙：《帝国主义工业资本与中国农民》，陈绛译，汪熙校，复旦大学出版社 1984 年版，第 14—15 页。

线沿线。① 货币经济迅速发展带来课税的变化，中国各种课税，除了军事征收以外，都必须以现金缴付。农民的现金入不敷出，甚至连那些种植土种烟草的现金作物区，早在 1913 年就已经存在这样的情况。英美烟公司和其他华商烟草公司起初以收购高价鼓励烟农种植美种烟，他们收购烟叶时都经常付给现金，这对于农民是巨大的刺激。②

　　陈翰笙以调查证明，在中国处于半殖民地半封建社会制度之下，而经济上被卷入资本主义经济系统之中时，现代工业化在中国的发展并未给农民带来生活的改善。恰恰相反，现代化的工业体系、帝国主义资本、封建买办结合起来，形成对于中国农民的沉重压迫。他以社会学研究方法，将这一事实呈现出来。

　　论证的切入点是探讨现代工业化与农民的生活之间的关系：经济史家一般都同意，工业工资比农业工资高，工业化有助于提高附近农村地区的生活水平。然而，中国的问题却与一般不同：在半殖民的情况下，即使在日本入侵以前，现代工业化没有对中国农民的生活产生有益的作用。

　　陈翰笙的方法是进行典型的个例研究，他选择烟农及引进美种烟草的产烟区进行调查，因为烟草是高度商品化，并且完全受到现代工业资本影响的新作物，它的种植虽然集中在某些特定的地区，然而它所包括的区域如此广大，它所影响的人口如此众多，应当有一个详尽的调查，分析它同农民的关系。中国的美种烟草产区远比棉花产区集中，它本身也便于进行更为深入的研究。通过这一种商品的贸易网络，帝国主义资本在中国的渗透与运作过程便清晰可见。

　　陈翰笙将烟农区分为富裕农民、中等农民和贫穷农民。划分的标准是生活水平，中等农民系指那些在正常年景下收支足以相抵的家庭，富裕农民通常在支出必要的生活费用和农田经营费用以后，每年收入尚有盈余。占人口大多数的贫穷农民家庭，是那些即使在正常年景也入不敷出的家庭。

---

　　① 陈翰笙：《帝国主义工业资本与中国农民》，陈绛译，汪熙校，复旦大学出版社 1984 年版，第 7 页。
　　② 陈翰笙：《帝国主义工业资本与中国农民》，陈绛译，汪熙校，复旦大学出版社 1984 年版，第 8 页。

二　帝国主义资本在中国形成的资本网络

陈翰笙论证了几类关系：第一，帝国主义资本与中国封建买办和士绅之间的关系；第二，帝国主义资本与中国民族工业之间的关系；第三，帝国主义资本与中国封建势力结合后与中国农民间的关系；第四，中国农民内部的分化及相互关系。这几类关系，构成了资本网络，渗入中国经济内部。

（一）第一类关系

陈翰笙指出，帝国主义资本必须与中国的封建买办和士绅相结合，才能在中国乡村建立其网络并维持其资本的运转。其原因有三，一是买办和乡绅通过贷款等措施保证农民生产，二是买办和乡绅代为在中国购置产业，三是买办和乡绅帮助烟业公司建立起烟叶收购网。作为回报，在资本运作的链条中，买办和乡绅能从中获利。

1. 关于贷款

美种烟草应该而且能够以高于土种烟草的价格售出，生产这一新的烟草费用远远大于生产土种烟草的费用。生产烟草费用高昂，具有十分重要的社会和经济方面的意义。它意味着没有中国商业资本和高利贷资本的帮助，像"英美烟"这种形式的外国工业资本便不能够深入中国内地。由于农民迫切需要现金，拥有英美烟公司巨额现金的买办和收购烟叶的人，就能够对他们发号施令。贫穷的小烟农没有生产资料便无以为继。对他们来说，负担谷物和豆类的生产费用已经相当困难；独力种植烟草，更远非他们力所能及。

"英美烟"雇佣的中国买办对于这一点十分清楚，他们是首创贷款给烟农的人，因而也是最先利用商业资本和高利贷资本来推进工业资本的人。一方面，他们以种子的方式发放贷款，另一方面，他们又以作肥料用的豆饼和烘烤烟叶用的煤，贷给农民。①

当地士绅和富户的实物贷款，有三种类型：有的是直接贷给烟农；有的是通过自己经营的煤店或油坊贷放；还有的就是所谓凤阳"烟农协会"。这个协会是半官方性质的团体，由地方政府的财政委员会给予津

---

① 陈翰笙：《帝国主义工业资本与中国农民》，陈绛译，汪熙校，复旦大学出版社1984年版，第9—10页。

贴。凤阳的士绅以这个协会的名义，向中国银行和上海商业储蓄银行申请现金贷款，用来购买豆饼和煤。有一段时间士绅成为烟农和银行之间唯一的中间人。到1934年，上述两家银行开始在安徽组织信用合作社，并以这些合作社的名义，自己开始向农民发放实物贷款。上海商业储蓄银行首先组织了烟草合作社，和中国其他的合作社不同，它们大多掌握在地方士绅手中。事实上，合作社成员绝大多数是那些不仅不需要贷款济助，而且实际上还掌握货币和准备放贷的地主和富裕农民。那些真正需要贷款的人并不能成为合作社的成员。①

2. 关于置办产业

英美烟草的种植面积，沿着胶济铁路扩展，"英美烟"的烟叶收购网也随着铺开。中国买办、官僚和地方士绅给予英美烟公司帮助，使其能够在条约口岸之外的地区开办收烟厂。英美烟使用的土地是以中国人的名义购置的。烟草公司的外国总办和中国买办，不论他们驻在什么地方，往往十分谨慎小心地同地方有影响的士绅家庭保持着密切甚至亲善的关系。② 日本的烟草企业同样如此。

中国买办、官僚和地方士绅已经成为帝国主义对中国经济渗透的良好媒介，通过这个媒介，这种渗透纵使相当缓慢，但却无疑在或多或少地向前推进着。只有通过这一媒介，外国货币资本才能够到达中国腹地，在那里设立工厂，并且受到政治和军事上的保护。③

3. 关于建立烟叶收购网

以"英美烟"在河南的命运为例，说明英美烟在中国官僚、买办和士绅的合作下，显然不再满足于仅仅恢复它在1927年以前的势力，而是正在中国腹地和僻壤极力建立更加庞大、垄断性更强的烟叶收购网。一般都知道，对外贸易和外国资本渗透中国，加速了中国农产品的商品化。对外贸易甚至影响到这种商品的兴衰变迁。④

---

① 陈翰笙：《帝国主义工业资本与中国农民》，陈绛译，汪熙校，复旦大学出版社1984年版，第13页。

② 陈翰笙：《帝国主义工业资本与中国农民》，陈绛译，汪熙校，复旦大学出版社1984年版，第27页。

③ 陈翰笙：《帝国主义工业资本与中国农民》，陈绛译，汪熙校，复旦大学出版社1984年版，第28页。

④ 陈翰笙：《帝国主义工业资本与中国农民》，陈绛译，汪熙校，复旦大学出版社1984年版，第24页。

如果没有现代的工厂烘烤，就不可能真正有大规模的烟叶收购。中国美种烟草的生产，一开始就受到外国资本的控制，种植面积的扩展，为这种控制提供了极好的机会。

（二）第二类关系，帝国主义工业资本与中国民族工业的发展

陈翰笙强调，同样为帝国主义资本，日本烟业公司和"英美烟"公司间存在竞争。这是帝国主义国家在中国的经济和政治角逐。日本占领东北后，欲对这一地区实行工业控制，卷烟工业也在其中。日本人成立"满洲"和东亚两个烟草公司。对英美烟产生挑战，1936年，根据日元和英镑的现行汇率换算，满洲和东亚公司的资本合起来不及英美烟资本的4%。正是由于这个原因，日本人在不可避免的商业竞争中，不得不使用某种超经济的力量——政治的以及军事的力量，与英美烟对抗，在满洲和华北，尤其如此。日本烟草公司首先排挤中国人的营业，只是在他们发展到第二阶段，才侵犯到英国的势力范围。到1938年春，已经有征兆表明日本军方计划将西方利益从中国驱逐出去。[①]

帝国主义工业资本间的竞争可以通过瓜分中国利益达成妥协。英美烟的"满洲国"附属机构董事会增加了日本董事，英美烟同意同它的竞争能力较差的日本对手划分市场。而对于中国民族工业，其手段只是压制和摧毁。日本卷烟的销售已将中国人的营业驱逐出东北和华北，这是不容置疑的事实。

第一家华商卷烟厂出现于1905年，它是在中国市场对卷烟的需要徒增的促使下成立的，当时由于抗议美国歧视中国移民而普遍抵制美货，引起了市场对卷烟的需求。第一次世界大战、1925—1927年的中国国民革命运动，进一步促进了国产卷烟的销售。

国产卷烟生产的发展，增加了对美种烟草的需要。华商工厂和外商在华工厂1930年以后竞争特别激烈，它们被迫采用最好的原料。彼此竞争的工厂在竞争中必须寻找某些降低生产成本的方法，对于中国种植的美种烟草的需要，从而有了增加。

1921—1934年，中国的美种烟草种植面积普遍增长，1921—1931年，外国烟草的进口继续增加。1931年以来，美种烟草的进口因它在

---

① 陈翰笙：《帝国主义工业资本与中国农民》，陈绛译，汪熙校，复旦大学出版社1984年版，第34—35页。

中国的种植加速增长而连续下降。日本占领东北也是一个因素。

华商卷烟工业和其他任何民族工业一样，在原料收购和产品销售方面，不得不承受外国资本的压迫。它必须承担腐败的财政制度所带来沉重的税负，并且受到外国竞争和政府捐税的双重夹攻，它的前途绝无光明可言。它经过欧战期间一度短暂的繁荣以后，开始衰落下去。国产卷烟不仅在国外没有什么销路，在国内也难以站住脚跟。中国的产品首先从东北市场、接着从华北、再接着从沿海地区直到最南方各省，次第被外国资本的产品排挤出去。① 在外商工厂的产品，尤其是英美烟的卷烟竞争压力之下，留给华商企业的自由市场，实际上只有下级卷烟的市场而已。1928—1930 年实行七级税制，曾给下级卷烟的销售以应有的鼓励。1930 年 10 月，烟税改为三级制，下级卷烟不仅失去有利的税率，而且还须缴付比例比中级卷烟更重的税款。由于 1932 年税制又由三级税率改为只有二级税率，下级卷烟负担了比先前更大的烟税重担。②

在中国民族工业的衰落中，国民党政府并未承担任何应尽的责任。由于中国政府曾经一再想预征烟税，以应付它的财政困难，由于只有拥有雄厚资本的外国企业如英美烟才能应付这种需要，"英美烟"在纳税方面得到了极大的利益。在中国，英美烟是一家强大有力的商业企业。它以用于营业以外活动的现款，一方面结交政府官员，另一方面同有权势的地方士绅合作。它已经成功地获得在纳税和税率方面的特殊利益，并且同时享有异乎寻常的政治上和经济上的保护。它在中国大的通商口岸设立巨大的卷烟工厂，在内地产烟区建立自己的烘烤和收购烟叶的系统。与此形成直接的对照，大多数华商卷烟工厂却是规模极小的企业。所有这些华商工厂的资本总额，只及英美烟的资本总额的 4%。

自从 1927 年以来，虽然中国美种烟草的生产逐年增长，中国现代卷烟工业却相反地迅速走上了下坡路。十分明显，半殖民地的原料增长，无助于促进民族工业的发展，它实际上只是扩展了外国工业资本的势力。

---

① 陈翰笙：《帝国主义工业资本与中国农民》，陈绛译，汪熙校，复旦大学出版社 1984 年版，第 37 页。
② 陈翰笙：《帝国主义工业资本与中国农民》，陈绛译，汪熙校，复旦大学出版社 1984 年版，第 39 页。

（三）第三类关系，帝国主义资本与中国封建势力结合后与中国农民间的关系

农民出售烟叶，完全受到商业资本和工业资本的控制。山东、安徽或河南，不论什么地区，英美烟操纵了烟草价格，它的收购人常常定出由其他收购代理商遵循的标准。烟草生产者从而极少有机会同任何收购者讨价还价。他们接受英美烟收购厂极其苛刻的待遇，如果农民交付烟叶时，对他出售任何一部分产品的价格表示不同意，整笔的交易便会受到拒绝。

农民很难获准进入收烟厂，或者有权带烟叶来卖。炕票是农民获准入门唯一必要的证明。这个制度流行于英美烟收购烟叶的所有三个产烟区。因为炕票是通过中国买办发放的，他们就有许多机会榨取烟农。[1]付给烟农烟叶价款问题，因为银圆同经常采取纸币形式的辅币保持浮动的兑换比率，所以担任实际付款的买办往往认为，他只能付出辅币，而不能付出银圆。因此，他每付出一元，就任意扣掉币值的4%。

产烟区的日本、美国甚至中国的收购代理商，在索取手续费、操纵通货兑换、任意减扣烟叶重量方面，都以英美烟作为效法的榜样。这些收购者在英美烟巨大的竞争力量的沉重压迫下，十分明白应该怎样把负担转嫁到烟农身上。[2]

讨论美种烟草的价格时，必须指出两点：其一，产区当地的市场价格同大多数卷烟工厂所在地上海的市场价格之间的差别；其二，出售烟草的农民实际接受的价格同当地市场价格之间的差别。

名义价格与实际价格之间的巨大差额，可以确定地说，是虚报等级、任意扣减重量、收取手续费、操纵通货兑换，以及转嫁税负的结果——这一切都是商业资本和工业资本的代理人烟草收购商所实行的方法。[3]

在中国所有商品性的作物中，美种烟草需要程度最高的精耕细作。在外国金融资本及其中国的同盟势力控制之下，中国种植美种烟草的人

---

① 陈翰笙：《帝国主义工业资本与中国农民》，陈绛译，汪熙校，复旦大学出版社1984年版，第47页。

② 陈翰笙：《帝国主义工业资本与中国农民》，陈绛译，汪熙校，复旦大学出版社1984年版，第50页。

③ 陈翰笙：《帝国主义工业资本与中国农民》，陈绛译，汪熙校，复旦大学出版社1984年版，第53页。

所得到的收入，一般地说，不足偿付生产费用，即使将农民负担的那些对生产无用的其他成本除外，也是这样，这一点应当是十分清楚的。因此，种植者必须牺牲大部分的工资，有时甚至牺牲全部的工资。[①] 农民不能得到他们应得的工资，这是中国农业普通的现象。中国的农业生产是以牺牲工资来维持的。[②]

（四）第四类关系，中国农民内部的分化及相互关系

在烟农之中，农民内部分化趋势明显，促成分化的因素，包括不同阶层的农民对于烟草种植的选择性及可承受性和高利贷的盘剥。就富裕农民来说，种植烟草必要的超额劳动单位数量，可能而且已经在很大程度上转嫁到受雇的长工和季节短工身上。因为这些家庭雇工的工资没有同他们的劳动按比例增加，他们完成更多的工作，却没有得到更多的补偿；但是一般中等农民和贫穷农民家庭，通常不可能将这种负担转嫁出去，结果是加强利用以妇女劳动和儿童劳动为主的家庭劳动。……可是他们的劳动工资，却完全听凭外国金融资本家和中国买办与地主——高利贷者的摆布。[③] 烟叶动荡不稳的性质，烟草种植者不能得到他们应得工资的事实，促使了高利贷的进一步盘剥。

在中国社会和经济发展的现阶段工业资本控制之下，烟草的种植已经使高利贷得到扩大和加强。除了传统的现金和谷物借贷，还有许多煤和豆饼借贷。这种新的情况已经造成产烟区高利贷的利率普遍升高。交付利息的方法也受到烟叶种植的影响。不论在产烟区还是非产烟区，农村中取得现金贷款或谷物贷款最常见的方法，是依靠个人或家庭的信用。与借贷有关的土地抵押当然也很多。[④] 由人作保和商店赊购的方式，并不普遍。

赊购不必单独付息，因为利率已经计算在价格内。土地抵押也不另付利息，这种借贷的利息由每年实物地租代替。其他形式的借贷采取固

---

① 陈翰笙：《帝国主义工业资本与中国农民》，陈绛译，汪熙校，复旦大学出版社 1984 年版，第 58 页。

② 陈翰笙：《帝国主义工业资本与中国农民》，陈绛译，汪熙校，复旦大学出版社 1984 年版，第 60 页。

③ 陈翰笙：《帝国主义工业资本与中国农民》，陈绛译，汪熙校，复旦大学出版社 1984 年版，第 63 页。

④ 陈翰笙：《帝国主义工业资本与中国农民》，陈绛译，汪熙校，复旦大学出版社 1984 年版，第 66 页。

定的利率，利息可以用现金或谷物支付。除个别情况外，任何产烟区实际上都不存在这种以谷物付息之类的情况。现金付息的方式盛行，显然是引进美种烟草的地区货币经济迅速发展的结果，但是在目前的情况下，中国农民无法支配他们的销售，种植烟草的人很少有足够的钱支付借贷的现金利息。①

把烟草种植者作为一个整体来看，对于他们的生活水平最为重要的是如下的事实：这种苛刻的高利贷是由占人口大部分的人来负担，这意味着由农民中比较贫穷的阶层来负担。在中国当时的土地制度下，中等农民、贫穷农民和雇农极难取得经济信用借贷，尽管以偿还谷物为条件的谷物借贷，或名义上无息的借贷，都受到这些告贷无门的人们的欢迎。

不论在高利率盛行的地区，还是在利息较低的地区，雇农的遭遇都是最为恶劣的。他们不能得到任何大笔的借贷，却必须交付最高的利率。高利贷无疑是推动农村阶级分化进程的一个最有效的力量；哪里烟草种植盛行，并向卷烟工厂供应烟叶，哪里的高利贷就将得到加强。②

美种烟草的种植，只在中等农民和贫穷农民中间流行。虽然经营烟田的地主和富裕农民两者都同中等农民和贫穷农民一样，受到同样价格的支配，但是前者却没有或较少受到像商业高利贷和土地垄断之类不利因素的影响。另外，烤房的租费，中等农民和贫穷农民使用烘烤设备，他们所付租费不同，这一点很值得注意。富裕农民不仅负担生产费用较轻，而且得到的收获与实际作物收入也比较大。

产烟区美种烟草种植面积的最高平均百分比，为作物面积的13%，为自己所有地的23%，这表明中国在农业商品化方面仍然远远落后于先进的资本主义国家。然而，中国的根本不同之处只是在于：能够种植这一经济作物更多的人，实际上却种得更少。③

在潍县产烟区，一家农户要维持生计，通常必须种植六亩烟田，但

---

① 陈翰笙：《帝国主义工业资本与中国农民》，陈绛译，汪熙校，复旦大学出版社1984年版，第69页。

② 陈翰笙：《帝国主义工业资本与中国农民》，陈绛译，汪熙校，复旦大学出版社1984年版，第70页。

③ 陈翰笙：《帝国主义工业资本与中国农民》，陈绛译，汪熙校，复旦大学出版社1984年版，第75页。

是那里的贫穷农户每户占有土地平均不超过二亩半。在凤阳种植烟草的村庄，农民供养一户家庭，必须种植30亩，但是那里的贫穷农民每户平均只有耕地9亩。……因土地分配极端不均而造成的土地严重不足，已经导致农村劳动力大量过剩。①

几十年以前，过剩的劳动力大多数吸收到家庭手工业中去。然而，这些家庭手工业已经被中国和外国资本设立的现代工厂工业排除殆尽，山东东部的情况尤其是这样。

地租增加是由于贫穷农民没有占有足够的土地，为了种植烟草，他们必须从地主、有时也从富农那里租借更多的土地。种植烟草的面积虽然小于小麦面积，它的作物总值却显得比它大。烟草的确是所有换取现金的作物中价值最高的作物。

富裕农民家庭不像中等农民和贫穷农民家庭那样，密切依赖美种烟草取得现金收入。他们占有并且耕种多得多的土地，因而除了烟草以外，还有其他作物出售。他们从作物中得到的现金收入，有三分之一以上来自烟草以外的其他作物，但是中等农民和贫穷农民家庭却几乎都依靠他们出售烟叶的收入。就中等农民来说，他们来自作物的全部现金收入，有将近81%来自烟草，至于贫穷农民，这一百分比高达87%。

三 以烟草调查为例解说农民经济生活

陈翰笙的结论是：在半殖民地半封建的中国，工业化以及随之而来的工业原料作物的发展，一般总是导致农民生活水平下降，对于中等农民和贫穷农民来说，尤其是这样。这明确地表明，只有一个独立民主的中国，工业化才能够带来它所期望的社会福利，使占人类近1/4的人们的生活水平得到提高。

这一切的结果，已经将中国重要的民族工业卷烟生产置于极其不利的地位。它排挤了中国的烟叶收购商和收购代理商，并且将全部沉重的负担压在中国烟农身上。英美烟可以和华商卷烟工厂共同利用和剥削中国廉价的劳动力，但是它还能够得到华商卷烟工业分享不到的其他特权，

---

① 陈翰笙：《帝国主义工业资本与中国农民》，陈绛译，汪熙校，复旦大学出版社1984年版，第76页。

亦即在纳税方面特殊益处以及获得原料方面的优越地位。英美烟通过它在烟叶收购方面事实上的垄断，不但能够迫使中国烟农按照几乎是任何的价格售出他们的烟叶，而且还能够威胁中国农民，使他们不敢拒绝把烟叶出售给英美烟收购者。英美烟所以能够做到这一点，是由于它在同中国官僚和有权势的士绅密切联系和合作中，取得了超经济的力量。

虽然日本烟草托拉斯已经在满洲和华北迅速扩展它们的势力和市场，它们迟早将会威胁到英美烟的生存，然而，在外国资本的工业和政治统治下，中国卷烟工业的命运是注定了的。中国烟农的痛苦和贫困是无穷无尽的，整个的烟草市场和日益流行的卷烟市场正在迅速变成具有殖民剥削的性质。但是，一旦中国人民的民族力量真正坚持自己的权利、政治独立和经济自由全恢复，这种情况一定会宣告结束。

第四节　以广东和西双版纳调查解析半封建社会的特征

一　以生产关系作为调查的核心概念

1936 年，陈翰笙在对广东进行调查的基础上完成了《解放前的地主与农民——华南农村危机研究》①。他围绕生产关系这个概念，以广东农村为例，分析了中国农村的社会形态。陈翰笙关于广东农村调查的著作有中文、英文、日文、俄文多个版本，受到国内外学者的广泛讨论和关注（见表 4 - 2）。这部作品不仅是对于广东一省农民生活生产状况的社会调查，还是"中国农村派"对于河北、江苏、广东这些具有代表性的区域进行调查的一部分，这一系列调查不仅能够说明中国各地农业生产和农民生活的差异性，也能总结出当时中国农村社会生产关系的一般特点。陈翰笙在调查中广泛阅读国内外学者对于中国农村问题进行研究的论著，借鉴包括特来贡尼、佛林、约克、马季亚尔、魏特夫、鲁易、卜凯、李景汉等人的论著和农村调查方法及观点。他还将中国广东

---

　　① *Landlord and Peasant in China*：*A Study of the Agrarian Crisis in South China*，International Publishers New York，1936. 该书的中译本为《解放前的地主与农民——华南农村危机研究》，陈翰笙著，冯峰译，中国社会科学出版社 1984 年版。对广东进行的农村调查得到中山文化教育馆的支持，广州岭南大学为调查记录的发表提供了财政援助。同时，这本书由美国纽约国际出版公司出版，得到了太平洋关系学院国际研究部布鲁诺·托斯克先生和 W. L. 霍兰先生在编辑和其他方面提供的帮助。

农民的生活水平同德国、日本、印度等地农民的生活水平进行比较，学术视野非常广阔。这部篇幅不长的著作同后来的《江村经济》一样，成为当时的西方学者了解中国农村问题的一部重要作品。

表 4 - 2　　　　　陈翰笙关于广东农村社会调查著作的多种版本

作者	译者	标题	出版机构/出版地	出版时间（年）	序言
陈翰笙		《广东农村生产关系与生产力》	中山文化教育馆	1934	刘大钧写于1934年11月12日
Chen Han-Seng		*Agrarian Problems in Southernmost China*	Shanghhai： Kelly and Walsh, for Lingnan University, Canton.	1936	陈翰笙 1935 年 6 月写于南京
Chen Han-Seng		*Landlord and Peasant in China：A Study of the Agrarian Crisis in South China*	International Publishers, New York	1936	弗雷德里克·菲尔德（Frederick V. Field），1936 年 5 月 30 日写于纽约
陈翰笙	佐渡爱三	《南支那に於ける農村問題》	东京：叢文閣	1936	佐渡爱三写于 1936 年 12 月 10 日
陈翰笙	井出季和太	南支那農業問題の研究	东京：松山房	1940	
陈翰笙	冯峰	《解放前的地主和农民》	中国社会科学出版社	1984	
陈翰笙		俄文版			

（一）社会形态理论的普遍性与特殊性

1. 半封建与半殖民地概念

半封建性是一个复杂的问题，以土地占有为基础的政治经济特权的存在是其关键，但是除此之外，中国的具体情况更为复杂。

在中国，虽然原始公社式耕作的残余正在迅速消失，虽然宗法式自给自足的农业也在国内许多地区分崩离析，但是谋求农村发展资本主义农业的企业家仍是凤毛麟角；中国农业占支配地位的形式，仍是为简单的商品生产而耕作的形式。由于地租过高，贫农和中农得不到足够的土地以使用他们全部有效的劳动力，并充分利用他们哪怕是已经过时的工具。

虽然中国的农民经济还不是资本主义的，但是绝不可误认为它仍是纯粹封建主义的。在中国，传统的封建主义模式早已被歪曲了。早在公元前 5 世纪，广泛的国内贸易和各种高利贷的流行，促进了一种新的经济制度、一种商品化的农业的发展，这种农业表明地租、税收、价格和利息等各种力量开始相互作用。靠地租为生的地主，靠五花八门的税收过活的官僚和军阀，靠操纵价格为生的商人和买办，以及靠过高的利息过活的高利贷者，甚至比当代垄断资本的董事们勾结得还要紧密。但是这些人积聚的金钱，正如海外华侨寄回家的金钱一样，大都更广泛地变成了地产。土地集中的过程只能使一种前资本主义的农村经济制度永久存在下去。

在广东，20 世纪 30 年代上半叶，总的田赋负担增加了两倍，这种负担大都转嫁到不得不付地租的那些农民的肩头。通常用谷物偿付的地租，高达全部收成的 50%—57%。没有人会把这误会为资本主义的地租。如此高昂的地租，加上所有随之而来的各种负担，压在农民身上，并把他们驱逐到高利贷者那里。

破产的农民通过抵押过程迅速失掉他们的土地；由于不被工业接收或"吸收"的无地农民不断增加，工资总的来说正在下降，各种形式的租金则在上升。这样一来，破产现象便一再重演，并且加速着这一过程，直到农民无产阶级化的速度远远超过农民流亡的速度和缓慢的工业化速度。中国当时土地垄断制度，只能把永久的所有权赠予得天独厚的少数人，同时又把永远还不清的债务强加在日益增加的群众身上。

在这种土地垄断的情况下，动摇着整个经济的是租金而不是资本。在中国占优势的非资本主义关系，在极小的农场单位上得到进一步的反映和表现。这种不适当的耕种规模确实排除了农村信贷的可能，并妨碍了资本本身的自由活动。仅仅是农场规模的大小，当然还不能说明农业是资本主义的还是前资本主义的。判断这一点的标准应该是生产的内容与条件。诸如作物的性质、工具、肥料、劳动力的强度等。

外国的商业用火车带来了工业资本的深远影响。工厂制造的商品日益增长的进口，使全国的手工业趋于衰落。来自家庭生产或来自农民辅助劳动的收入不断下降。在世界大战期间，手工纺织业突然复兴，这是因为进口纺织品的价格因战争环境而上涨。但是到了中国正从陷于自身的经济危机中的那些资本主义国家接受倾销的全部后果。战争结束，现代贸易肯定正以前所未闻的巨大规模加剧着农村贫困化的过程。[①]

早在 19 世纪 70 年代，在长江的若干口岸向外商开放以后，中国的贸易和高利贷资本就不再把它的活动范围局限于国内市场，而是开始跟外国的工商业活动挂钩了。实际上大约就在这个时期，随着外国势力的增长，出现了一种新型的官僚，即买办式的官僚。[②]

在进口的军用武器的基础上，一支现代化的军队在中国渐渐建立起来。但是由于封建主义关系的残余，新军的指挥官们只不过是一伙军阀，他们往往同时是地主和买办。……从这些军阀中浮现出一种新式地主，这是由于他们通过收税、从贷款中抽取佣金以及克扣士兵的薪饷养肥了自己。这种新式地主比那些属于旧乡绅的地主势力要大得多，因为他们现在可以直接凭借武力收取他们的地租。[③] 从 19 世纪中叶以来，暴动—军火—税收，或税收—军火—暴动，形成了一种恶性循环。

中国的军阀和官僚绝大多数本身就是地主和买办，他们永远不可能也永远不会帮助农民摆脱他们所受的奴役。他们只想尽可能地继续保持土地垄断状态，这是他们剥削的基础。在外国资本家看来，他们几乎是必不可少的，因为他们能起到维护社会治安并使中国有贸易安全的作用。[④]

2. 广东农村生产关系的特殊性

与中国其他地区相比，广东农村具有特殊性。其表现：第一，广东与外部世界的接触几乎比中国其他任何地区都要频繁，工业化程度却远远落后于江苏和浙江，其经济几乎不得不完全依赖农业作为其税收的来源；第二，侨居国外的工人从国外汇来的一部分工资构成了中国这一地区主要的金钱收入之一。

---

① 陈翰笙：《解放前的地主与农民——华南农村危机研究》，冯峰译，中国社会科学出版社 1984 年版，第 6 页。

② 陈翰笙：《解放前的地主与农民——华南农村危机研究》，冯峰译，中国社会科学出版社 1984 年版，第 7 页。

③ 陈翰笙：《解放前的地主与农民——华南农村危机研究》，冯峰译，中国社会科学出版社 1984 年版，第 8 页。

④ 陈翰笙：《解放前的地主与农民——华南农村危机研究》，冯峰译，中国社会科学出版社 1984 年版，第 10 页。

广东省最清楚地表明了帝国主义的经济渗透对农村生活和中国本身阶级对抗的发展所产生的影响。农民的贫困在这个地区具有内在的、本地的重要性。尽管这里比较富饶，但劳动力却以惊人的速度在流失。侨居国外的工人从国外汇来的一部分工资构成了中国这一地区主要的金钱收入之一。在近代，这些农民在他们祖辈的土地上劳而无功，这对于他们来说，已不仅是暂时出国劳动的一种理由。这种情况所具有的规模已经使得土地本身存在着丧失其生产财富的特性这样的危险，因为土地的生产能力再也保不住了。

各国移民限制在增强，在家乡，祖传的土地本身正在变质，耕种所得的收益越来越少，如果土地问题得不到合理解决，人口的流动和对外贸易都无疑地将会出现新问题，这不仅对于中国，甚至对于整个世界也会产生不祥的后果。倘若中国的工业能以1930年以前的美国或1930年以后的苏联那样的速度和规模发展起来，则广东的这些农村无产者和半无产者就不会到那些遥远的欧洲殖民地去卖命了。其实这种人为的人口过剩乃是缺乏足够的工业化的土地垄断的必然产物。

中国最南端的公田制度，尤其是族田制度，只是加强了垄断者的地位。约有80%的广东农民按他们所属的宗族生活在一起，这是因为他们最初就跟族田联系在一起了。

在当时，在该省的全部4200万亩耕地中，35%是族田和其他各种公田。广东族田每年的租金高达1.26亿元，如此巨大的租金加上其每年的利息，往往使广东的省收入和国家收入的总和得以增加一倍。集团地主的如此重大的影响，在任何一个欧洲国家的地主史上都是找不到的。在这么一种垄断的农业土地制度下，必须把税款和租金看得同样重要，大部分税款都是直接或间接地从农田勒索来的，其数额视农田的大小而定。

广东的田赋因两项新政策大为增加，一是最近加紧修筑公路；二是改组村政府。广东与外部世界的接触几乎比中国其他任何地区都要频繁，工业化程度却远远落后于江苏和浙江，其经济几乎不得不完全依赖农业作为其税收的来源。原因有三：第一，四面环山，可供任何工业发展的市场面积有限，无法吸引大规模投资；第二，离香港太近，无法与该地竞争；第三，战争和政治动乱。

大约在设立长江各口岸以便和西方资本主义国家开展贸易之前的

100 年，现代国际贸易一直在广东进行。外国的商业无疑加速了财富的积累，在中国的条件下，这种财富的积累只是加强了土地的集中。在中国所有的省份当中，广东受国际贸易的影响为时最长。在中国所有的富饶地区当中，广东在阶级分化方面走得最远。

（二）广东调查以阶级分析法为基本方法

土地占有是经济和政治特权的根源。造成农业生产下降或妨碍它发展的根本原因，只能通过对农业生产中各种社会关系的考察才能加以说明。这些由自然条件造成的关系，不仅决定了经济的、社会的和政治的环境，而且决定了农业生产的特殊性质和发展。它们包括生产者一方与另一方之间的关系，这另一方控制着土地、贷款、物质供应、劳动力价格、市场，以及省政府和地方政府的各项政策——国民政府对于一个边远省份人民的日常生活几乎没有什么直接影响。

正如机器的所有权和使用权在支配工业生产的各种关系中占有首要地位那样，土地的所有权和使用权也在支配农业生产的各种关系中占最重要的地位。因此，广东省农业佃户的百分比在中国各省中是最高的省份之一这一点，就具有异常重大的意义。

但是，考察土地所有权的分配方式的时候，不可把农民视为一个整体，应该从土地所有权对不同的农民阶层有何影响这个角度去进行分析。

一个比较妥善的划分农民阶层的方法，就是把生活水平作为划分的基础。生活水平在这里指的是土地和劳力，而这又是从一些十分特殊的方面而言：土地是指农户使用的土地，而我们所关心的则是这种土地的数量和这个农户可能在什么条件下使用这种土地；劳动力是指该户投入这块土地的劳动力后雇来在这块土地上耕作的劳动力。倘若把这种土地和这种劳动力作为我们分类的两个主要依据，我们就必须查明：第一，村中每个农户的平均人数；第二，维持每户的生计所必需的土地的亩数。由于地租通常为产量的一半，因此租田的面积可以算作自田面积的一半。①

中农：一个农户依靠土地的收入勉强能够自给，在农业劳动上不直

———————

① 陈翰笙：《解放前的地主与农民——华南农村危机研究》，冯峰译，中国社会科学出版社 1984 年版，第 8 页。

接受他人剥削也不剥削他人，我们就可以把这个农户称为中农。

富农：当一个农户每年雇佣一个或一个以上的农业劳动力，或在一天或农忙季节雇佣许多劳动力，使其总劳动力的消耗超过了一般自给自足的中农家庭所需要的总劳动力消耗，或者它耕种的土地面积超过了中农耕种的土地面积的平均数，我们就要把这种农户划为富农。只要我们看到一个农户耕种的土地为本村中农耕种土地的两倍，我们就可以有把握把这种农户也划为富农，而不用进一步去考虑其劳动关系。

贫农：凡是耕种亩数低于中农，其家庭成员除了依靠他们自己耕种的成果为生而外，还有依靠一定的工资收入或补助性收入的农户，一般都属于贫农。

雇用农业劳动者：不种任何自田或租田，而是受雇于人，或是耕种小块土地，但是主要依靠出卖他们的农业劳动力为生的贫穷农民。

这种土地所有权的集中，对于不同农民阶层的相对富裕而言，其本身在理论上并没有明显的意义。这种意义来自经济权力和政治权力的实施有关的中国土地所有权的特殊条件。无地农民和那些不得不租种一大部分耕地的农民，他们所受的各种剥削远甚于土地所有者。而另一方面，土地所有者由于掌握了一种必不可少的生活资料，便在这个人口稠密的地区拥有一种他在其他环境下不可能拥有的权力。中国土地所有权的日益集中，往往是贫穷不断增长的征兆。①

虽然从理论上说，拥有土地或部分拥有土地并不能说明农民和劳动阶层就比较幸福，然而实际上在中国现有的经济权力和政治权力的分配状况下，无地农民的境况并不比一个农奴好多少，这从下面对这一地区的生产关系所做的进一步分析中便可以看到。中国农民不同于当代欧洲的农业人，或讲英语国家的农夫，但他们却与其他前资本主义国家农民的处境相似。他们耕作是为了生存，而不是为了利润。他们不是把自己看作从事一项事业的人，而是看作与土地休戚相关的人。而且由于中国人口流动的范围甚小，这土地通常就是指他们的前辈的土地。土地是一切遗产中最普通的一种，对于中国农民来说，即使失去对土地的一小部分控制权，就是莫大的灾难。

---

① 陈翰笙：《解放前的地主与农民——华南农村危机研究》，冯峰译，中国社会科学出版社 1984 年版，第 11 页。

土地的集中正由于政治动荡和经济萧条而不断加剧。苛捐杂税，缺少贷款，市场的丧失，以及在比较次要的程度上工作机会的关闭，凡此种种，都使对土地的需求与这里所指出的土地所有权之间的差异越来越大。[①]

差异不仅表现在土地所有权的分配上，也表现在各阶层耕种的土地面积的比例上。这些比例当然与每个阶层的耕种者人数是不一致的。它们所反映的不是对土地的需求，而是各自掌握生产资料的能力。较富裕的农民不仅能够租种较多的土地，他们还能支付较多的工钱。只有富农才能拨出土地种水果之类的经济作物。

在广东，不到农户 1/8 的富农，都使用着 1/3 的耕地，而在另一个极端，虽然贫农及其家属占农民人口的 2/3，但他们能够支配的土地却不超过全部耕地的 1/3。

对于维持生计所需土地的估计，贫农占有 5.7 亩平均耕地远远低于平均的需要，尤其是如果考虑到这些土地几乎全部是租来的，每户所需的最低限度的耕地面积应当增长一倍，才能把必须交纳的地租也考虑进去。甚至中农的平均耕地在大多数村子里也只能勉强满足最低限度的生活需要。[②]

陈翰笙同意这样的观点：较大规模的农业比较小规模农业优越。以日本稻农调查为例，从每个土地单位的生产成本来看，耕地面积越大，生产资料就越便宜。使用大规模土地比使用小规模土地有利，这一点就其承受的租税负担而言也是确实的。

陈翰笙以日本和中国东北为例，说明较大规模的农业比较小规模的农业优越，同时，他注意到了技术的发展与社会制度的发展不相称的问题。化学、植物学与商业的革命，已经渗透到一个中世纪的社会结构之中，但是在土地制度和农业生产单位的规模上还没有进行同样的革命……不论生产单位的规模多么适合于早期的技术水平，如今这种规模却限制了采取实用的改良措施的机会。毫无疑问，许许多多的日本农场，比经济上所需要的小得多。

---

① 陈翰笙：《解放前的地主与农民——华南农村危机研究》，冯峰译，中国社会科学出版社 1984 年版，第 12 页。

② 陈翰笙：《解放前的地主与农民——华南农村危机研究》，冯峰译，中国社会科学出版社 1984 年版，第 13 页。

1934 年秋访问东北的不列颠工业联盟代表团报告：实行规模较大的农业机械化所必需的开支，是否可以证明有利可图，至今仍是一个疑问，除非有一个私人农场拥有的土地面积大得足以证明这一点。但是目前绝大多数的农场规模都较小，在这种情况下，实行机械化从经济上看来是不可能的。

陈翰笙强调，要考虑决定劳力有效使用的社会制度。在中国的许多地方，耕种单位的平均规模都小到了无利可图的地步。

在广东，在这占主导地位的土地占有规模方面之所以存在这么大的差别，主要是因为土壤肥沃程度不同以及对土地价格的影响不同。后者在许多情况下取决于华侨的汇款额，也就是取决于离开一个特定地区的全体居民到了国外以后干得不错的侨民的人数，在这种情况下，土地的价格与占有土地的规模，反映了一种相对的投资愿望，从耕种者的观点来看，这种愿望取决于可以使用的自由资本和其他投资机会，而不是取决于价值的大小，而且根本不取决于诸如靠近城市和运输工具之类的因素，而在西方各国，这些因素对于土地价格和土地占有的规模却有很大影响。①

高度集中的所有权，与土地广泛分散使用同时并存，其结果几乎所有的土地都小得成为一种浪费。这可以说是土地的所有与土地的使用不协调，是私人所有与公共需要的不协调；耕种者没有足够的土地以维持生计，而且如我们现在看到的那样，大部分土地归那些不事耕作的人所有。凡是存在这种情况的地方，它都是解决农业问题的根本障碍。② 20世纪 30 年代，广东省存在土地集中的情况，拥有比较富饶的土壤资源的那些村子，同自然条件较差、几乎所有的耕种者都过着贫困生活的那些村子相比，土地更容易集中。

二 广东农村与传统社会转型

（一）土地占有与集团地主的经济政治特权及其衰败

依据土地所有权，陈翰笙将地主进行了分类，分为私人地主和集团

---

① 陈翰笙：《解放前的地主与农民——华南农村危机研究》，冯峰译，中国社会科学出版社 1984 年版，第 20 页。

② 陈翰笙：《解放前的地主与农民——华南农村危机研究》，冯峰译，中国社会科学出版社 1984 年版，第 21 页。

地主。私人地主：在中国，财产仍旧主要归全家所有，而不是严格地归个人所有，私人地主是指一个出租土地的家庭。集团地主：当土地在实际上或名义上为一户以上的村户所有，而且直接或间接地租给农民耕种，这种土地所有者一般被称为集团地主。集团地主指一个较大的法人团体。广东经济的一大特色，地主有许多是商人和归侨，绝大多数地主都是诸如宗祠和庙宇之类的集团地主，集团地主分为不同类型，如学田、庙田、会田、太公田。[①]

对于族田的占有，势力越大的人家越易多得；势力越小的人家越易多失。族田也是以这种方式不断扩大的，特别是在肥沃的珠江三角洲地区沙区。私人著作和地方志常常记载着有势力的宗族如何获得巨大地产的事例。在长江流域的各省之当中，没有一个省的族田所占比像广东这样高。集团地主的经济和政治地位的根基，是对于土地的占有。

以土地占有为基础，形成了经济联系。交租、借贷均与土地占有相联系。假定大部分农民都属于本村的一个宗族，因而也就是部分的所有者，那么从理论上来说，从共同所有的土地上收的地租反过来对农民自己是有利的。但只有少数人才拥有支配权并能从中得利。[②] 广东的农民之所以跟宗族经济发生联系，是因为他们要为使用族田而交纳地租，而且还因为他们要向宗族借贷交纳利息。一年内本利必须还清，至少也须付完利息。万一利息付不足，就要以利并作本，本上再加利，本利相等的时候，负债农民的财产就要被没收；如果被没收的财产仍然不足以还债，则往往用近亲的财产去抵补。[③] 地租与债务有很密切的关系，整个珠江三角洲地区有一半耕地是族田，在绝大多数情况下，收获之前便开始交租。这种办法直接导致高利剥削。

在这种土地关系中，占有土地的宗族享有了经济和政治上的权力，这权力原应当发挥社会职能，但随着其逐渐衰败，社会职能就渐渐消失。陈翰笙认为，宗族逐渐走向衰败，是封建制度衰败的一部分。他提

---

① 太公田即族田，族田不可私卖是一条遍及全球的法令，如在美洲的印第安人和古代印加人。正因为族田历来不易被出卖，加上有助于扩大原有地产的每年租金的积累，族田或所谓的太公田便为集团地主提供了最稳固的基础。

② 陈翰笙：《解放前的地主与农民——华南农村危机研究》，冯峰译，中国社会科学出版社1984年版，第39页。

③ 陈翰笙：《解放前的地主与农民——华南农村危机研究》，冯峰译，中国社会科学出版社1984年版，第40页。

出，当一种社会制度走到尽头，其功能逐渐失去，其组织就仅成为为少数人谋利的工具。"族的公共财产就这样在不知不觉之中成为变相的私有财产。体现着众人劳动成果的巨额资金，就这样悄悄地逐渐归极少数人所有了。"① 在广东的乡村自治制度中，乡长、村长及其下属，绝大多数是由那些强大宗族的当权者推荐。宗族的许多官员往往自己兼任乡长和村长。从理论上讲，这种制度似乎是绝妙地把中国的古老制度同西方的民主原则融为一体的地方自治的化身。但是实际上它仅仅意味着那些已经控制社会的经济命脉的人们进一步获得权力。经济控制和政治控制正迅速地合为一体。②

在广东，宗族原有功能衰败的结果，是现款支付取代实物支付，地租、利率、赋税日益增长。宗族衰落的原因包括内部和外部两个方面，在内部，个体经济瓦解；在外部，西方资本主义的捶击。宗族衰败首要的具体征兆就是奢侈之风的增长，这意味着对更多商品的需求。剥削农民的手段变为索取现金地租。随之而来的是地租、利率、赋税的增长。在农村社会里，这种趋势有助于用专供销售的农作物来代替维持生活的农作物，经济作物随之增长，农村社会的阶级分化日益加剧。产生一个能够将诸如公田之类公共世袭财产变为私人财产的新的剥削阶级，和一个毫无地位甚至最后都无权过问那些行使权力者所作所为的佃农阶级。"宗族的衰败可以被认为是一种社会崩溃的明显征兆，一切古老的风俗都不得不依次向这种崩溃屈服。"③

（二）广东农村的租佃制度

1. 租佃形式与地价地租

宗族控制着大部分出租的土地。广东耕地的饥荒迫使农民想尽一切办法去租进几亩土地以维持其生活。有五种出租族田的方法：第一，在所有申请者当中分配；第二，轮流租给申请者耕种；第三，与某人订立契约出租；第四，分别与某些人单独订立契约出租；第五，分别与一户

---

① 陈翰笙：《解放前的地主与农民——华南农村危机研究》，冯峰译，中国社会科学出版社 1984 年版，第 42 页。

② 陈翰笙：《解放前的地主与农民——华南农村危机研究》，冯峰译，中国社会科学出版社 1984 年版，第 44—45 页。

③ 陈翰笙：《解放前的地主与农民——华南农村危机研究》，冯峰译，中国社会科学出版社 1984 年版，第 43 页。

以上的佃农达成口头协定。在一些地区存在预租，学田和沙区的租佃方式与其他土地不同。

在20世纪30年代的广东，谷租逐渐向钱租转化，其转化的原因：粮食日益商品化、地主需要大量现金以保证固定收入。地主收钱租，租金的数额按粮价而定，地主是粮食投机商的地区，则仍交谷租，水果、蔬菜、棉花等商品化程度高的地区交谷租。

大地主收谷租的目的显然是从事商业投机。这些地主不满足于固定的收入。而另一方面，成本充足的中农和种植经济作物的富农反而乐意交纳钱租；只有弄不到足够的钱的贫农才不得不收获什么就交纳什么。沙区的佃户几乎都是贫农；他们只能纳谷租，因为他们要卖的粮食数目太少，得不到市场价格。[①]

贫农在经济关系中是处于最不利的地位的。谷租分定额和不定额两种。不定额是地主和佃户按一定的比例分配收成。分租俗称分利谷。分租比例也许跟土地的肥力和生产资料有关。以翁源地主为例，地主是不愿意把上田租给那些无力或不愿保持地力的佃户的。正是由于这个原因，地主从上田佃农那里收的租才低于从中田佃农那里收的租。该县地主在以下两种情况下能获得收成的最大部分：一种情况是富农和他们共同投资改良土地，另一种情况是贫农几乎在全部生产资料都得仰仗他们，因而使地主索取的价格远远高于可能被认为是那种质量的土地的地租。[②]

有一种分租甚为突出：地主完全不参与生产过程，而佃农却受到残酷剥削。这种情况可以在世袭佃户"下户"中看到。根据分租制，田赋变成了额外地租，地主却轻而易举地摆脱了纳税责任。实行定额谷租制，佃户的日子往往也不好过。在通行谷租的地方，钱租的租额就不如谷租高。因为在这种地方，只有生产力低下的旱地才收钱租，这种钱租往往比谷租低15%。另外，在钱租比较通行的地方，谷租有时比钱租低10%。广东的钱租优势占生产费用总数的一半以上。

在对农业生产的其他一切要求不得不一再削减的时候，地租怎么会

---

①　陈翰笙：《解放前的地主与农民——华南农村危机研究》，冯峰译，中国社会科学出版社1984年版，第60页。

②　陈翰笙：《解放前的地主与农民——华南农村危机研究》，冯峰译，中国社会科学出版社1984年版，第61页。

越来越高呢？地主又是怎样显然避免了因农产品降价而使他受到的那部分损失的呢？这个迷的主要答案：农村企业的产品被迫用来支持由非生产人员组成的一个不断扩大和加重的上层建筑。①

陈翰笙反对这种看法：只要采用按商业方式组织起来的大规模农业企业，中国的农业就有可能再次繁荣。他认为，依据广东的情况，这种看法是不现实的，农产品价格惨跌的时候也看不到地租降低的迹象。

造成这种情况的原因也许是复杂的。以台山县为例，该县当年田价猛涨，由于世界经济不景气和中国货币兑换率相应提高，华侨向国内的汇款突然猛增。具体地说，美国和其他各国数以千计的台山藉华侨，除了他们通常供养家中亲属的汇款以外，还寄回大笔的钱用于在家乡和附近地区投资。既然时代不利于发展工业或其他形式的资本主义企业，这种汇款的一大部分便在购买土地上寻找出路，从而造成一种繁荣景象。首先，地价的上涨不会影响佃户的地位，但随着每一次新的转租，由于土地所有者比以前更高的价钱购入土地，自然要竭力提供地租以减少购买时的损失。其次，也是由于世界经济萧条，许多中国的小商人或菜农不能继续在国外谋生，便决定回国。②

田赋的增加，同样以加租的形式转嫁到佃户身上。佃农是分不清田赋和地租的。农民之所以竞相租地，完全是为了生活所迫，毫无获利之意。事实上，土地所有权越集中，土地租进的竞争就越激烈。租额的不断上涨清楚地反映了近年来广东土地所有权的逐渐集中。③

由于捐税的增长、稻米的贬值，以及缫丝业的衰退，许多地区的地价实际上是下降了。但是与此相反，在其他许多地区，由于暴发户争购土地，地价却上涨了。

所有权不可避免的、必然的集中，也就是外出地主的所有权的集中。与地租和地价变化的现象相对应的人事情况，是农村社会的瓦解，这种农村社会在中国存在了许多世纪，然而有些文人都无视现实，希望

---

① 陈翰笙：《解放前的地主与农民——华南农村危机研究》，冯峰译，中国社会科学出版社 1984 年版，第 70 页。

② 陈翰笙：《解放前的地主与农民——华南农村危机研究》，冯峰译，中国社会科学出版社 1984 年版，第 73 页。

③ 陈翰笙：《解放前的地主与农民——华南农村危机研究》，冯峰译，中国社会科学出版社 1984 年版，第 76 页。

说服世人把它看成一个注定要永远存在下去的社会，用一句口头禅来说，把它看作唯一符合民族精神的一种制度。事实上，大概所有的阶层都同样渴望逃避目前这种难以忍受的处境，跟着地主、大商人以及处于社会天平另一端的那些无依无靠的劳动者进入城镇，但是他们做不到这一点。尽管在目前的情况下，对土地的传统的热爱正趋于消失，但对绝大多数的人，即中小农民来说，却依然必须依赖土地为生。①

2. 田赋与捐税

广东省设立包税商人和收税农民，政府一旦接受了他们的投标，他们便垄断了税收。这些代理人实际上征收的税额往往是政府收到的税额的数倍甚至十倍。为了垄断一项或几项税捐的征收，通常要成立一个公司。这种征税公司实已成为行政机关，它以维护收税地区的秩序和保障税收为借口，独自发布法令，甚至建立武装稽查和暗探系统。② 所有这些税捐负担最终都落到农民肩上，甚至在他们既不消费商品也不利用纳税的公共设施的时候也是如此。

广东同其他许多省的情况一样，公路建筑给农民带来了沉重的负担。必须把这种税捐同台山和中山等县为了真正改善民用交通以及扩大农产品市场之类而收税筑路的情况区别开来。虽然这种情况迄今还不多见，但是在这种情况下所收的筑路费，可以看作一种主要是提高公众利益的改进税，尽管这种费用在当时也许是一种沉重负担。然而不幸的是，即使在这种情况下，征用土地，为了少数人的利益而损害多数人的任意转让特许权，以及只有一小部分收入起到了应起的作用的过高的税捐等，却往往使这种为了公众利益开办的事业受到损害。在农民们看来，广东的大部分筑路费根本就没有用于对交通情况进行任何改善。③ 在筑路过程中，除了征收土地，还有征召劳役。

除了劳役税以外，还有许多其他农业生产成本税。农田的税率也是各县不同。一般是佃户直接付给征税员以田赋总额的一半，另一半由地

① 陈翰笙：《解放前的地主与农民——华南农村危机研究》，冯峰译，中国社会科学出版社1984年版，第78页。
② 陈翰笙：《解放前的地主与农民——华南农村危机研究》，冯峰译，中国社会科学出版社1984年版，第80页。
③ 陈翰笙：《解放前的地主与农民——华南农村危机研究》，冯峰译，中国社会科学出版社1984年版，第82页。

主来付，但是佃户却往往还要定期付给土匪集团一笔费用，叫作"黑票费"。番禺十个代表村的统计数字表明，五年内田赋也增长了三倍。

（三）广东农村的贸易与信贷

在税捐和地租的双重重压之下，许多农民只有部分依靠海外亲属的汇款才能维持生活，但是绝大多数农民除了自己生产的产品之外，就无所依靠了。而当经济萧条来临，来自海外的汇款就会锐减。

所负担的捐税地租和世界性的失业和经济萧条，对广东农民的生活产生双重负担。农民在出售农产品的时候受到的压力比几年以前更大。他们之间的激烈竞争使价格进一步下跌，这又反而迫使他们不惜以灾难般的价格来出售较多的产品。

在地租、捐税和债务的压力下，农民只得不顾价格高低，但求售出产品。光出售还不够，还要去借债。农民去找当铺老板和债主，不仅是为了借钱种地，而且往往是为了在庄稼生长期间养家糊口。据估计，广东农户的借贷，3/10 是因为疾病、婚丧或其他临时的费用，但 7/10 只是为了购买粮食养家糊口，而这种粮食也只是芋头、番薯和其他比稻米便宜的杂粮罢了。① 尽管一小部分债务可能是为了经营当前的农业而借的暂时性或永久性贷款，但必须认为大部分债务表明了暂时性或永久性破产的存在。

农民一般是在冬天借谷还租，或借粮食充饥；在春天种禾之际，他们借现款。农民所能抵押的物品有限，因此，当农民们穷困到了极点，高利贷本身就兴旺不起来了。为了继续在农村进行剥削，高利贷资本就必须勾结商业资本。在广东，大量的谷商、水果商、糖商和生猪商通过价格和利息从农民手里勒索巨额利润。在预付租税的地方，如在沙区，农民们轻而易举地就成了商业资本和高利资本这双重重压之下的牺牲品。农民拖欠了租税，往往不准他们耕地或收割。他们被迫向米商借粮，以自己收成作保。借谷是为了还债，而还债数目则取决于商人们定的价格。借债是在阴历五月底，收获则在六月初，借的债最迟也要在收获的当月的月底还清。借债的期限名义上是两个月，月息按 3% 计算，

---

① 陈翰笙：《解放前的地主与农民——华南农村危机研究》，冯峰译，中国社会科学出版社 1984 年版，第 93—94 页。

但实际上要在一个月之内还债,利息是6%。[1]

典型的中国农民把最后一条被子抵押出去之后仍死抱住土地不放。在一个西方国家,如果农场主还能够赎回自己的土地,他一般是不怕把土地抵押出去的;他反而认为这种抵押是使他能够拿出一笔资金去经营农场的资产,如果采用任何别的办法,他都很难保证会这样容易地得到这笔资产;而在需要卖地的时候,这种抵押实际上是促成了卖地交易。但是如果中国的一个贫农抵押了他那一点点土地,他实际上就根本没有希望把它赎回来。他拼命努力去还清利息,但到处碰壁,最后他不但失去了土地,而且失去了他的劳动的这种附加成果。[2]

基于对生产关系的考察,陈翰笙提出这个问题:生产力本身是在上升还是在下降?世界上这一地区的农业的前途将日趋光明还是将日益暗淡?

他认为,侨居国外和普遍离乡外出,妇女劳动力在农业中日益增多,尤其是农村工资的下降,确凿地证明了农民生活水平的下降,这一切都反映了劳动力的消减甚至丧失。

土地所有权的迅速集中和由此而来的工人的无产阶级化,以及每户耕地面积的缩小,引起了失业农民人数的增加和农业工资的下降。当一户耕种的土地不能吸收该户全部劳动力的时候,该户的某些成员就要去做其他工作或出卖他们的劳动力。而农产品价格下跌时,富农就要降低他们的生产成本,因此他们就付不出像先前那么高的工资。这就是工资下降和被雇佣的劳动力人数减少的原因。

在前资本主义社会中,工资一般不仅低于资本主义社会,而且级差极大,这是因为当时还没有一个联合而统一的劳动力市场。因此,工资级别在各县之间,甚至在附近各村之间,都有很大差别。[3]

在黄河流域,一个长工必须积攒两三年的工资才买得起一亩中等田地。但是在中国最南部的广东,一个年富力强的长工,却不能把他挣的

---

[1] 陈翰笙:《解放前的地主与农民——华南农村危机研究》,冯峰译,中国社会科学出版社1984年版,第99页。

[2] 陈翰笙:《解放前的地主与农民——华南农村危机研究》,冯峰译,中国社会科学出版社1984年版,第102页。

[3] 陈翰笙:《解放前的地主与农民——华南农村危机研究》,冯峰译,中国社会科学出版社1984年版,第106页。

工资用一分钱在自己或他的家庭的开销上，而是要把他的全部金钱收入积攒起来，不只是攒一两年或两三年，而是有时要攒七八年，这才能买到一亩中田。① 而要维持一个农户的生活，至少要种五亩到七亩稻田。

能够证明存在农业生产下降的最可靠的证据之一，就是妇女劳动力在用于土地的总劳力中所占的比例异常之大，即使在妇女从事田间劳动已成惯例的那些地区也是如此。

海外的收入和存款对农业劳动力的工资有一种更加强大的作用：许多华侨，无论是现仍居住国外还是已经返回故乡，都将他们的资金投在耕地上，从而提高了地价和生活费用。由于这些费用的提高，对劳动力的需求也随之增长，因为这些费用要求使用能够提供较高利润的土地——除非由于土地即使在产量增加的情况下也不再能偿还用在土地上的费用，因而全部停耕。因此，在这种特殊的影响下，工资标准的提高和耕种面积的缩小，往往在该地区的部分地方同时出现。②

从 19 世纪中叶以来，在马来西亚殖民地和北美西部地区，资本主义实际上是通过一种征募劳动力的办法发展起来的。这种办法至少耗尽了 100 万广东农民的血汗，特别是在它的早期阶段，简直可以说是一种变相的奴隶贩卖。虽然近几年来世界经济萧条迫使这些移民的许多子孙返回中国，但是从 1934 年以来，英属马来亚和荷属东印度群岛重又把它们的门打开了一条小缝。③

广东省的人命和劳动力的低廉，只不过证明了这样一个事实：在该省农村社会的结构中，不论从内部采取什么办法使人口适应于报酬日益减少的情况，在当时形势下都是不够的。也不能把这种形势看成一个短暂的时期，这个时期将随着世界经济的复苏而让位于复兴和随之而来的对中国农产品的需求。劳动力的丧失对于这个地区而言，并不像在几代人以前可能会有的那样具有一种人口过盛的性质，它并不是一种由于人口增长过快而造成的人口过剩。它使产量下降，使土地贫瘠，其为害之烈，

① 陈翰笙：《解放前的地主与农民——华南农村危机研究》，冯峰译，中国社会科学出版社 1984 年版，第 111 页。
② 陈翰笙：《解放前的地主与农民——华南农村危机研究》，冯峰译，中国社会科学出版社 1984 年版，第 113—114 页。
③ 陈翰笙：《解放前的地主与农民——华南农村危机研究》，冯峰译，中国社会科学出版社 1984 年版，第 120 页。

绝不亚于地力被耗尽和祖先曾为之付出一番心血的种种改良措施的衰败。因为土地和劳动力有着不可分割的联系。这个地区已变成一个备受资本主义剥削的地区，然而其物力和人力资源却并未经历相应的发展，各种经济机构还没有变得能够适应因地方经济日益依赖世界潮流而不断变化着的各种需要，因此它就只得崩溃了。参与经济过程的生产人员和非生产人员之间的关系尚未得到调整，存在着的只不过是一片混乱。税收当局再也无法防止横征暴敛的地主对税源造成的破坏。就连最正直和最认真的地方官员都不能保护受到欺压的农民免遭被雇佣的土匪勒索。[①]

三 西双版纳农村调查的意义

陈翰笙所著《解放前西双版纳土地制度》是 1940 年实地调查的成果，也是他 1948 年用英文撰写《中国西南边疆土地制度》[②] 一书的部分内容，西双版纳调查具有重要的理论意义。新中国成立后的民主改革改变了西双版纳原有的社会形态，旧的形态不但是一去不复返，而且留下来的残余也是一天比一天稀少。因此，新中国成立前的实地调查，哪怕极不全面，也能填补一部分历史空白。

该书译者祁庆富认为，陈翰笙对于西双版纳社会性质的认识，与新中国成立后民族学家们的看法基本一致。农村公社是封建社会前的历史遗留。他用具体事实指出这个社会的统治集团利用农村公社向封建主义转化的迹象。农村公社在瓦解但没有消亡，封建主义在增长但还没有成熟，资本主义开始渗透但极其微弱。迹象都很复杂微妙。从这个意义上讲，新中国成立前西双版纳傣族社会确实是研究亚细亚生产方式理论值得重视的历史资料。[③]

---

① 陈翰笙：《解放前的地主与农民——华南农村危机研究》，冯峰译，中国社会科学出版社 1984 年版，第 121—122 页。

② Chen Han-Seng, *Frontier Land Systems in Southernmost China*: *A Comparative Study of Agrarian Problems and Social Organization among the Pan Yi People of Yunnan and the Kamba People of Sikang*, New York: International Secretariat, Institute of Pacific Relations, 1949.

③ 陈洪进在该书前言中提出：20 世纪 40 年代初的调查研究，还局限于土地所有制这一个方面。我们回顾过去的工作就觉得我们的认识是很不全面的。实践证明：所有制的改革确实是个重要的改革，但是低级社会形态上升到高级社会形态，单靠所有制的改革是不够的；还要有精神文明的改革。我们四十多年前的调查，除其他缺陷外，没有包括傣族人民思想意识方面的调查，是一个主要缺陷。

在西双版纳呈现的是一幅前封建主义思想意识和晚期封建主义社会实践相结合的奇怪景象。

傣族地区早在中央封建王朝在这里建置以前，早期封建制就有了发展。土地俸禄和世袭官职可以为证。① 中央王朝官僚机构对于这里的前封建主义的土地关系残余总是加以利用并且想方设法来保留这种残余。

在全中国，特别是在华东和华中，封建势力是和资本主义势力并存的；西双版纳也是这样，在滇南这个世外桃源里，封建主义的行政机构是和农村公社并存的。那里有地区性的行政划分，行政区域是有明确界限的，界限是相当固定的。在这区域里，存在着前封建主义的农村公社，土地则属于部落及其氏族成员所有。农村公社实行土地集体所有制，血缘在农村公社里始终起着控制作用。

整个西双版纳是没有土地私有制的。1940 年在车里的实地调查发现这里只有四类土地。没有一类土地能够断定属于私人所有，有一类土地从形式上和实质上来说，都是村寨的公共土地。

陈翰笙从封建社会史入手，在概念上对封建社会进行界定，考察的重点是封建社会各种形式的农村生产关系。通过广泛的农村调查，对 20 世纪三四十年代中国各个地区的农村生产关系进行考察。他选取的保定、无锡、广东和西双版纳具有一定的区域代表性，为系统认识中国社会性质提供了实证性研究。对农村生产关系的研究是中国社会的半封建性的有力证据。中国社会的不平衡性和区域性差异可以被纳入半封建社会的整体范畴下考量。通过对种植烟草的农民以及烟叶收购网络的调查，帝国主义对中国社会的经济渗透亦被揭示。

---

① 陈翰笙：《解放前西双版纳土地制度》，中国社会科学出版社 1984 年版，第 16 页。

第五章　以经济区域研究回答社会发展的普遍性问题

陈翰笙以经济区域研究来回答帝国主义国家同殖民地和半殖民地国家间的关系问题，主要分析其经济关系，揭露帝国主义国家的经济掠夺政策对于殖民地和半殖民地国家的侵害。经济区域研究是一种经济地理概念，苏联学者多应用这种方法分析帝国主义国家的基本经济情况。陈翰笙将这种方法与马克思主义的阶级分析方法相结合，广泛利用调查资料，对于印度和巴基斯坦的经济区域有详尽分析，并利用这种方法分析美国社会的经济概况，对于回答普遍性的帝国主义国家同殖民地半殖民地国家间经济关系问题具有启示意义。

第一节　以经济区域研究剖析生产关系

经济区域是一种较为系统的经济研究方法，从帝国主义经济网络到殖民地某一地区的经济结构，都可以被纳入经济区域分析中。它是一种可以进行宏观的生产关系分析的方法。帝国主义国家间的经济网络、帝国主义国家与殖民地和半殖民地国家间的经济关系、殖民地和半殖民地区域内部间的经济关系、人与人的关系、人与地的关系，都可以纳入其中。

一　经济区域是一种研究方法

陈翰笙在多部著作中使用经济区域分析方法。经济区域是一个经济地理学概念。早在 20 世纪 30 年代，苏联的经济地理学就被介绍到中国。1930 年，苏联学者哈拉宾的《世界经济地理纲要》出版，这本书力图从地理的观点上说明人类在历史上发展的途径，以及各个不同的历史和地理的条件下形成的各种经济关系。其目的即在于分析帝国主义国家的经济基础及发展前途等问题。1936 年，日本学者平竹传三著《苏联经济地理》由商务印书馆出版，译者是陈此生和廖璧光。该书以苏联的第一次和第二次五年计划为期限，介绍苏联的经济概况。

1939 年，光明书局出版了苏联学者维特威尔的《世界经济地理讲座》一书，译者是胡明，这本书是在苏联采用较为广泛的读本。对于资本主义及殖民地半殖民地一切国家的自然环境、民族分布、经济现状、政治动向、国际形势以及建国的历史过程等内容，进行综合的探讨。在该书序言中，译者讲明了苏联世界经济地理学所具有的理论意义："世界经济地理的范畴，是以自然地理为骨干，指出资源的分布和产业的配置，来阐明各国的全盘发展及现阶段的经济形势，而推论到政治的演变。所以为着理解各国在国际舞台上的重要性，尤其在世界再分割的斗争中，资本主义列强的狰狞面目，及殖民地和半殖民地被宰割的命运，只有它，才能把真实原因详尽无疑地告诉我们。"[①] 苏联的经济地理理论成为阐释帝国主义国家同殖民地和半殖民地国家和地区间经济关系的重要理论工具。

列宁在论述帝国主义问题时，已开始采用经济地理方法，也为理解陈翰笙作品的经济区域研究观点及方法提供了重要的线索。列宁在解释世界的经济概况时，以理·卡尔韦尔在他写的《世界经济导论》（1906年柏林版）小册子里的经济区域分析为例，作为可以具体说明 19 世纪和 20 世纪之交世界经济内部相互关系的最重要的纯粹经济材料。该书作者把整个世界分为 5 个"主要经济区域"：（1）中欧区（除俄国和英国以外的整个欧洲）；（2）不列颠区；（3）俄国区；（4）东亚区；（5）美洲区。同时他把殖民地列入所属国的"区域"内，而"撇开了"少数没有按上述区域划分的国家，如亚洲的波斯、阿富汗和阿拉伯，非洲的摩洛哥和阿比西尼亚等。[②]

此外，列宁所关注的帝国主义时期的铁路发展问题也成为陈翰笙所关注的问题。列宁认为铁路是资本主义工业最主要的部门即煤炭工业和钢铁工业的结果，是世界贸易和资产阶级民主文明发展的结果和最显著

---

① ［苏］维特威尔：《世界经济地理讲座》，胡明译，光明书局1939年版，第1页。

② 《列宁选集》第二卷，人民出版社 2012 年版，第 656—657 页。

的标志。"建筑铁路似乎是一种普通的、自然的、民主的、文化的、传播文明的事业。……实际上，资本主义的线索像千丝万缕的密网，把这种事业同整个生产资料私有制联结在一起，把这种建筑事业变成对 10 亿人（殖民地加半殖民地），即占世界人口半数以上的附属国人民，以及对'文明'国家资本的雇佣奴隶进行压迫的工具。"① 陈翰笙也以中国修建铁路为主题，在 1937 年写作了《中国的铁路战略，新的方式》，以铁路的修建贷款和修建方式为着眼点，分析中国在此过程中同各个帝国主义国家间的关系的演变。

　　20 世纪二三十年代，太平洋国际学会资助项目包括对于中国的研究，来自各个国家的学者，包括托尼、拉铁摩尔、魏特夫、陈翰笙和冀朝鼎等研究亚洲地区，著述甚丰，他们对于中国问题的观点在当时欧洲和美国学界颇具影响。② 他们的研究领域各异，政治观点相悖，但是其研究方法有相近之处，即使用多种学科方法，如历史学、经济学、地理学、社会学等方法进行研究。他们均将历史的研究与社会的研究紧密相连，社会研究的前提是明确环境问题。环境，主要指地理环境和自然气候，人与人互动、人与环境互动，既形成了人与地的关系，也形成人与人的关系。拉铁摩尔注重历史研究中环境和社会的关系问题，对中国长城地理的历史研究，需要确切了解环境对社会的影响，社会对环境的适应，以及各种不同社会在它们的环境范围中成熟、活动并发展，而企图控制它的方式。托尼在研究中国问题时也将分区作为基本方法。"地理学者曾经把中国分为 6 个区域，有的学者分成 10 个区域或 14 个区域。但是，最为基本的农业区域的划分是一种最常用的划分方法，是一种文化的、政治的划分法，也是经济的划分法。这种划分方法以长江和黄河

---

　　① 《列宁选集》第二卷，人民出版社 2012 年版，第 578 页。

　　② 20 世纪 30—50 年代，在太平洋国际学会支持下出版的著作数量非常多，其中的经典作品包括卜凯著《中国农家经济》（J. Lossing Buck, *Land Utilization in China*）、乔治·卡欣著《印尼的民族主义与革命》（George McT. Kahin, *Nationalism and Revolution in Indonesia*）、基辛著《现代萨摩亚》（Felix M. Kee-sing, *Modern Samoa*）、欧文·拉铁摩尔著《中国的亚洲内陆边疆》（Owen Lattimore, *Inner Asian Frontiers of China*）、赫伯特·诺曼著《日本维新史》（E. Herbert Norman, *Japan's Emergence as a Modern State*）、托尼著《中国的土地和劳动》（Richard H. Tawney, *Land and Labour in China*）、邓嗣禹和费正清著《冲击与回应：从历史文献看近代中国》（Teng Ssu-yu and John King Fairbank, *China's Reponse to the West*）。

为分界线，将中国划分为南方和北方。"①

陈翰笙围绕一个中心问题：如何认识社会？他给出的回答是，若要认识社会，必须跨越学科的界限，从纵向和横向两个维度进行认识。纵向的认识，即历史的认识，横向的认识，即社会结构的剖析，他主张用经济区域分析的方法。陈翰笙在史学和社会学研究中引入地理学和经济学。他借以认识社会总体的经济区域，即体现了这种不同学科的融合。"历史地理学确定和记录了过去的位置、边界和区域，阐明了它们和现在的联系。经济地理学追溯和分析生产和消费以及交通和运输线路的地区差别，以创制出一幅经济状况全图。因此，地理学受历史进程的影响并随之而变化；但这些进程本身很难仅仅用地理学来描述和解释。"陈翰笙强调历史与地理研究方法的相互融合，"历史进程从来不受地理边界的限制。若试图光靠地理学来解释历史，或者把特定地区的历史或经济统一体认为恰好是地理学限定的地区的结果，那就是浪漫多于科学了"。②

经济区域，即以地理界限对研究目标进行划分，划分的标准是经济特征。第一，经济区域的划分要考虑地理因素和经济因素，划分经济区域的标准不可太简单。第二，经济区域的划分不是不可变化的，如对于西伯利亚的划分，最初，俄国学者西米诺夫在《西伯利亚和西伯利亚铁路》一书中，将其划分为三个区域，即文明农耕区域、森林区域和近北冰洋的苔原区域，但随着后两个区域的农耕开始发达，此一分区即告结束。

经济区域研究被赋予重要意义，其意义有四点：其一，认识社会经济结构的全貌；其二，说明帝国主义祸害，认清建设一个完整的经济体系所面临的现实；其三，经济区域研究可以为土改政策的制定与执行提供借鉴；其四，了解区域化有助于研究政治经济。

陈翰笙将历史学、社会学、地理学、经济学的诸种方法相互融合，以获得对于社会的认识。他对西伯利亚地区的研究、对中国的研究、对印度和巴基斯坦的研究、对美国的研究，所应用的基本方法都是经济区

---

① ［英］理查德·H. 托尼：《中国的土地和劳动》，安佳译，商务印书馆 2014 年版，第21 页。

② 陈翰笙：《评〈两次世界大战之间的亚洲〉》，从翰香、李新玉编《陈翰笙文集》，史建云、徐秀丽译，商务印书馆 1999 年版，第 449—454 页。

域分析。陈翰笙的经济区域思想不是纯粹的经济学理论，他对经济区域的划分考虑经济的、政治的、社会的维度。① 在对不同的经济区域进行研究时，他应用马克思主义方法，将社会区分为封建的、前资本主义的和资本主义的，对社会进行阶级分析并研究造成阶级分化的因素。他分析帝国主义国家的殖民统治对殖民地和半殖民地造成的影响，以及由帝国主义国家所主导的世界市场对前资本主义国家的影响。

从经济上对亚洲进行区域划分，"有三种相互冲突的历史进程正在发生。这三种进程分别是社会主义的苏维埃亚洲，资本主义的半法西斯主义的日本，以及前资本主义的亚洲，包括中国、印度和近东。从经济上说，存在着三个亚洲"。② 陈翰笙将中国、印度和近东均视为前资本主义的。他在对中国进行农村调查后，也有机会亲临印度，他感到有必要对印度进行充分的研究，因为印度的地位十分特殊。首先，印度和中国同属于前资本主义社会，在共同努力实现现代化的过程中，将面临相似的难题。其次，印度是摆脱了帝国主义统治的民族主义国家，帝国主义的直接统治造成了它经济发展的不平衡，英国的印巴分治政策更加剧了这种不平衡，对印度和巴基斯坦的研究有助于了解殖民地经济的特质，从而为研究两国当前经济问题提供借鉴。最后，中国和印度是邻国，是亚洲的重要成员，中国需要了解印度的经济发展状况。

经济区域思想具有唯物主义根源，陈翰笙认为，自然界因为经济关系影响人类社会，对社会的研究不能脱离物质的基础，自然界是物质基础的一部分。但是，自然界对于人类社会的影响不能夸大，二者间的相

① 在经济学领域的区域经济学，区域经济学又称为区位经济学（location economics），或空间经济学（spatial economics），它研究一定的经济活动为什么会在一定的地域范围内进行，以及一定的经济设施为什么会建立于一定的地域范围之内。胡佛提出气候、矿产、土壤、地形和其他自然条件的不均匀分布，有助于说明多种经济活动的选址原委。换言之，土地和其他生产要素的完全或局部固定性，是任何涉及哪里有什么的解释的一个必要成分。但这决非充分解释。除自然资源之外，胡佛补充了集中经济和交通运输成本。在 19 世纪上半叶出现对区域与经济关系的研究，代表者包括德国经济学家杜能讨论农业区位问题、罗雪尔、谢弗尔、龙赫德分别讨论工业区位问题等，他们的讨论还未形成完整的理论体系。区域经济的真正建立者是德国经济学家阿尔弗雷德·韦伯（Alfred Weber，1868—1958），他被认为是区域经济理论的奠基者。区域经济学兴起于第二次世界大战之后。［美］埃德加·M. 胡佛：《区域经济学导论》，王翼龙译，商务印书馆 1990 年版，第 7 页。

② 陈翰笙：《评〈两次世界大战之间的亚洲〉》，从翰香、李新玉编《陈翰笙文集》，史建云、徐秀丽译，商务印书馆 1999 年版，第 449—454 页。

互作用需要具体分析和研究。

1926 年，陈翰笙在研究西伯利亚问题时，即应用经济区域为基本分析方法。"外交，军事，和种族比较经济上实际的区别，是暂时的或容易转变的。将来行政区域必渐与经济区域相符合。因为政治是要随着经济而转移的。要了解西伯利亚的政治和经济最好先明白它的经济区域。"① 陈翰笙不同意俄国和德国地理学家仅以地理特征划分西伯利亚，② 因为西伯利亚没有什么重要的工商业，他认为分区标准必须根据天然的产品和人民的职业而定。西伯利亚的产业以耕、牧、猎、渔、林、矿为主，他将西伯利亚分为九个经济区域。③

经济区域作为一种方法，逐渐成为陈翰笙研究社会的构成的基本方法，最典型的研究例证是印度和巴基斯坦，此外还包括对中国、美国等社会的研究。

陈翰笙提出了一些具有普遍意义的问题，至今仍待解答。这些问题互为表里，关注的中心是社会发展的问题。陈翰笙认为社会的发展即是社会形态的更替，从封建社会或者前资本主义社会向下一个社会形态演进。前资本主义社会的核心问题是农业问题。陈翰笙讨论农业与现代化的关系问题，将农业本身的发展视为现代化历程的一部分，讨论对土地的商业化经营。农业问题是实现现代化的基础，解决农业问题在现代化路径中不可回避。这就必然涉及农业本身所面临的迫切的问题，如土地所有权集中与土地碎分化并存、封建的土地租佃制对于农业发展的阻碍、土地投机的盛行对于农业技术提高的阻碍、土地政策对地权的集中和农业发展的影响等。这类问题仍具有现实意义。

如果从中国经济史的角度考察，陈翰笙无疑为建构近代以来中国经济史中的农村问题研究提供了框架。

---

① 陈翰笙：《"西伯利亚"的政治经济》，《国立北京大学社会科学季刊》1925 年第 3 卷第 4 期，第 517—537 页。

② 俄国地学家格林卡（Glinka）将西伯利亚分为草地、苔地和林地，柏林大学地学家理查德·波尔博士（Dr. Richard Pohle）将草地区域又分为黑土段、褐土段、黄土段。

③ 九个区域分别为：（一）畜牧与农耕区域土卜尔斯克，阿克穆林斯克；（二）畜牧与矿业区域土加，三密不拉丁斯克，三密竭斯钦斯克；（三）农耕与矿业区域伊库茨克，汤姆斯克杨尼塞斯克；（四）农耕与渔业区域黑龙江；（五）林业与渔业区域东海滨；（六）林业与矿业区域拜克尔；（七）矿业与狩猎区域夜库茨克；（八）矿业与渔业区域沙加林；（九）狩猎与渔业区域冈扎得加。

陈翰笙将问题进行了扩展，从中国的农村问题到印度巴基斯坦的农村问题，他的研究充分证明在前资本主义国家，农村问题核心部分的近似性，他以同样的马克思主义基本概念分析两种社会架构，是可行的。这是对于马克思主义适用性的验证。

二　殖民统治造成经济区域不平衡发展

1944 年，陈翰笙夫妇流亡印度，他在印度发现英国皇家调查团的《皇家印度农业调查团证词》，出版于 1927—1928 年，他视为珍贵的第一手资料，借此研究印度和巴基斯坦社会。在此基础上，1945 年，他对印度进行经济区域划分的考察，他的足迹北到阿富汗边境的信德，南到印度洋海岸，东到加尔各答，西至孟买，完成了专著《印度和巴基斯坦经济区域》。[①] 他希望认识印巴两国社会经济结构的全貌，并探讨从半封建社会转向下一个社会形态的过程中，农村问题如何解决。他认为，经济区域分布不均衡是两国工业化的绊脚石，这是英国对于印度和巴基斯坦进行殖民统治遗留下的恶果。在进行殖民统治期间，英国利用印度的各种宗教、种族和种姓制度来分化印度民族并制造宗教对立和阶级对立，从而阻挠印度内部的团结并增强其对宗主国的依附。在伊斯兰教和印度教的对立表象之下，其实质是信仰两种宗教的小地主和大资产阶级间的对立。

印度地域广大，人口众多，矿产丰富，但是，在帝国主义的殖民统治下，民众却必须忍受穷困和连年饥馑。英国通过在印度征收田赋掠夺财富，又通过修筑铁路倾销工业品而使印度手工业崩溃。印度大起义是殖民统治的直接结果。陈翰笙以 1857 年印度大起义时，英国不同阶级对于起义的态度为引子，分析英国帝国主义政策的实质。17 世纪初，英国在同西班牙、葡萄牙和荷兰进行殖民地争夺中取得优势，并于 1757 年在印度打败法国。继而，英国在印度设立东印度公司，拉开侵

---

① 该书出版颇为曲折，1956 年由商务印书馆出版中文版。陈翰笙的好友丹尼尔·方纳及其夫人为该书配备了地图册，但英文版几经辗转，迟至 1996 年由巴基斯坦牛津大学出版社出版。此时丹尼尔已去世。该书英文版为 *Ecological and Agrarian Regions of South Asia circa 1930*，Edited by Daniel Thorner，Based on a Monograph by Chen Han-Seng，Karachi：Oxford University Press，1996. pp. xiii + 148，该书详细出版过程可见孙培钧《陈翰笙先生对中国南亚研究事业的巨大贡献》，于沛主编《革命前辈学术宗师——陈翰笙纪念文集》，中国社会科学出版社 2008 年版，第 67—80 页。

吞印度的序幕。陈翰笙认为，英国东印度公司代表英国商业资本的利益。1857年印度大起义失败，这是印度历史和英国对印度殖民统治政策的转折点，其后，莫卧儿王朝灭亡，英国东印度公司于起义的第二年解体。莫卧儿王朝的灭亡意味着英国将在印度确立直接的殖民统治，东印度公司代表着英国的商业垄断资本，享有商业、军事和领土的特权，它的解体意味着英国的这种殖民统治由英国议院的权威来主导，也意味着英国的工业资本开始投放到印度。

从英国在全球的扩张看，印度大起义与英、法、美、俄发动的第二次鸦片战争同时，印度大起义牵制了英国派往中国的军队，减少了其派兵人数。此时克里米亚战争也已结束，英国侵略波斯的战争于1857年3月签订和约。英国镇压印度大起义是英国帝国主义在全世界进行扩张的一部分。

英国国内的不同阶级对起义的态度不同。在其国内，无产阶级和小资产阶级争取选举权的宪章运动正几起几落。代表工人阶级利益的琼斯公开反对英国统治印度。但是，印度大起义时英国的工人运动趋于尾声。因为"从1848年到1868年那二十年内，英国的工商业独霸于全世界，几乎所向无敌。英国在海外剥削所得，足够分给国内的工人阶级。因此工人们生活有些提高而无意于革命运动"。[①] 因此，在无产阶级中同情印度的人不多见。

随着工业化推进，英国的资产阶级分化出工业资产阶级和商业资产阶级，工业资产阶级要求在印度夺取市场并投资。工业资产阶级通过议会打击商业资产阶级。工业资产阶级对印度大起义的态度，是谴责东印度公司，宣称是东印度公司的腐化导致印度起义。东印度公司被解散后，英国资产阶级又鼓吹，英国为要在印度传教而改变人民的文化就不得不动用武力镇压印度人民。所以，英国资产阶级一面反对东印度公司，一面主张用武力镇压起义。其实质就是以工业资产阶级的利益取代商业资产阶级的利益。

英国在印度的宗教政策足以证明其帝国主义政策的实质。英国长期在印度实施保护印度教和一切印度旧风俗习惯的政策，其目的是利用印度旧的封建势力进行间接统治。帝国主义者的主要目的始终是剥削殖民

---

① 陈翰笙：《1857年印度大起义时期英国人的态度》，《历史教学》1957年第12期。

地，传教不过是可用、可不用的手段罢了。

三 社会制度影响对于自然的利用

（一）自然环境与社会的相互作用

研究印度和巴基斯坦同研究中国相关，一则，其方法一脉相承，二则，印度和巴基斯坦面临的问题及其出路对中国具有积极的借鉴意义。

对经济区域进行划分，本是借助于地理学的概念，在印度学者中，进行这种划分的也多为地理学家。陈翰笙提出，对于经济区域的划分，不能仅偏重于地理而忽视了社会经济。他对于印巴的划分有五项标准，即地形、水利、耕作方法和农作制度、土地制度、当地一般经济发展情况。其中土地制度是关键。他侧重于从五个方面的相互间关系来分析其对于社会的影响，他认为，得天独厚的地利未必带给农民幸福的生活，土地制度和经济发展的掣肘，往往造成农民普遍的贫困甚至失去土地。他将印度和巴基斯坦社会还原为人与地、人与人的关系问题。巴基斯坦被划分为 5 个经济区域，印度被划分为 16 个经济区域。

陈翰笙在论述印度问题时不强调文化的独特性，而是将其置于同中国一样的坐标系上，即从经济因素入手，分析印度的社会。他仍然强调印度作为一个前工业社会，农村问题是主体。影响农村问题的因素，在短期内是不可改变的。他将这些因素分为地形、农田水利、耕作法、土地制度、经济发展状况。这些因素是认识印度社会的基础，其他因素，如种姓制度、宗教纷争，在理解其社会经济基础的同时就可以探究其本质。

人与地的关系和人与人的关系都十分重要，关于印巴的研究，陈翰笙提出了具有更广泛意义的问题。最重要的是探讨环境与农民的贫困之间的关系问题，一个地区虽然天然条件良好，但是如果没有合适的土地制度，则这自然的优势难以发挥，农民的普遍贫困会与自然优势同时出现。

自然环境的特点对于生产关系的形成有影响，如不同的灌溉条件下会形成独特的租佃制度。政治制度对于地理环境有决定性的影响，同一块土地、同一个灌溉系统，在不同的政策制定下，其利用成效可能截然不同。如灌溉对于土地价值和土地碎分的影响。灌溉可使地价上涨，并且通过渠道灌溉的规定，土地碎分的趋势可以制止。农业技术的改善问题包括灌溉问题、耕作法的选择、商品作物的引进，地理条件和灌溉的发展影响农作物的种类，耕作法影响农作物的产量，这几个因素进而影响农村经济的发展，反之亦然。

陈翰笙并未讨论地理决定论，但是他已经阐明同样的地理环境之下，不同的政治制度将产生截然不同的人与环境间的关系。例如，他在论述塔米尔区时，强调此处有冬雨，但雨量分布不均，需要灌溉系统作为补充。而主要分布在丹乔尔的科菲利三角洲水系是塔米尔区最古老和最大的灌溉体系。这个系统使得在它范围以内的每块耕地都像一个贮水池并防止了洪水的泛滥。它使三角洲顶端到末端的耕作期有所不同。塔米尔区除了少数大河之外，许多小河都渐渐淤塞了。对于堤岸既不注意保护，又修整不及时，结果只要水量少许超过一般的洪峰，就会决口毁坏庄稼。由于普遍的贫困和村中旧的村会行政制度的腐败，连引河到沟渠中的事也被忽略了。所以，地理环境对人类社会有影响，但不具有决定性的作用，人在利用和改造地理环境时能够采取的措施和策略才至关重要。关系到地区和国家，就需要政府作出明智的决策。

（二）灌溉只有在社会制度能够有效发挥作用时才能够发挥作用

在印度和巴基斯坦，自然地理状况与社会制度的相互作用突出表现为灌溉问题。陈翰笙认为影响灌溉问题的因素除自然条件外，还包括两方面重要因素，即政府的决策和土地制度。由于印度和巴基斯坦的分治，灌溉政策日趋复杂。如在1947年旁遮普被分为东西两部分并分别属于印度和巴基斯坦后，其面临着灌溉的两方面难题，第一个方面是土地浸水问题，在技术上难以解决。第二个方面是印度和巴基斯坦分治后，对于流经两国的拉维河与苏特里傑河的争端，印度将在这两条河流上修建水坝，这会严重影响西旁遮普的灌溉。

灌溉系统的维护和发展受到土地制度的限制或推动。在印度农村公社时期保留下来的灌溉制度在一些经济区域得以延续并保障农业生产。如在印度最好的农业区之一的古雅拉特和康德什区域。堤堰在西康德什和纳西克地区最多，它们横贯着小河，拦蓄雨季的雨水，以备嗣后利用，可以直接灌溉作物，或间接用作井水。这些堤堰都是古时的村社修建的，就是现在由于同一等级的农民仍然住在同一村中，堤堰的修整也是由整个村社来做的。① 堤堰的支渠把水从水库输送到田里。这些农田按照村落的大小分为 3—4 个大段，每段面积 100—500 英亩不等。土地不再属于村社所有，村中农民都占了每段中的保有地，面积的大小视占有者的财富和地位而定。堤堰灌溉采用集体管理的方法，由几个著名农民组成的村会管理。村会不仅决定每年各段的灌溉事宜，而且还决定它们应该种植哪些作物。

在雨量不足或不均的区域，灌溉问题的解决对于农业发展是一个关键的问题。灌溉的降低无疑意味着农业单位面积产量的减少。在北古雅拉特和康德什，灌溉影响了作物的耕作制度，很多地区由于灌溉困难而由稻田改种棉花。棉花所得不足以维持生活，又导致棉田改种花生。如在塔米尔区，虽然大部分的雨量不到 1000 毫米，然而耕地的百分比高，荒地较少。这方面最基本的因素当然是灌溉，如果没有灌溉，本区会遭到更多荒歉的威胁。水井、池塘和渠道灌溉在本区都有。受地形和土壤条件的影响，塔米尔沿海平原和西部山区不同。沿海平原有很多平坦的地可以种稻，用河水灌溉。西部山区缺少可以种稻的灌溉地，所以小米在山区占主导地位。

陈翰笙按照水利条件，在不同的经济区域中区分出河水经济、井水经济、渠道经济。东孟加拉区无须水渠灌溉系统即能耕种，称其为河水经济，或河流经济。在西旁遮普，农业几乎完全依靠渠道灌溉，称其为渠道经济。但是，这种划分不是单一的，有些地区的灌溉方式是多样的。在毗邻伊朗、阿富汗的俾路支省，雨水稀少，灌溉方式多样，包括利用地下水灌溉、河水灌溉、渠道灌溉及雨水灌溉。

在信德省，由于降雨量稀少，灌溉问题重要，依靠河水泛滥来进行灌溉，导致收成逐年不同。从 1888 年开始修建引水灌溉工程，至 1932 年苏库尔堰完工，灌溉不再依赖河水泛滥。而此处的浸水现象不是一个严重的问题。灌溉的改善使得轮种法可以施行。

在德干南部区域，灌溉方式包括池塘灌溉、河渠灌溉、水井灌溉、其他水源灌溉。这个区域水井灌溉发展的主要障碍是农民的贫困。这种贫困也阻碍了政府在修理、挖深和建筑池塘方面的努力，同时更加妨碍

---

① 陈翰笙：《印度和巴基斯坦经济区域》，黄季方、曹婉如译，商务印书馆 1959 年版，第 242—243 页。

了渠道灌溉的设计。[①]

灌溉方式影响作物的耕种方法，由于井水灌溉是经常性的，对双季作物的栽培有利，东旁遮普的井水灌溉远远超过河水，因此双季作物的比重较西旁遮普高。只有在雨量充沛或灌溉有保障的地方，才能实现稻或者黄麻等作物的双季种植，对于农民来说，双季种植意味着更多的收益。如在西孟加拉和比哈尔南部区域，通常一次稻的收获或次等春收作物的收获会给农户带来每英亩约为 25 卢比的纯收入。但在黄麻和稻的双季收获制度下，每英亩的纯收入就能达到 92 卢比 8 安那。[②] 在东旁遮普区域，由于井水灌溉是经常性的，对双季作物的栽培有利，东旁遮普的井水灌溉远远超过河水，因此双季作物的比重较西旁遮普高。

每个经济区域内部的灌溉情况也很不相同，陈翰笙比较同一个经济区域内部的灌溉情况，以此可以明了灌溉与土地制度间的相互作用。在中央省东南部与奥里萨区域，那格浦尔是最好的灌溉区，水稻大部进行移植，质量最优良，土地也碎分得少些。而在查提斯加尔，水稻不移植，质量低劣，土地碎分得很厉害。灌溉总工程师波拉尔德·楼斯雷（Pollard Lowsly）认为农业的落后与土地的碎分阻碍了查提斯加尔灌溉的发展。查提斯加尔土地的碎分的确妨碍了水稻的移植，这种耕作上的无效力减低了农民的支付能力及其在灌溉方面的需要。农业获利经常低于灌溉费用，农民从灌溉上得不到什么利益。灌溉只在秋收季节进行，工作分散，费用高。肥料缺乏也降低了灌溉的效用。

政府的水利政策在灌溉的过程中是重要的，但是政府未必总能制定合适的政策。在西北边省，与旁遮普北部相近，都属于西北干旱丘陵区。雨水不足，有 77 万英亩是靠政府的、县的和私人的渠道来灌溉的，占全部播种面积的 16%，仅次于西旁遮普、信德、马德拉斯。灌溉差不多限于外印度河区。其中，白沙瓦有最重要的得到灌溉的土地，由 3 条政府渠道灌溉。"对于用私人渠道灌溉的土地，水费和田赋一起等于农产物的半数，而对于用政府渠道灌溉的土地，则仅等于作物收入的 1/4。不过，实际上，用政府渠道来灌溉的土地，其负担要比用私人渠

[①]　陈翰笙：《印度和巴基斯坦经济区域》，黄季方、曹婉如译，商务印书馆 1959 年版，第 303 页。

[②]　陈翰笙：《印度和巴基斯坦经济区域》，黄季方、曹婉如译，商务印书馆 1959 年版，第 159 页。

道更重。往往政府的灌溉只有 30 英亩，而要收 80 英亩的水费。"① 水利官员存在贪污现象。上斯瓦特渠区的地主不给佃户足够的条件和足够长的租佃期，这不能吸引农民到渠道两旁定居，渠道得不到充分的发展。巴努平原只有部分得到灌溉。在达曼平原，灌溉问题远未解决。堤坝失修，洪水泛滥，浸水现象严重，由于没有效率、排列不当和管理不良的水道，适当的排水法遏制浸水是当务之急。

在比哈尔北部区域，年平均雨量约 1220 毫米，灌溉在比哈尔和奥里萨都很重要。池塘和渠道灌溉也很重要，既有政府的也有私人的，各地不同。还有阿哈拉灌溉，指蓄水做灌溉用的贮水池。柴明达掌管贮水池，形成一个很长的水沟系统穿过许多村庄，维持费由柴明达负担，佃户缴纳总收获物的一半做租金。比哈尔的土地制度与灌溉的发展相矛盾，由于永久租佃的关系，一切新灌溉的设计费用都要落在政府身上，但是政府没有足够的田赋收入来进行设计，比哈尔有许多县份需要灌溉计划，政府建设好后，由于不能收水费，在财政上维持它也是困难的。柴明达最初会对灌溉计划普遍认捐，但是他们不能持续使灌溉计划发展下去，特别是实物地租折合为货币地租后。

就雨量问题而论，印度有两个极端地区，分别为全年雨量少于 250 毫米和多于 1800 毫米，另外有近一百万平方英里的辽阔地方，没有灌溉，面对季节的变化无常和饥荒，任何部分都不能认为是安全的。联合省就在这范围内。由于雨量不是非常充分，联合省东部大多是用井水灌溉，辅以水塘和沼泽，西部大多用渠道灌溉，以井水来补充。但是，联合省有 72% 土地得不到灌溉，渠道灌溉的范围至多不过占种植面积的 7%。联合省西部的东北部分，对于建筑深管井的条件是良好的，但是农户无力负担管井费用。不用渠道灌溉的地区用井，1931 年，井开始电气化。联合省西部有 5 个主要的渠道系统：（1）东朱木那渠；（2）亚格拉渠；（3）上恒河渠；（4）下恒河渠；（5）萨尔达渠。渠道灌溉使联合省西部富裕起来，比东部较为富裕。但是在西部产甘蔗的地方，有灌溉问题未解决，最好有直接从河里来的给水，需要建立抽水设备。

灌溉影响土地的价格，并且可以借此制止土地碎分的趋势。在马拉

---

① 陈翰笙：《印度和巴基斯坦经济区域》，黄季方、曹婉如译，商务印书馆 1959 年版，第 66 页。

塔区域,虽然水费很高,但渠道灌溉地的税收每英亩只增加了几个安那,这种增加与地价的增加相比非常小。在渠道灌溉以前,德干的地价每英亩30—50卢比,或者还要低些。到1926年时地价上升为每英亩600卢比,而有些甘蔗区更高达1000卢比。土地所有者确实得到了可以称为自然增值的利益。可想而知,通过渠道灌溉的规定,土地碎分的趋势可以制止,且对土地的合并有时也有帮助。如果土地不在灌溉范围之内,其价值即下降,因此对土地所有者来说,与其被排除于灌溉之外,不如卖掉土地更为有利。如果规定土地小于一定的面积,即不予以灌溉,则土地的碎分将会即刻制止。①

灌溉不是唯一满足农业生产的条件,农民在种植商业作物时需要适宜的土地制度和灌溉的保障。在马拉塔区域的孟买—德干的灌溉区,主要的商品作物不是棉花而是甘蔗。灌溉区的主要作物是甘蔗、高粱、粟、小麦和花生。其中甘蔗是唯一有利可图的作物,其他作物的种植只是利用甘蔗田中剩余的肥料。德干灌溉区甘蔗作物的发展受到阻碍的主要因素是当地的租佃制度。农民至少租佃5—7年甚至10年才能种植。确实,没有一个足够长的租期使佃户认为确有保障的时候,种植甘蔗是很困难的。

第二节 殖民统治下的生产关系特质

土地制度直接体现的是农村土地所有制,中国和印度的农村土地所有制同样复杂,各地区差异巨大,且经济发展不平衡。对中国的农村生产关系的分析和认识是陈翰笙了解印度农村和土地问题的理论前提。同时,对印度与中国的对比,又使他对生产力不同发展阶段的不同生产关系以及处于殖民地统治下的印度的社会情况有更深刻的认知,开阔了他的研究视野。

一 印度和巴基斯坦封建制度的特质

陈翰笙认为,在印度社会,封建势力仍然存在,生产关系基本上还

---

① 陈翰笙:《印度和巴基斯坦经济区域》,黄季方、曹婉如译,商务印书馆1959年版,第280页。

是很少变化，所以，他将其归入"前资本主义社会"。印度和巴基斯坦的封建势力包括名称各异的地主（如柴明达、贾吉达等）、出租土地的富农、拥有各种特权的高利贷者等。封建势力以"超经济的"剥削获得利益，陈翰笙将"超经济的"解释为经济以外的强制。① 封建势力得到英国殖民统治政府的扶植和利用，成为加强殖民统治的工具。

陈翰笙不认为印度和巴基斯坦仍处于纯粹的封建社会阶段，而将其视为仍然存在封建势力的前资本主义社会，即一种过渡阶段。在印度和巴基斯坦的各个经济区域中封建化的程度是有差异的，陈翰笙赞成尼赫鲁提出的意见，认为拉其普他拿的土地制度是印度最封建的土地制度。因为这一地区盛行贾吉达土地保有制，在拉其普他拿、中央印度、奥利萨及其附近一些小邦，不仅没有把司法和行政分开，而且贾吉达是一个对全部产业无所不管的封建主。可见，衡量封建化的标准是地主对于土地的权利及随之而产生的对农民所拥有的超经济的权力。这种权力在不同经济区域中是存在差异的，造成这种差异的既有历史因素，也受到自然环境特点的影响。陈翰笙对这类差异一一甄别，呈现了印度和巴基斯坦社会结构的复杂性。

陈翰笙讨论的另一个重要问题是走出封建化的农村的前途问题，他已经意识到，在去除封建化之后，农村问题未必能够得到必然解决。他记录了孟买和孟加拉的土地保有制的差别。前者以农民租佃制为主，后者以柴明达制为主。孟加拉土地税在柴明达保有制下是由未拥有定期再租佃权的业主缴纳的。因此从来没有登记过土地，也没有设置土地登记人员的必要。孟加拉村子里只有一个工作人员，上级行政机关与实际的农村生活没有接触。孟买的土地税在农民租佃制下由拥有定期再租佃权的业主缴纳。因此，村子里保存了详细的记录，这就需要在县、区、乡和村中设置一系列工作人员。上级行政机关同农村生活有了接触。显然，柴明达制是"封建化"更甚的土地保有制，而农民租佃制则是土地所有者能够通过行政机构与政府发生关系并享有更多对于土地权利的租佃制度。

但是，陈翰笙认为农民租佃制继承了柴明达制的一切缺点并比之更

① 陈翰笙：《封建社会的农村生产关系》，中国社会科学院科研局编《陈翰笙集》，中国社会科学出版社 2002 年版，第 13—35 页。

恶劣，加速了土地集中的进程，进而加剧了农村问题。由于古雅拉特和康德什地区有 3/4 的耕地实行农民租佃制，农民所缴纳的租税成为整个土地经济中最重要的收入。[①] 农民为了及时以货币纳税，免受重罚，通常都携带其所有产品到市场去，把全部作物卖掉。厂主和商人能依靠保护税则抬高自己。而农民负担着重税，不论给什么价格，不管愿意与否，都必须出售自己的产品。在税收时期，农作物的价格必然下降，农民受着商人或高利贷者的支配。在农作物价格高涨的时候，他们常常蒙受双重的损失，因此感到从事农业生产无利可图。农民纳不起税，就放弃他们的土地所有权，农田很快就成为荒地。[②]

这对于土地分配的影响是不可避免的，大面积土地的保有者很容易把所负担的捐税用地租的形式转嫁给他们的佃户，因此租佃制很发达。而小农和中农常靠借贷来纳税，其中很多人早就变成了只有很少土地的所有者，甚至变成为无地的雇工。中农数目的下降从土地分配上反映得很清楚。土地占有两极分化及中小土地所有者数目减少。在古雅拉特，有两种因素促进租佃制的发展。一种是土地在佃户手中的时期不很长；另一种是在北古雅拉特有许多农民既是地主又是佃户。他们把劣等土地租给佃户，但又租进较好的土地来耕种。孟买—古雅拉特全区不从事耕作的农民保有的土地占比一直在增加，在租佃增加的同时，地租也有所增长。

解决农村问题，不仅仅是消灭封建的势力，还必须考虑切实可行的农村土地制度。

印度和巴基斯坦的社会中存在阶级界限，以对土地的占有和权利为标准，陈翰笙划分了地主、富农、佃农阶级。影响农村中的阶级分化现象的因素包括：封建势力对农民普遍的剥削、融入世界市场、工业化的发展、政府的政策、货币经济的引入，这几项因素可能同时对某一经济区域起作用。如西旁遮普农村从 20 世纪初期至中期出现新的阶级分化，出现农村中产阶级。导致这一分化的原因：第一，货币经济被渠道灌溉引入农村，因为田赋水费等费用需要用货币缴纳，而小麦、棉花等农作

---

① 陈翰笙：《印度和巴基斯坦经济区域》，黄季方、曹婉如译，商务印书馆 1959 年版，第 258 页。

② 陈翰笙：《印度和巴基斯坦经济区域》，黄季方、曹婉如译，商务印书馆 1959 年版，第 259 页。

物为货币作物；第二，"二战"时农产品价格腾贵，小康的农民获利较多而使债务大为减少，但是贫苦的农民却陷入更多债务。

二 印度和巴基斯坦的土地制度

陈翰笙认为了解印度和巴基斯坦的社会结构，关键在于探讨农村的生产关系问题。他总结了印度和巴基斯坦的土地制度的特点。租佃制度包括柴明达尔制、联合村制、土地共有制、巴依查拉制度、永久租佃制和暂时租佃制等，不同的租佃制度对应不同的地租形式。地租包括实物地租和货币地租，或者半实物半货币地租。从地主和农民对地租的分配方式看，地租可分为固定地租和分成制地租。

印度和巴基斯坦的租佃制度十分复杂，形态不具有单一性，因为受历史、宗教、习俗等因素的影响，各种租佃制度相互影响，相互间的关系很难厘清。同一种土地租佃制度在不同的地区往往有不同名称，"古雅拉特的柴明达租佃制具有暂时租佃的性质。这种租佃制至少有 10 种不同的名称"，① 或者因各地的差异造成同一种名称的土地制度在不同区域内容不尽相同。

（一）殖民统治对封建土地制度的影响

16 世纪中叶所建立的莫卧儿王朝原有三种同时并行的收税办法。在东部孟加拉、比哈尔和奥里萨等地区，田赋征收由备有武装而世袭其业的柴明达尔包办，田赋的征额等于一个地方除去一切费用和消费所剩余的年产量。凡是柴明达尔征收超过这个数额的收入一律纳入私囊，但因土地是村有，故不许拍卖土地以抵偿欠税。在北方邦、拉贾斯坦、安德拉和马德拉斯等地区，田赋由没有武装而占有耕地的茄勾征收，他们虽然不是世袭的包税者，但也超额征收而坐享中饱。在西部孟买等地区，田赋征收一直是农村公社中潘查雅特即村议会的职责。耕种世代占有的土地的农民将田赋交由村议会转缴王室。② 这三种制度全被英国东印度公司废除了。

孟加拉总督康华里 1793 年公布"关于承认印度柴明达尔为世袭土

① 陈翰笙：《印度和巴基斯坦经济区域》，黄季方、曹婉如译，商务印书馆 1959 年版，第 255 页。

② 陈翰笙：《印度农村阶级》，《经济研究》1961 年第 11 期，汪熙、杨小佛主编《陈翰笙文集》，复旦大学出版社 1985 年版，第 274—309 页。

地所有者"的法案，把田赋数额永久固定下来，准许柴明达尔开垦新地，但解除了他们的武装。同时举办土地册即一种证件称为"波塔"发给农民，注明使用土地的条件。茄勾达尔地区不久也实施了固定赋额法，这就使暂时管理田赋的贵族也变为永久的土地私有者和包税人。1818 年英国统治者更在潘查雅特管理田赋的地区派官吏直接去征收，每 30 年重订一次田赋数额，故称为暂时赋额法。[①]

在英帝国主义者统治下，占全国土地 43% 的固定税额法地区农民已变为包税人的佃户，而包税人则是拥有几千、几万甚至几十万亩土地的大地主，即印度独立后国民大会党的土地改革法案首先要废除的国家与农民间的"中间人"。此外，占全国土地 57% 的暂时赋额法地区，即当时称为赖约特华地区，原来占用土地者，无论自耕与否，都变为每年缴纳田赋的土地私有者。他们绝大多数是中、小地主。这就是印度地主阶级的由来。

英国殖民统治者使城市的商人和高利贷者变为包缴税款的地主阶级，在财政上巩固了税收，又在政治上豢养了一批买办。在中国历史上很多大地主曾兼作商人和高利贷者；在印度则很多大地主原来就是城市的商人和高利贷者。[②]

地主阶级在印度出现后，世代占用村有土地的农民沦为随时可被地主驱逐的佃户。那时地租随着田赋也由实物很快改变为货币，促进了农产商品化而破坏了农业同手工业的结合。租额也随着田赋的辗转征收而不断地层层增加。同时土地已成为地主的商品，完全可以买卖，地价也不断地上升，穷人无力买进土地。[③]

赖约特华地区的土地私有者，很多在捐税、商业和高利贷几层剥削下无力维持他们自耕的地位，只得把土地出让而自己沦为永佃农、暂佃农或分成制下的佃农，向土地缴纳占农产总收获 45%—80% 的租额。他们的土地大部分是卖给半封建半殖民地的城市新富亦即商人和高利贷

①　陈翰笙：《印度农村阶级》，《经济研究》1961 年第 11 期，汪熙、杨小佛主编《陈翰笙文集》，复旦大学出版社 1985 年版，第 274—309 页。

②　陈翰笙：《印度农村阶级》，《经济研究》1961 年第 11 期，汪熙、杨小佛主编《陈翰笙文集》，复旦大学出版社 1985 年版，第 274—309 页。

③　陈翰笙：《印度农村阶级》，《经济研究》1961 年第 11 期，汪熙、杨小佛主编《陈翰笙文集》，复旦大学出版社 1985 年版，第 274—309 页。

者，这些新地主绝大多数是中、小地主，不像柴明达尔和茄勾达尔地区的大地主那样除耕地以外还拥有山林、池塘和河道。

英国统治者在赖约特华地区曾稍稍做了一些水利工程，因此印度的西部和南部有更多的农民发展成为富农而雇佣更多的佣工。但在固定赋额法地区，柴明达尔和茄勾达尔没有兴修水利，当地政府也忽视此事，所以一般农民就谈不到农业上有什么盈利，因而在地主剥削下的分成制大为发展。这无非说明两种地区里的地主性质稍有不同，他们对于生产关系的影响也就有些不同。[1]

（二）印度土地制度的多样性

陈翰笙对20世纪初期印度的租佃制度进行考察，认为其处于一种过渡阶段，不同经济区域的租佃方式有较复杂的差异，但是，在半封建社会形态下，租佃制度形态的多样性可以依据两种最典型的方式进行考察，即柴明达制和农民租佃制。各种形式不同的租佃制度，是在这两种基本形式的基础上进行变化。

柴明达制在印度不同地区间是有差别的。马德拉斯与孟加拉，在孟加拉是对每一个土地所有者都征税，而维扎加帕塔姆的柴明达制地区则只向那些在财产和地位方面与地主相同的土地所有者征税。[2] 与孟加拉的柴明达制不同的另一点是，在马德拉斯有些实行柴明达制的地区，租佃权不是永久性的，每隔30年得重新订约或增税。但土地税的增加不准超过25%。此外，马德拉斯还有一点是孟加拉所没有的。马德拉斯立法禁止柴明达土地所有权的再分割，特别是从20世纪开始，许多大产业都是不得转让和不可分割的。继承权定为长子继承制。最后一点更直接与孟加拉的体制相对。[3] 不论在维扎加帕塔姆或三角洲地区，都有永久租佃性的柴明达制土地。永久规定不得增加的税额称为佩什库什（peish-cush）。因兴修或整理渠道而增加的费用则以水费的名义征收。自1909年马德拉斯地产法公布后，不论永久租佃或暂时租佃，柴明达

① 陈翰笙：《印度农村阶级》，《经济研究》1961年第11期，汪熙、杨小佛主编《陈翰笙文集》，复旦大学出版社1985年版，第274—309页。
② 陈翰笙：《印度和巴基斯坦经济区域》，黄季方、曹婉如译，商务印书馆1959年版，第322页。
③ 陈翰笙：《印度和巴基斯坦经济区域》，黄季方、曹婉如译，商务印书馆1959年版，第323页。

制土地享有转让权。[①]

柴明达有两种佃户：一种是对土地有占有权的佃户，另一种是逐年更换租约的佃户。自耕农在柴明达制地区比在农民租佃制的农村为多。

1820 年门罗做英国驻马德拉斯的总督时，他曾试图把省内的各种土地租佃制统一起来。农民租佃制就正式被推行。在农民租佃制下，小土地保有者在仔细地土地丈量和分类后缴纳固定的土地税。具有永久占有权和继承权的真正的土地占有者负有纳税的义务。换言之，土地占有者只要纳税就可以一直使用土地。他有权出卖、抵押或用其他方法处理他的土地。他可以任意缩减或买进土地，也可以把土地分给逐年更换租约的佃户耕种。[②]

在农民租佃制之下，政府保留着自己对该地区一切矿山和矿产的权力。此外，有占有权的农民或土地保有者不准把土地用于非农业的目的。他们所缴纳的土地税每隔 30 年修订一次，如不纳税，政府有权拍卖土地加以赔偿。[③]

在采用农民租佃制的地区，最初的政策是采取对土地保有者或农民估定永久税额的办法。到 1862 年改为采用暂时定税制。估定税额与调整税额的间隔为 30 年，在这 30 年期间税额保持不变。然而自 1900 年以来，调整税额的工作时常进行，不顾 30 年为一期的规定。每次调整税额都增加土地税 9%—25%。据说最终全省有 80% 都实行农民租佃制，这当然包括塔米尔区在内。在土地肥沃的富饶县份，农民租佃制下的税额约为农民从地里所得净收入的 50%。

地主很容易把税收的负担转嫁给佃户。这不仅说明为什么租佃日益普遍，而且还说明地租日益过高的原因。塔米尔区有两种重要的租佃形式：分成租佃制和固定的实物或货币地租。[④] 分成租佃制又分为旱地、灌溉地和收割分成。陈翰笙引用 P. J. 汤姆士和 K. C. 拉马克里什楠的

---

①　陈翰笙：《印度和巴基斯坦经济区域》，黄季方、曹婉如译，商务印书馆 1959 年版，第 323 页。

②　陈翰笙：《印度和巴基斯坦经济区域》，黄季方、曹婉如译，商务印书馆 1959 年版，第 254 页。

③　陈翰笙：《印度和巴基斯坦经济区域》，黄季方、曹婉如译，商务印书馆 1959 年版，第 254—255 页。

④　陈翰笙：《印度和巴基斯坦经济区域》，黄季方、曹婉如译，商务印书馆 1959 年版，第 339 页。

说法，塔米尔各村有一种倾向：土地所有者自己耕种或使用雇工耕种的土地越来越少，而土地以分成制或固定地租制出租的越来越多。

联合省总面积中 1/10 被永久租佃制为基础的地主制度所支配。永久租佃制都在联合省东部。联合省西部盛行暂时租佃制，至 1927 年止，田赋的清算是 30 年一次，但其后有变化，肥沃地区有 5 年租佃制。西部的暂时租佃的柴明达制度，土地租佃制通常称联合村租佃制（马哈瓦里租佃制），这种租佃制是在 1833 年一个调查团秘书霍尔特·麦肯齐指出必须承认村有土地权以后创立的。他把这种一村的共同所有权和通常应用于孟加拉的单独地主观念加以区别，主张正确地测量土地和谨慎地登记已经承认的一切权利，而不是仿效永久租佃制。

联合村租佃制是柴明达租佃制和农民租佃制的一种混合物。联合省西部有许多地主是分股的，田赋是基于村内土地的实际地租价值，包括从荒地和牧场所得的任何收入，这两点和柴明达制相似。另外，其实际和农民租佃制的估价一样，以测量、划界、登记保有地及地权为根据。名义上，联合省西部的地主共同负责缴纳田赋，实际这些股东分别缴纳自己的一份。

文德雅省联邦的大部分地区，在土地租佃方面盛行着贾吉达制，而中央省北部的田产则以马尔古扎制（malguzari，意为纳税人）为主。贾吉达制是一种地主制形式，它是与地主村制相结合的。马尔古扎制也是一种地主制形式，它是与乡村团体的农民租佃制相结合的。[1] 在英国管理中央省之初，当局急于对付个体的地主，他们把土地所有权给予了村长。这类土地称为马哈尔，村长称为马尔古扎。自村中原来的地主降为马尔古扎制之下的土地承租者以来，他们就用规定田赋、决定各类佃户向马尔古扎缴纳地租数额的办法来得到马尔古扎的保护。由此可见，马尔古扎就与孟加拉的柴明达和联合省的塔鲁卡达有所不同，他们的权力比较小。[2] 与贝拉尔和孟买的莱特（ryot，意为农民）一样，马尔古扎和马立克马布扎（malik makbuza）可以自由地把他们保有的土地转让出去。拥有占有权的佃户则不同，他们只有在事先通知地主并付给地主一

---

① 陈翰笙：《印度和巴基斯坦经济区域》，黄季方、曹婉如译，商务印书馆 1959 年版，第 218 页。

② 陈翰笙：《印度和巴基斯坦经济区域》，黄季方、曹婉如译，商务印书馆 1959 年版，第 219 页。

定的数额后才能把保有地转让出去。许多没有转让权的土地耕种者既不能举债来改进农业，也不能从信用合作社得到足够的钱款。[1] 高利贷者仍有足够的能力加速土地所有权的集中过程。

中央省东南部的土地租佃盛行马尔古扎制。查提斯加尔的土地占有者分为四种类型：马尔古扎是村长，有永久的家庭农场和临时的家庭农场；马立克马布扎（malik-makbuza）是一个拥有所有权的土地保有者，但不是村庄的所有者；拥有绝对占有权的保有者和拥有占有权的保有者，他们有土地转让权；村庄服务人员，如木匠、铁匠等，保有地是他们的工作报酬。

奥里萨的土地租佃实行贡泰（gauntiai）制，同中央省东南部和北部的马尔古扎制完全一样，是介于柴明达制和农民租佃制之间的中间形式。贡泰（Gauntia）本人既是村长又是地主，他是田赋征收员，有权把荒地出租，并把租金据为己有，他的权利是可继承和转让的。农民通过贡泰（gauntia）把土地出卖或抵押给高利贷者。

比较农民租佃制与柴明达制。德干南部与古雅拉特和马拉塔区一样，从整个来看是一个农民租佃制地区。马德拉斯有 2/3 以上地区盛行农民租佃制，而柴明达制则主要在其北部地区，在德干区以外。买索尔的全部领土只有 7% 实行柴明达制。不论在柴明达租佃制或农民租佃制中，都有一种成为伊纳姆的特殊保有地，是政府为奖赏宗教、慈善、公用等事业方面的功劳以及军功等而授予的土地。伊纳姆地保有者和柴明达土地所有者是否享有同样的权利，这要由授予的性质与立法的效力来决定。一般来说，佃户和土地保有者的关系无论在柴明达制或在农民租佃制之下，都要受合同制约的。[2]

农民仅仅指已登记的土地保有者而言，他可以自耕或者不亲自参加耕作。德干南部也像其他农民租佃制地区一样，有许多不从事耕作或不在乡的农民。

陈翰笙认为，农民租佃制承受了柴明达制的一切缺点，它更恶劣，因为佃户连在柴明达制之下所享有的租佃保障都没有了。地主所有制的

---

[1] 陈翰笙：《印度和巴基斯坦经济区域》，黄季方、曹婉如译，商务印书馆 1959 年版，第 220 页。

[2] 陈翰笙：《印度和巴基斯坦经济区域》，黄季方、曹婉如译，商务印书馆 1959 年版，第 307 页。

扩大或土地所有权的集中，自然因农民的负债而加速了。法律没有规定出农民租佃制土地所有者对佃户应收的租额，他们之间完全是合同关系。① 马德拉斯—德干的地价比孟加拉为高，而作物的平均价值又显然较低，特别是比东孟加拉的平均数为低。其主要原因在于农民租佃制的无限制的地租剥削，地价随地租的增加而增加。

不论在农民租佃制地区还是在柴明达制地区，地租欠款常常通过税收法庭偿还。在农民租佃制地区，以出售保有地或扣押作物的方法来收租。往往后来的承租人先偿清地租，然后再把它从应付与原来土地保有者的款项中扣除。扣押作物是由村中的官吏进行的。每一村都有一个村长。扣押作物或出售保有地的整个过程可能需要半年时间。②

根据 1945 年饥荒调查团的报告，马德拉斯省总耕地面积有 68.4% 实行农民租佃制，31.6% 实行柴明达租佃制。

在实行农民租佃制的三角洲地区，水田的税率通常约 2 倍于旱地。虽然名义上平均每英亩旱地收税 1—2 卢比，但是另外还有两种税：消费税和印花税。二者都随人民的贫富而有所不同。在旱地变为水地后，税收的增加每卢比不超过 3 安那。然而在这之外，每英亩的水费至少收 5 卢比。因此三角洲地区每英亩稻田年税为 7—8 卢比，这等于孟加拉的有占有权的农民向政府缴纳税额的 2 倍。

马德拉斯东北部的土地租佃期通常是 3 或 5 年，满期后一般可以重订，然而并不一定可靠。在种植商业作物的地区普遍实行货币地租。另外还有两种地租，固定的实物地租和分成制。由于高额的地租和沉重的债务，大多数农民没有足够糊口的田场以维持生活。

土地所有权的集中引起了地租的高涨，这同时又影响了保有地面积和耕地面积的缩小。因此，在塔米尔区绝大部分保有地或田场都不是足够糊口的保有地或田场。③

① 陈翰笙：《印度和巴基斯坦经济区域》，黄季方、曹婉如译，商务印书馆 1959 年版，第 309 页。

② 陈翰笙：《印度和巴基斯坦经济区域》，黄季方、曹婉如译，商务印书馆 1959 年版，第 309 页。

③ 陈翰笙：《印度和巴基斯坦经济区域》，黄季方、曹婉如译，商务印书馆 1959 年版，第 341 页。

三　印度和巴基斯坦农村中的阶级分化

土地的有无和拥有的多少，显然是印度农村各阶级间的基本关系和主要矛盾。这种主要矛盾决定了印度农村的主要阶级关系和劳动关系。

（一）英国殖民政策带来的印度和巴基斯坦地主的分化

地主内部同样出现阶层分化，联合省东部有四种地主：第一，柴明达，对土地有永久的、世袭的和转让的权利，以负有缴纳田赋义务为条件。他可以驱逐他的佃户，在佃户交出保有地后，他可以行使土地再登记权。他是农村的居住地点的所有者，不得到他的许可不能建筑房子。对这种地点不收租金，他的"西尔"田出租给缴纳地租而无继承权的佃农，他还拥有荒地、森林乃至农民保有地界上的树木和散生的树木。由于联合省东部土地所有权的集中，有大农场和许多小农场，大柴明达同时也是工业家。

第二，小柴明达，对土地有世袭和转让权，没有再登记权。分为两级，同柴明达再订田赋额的叫普克塔达，没再订田赋额的叫马塔哈特达。

第三，次柴明达，从小柴明达手里保有永久租地，缴付一笔永远固定的地租。对本人耕种的土地有世袭和转让权。

第四，特迦达，暂时的土地所有者，对出租人来说是佃农，对佃农来说是地主或出租人，身份双重。他同出租人有一个若干时期的合同，在有些情况下是世袭的和可以转让的。

第一次世界大战以前印度就有经营地主的出现。第一次世界大战期间农产品价格猛涨，使赖约特华地区的经营地主扩大他们的企业，并鼓舞了柴明达尔和茄勾达尔各地区为数不少的地主收回出租的土地而自己经营农业。

第二次世界大战期间经营地主数目又有所增长。极少数的经营地主还兼办了工厂，主要为农产加工的制造业。但是，大规模、十足的资本主义农场在印度是个别的例外。

20世纪中叶，很多的经营地主还停留于半封建半资本主义的经营方式。在国大党土改政策的影响下，他们从佃户手里收回土地以后用分成制的办法雇佣农业佣工进行耕种。曾一度担任印度政府顾问的法国农业经济学家雷纳·杜蒙教授在他的关于印度农业的文章中说，印度分成制下的农民只付出劳力而不管田间生产资料，因而与西欧各国的分成制有所不同。陈翰笙不同意这个论断。印度各地区早就有两种分成制，一种是农民作为佃户而供给田间生产资料和工具，另一种则地主供给田间生产资料和工具，而农民沦为佣工。随着农民的不断贫穷化，以及封建地主走上资本主义道路，农民就从一种分成制下的佃农转变为另一种分成制下的雇农。这是由封建主义过渡到资本主义，农民完全无产阶级化的最后一个阶段。这也反映了印度农村经营地主的一种情况。①

印度富农是在 19 世纪中叶农产商品化促使农村公社崩溃后产生的。经营地主则直到 1870 年代和 1890 年代历次大饥荒中土地大批转移到商人和高利贷者手里才陆续诞生。一般来说，赖约特华地区先有经营地主，但自第一次世界大战开始直至第二次世界大战结束因农产品价格不断高涨，柴明达尔和茄勾达尔地区少数封建主也转变为经营地主。印度独立后的土地改革，更加速了经营地主和富农的发展。②

在英帝国主义统治时代，印度就同时有佃农的分成制和雇农的分成制。雇农的分成制，便是 20 世纪上半叶柴明达尔和茄勾达尔各地区大地主所采用的，它不仅回避了不准收租的法令，更以半封建、半资本主义的方式对站在完全无产化边缘的农民进行剥削。

新兴的经营势力包括富农和地主，他们的势力在发展。农村资本主义的发展使乡间贫富差距越发悬殊，阶级矛盾因而也更加尖锐。

（二）印度和巴基斯坦农村中农民的分化

英国资本家急需从殖民地印度搜刮原料并在那里推销工业产品，因而在 1840 年代开辟了由大西洋经南非洲到达印度的航路，又在 1850 年代建筑了分布印度的铁道。同时，处于租税交迫下的农民因急于用钱也不得不多种棉花、黄麻、油料作物等商品，英国资本家并在印度直接经营橡胶、咖啡和茶叶的种植园。农产商品化如此发展，自 1893 年至 1956 年的 63 年间全国农产总值粮食作物由 78% 下降到 56%，而非粮食作物则由 22% 上升到 44%。

阶级的分化也出现在佃农内部，名为佃农而拥有类似地主对土地的

---

① 陈翰笙：《印度农村阶级》，汪熙、杨小佛主编《陈翰笙文集》，复旦大学出版社 1985 年版，第 274—309 页。
② 陈翰笙：《印度农村阶级》，汪熙、杨小佛主编《陈翰笙文集》，复旦大学出版社 1985 年版，第 274—309 页。

权利的阶层也存在。在俾路支省共有三类佃农，第一类，王室领土的佃农，被称为"德堪"，其实是一种转租地主，是有充分资产雇佣逐年更换租约的佃农来耕田的人；第二类，洪水泛滥区土地的佃农，他们自己建筑防洪堤坝并加以保养，堤坝所生的利息可以出卖或作为嫁妆。这些佃农拥有世袭的占有权和转租土地权，称"桑基"；第三类，逐年更换租约的佃农，称"巴兹迦"，他们得到耕种的土地是已经有了堤坝的，但是他们在下一季收成前有可能被退佃。在土地制度中，还有早期部落公社生活的许多残余，如定期重新分配土地，业主和佃农的共耕，农村匠人制度。在印巴全境，俾路支的人口密度最低，其经济发展极端落后，无工业可言，有许多部落仍然处于游牧状态。但是，在其地租制度中，已经出现倾向于富有农民的特征，较殷实的佃农所缴纳的地租较轻，逐年更换租约的佃农缴纳地租较重。

和大地主一样，富农也既用高额地租又用高额利息来剥削无依无靠的佃农。在地租和债务之间，前者是更为基本的，因为前者往往导致后者。

在俾路支省，较殷实的佃农所缴纳的地租较轻，逐年更换租约的佃农缴纳地租较重，前一类佃农建筑堤坝和供给一切耕种手段，他的租佃期通常是5—20年，期限内不得退佃。他的地租是扣除田赋和农村仆人的工资后农作物的25%。后一类佃农供给劳动力和耕牛，地主供给种子和建筑堤坝。他的地租是扣除田赋和农村仆人的工资后农作物的50%。

阿萨姆农民不像东孟加拉黄麻产地那样时常以举债为生，比较地说，那里的债务不是一个很迫切的问题。然而印度一些最著名的商业资本家马瓦里，商人兼高利贷者，购进在阿萨姆出售的大部土地，继之以高价售给茶叶种植者，从中获取利润。利用排水沟渠把稻田改为种茶场，这种变化在稳定地进行着，种茶场从附近地区吸收了大批劳工，这已成为阿萨姆政治经济方面的真正争端。从1911年到1950年，阿萨姆的土地问题因民族问题而复杂化。

在布拉马普得拉河流域印度教徒占优势，而苏尔马河流域多半是伊斯兰教徒，在山区多半是各种部族。这三种主要的民族和宗教各在阿萨姆的三个自然区占据优势，也形成了少数民族。他们家庭继承习惯的不同还产生了土地制度方面的矛盾。在卡西山区的部族中，土地是由女子来继承的，并且土地是不再分裂的。印度教徒和伊斯兰教徒都重新分裂土地，将耕地弄得很分散。在高哈提和西尔赫特，耕地碎分的情况发展到了极限，这里盛行着永久租佃式的柴明达制。[①]

富农的来源，原来耕种10—25英亩的上中农雇用了一些长工或很多临时佣工而转变为经营25英亩以上的富农。更多的富农出身于高利贷者。

以放款给土地占有者的方法取得土地的富农，往往一身兼商人、高利贷者和封建性收租者。在这个民族经济尚未独立而封建势力依然普遍的国家里，资本主义并不迅速地蓬勃发展着，因而从地租、商业和高利贷所得收入反远超过从农业生产中所获得的利润。商业资本和高利贷资本是列宁所说的资本最低和最坏的形式，在印度极端盛行。[②]

富农经营土地，雇佣长工和零工而付给货币工资，同时也放款做高利贷继续进行前资本主义方式的剥削。种姓制度穿插其中。

中农的地位。

中农的标准：耕作足够维持一家生活的土地而经常能保持货币收支平衡的中农，在印度乡村中也占有重要地位。因阶级矛盾的迅速发展，他们正在不断地分化。他们以全家人力终年投入农田，农忙时节还需雇佣一些零工；货币周转不灵的时候必须设法借贷，但并不经常负担债务。他们的收获大约有4/5留作自用，而以1/5出售给当地的商人。根据土壤和水利条件不同，中农占有的土地面积不同。下中农每户有耕地5—10英亩，而上中农每户有10—25英亩。印度中农有自己的种姓。

税捐增加、价格波动和高利贷利率构成了迫使中农沦落的主要因素。农民为要及时以货币缴纳田赋，免受重罚，通常把一部分农产品卖掉。但在税收时期，商人或高利贷者支配着市场而对农产品压价。处于入不敷出的农民因而不得不屈服于高利贷者。地税捐的增加对中农是一

① 陈翰笙：《印度和巴基斯坦经济区域》，黄季方、曹婉如译，商务印书馆1959年版，第185页。
② 陈翰笙：《印度农村阶级》，汪熙、杨小佛主编《陈翰笙文集》，复旦大学出版社1985年版，第274—309页。

个威胁，而对大土地占有者十分温和。[1]

在农民运动中，中农，尤其是占地 5—10 英亩的下中农，有重要的地位。中农与贫农间关系以及他们与农业佣工的关系，确是农村阶级斗争中取得胜利的关键。[2]

贫农的破产。

贫农的定义：耕种不足以维持一家生活的土地，经常依靠副业或借贷来补救的农民就是贫农。农场越小则单位面积产量越小。贫农仅有自耕地 3—5 英亩，往往租进一些土地来耕种。这样贫农中间多佃户或间佃户，而中农则多自耕农。因所缴纳的租额很高，贫农每年的收入就远不如中农。[3]

中农和贫农之间富力相差是很明显的。基本原因就是贫农所有的土地太不够耕种了。贫农的种姓大多是同中农一样的，因为他们原来就是败落的中农。威胁贫农的因素包括地租昂贵和物价高涨。

如同旧中国一样，印度的地租也有钱租、定租（定额谷租）和分租（分成制下谷租）三种。分租的租额最高，往往等于收获的一半以上，各邦亦已通行地主不供给田间直接生产资料和工具的佃农分成制。[4] 实际上贫农是无法增产的，因为增产反而便宜了地主。

物价高涨，第二次世界大战期间孟加拉地主和奸商操纵粮价而造成大饥荒，战后物价的上涨也不断地危害了农民。粮价上涨增加了贫农和佃农在生产上和消费上的开支，贫农到了入不敷出的时候，只得投奔于高利贷之门。

对贫农来说，保持已占有的土地是最重要的问题，但地主往往串通法院或税务官吏驱逐佃户，或者强迫他们的佃农改变为分成制下的农业佣工。贫农的租佃权还是毫无保障地随时被地主收回。

当英帝国主义者在 19 世纪 60 年代开始全面榨取殖民地印度时，农

---

[1]　陈翰笙：《印度农村阶级》，汪熙、杨小佛主编《陈翰笙文集》，复旦大学出版社 1985 年版，第 274—309 页。

[2]　陈翰笙：《印度农村阶级》，汪熙、杨小佛主编《陈翰笙文集》，复旦大学出版社 1985 年版，第 274—309 页。

[3]　陈翰笙：《印度农村阶级》，汪熙、杨小佛主编《陈翰笙文集》，复旦大学出版社 1985 年版，第 274—309 页。

[4]　陈翰笙：《印度农村阶级》，汪熙、杨小佛主编《陈翰笙文集》，复旦大学出版社 1985 年版，第 274—309 页。

产更大批地商品化了，货币经济把耕地所有权更集中起来了，处于封建和资本主义双重剥削下的农民不但丧失了自己的土地，而且也难于租种人家的土地，有些贫农甚至丢掉了他们原有的耕牛和农具等生产资料而沦为雇农。但在封建势力的压迫下，印度农民无产化并不是迅速的，必须经过一个较长的时期。有些佃农通过分成制而变为雇农，也有些佃农还竭力保持了 3 英亩以下的耕地。①

雇农的性质。

雇农的来源有四：一是贫农丢掉他们大部分或全部土地后成为农业雇工的后备队；二是出于破产的农村手工业者，其破产是英国工业品涌入的结果；三是不可接触的最低级而从未有过土地的种姓，他们的大多数出于古代的家庭奴隶，以及农田和矿山中的佣工；四是印度中部、南部和东北部山林地区的各小部落和部族。

在印度雇工中资本主义生产关系正在发展，但它的势力还不如各种前资本主义的残余，无地佣工中有 4/5 以上是半封建、半资本主义式的。1930—1960 年，资本主义在印度农村有更进一步的发展，雇农的生产关系在向着资本主义方式过渡。但这种过渡不是短期的，也不是很迅速的。②

直到 20 世纪中期，在印度农村中还可以发现前资本主义的残余，半农奴式的农业佣工甚至有被出租和抵押的，也有被出卖的。

第三节　农村问题与贫困的根源

陈翰笙发现，至 20 世纪中期，在印度存在着耕种土地无利可图的情况。根据潘德（K. P. Pande）的意见，"农业不是一种有利可图的事业。实际上，除去全年的生产费用外，一无所剩。……政府的田赋政策剥夺了农民的劳动成果。……这种政策首先要对农业生产的低落负责，

---

① 陈翰笙：《印度农村阶级》，汪熙、杨小佛主编《陈翰笙文集》，复旦大学出版社 1985 年版，第 274—309 页。

② 陈翰笙：《印度农村阶级》，汪熙、杨小佛主编《陈翰笙文集》，复旦大学出版社 1985 年版，第 274—309 页。

但调查团一直就很小心地避免提到这个问题"。① 中国农民耕种土地不是为了利润，而是为了生存。在印度和巴基斯坦同样存在这个问题。陈翰笙用经济学理论对印度和巴基斯坦进行研究，其结论却明确了一点，即解决农业问题不能完全依靠经济学理论。如果仅仅出于谋利而兴修水坝或种植农作物，则政府会因为短期内难以谋利等因素放弃努力。

陈翰笙列举出造成农民普遍贫困的原因：占有土地面积小，未达到"勉强糊口必须土地的"最低标准；剥削的存在，地租过高，有向富裕农民倾斜的趋势，富者越富，贫者越贫；政府的法律，制定土地流转法时考虑不周，往往加速土地流转入高利贷者手中；工业的不发达。以上因素在印巴不同区域中均不同程度地存在。

一　土地碎分现象的出现

影响土地碎分的因素分为自然的和制度上的。无论何种因素，土地碎分都将阻碍农业的进步。许多农户耕种的土地都不足以维持他们一家的生活。足够维持一个农户糊口的保有地，在整个联合省约为 10 英亩。在整个联合省，94% 的农民保有不满 10 英亩的土地。农户中绝大多数的保有地都不足以糊口，保有地的碎分只是加重了大多数保有地的不足糊口的性质。

在东孟加拉，拥有大片平原供农业生产之用，拥有水量充沛的活三角洲，无须水渠灌溉系统即能耕种，陈翰笙称其为河水经济，其物产丰富，如大米、黄麻、茶叶、烟草等。在印巴各省中，东孟加拉是农业最发达地区。但是，这一地区在 20 世纪 30 年代却出现普遍贫困。究其原因，要从土地制度和经济发展情况中寻找。首先，就土地制度而言，在所有各省中，东孟加拉平均每户保有土地最少，且这些土地被分成许多小块。造成土地分散的原因有二：一是继承风俗，信奉伊斯兰教的大多数人口奉行个别承继的原则，将土地按照优劣细划后进行继承；二是从16 世纪末期延续至 20 世纪中期的柴明达尔制度，对农民征收田赋，造成剥削的普遍存在。陈翰笙同意保罗·维诺格拉多夫的观点，"在落后的农业和自然经济的状态下，外来征服者和当地被征服的统治者，让居

---

① 陈翰笙：《印度和巴基斯坦经济区域》，黄季方、曹婉如译，商务印书馆 1959 年版，第 218 页。

民继续耕种他们的小块土地，并向他们征收田赋和使他们服劳役，有时可以获得较大的利益"。[①]

大部土地的所有权不属于任何一个人，而是分别属于那些有主权的人。大多数情况下土地的所有权被所有主、各级的业主、农民以及次农民分享。在各地区，土地分散情况的原因：第一，由于继承法和大家庭的分裂，土地的所有权不断地分而又分；第二，尽管地主财产或所有权是在没有分成股份的情况下进行买卖的，可是交易完成之后，土地所有权常被许多股东所瓜分。[②] 孟买—古雅拉特平均保有地的面积在递减，5英亩以下的土地保有者占多数，足够糊口的保有地是它足够维持一家四口的生活和 2 头牛的饲养。在孟买—古雅拉特需要 20 英亩旱地，或 15英亩灌溉地，或约 2.5 英亩园地。不足糊口保有地的数目和百分比在递增。

高额的地租自然诱使资金投向土地的购买或转让上。这种土地集中主要是由于负债农民抵押土地的赎回权被取消的缘故。换言之，高额地租与高利贷的结合是取得土地的主要方式。由于土地的集中，大部分农民都没有足够的田场以维持自己及其家属的生活。

马德拉斯有些调整税额报告书提到负债的原因是由于买地利率低微以及婚娶等仪式费用过多，但这种情况主要发生在水田地区和农民租佃制地区的较为富裕的土地所有者之间。负债的原因不同，要看土地的性质和农民的经济状况来决定。但是一般来说，田场不足以糊口和缺乏副业是负债的主要原因。

政府意识到土地碎分现象存在，并试图通过法规改变这一现象。1939 年联合省土地统一法，规定帮助佃农用交换或取得的方法把他们的保有地统一起来。但是统一运动失败，由于政府缺乏受过训练的官员和合作社缺乏真正称职的干部。

土地碎分阻碍耕作技术的进步，古雅拉特和康德什保有地的小面积和碎分阻碍了铁犁的推广。原来使用轻犁和重犁。铁犁太重，不便由一块田移向另一块田，只有等到小而分散的田块合并成大田地，以及把耕

---

① 陈翰笙：《印度和巴基斯坦经济区域》，黄季方、曹婉如译，商务印书馆 1959 年版，第 14 页。

② 陈翰笙：《印度和巴基斯坦经济区域》，黄季方、曹婉如译，商务印书馆 1959 年版，第 144 页。

牛饲养得较好，使它足以拉动铁犁的时候，才能推广铁犁。①

　　农民所有的土地面积小，因此劳动力投入其中还有剩余。拥有很少土地的农民和无地的农民形成了一个庞大的农业劳工存贮所。农业劳工所占比例高，说明农民无地和少地的问题更为严重。②

　　1936 年在马德拉斯曾试图通过合作运动来合并土地。为此目的还组织了约 26 个合作社。结果合并的只有 1599 英亩，这一企图遭到了失败。不足以糊口的田场之占优势，对于耕作制度、雇工以及农民的负债都有影响。在以旱地为主的德干南部，最好实行休耕制，以便更好地利用湿度和增加土壤中的氮素。可是小面积的旱地田场阻碍了休耕制的实行，无疑现行的土地制度已使任何基本的农业改进成为不可能。

二　土地集中趋势的出现

　　与土地租佃制度相对应，各个经济区域内部的地租形式是复杂多样的。

　　古雅拉特的分成制地租有三种类型：第一，双方对分制的佃租，在扣除了用实物计算的田间直接费用后，其余收获物就为地主和佃户所平分，税收由地主缴纳，而佃户负担所有耕作费；第二，分成制地租，地主先分得收获物的 1/3，其余 2/3 留给佃户，田间的直接费用也由佃户负担；第三，先从总收获物中扣除田间的直接费用，然后再把所剩产品分成 5 份，地主得 3 份，佃户得 2 份。不同的地租形式直接影响农业生产，在战时农产品价格的上涨只有利于收取分成制地租的地主，而不利于佃农。地主的净收入增加的原因是：田间直接费用仍旧以实物计算，因此价值不变，而小麦的平均价格却涨了两倍。地主甚至连税收的增长率都不需要支付。另外，佃农除田间直接费用外还得应付农作物成本费的上涨。收租受到政府的支持，如果地主没有收足地租，他就可以把佃户带到法院请求协助。③

------

　　①　陈翰笙：《印度和巴基斯坦经济区域》，黄季方、曹婉如译，商务印书馆 1959 年版，第 268 页。
　　②　陈翰笙：《印度和巴基斯坦经济区域》，黄季方、曹婉如译，商务印书馆 1959 年版，第 269 页。
　　③　陈翰笙：《印度和巴基斯坦经济区域》，黄季方、曹婉如译，商务印书馆 1959 年版，第 262—263 页。

"在整个白沙瓦县，对于没有农场建筑物或甚至没有住房的、单单获得灌溉的土地所征收的地租，是全部收成的 1/3 或 1/2。这差不多是英格兰在农场上有一所房子和建筑物的最好耕地所征收租额的一倍。"[①] 以产物的一半缴纳地租的佃农靠 5 英亩甚至 10 英亩是不能像样地生活的。地租高而租期短，造成白沙瓦全部五个乡的农民普遍负债。

西旁遮普行联合村制（联合村制：土地可以作为一个单位地产的份额共同拥有，对于以一笔总数来征收的田赋负有共同的和各别的义务）。西旁遮普的田赋是定期重新规定或每隔几十年重新估价的。任何一次新的估价不得比上次超过 25%。每个征税周期的赋额一旦固定，就在村庄间加以分配。征税官有更改税额的裁决权，其变度不超过这个周期所征田赋总额的 3%。同时，在西旁遮普实行的分成地租制使得地主占有农业总利润的 61.2%，高额地租妨碍农业改良。1936 年，西旁遮普政府开始推进土地合作社，但是困难重重。

土地共有制，信德的土地制度与西旁遮普不同，实行土地共同拥有，没有土地碎分现象，租地差不多都不带占有权的。平均每户保有地比西旁遮普为大。在西旁遮普，农民需要拥有 25 英亩土地才可供糊口，而信德只需要 16 英亩。信德大量输出谷物和棉花，卡拉奇是全西巴基斯坦农产品输出的中心。信德实行分成地租制，依据灌溉方式不同，分成的比率不同。同时，在信德是实行逐年更换租约制度。信德人口密度较低，劳动力普遍缺乏和农民普遍贫穷阻碍农业的发展。其矿产贫乏，也无值得一提的现代工业，只有苏库尔堰水力发电是一个潜在因素。

在印度西北边省的部分地区实行巴依查拉制度：整个村社对于个别土地业主该缴纳给政府的田赋承担一定的责任，不过，实际上对于无力缴纳田赋的责任现在无人追究。

在西孟加拉和比哈尔南部，正如有一种承包田赋制度叫作柴明达制，有一种承包农业地租制度在卓塔·那格浦尔被称为特卡达制。特卡达（又称特迦达）只是承包地租的农民，他要向地主预交一年的地租作为保险金，他还采用一种所谓阿布瓦布（abwab）的不合法的附加税。他把这些负担都加在农民身上。特卡达还往往经营高利贷，地主兼

---

① 陈翰笙：《印度和巴基斯坦经济区域》，黄季方、曹婉如译，商务印书馆 1959 年版，第 74 页。

高利贷的双重身份增强了他的地位，并使他能在农村中执行种种苛刻的规定。① 从地主角度来看，这种特卡达制度是他不用亲自触犯法律而能间接榨取农民的稳当方法。每当一个职业的特卡达来到一个村庄，这个村庄的健康发展或耕作上的任何真正改进都宣告结束。②

在柴明达、特卡达和马哈詹（高利贷）制度下，土地所有权的集中继续进行了几十年。饥荒是促成土地权集中的另一个因素。在奥里萨、那格浦尔和查提斯加尔，土地所有权转到高利贷者、商人和律师之手。奥里萨的地租形式一般是谷物和副产品的对分制地租，实行固定的实物地租制的较少。奥里萨的货币地租正在向实物地租方面转变，分成制地租在发展着。中央省东南部以实物地租为主，分成制地租也占着重要地位。

英国于 1793 年颁布《永久租佃条例》，在承认柴明达尔制度的同时，要求其向英国统治者缴纳田赋。田赋与地租被区分开，从 1928 年开始，孟加拉政府连续颁布土地条例，最终使所有保有土地的农民都可以转让土地。其结果，土地经常转入高利贷者之手。东孟加拉的高利贷者普遍实行分成制地租，因为其较实物地租有利可图。"农民的普遍贫困化并没有像一般以为的那样造成雇农的增加，而是造成了分成制的增加。"③ "东孟加拉和别的地方任何其他土地制度的区别，就在于柴明达制与巴迦达制的结合。"④（巴迦达，大部分是佃农，他们耕种一部分仍被他们保留的土地，以及那些或者他们的邻居所有，或者是他们因负债而丧失的土地。）

德干南部农业商品化的程度虽然远不如古雅拉特和马拉塔区，可是其过程已对本区的耕作制度和经济制度起了很大的影响。作物轮作的旧的传统已经被花生、烟草和干辣椒所搅乱了。更复杂的是交付作物对农民生活的影响。商品作物的价格较高，因而诱使这个干燥地区的小康农民购买更多的土地，并凿井使之变为园地。这就加快了土地集中的过

---

① 陈翰笙：《印度和巴基斯坦经济区域》，黄季方、曹婉如译，商务印书馆 1959 年版，第 166 页。

② 陈翰笙：《印度和巴基斯坦经济区域》，黄季方、曹婉如译，商务印书馆 1959 年版，第 167 页。

③ 陈翰笙：《印度和巴基斯坦经济区域》，黄季方、曹婉如译，商务印书馆 1959 年版，第 20 页。

④ 陈翰笙：《印度和巴基斯坦经济区域》，黄季方、曹婉如译，商务印书馆 1959 年版，第 21 页。

程。另外，由于商品作物的增长侵占了粮食作物，这就使一般农民要从集市商人和周市那里来购买粮食了。同时，他们出售产品受着中间人的盘剥。难怪在这干燥地区负债的农民要占60%以上。农民的债务只有更加助长了土地集中的过程。①

如果存在一个高利贷阶层和农民的普遍贫困，则土地的转让合法化会加剧农民失去土地，也加速土地集中化过程。

比哈尔北部三种租佃制：大部分田产永久固定下来；临时固定的田产；土地直接为政府所有，政府是地主。

由于人口稠密，土地所有权的可以转让和对土地利益的竞争导致地价的高涨。需要灌溉的地区，地价涨得更快，越来越多的放债人变成了土地的购买者。出现一种新型地主。

土地所有权转移的趋势是从小自耕农之手转到大自耕农和那些雇佣田间劳动者的人手中。农产物价格的不稳定及农民副业生产的急速下降都使农民越益贫困，并使小自耕农终于丧失了土地。

比哈尔北部柴明达持有的土地分为三种类型。一是留给柴明达自耕或经营的土地。二是留给直属的村长耕作的土地。三是田赋由柴明达负责的土地。柴明达没有向土地投资的打算，多半出租一部或全部土地收取实物或货币地租。有占有权的永久佃户分为四类：缴纳随时可增加的货币地租；缴纳实物地租；不交地租；交付永久固定地租。还有无占有权的佃农。比哈尔北部全区租佃制占优势，地租在该区土地经济中成为最大的问题。地租过高，实物地租比货币地租负担重，不能激发佃户改进他们的耕作。保有地碎分也破坏了土地经济。②

西孟加拉和比哈尔南部土地权的转让实际上早被认可了，卓塔·那格浦尔租佃法曾企图禁止佃农出售、转让或抵押保有地。人们想出各种办法逃避这个法律。

三　制度、贫困与社会发展

陈翰笙同意托尼教授的这种观点：农业方法的改进无疑是绝对需要

---

① 陈翰笙：《印度和巴基斯坦经济区域》，黄季方、曹婉如译，商务印书馆1959年版，第306页。

② 陈翰笙：《印度和巴基斯坦经济区域》，黄季方、曹婉如译，商务印书馆1959年版，第146页。

的；但是向因高利贷剥削而贫困的农民讲这种道理是没有用的，因为他们无力进行农业方法的改进。就是在 19 世纪的欧洲，农业技术的近代化和农场经营的改进也是在土地法调整后才实现的。不具备后一条件，前两者是不可能的。[①] 1945 年的英国饥荒调查团认为，如果忽视了不合理的土地保有制度对土地生产力的坏影响，则在战后时期的农业规划是不会取得实际效果的。进行土地改良所不可少的方面之一，是农民自己能拥有至少可以维持最低生活水平的保有地面积。[②]

农民的普遍贫困会导致一个可怜的国内市场，工业化无从发展，农民仅依赖土地为生，进而又加剧贫困。20 世纪初期，印度和巴基斯坦各省土地政策的制定往往加速土地的集中而不是遏止这种势头，虽然有些政策的制定其最初的意图是希望有利于农民的，但在其实施过程中却起到相反作用。

1900 年，由于旁遮普政府颁布《土地让与法》，由英国查尔斯·里瓦兹爵士（Sir Charles Rivas）提议，旨在保护供给新兵的种姓和部落，防止他们的土地被放债人夺去，规定受照顾的部落不准将土地出售给外部落人，结果加速土地在受照顾部落内部流转，形成新地主。加速土地的集中化趋势，并形成在外地主制。

外地主制在很多经济区域中都存在。

在信德省，1922 年土地让与法剥夺了小地主的贷款的便利，使大地主们更容易获得土地，土地集中加速。"土地所有权的集中当然不能促成农业地租率的降低，而结果是地主制阻碍农业改良。"高的地租和低的工资，二者往往相辅相成，使得许多地方未能开垦。"在整个白沙瓦县，对于没有农场建筑物或甚至没有住房的、单单获得灌溉的土地所征收的地租，是全部收成的 1/3 或 1/2。这差不多是英格兰在农场上有一所房子和建筑物的最好耕地所征收租额的一倍。"[③] 以产物的一半缴纳地租的佃农靠 5—10 英亩是不能像样地生活的。地租高而租期短，造成白沙瓦全部五个乡的农民普遍负债。和大地主一样，富农也既用高额地租又用高额利息来剥削无依无靠的佃农。在地租和债务之间，前者是更为基本

---

① 陈翰笙：《印度和巴基斯坦经济区域》，黄季方、曹婉如译，商务印书馆 1959 年版，第 148 页。

② 陈翰笙：《印度和巴基斯坦经济区域》，黄季方、曹婉如译，商务印书馆 1959 年版，第 148 页。

③ 陈翰笙：《印度和巴基斯坦经济区域》，黄季方、曹婉如译，商务印书馆 1959 年版，第 74 页。

的，因为前者往往导致后者。高额地租和租佃权的不可靠引起劳动力不足。"一方面，高额地租趋于使有进取心的佃农远而避之，同时，浸水现象又产生了佃农的流动问题。"① 它对于这个区域的农业极为有害。

一直到 1820 年在马拉塔区显然还存在旧式的村社。19 世纪下半叶村的经济崩溃了，同时村的行政管理也很快地没落了。到这个时候，要恢复过去村庄的集体生活自然是不可能了，想建立联合耕作社的企图也失败了。联合耕作社里的土地属于代表所有成员的组织所有，产品作为一个整体出售并按比例分配收益。这样的村社从来就没有得到过任何成就。1920 年在达尔华尔，有些联合耕作社开垦了大面积的荒地。但是这种联合耕作社的成员各自在不同的地区耕作，收获物也归各人所有，他们终于把各自开垦的地方作为他们自己的土地了。这与 1901—1935 年在中国曾经有过的情况相似。它说明一个新开垦的地区逃不出一般经济机构的直接或间接的影响。②

在古雅拉特和康德什，商品作物的影响是重大的，这些地区的农产品价格在"一战"期间急剧上涨并未带给农民长久的利益。在 1923 年后商品作物价格下跌的时期，农民受到的损害更大。他们的收入随价格的下降而下降，几乎不能按比例削减开支，他们的生活费用有所增加。另外，他们必须付出的工资却没有按比例随农产品价格而降低，农民往往被农产品价格的一涨一跌弄得走投无路。"二战"期间，这种经验又重复一次。③ 无疑地，种植粮食作物的逐渐衰落，以及换种一般作为商品和出口的其他作物，是农民负债的主要原因之一。本区货币经济的增长和农民负债的增加，决不是农业商品化的唯一结果。付现作物增加的另一显著结果还可从休间地的缩小方面看出来。④

联合省东部 1949 年 9 月生效的废除柴明达制的法律，获得联合省立法会议通过，国大党提议，用意是把全部农业土地的所有权转入真正

① 陈翰笙：《印度和巴基斯坦经济区域》，黄季方、曹婉如译，商务印书馆 1959 年版，第 75 页。
② 陈翰笙：《印度和巴基斯坦经济区域》，黄季方、曹婉如译，商务印书馆 1959 年版，第 296 页。
③ 陈翰笙：《印度和巴基斯坦经济区域》，黄季方、曹婉如译，商务印书馆 1959 年版，第 252 页。
④ 陈翰笙：《印度和巴基斯坦经济区域》，黄季方、曹婉如译，商务印书馆 1959 年版，第 253 页。

耕种者之手，耕种者在缴纳十倍于他一向缴给地主的年租的付款后，就变成土地所有者，没有很多农民付得起这笔钱，土改村委会和村法院掌握在地主而不是佃农手里。

在废除了殖民统治后，解决印度的土地问题，是出于印度在工业化过程中解决农业问题的迫切需要。陈翰笙认为印度国大党的土地改革并未打开一个"耕者有其田"的局面。1940 年，国大党全国计划委员会通过"土地改革、农业劳动和保险事业组"提出改革方案。方案包括四点内容：1. 农田、矿山、河流和森林都是天然财富，必须归印度人民集体所有。2. "开发天然财富应用合作的原则。农业生产合作社和集体农庄既可提高生产效率和增进农业生产，同时又能发扬集体合作的精神而铲除私人谋利的愿望。国家应在可耕的荒地上从速组织集体或合作农场，把这些农场串联起来"（在这里小组书记拉·开·莫克杰声明小农经济暂时仍然可以存在）。3. "必须废除像柴明达尔之类的中间人，必要时可给以相应的补偿金。禁止耕地的转租或转佃。本组将讨论并报告如何组织适合于印度的集体农庄和农业生产合作社，但庄和社都必须置于国家的监督和管理下。"4. "本组也将讨论并报告在计划实施初期不能马上组织集体农庄和合作社的地区所应采取的办法。"[1] 1959 年 1 月 9—11 日，印度国大党举行第 64 届大会，仍然在讨论土地问题。陈翰笙认为，国大党政府过去提出的土地改革计划，主要包括四点：（1）取消"中间人"[2]；（2）规定"公平地租"和调整租佃关系；（3）规定土地占有最高限额，将无地的劳动者安顿到剩余的土地上去；（4）发展合作社。这四点计划都还没有达到预期的功效。[3]

陈翰笙认为，废除"中间人"计划无法实施，原因在于对"中间

---

[1]　陈翰笙：《印度的土地改革》，中国社会科学院科研局编《陈翰笙集》，中国社会科学出版社 2002 年版，第 267—296 页。

[2]　"中间人"，英国东印度公司在 18 世纪末至 19 世纪用武力侵占印度后，即以田赋的方式急剧进行榨取，将那些替当地封建君主征收田赋的包税商变成类似英国拥有土地的绅士，而实际从事耕种的印度农民则沦为他们的佃户。这些变相的地主（扎明达）和原有的贵族地主（茄勾达）都各占几千、几万亩，甚至 10 万亩以上的土地。他们把土地分租和转租出去的，甚至转租给 10 层以上的佃户。国大党的土改方案首先要废除这些旧时代的大地主，认为他们是国家与农民间的中间人。

[3]　陈翰笙：《印度国大党的土地政策》，中国社会科学院科研局编《陈翰笙集》，中国社会科学出版社 2002 年版，第 217—229 页。

人"的限定过于宽泛,大地主可以通过将土地分给家人或亲戚等方法规避政府审查,而得以保存大部分土地。当大地主的身份无从甄别,继续在所保存的大土地招租时,减租问题无从解决。当"扎明达"和"茄勾达"等旧式大地主分散了他们的土地,登记"自营"的面积,把原有佃户驱逐出去,招收无地的劳动者来耕种,并以大部分土地租给"分益农"取得占农产总量60%以上的租价,摇身一变而为新式地主的时候,减租问题无法解决。①

此外,在对一般租佃关系已经成立法规的几个邦内,这些法令往往无法切实执行。其原因在于法令的不完善和种姓制度下印度主佃间关系常同种姓间关系相符合。

对于土地规定最高限额的计划也无法实施,一是因为土地统计不完善,各邦所规定的限额数目不一致。二是因为地主能够找到规避限额的办法,包括将土地分给亲属和将土地归属于自己开办的农产加工公司经营。同样,地主阶级的存在使得合作社很难办得成功。

1962年,陈翰笙再度撰文评析印度的土地改革政策。他明确指出,印度土改无非是统治阶级内部重新分配土地,对于农民来讲是一个未兑现的谎言。印度土地改革的中心问题是铲除封建土地所有制。印度国大党已经认识到土地问题的重要性,这从甘地和尼赫鲁的言论中有所反映。尼赫鲁宣称:"全国委员会认为印度人民的贫穷和苦楚不仅是因为外国人在印度的剥削,而且也由于本国社会的经济结构。外来的统治者支持这样的结构便可继续他们的剥削。因此为要消灭这种贫穷和苦楚而拯救印度广大群众,就必须用革命的手段改变目前社会的经济结构,必须铲除极端的不平等现象。"② 但是,印度土地改革的问题在于找到合适的路径。陈翰笙认为,在土地改革纲领中,截至1962年,得以完成的仅限于废除柴明达尔制,其余部分未制定有效的计划而难以执行,印度国大党的土地政策空有其名,具有欺骗性。

---

① 陈翰笙:《印度国大党的土地政策》,中国社会科学院科研局编《陈翰笙集》,中国社会科学出版社2002年版,第217—229页。

② 陈翰笙:《印度的土地改革》,中国社会科学院科研局编《陈翰笙集》,中国社会科学出版社2002年版,第267—296页。

四　农业同工业平衡发展

陈翰笙就工业化问题提出两个重要的观点，第一是农业同工业的平衡发展是社会发展的实质；第二是真正的工业化是什么。

农村问题是发展工业化的基础，不解决或不重视农村问题，则工业化的发展必然受到阻碍。陈翰笙探讨了印度和巴基斯坦不同经济区域的工业发展状况的差异，并分析造成这种差异的原因。他认为，工业和农业的发展是相关的，农业的发展能够造成一个稳定的国内市场，为工业发展提供了基础。工农业的平衡发展是社会发展的实质。如对东孟加拉和西孟加拉的比较，东孟加拉人口和土地面积比西孟加拉大，但是其工业（纺织、铁匠、船夫等）严重衰落，农民仅依赖土地为生。直接后果就是土地制度和世界市场的经济作物（在东孟加拉主要是黄麻）价格波动，造成其农民普遍贫穷，随之出现农民的迁徙。工业化被一个可怜的国内市场所挫败。"在将来，如果不阻止目前的农业的衰落的趋势和同时发展若干种类的现代工业，（农民们）就不能得到幸福。"[1] 越来越多的农民被迫靠土地来勉强维持生活，他们怎样能从田间工作中解放出来，并被鼓励去从事工业企业，在东孟加拉比在印巴其他地方更加迫切。在其他区域中，工业农业的平衡发展也至关重要，"西旁遮普相对较高的生活水平能否保持，将多半要由土地改革所造成的工业发展及其伴随的环境来决定"。[2]

陈翰笙以西孟加拉和比哈尔南部为例，探讨真正的工业化问题，普遍贫困对本区的工业发展有巨大影响。虽然这里的工业区在印度是最大的，但当地居民的生活水平还是难以提高。陈翰笙提出这一问题：什么是真正的工业化？工业的发展迄今尚未达到真正的工业化，即工厂生产为国内市场服务的工业化。[3] 西孟加拉的工业虽然发达，但是国内市场却仍然不活跃。这从农村交通不便的情况中即可证明。工业的发展必须

---

① 陈翰笙：《印度和巴基斯坦经济区域》，黄季方、曹婉如译，商务印书馆1959年版，第22页。

② 陈翰笙：《印度和巴基斯坦经济区域》，黄季方、曹婉如译，商务印书馆1959年版，第52页。

③ 陈翰笙：《印度和巴基斯坦经济区域》，黄季方、曹婉如译，商务印书馆1959年版，第168页。

以农村经济的发展为基础。① 在地主制度下，农村经济状况当然未能改善。柴明达和知识分子的离开村庄，使他们很少再去关心他们曾经住过的村庄的卫生和经济状况。结果是对池塘、堤坝和公路等的修整工作日益疏忽。荒废与贫困导致农村经济的全面破产。当大多数人购买力极低的时候，真正的工业化几乎是没有任何基础的。是什么因素阻碍了工业化？再考虑农村问题，导致农民贫困的根源在哪里？地租剥削加上高利贷导致农民贫困日益加深。种姓的存在也妨碍着经济的发展。

在苏特里傑河以北平原上的小麦区，农民生活在颇大程度上依赖于小麦的出口，即依赖于小麦的世界市场。世界市场价格的变动，对农民经济有很大损害，使真正的工业发展成为不可能。有不少农民自东旁遮普山区和山麓区迁出国外，由国外亲友寄回的汇款成为这些地区农户的一项颇大收入。

古雅拉特与康德什是印度棉纺织业中心。阿麦达巴德、巴罗达、布罗阿奇和苏拉特等工业中心对农村的直接影响是引诱雇工脱离农业工作。农业工资稍有上升，同时在田里的工作日也缩短了。手工业迅速下降。古雅拉特农民饲养母牛，但是由于澳大利亚输出质量优良的奶油，古雅拉特在这方面的贸易一落千丈。本区的农业没有作为一种经济活动来加以改进。使用雇工帮助工作的土地面积下降了，农业没有沿着资本主义的道路发展，而是后退了。

另外一个重要的问题，是资本的流向问题，高利贷普遍存在，从事农业生产不如收取地租和放高利贷有利。拥有大片土地的土地所有者声称农业无利可图。资本未用以改进农业生产。马尔古扎和农民租佃制下的大佃农放款的对象是贫困农民。

当政策损害农民的时候，农业是不能改进的。农民很贫困，他们很少能够从事副业生产。为维持农家收入起见，农村手工业需要采用教徒弟和训练人才的方法，但还没有具体的和有系统的计划来推进这种经济生产。在许多村子里，木匠和铁匠仍是村子里的奴仆。品质低劣且处于半饥饿状态的牲畜，加上不充足的施肥，绝不能使作物增加一颗一粒。

阿萨姆的茶叶产量占到印度全国总产量的 50%，制茶工业大大加

---

① 陈翰笙：《印度和巴基斯坦经济区域》，黄季方、曹婉如译，商务印书馆 1959 年版，第 171 页。

速了本区的经济发展，制茶工业集中在铁路和河道附近。茶叶的出口大大刺激了本区货币经济的增长。除了茶区外，阿萨姆的交通困难。阿萨姆是一个茶和森林区，广大的林区尚未加以开发。不仅没有工业化的迹象，就连农业生产都在下降。种茶场工人的生活水平没有改进。一般种稻农民的情况就更坏了，他们出售产品的市场被称为马瓦里人的商业资本家控制着。

在马德拉斯东北部地区没有现代工业的发展可言。在贝兹华拉及其附近的卷烟厂、水泥厂、火柴厂等，以及在现代化的维扎加帕塔姆港的造船厂，只可说是工业发展的萌芽。自 1945 年以来，在这方面实际上并没有什么发展。除维扎加帕塔姆附近锰矿的开采之外，就没有其他采矿业可言。

在干燥和半干燥的德干东部地区，1917 年农户中只有 15% 是具有偿付能力的。在越来越多的人失去了自己的土地，因而也失去了他们借债的资格的情况下，部分依靠土地和部分依靠做工的农民数目无疑地增长了。

在马勒巴海岸还没有现代化的工矿企业。林业和渔业都有待于用现代化的方法加以改进。农民的普遍贫困阻碍了任何真正的经济发展。区内家畜的减少异常明显。家畜饲养业也像区内许多其他经济活动一样，它之所以这样衰落，是由于农民收入来源日益减少，而其风俗习惯是重视具有装饰性的财产之类，他们先当掉水牛然后才考虑首饰。农民没有足够的土地，一年中有 100 多天没有工作。

第四节　以经济区域方法进行整体性社会研究

经济区域是陈翰笙进行社会研究的基本方法，在其对中国和美国社会进行的研究中，均运用了这一方法。冀朝鼎在《中国历史上的基本经济区与水利事业的发展》（*Key Economic Areas in Chinese History*，1936）中提出了基本经济区（key economic areas）这一概念，他承认自己受到魏特夫研究方法的启发，将"以水利工程作为农业发展的基础"[①] 视为

---

① 冀朝鼎：《中国历史上的基本经济区与水利事业的发展》，朱诗鳌译，中国社会科学出版社 1981 年版，第 15 页。

基本经济区的核心特点。这些区域是"一些省一级的单位，根据地形与经济因素，又组成了一些地理区划"①。基本经济区是经济史范畴的概念，"中国的统一与中央集权问题，就只能看成是控制着这样一种经济区的问题"。② 陈翰笙提出同冀朝鼎相近的观点，而冀朝鼎承认自己受到魏特夫的方法的启发。陈翰笙显然不同意魏特夫的学术观点。陈翰笙借用了地理经济学的经济区域概念，与苏联学者对资本主义国家的研究方法相近。历史地看，中国经济区域的分布及各个区域的状况是变化的。影响这种变化的关键是生产方式和同外部的关系。陈翰笙的研究无疑更贴近中国的现实情况。他不仅是历史地分析，更运用经济区域方法得到对于中国社会的横截面似的认识。

一　中国的经济区域与农业发展

陈翰笙对于印度和巴基斯坦的区域研究与对中国的区域研究在方法上是相近的，都是在占有大量第一手资料的基础上开展研究。对于印度和巴基斯坦的整体性研究开拓了陈翰笙进行社会整体性研究的思路。"像印度一样，中国是一个农业国，至今还没有工业化，农村人口占压倒多数。在印度和中国，村庄都是一个真正的社会和经济单位，农村经济是整个国家经济结构的基础。有把握说中国总人口中不少于80%的人或是经营农业，或是从事农田劳动。因而，要了解中国和中国人，就必须了解中国农民的情况。"③

（一）经济区域是认识中国社会的方法

陈翰笙认为，必须把农民看作他自己所属区域的农业生产者。在中国始终存在某种区域性的差异。自从秦朝（前221—前207年）开始，中国就至少有两种农村经济，或者说是两类农业区域。一种是沟渠纵横的灌溉区，种植着产量较高的谷物，大部分农田私有，大部分农民是自

---

①　冀朝鼎：《中国历史上的基本经济区与水利事业的发展》，朱诗鳌译，中国社会科学出版社1981年版，第9页。

②　冀朝鼎：《中国历史上的基本经济区与水利事业的发展》，朱诗鳌译，中国社会科学出版社1981年版，第10页。

③　陈翰笙：《中国农民》，从翰香、李新玉编《陈翰笙文集》，史建云、徐秀丽译，商务印书馆1999年版，第301—327页。

耕农。另一种是旱作区域，土地较贫瘠，收成不高，大部分农民没有土地。①

19世纪以前，中国主要经济区一直限制在广大的灌溉区域内的一些中心地带，这反映出一个强大的、有效的、生气勃勃的中央政权的存在。当这个政权由于内部的腐败而瓦解，或被一种外部力量推翻时，灌溉系统就会受破坏，经济迅速开始崩溃，并且有很长时间不能出现繁荣景象。在汉代的中国经济区域和清朝即大不相同。汉代财富集中于西北，当时新疆哈密即是国际贸易中心。清朝财富集中于东南，上海便成为中外商业要道。又汉代是一个奴隶社会转入封建社会的社会经济，清朝是一个封建社会变成殖民地封建社会的社会经济。

陈翰笙强调外在的因素，即帝国主义的扩张和日本对中国的侵略给中国经济带来的影响。经济区域随着这种影响的深入产生变化。

自从19世纪中期开始，在沿海港口地区、铁路沿线和轮船航运沿线，持续增长的商业和工业的影响日益明显，货币经济，或者说是以现金作为一种交换手段，一步一步地扩散到了中国最遥远的腹地。与这一切形成鲜明对照的是：对灌溉体系长时期的忽略和由此而来的农业生产的衰退。这些因素按照相应的比重发生作用，使中国的主要经济区由内地向沿海转移。中国的外贸中心从新疆转移到了上海。全部人口的3/4集中于中国的东半部。西部省份的经济仍然不发达，这些地区从而形成了一个落后得多的农业区。

中日战争造成了各种因素作用的变化，加剧了中国的地区性差异。这是由于军事形势和政治关系对各种形式的经济所起的作用实际上并不相同。人类发展的史实表明，超经济因素对前现代或者说是前工业经济所起的作用要比对现代经济或工业经济所起的作用更大、更深入，或至少是更为明显。在仍然是前工业的中国经济中，政治因素一直显得较为突出，中日战争给中国经济结构留下了巨大的影响。②

总的来说，中国有4种农业经济区域，每个区域的农民都有其独特的问题要解决。这四个经济区域分别为：（1）中国西部边陲的农业区；

---

① 陈翰笙：《中国农民》，从翰香、李新玉编《陈翰笙文集》，史建云、徐秀丽译，商务印书馆1999年版，第301—327页。

② 陈翰笙：《中国农民》，从翰香、李新玉编《陈翰笙文集》，史建云、徐秀丽译，商务印书馆1999年版，第301—327页。

（2）国外通常称为满洲和内蒙古农业区，中国北部和东北部的边陲；（3）华北；（4）华南。[1]

中国的南北差异明显，南方的农业生产力比北方高得多。这一事实说明了为什么北方的农场要比南方的更大。在北方，要满足一个五口之家的需求，至少需要两倍于南方的耕地面积。在北方，民族基本上是统一的，即汉族再加上一些同化了的蒙古族和满族。但在南方有很多不同的民族，因为东南沿海和西南内陆都有未开化的非汉族。华南和华北之间有一个基本的差异。粗略统计，华北57%的大地主是官僚，28%的大地主是高利贷者；而在华南27%的大地主是官僚，43%是高利贷者。华南比华北有更多的地主把他们的现金投入工业企业。

在近代，特别是在铁路使东北和内蒙古得到开辟以后，来自山东、河南和河北等北方省份的大批破产农民到达北部和东北边疆，这些地方现在成为中国的国内殖民地或者新的移民区。这些新移民区的基本社会结构是与老移民区不同的。[2]

在一个工业化社会中，对人类各种关系影响最大的是工厂所有者和生产制度的性质；同样，在农业社会中，地主和土地制度的性质也是最有影响力的因素。中国各地区之间地主的类型是不同的。西部边疆的耕地属于当地世袭的政治或行政首领，而北部和东北边境的耕地大多掌握在有势力的官僚手中，这些官僚既有军阀，也有文职官员，不是已退休的，就是在职的。前一种情况，地主同时也是政治和经济的独裁者；后一种情况，地主不是直接的经济统治者。因而西部边疆的农民既是政治奴隶又是农奴，他没有迁徙自由，与耕地一起属于他的领主。[3] 北部和东北边疆的农民通常是佃农，每年用现金或实物缴纳地租。东北部边境显示出地权集中程度最高。

中国本土典型的地主，收入来自地租、税款、佣金、高利贷利息和商业利润。华南和华北之间，南方地权明显比北方更为集中。原因有两

---

① 长江流域穿越华中各省。长江流域及长江流域以南直至西藏高原的所有省份都属于华南，而长江流域以北直到长城统称华北。

② 陈翰笙：《中国农民》，从翰香、李新玉编《陈翰笙文集》，史建云、徐秀丽译，商务印书馆1999年版，第301—327页。

③ 陈翰笙：《中国农民》，从翰香、李新玉编《陈翰笙文集》，史建云、徐秀丽译，商务印书馆1999年版，第301—327页。

个方面，第一是耕地越是肥沃或灌溉条件越好，通常生产出的作物价值就越高，而土地生产率越高，地租也就越高。一般来说，华北的土地与华南的土地相比较，生产率较低，因而地租值也较低。这一点解释了华北的土地集中程度为什么比华南低，华北土地集中程度比较低也通过华北自耕农的地位更优越反映出来。

第二是华北比华南经历了更频繁的外敌入侵。战争造成的灾难反复破坏了地权的过分集中，反复形成鼓励自耕农发展的战后状态。近代南方的经济作物发展较快，因而货币经济的影响更广泛，农村自给自足的程度也比北方更低。无疑，这种情况加速了农民破产，并使南方有更多的自耕农变为佃农。但华北一般自耕农的生活水平并不比南方的佃农更高。

另一个能够说明中国农业区域差别的现象，是由单个农民家庭耕种的农场的平均面积。西部农户通常 20 亩稻田或 40 亩旱地，北部和东北部，为 40—120 亩，华北，为 8—20 亩，华南，为 5—7 亩。

（二）中国农民的区域性差异

第一，中国不同区域的农民是存在差异的。西部边疆的农民，这里的男女农民与其他地区农民的区别在于，这里的农民家庭完全没有土地所有权，从一切意义上讲都是在一种强迫劳动制度下生活。土地属于领主或统治者，因为人口相当稀少，极为缺乏劳动力，因而强迫劳动一直是土地所有权的重要组成部分。商业完全由其他地区的人经营和垄断。四川、云南和西康毗连的一个区域，是中国著名的鸦片产区。农民交出收获的 9/10。督军和将军们组织并维护了鸦片贸易。

新疆的农民有四种类型：兹巴，公家仆役；基巴，私仆；拉塔，寺院的世袭佃农；坦图，村庄的外来人，真正受雇佣的劳动者。

西部边疆农民直接的迫切的要求是获得他们对土地的私有权，这意味着废除封建土地制度。土地私有将解放劳动力并提高农业生产力，然后农民才能自立，不再在贸易中受外来人的剥削。

第二，北部和东北边疆的农民。东北和内蒙古农民通常耕种自己的土地或私人地主的土地。内蒙古的部族土地和封建土地早已转化为蒙古王公的私有土地，又转移到汉族商人、高利贷者和官僚手中。东北的可耕地主要被官僚攫取。

"北满"全部耕地中约有一半是出租的，"南满"佃农较少，约

70%的农户不是自耕农就是半自耕农。东北边疆的农民通常种植两类作物，一类供出售，另一类作为口粮。大豆和小麦一般送到市场上去卖，谷子和玉米留下来家庭消费。东北的大部分农民来自华北，90%以上的移居农民不是佃农就是雇农。低价格和高利息率的双重剥削使这些农业劳动者陷入永久性贫穷状态。

日本占领时期农民肩负着沉重的赋税负担。日本人在东北的剥削开始于通货膨胀和沉重的赋税，很快又继之以贸易垄断、限定价格和强制出售。

第三，华南的农民。华南的农民通常是佃农，因为这一区域的经济由地主所有制占主导地位，没有人愿意经营一个农场或成为富农；每个人都希望尽可能多地出租土地以收取高额地租。显然，地租收入比经营农场能够带来的收入更多，也更可靠。这与俄国革命前的情形完全相反。

在1937—1945年的中日战争期间，地权加速集中是一个公开的秘密。这反映了由恶性通货膨胀促进土地迅速集中，即土地投资增加的过程。一方面是地权集中，另一方面佃农数量增加。使地主在对农民施加更大压力时具有压倒一切的优势，农民的状况必然越来越没有保障。地主随心所欲地规定押租和每年的地租。[①] 大部分中农饱受物价波动之苦，并降到了贫农或雇农的地位。

华南农民对战时征兵制有很多惨痛的经验。在1937—1945年被日本占领时期反抗日本人。农民在战后面临的迫切问题是争取建立一个能够帮助他们真正实现减租要求的民主政府。

第四，华北的农民。华北典型的农民是耕种自己的小块土地的贫农。他通常在一块10—15亩的土地上耕作，而要使他自己和他全家吃饱需要两倍于此的土地。他土地中通常有1/3—1/4可以得到灌溉，而灌溉工作还要受劳力缺乏或劳动力价格高昂的限制。

华北有两种政府，日伪政权和日本统治下解放出来的地区由人民组织起来的地方民主政府。

在农民通过自己的集体力量挣脱了日本统治的地区，组织起了地方民主政府，所有的重要官员都是由普通成年人投票选举出来的。从乡到

---

① 陈翰笙：《中国农民》，从翰香、李新玉编《陈翰笙文集》，史建云、徐秀丽译，商务印书馆1999年版，第301—327页。

区的地方政府代表了大多数人的利益，因而其政策也只能是有利于大多数人的。这些地方的政治经济由于抗战而发生了明显的变化。除非有国家、地区或社会的共同防卫，防御是不会有效的。但是，共同防卫意味着共同负责，要求有共同的权力和利益，因而一场民族自卫战争自然而然地会诞生出现代民主。在现代民主政策之下，如中国农民的处境长期所要求的，土地关系必然要从旧的封建制度向更有生产力的更合理的组织转变。政治民主和经济民主是密不可分的，在这种情况下，战争和民主就像一辆自行车的两个轮子，必须同时前进。[①]

农民的地方民主政府有两个最突出的成就为其增光。一个是全面地减税、减租和减息；另一个是以"变工队"为名的农业合作组织。

陈翰笙写作《中国农民》是用隐含的意味宣传中国共产党进行彻底土地革命的主张。中国农民面临着许多问题，但基本问题看来是全国性民主政府的扩大、合作组织的发展和生产技术改进的加快。当地主就是地主，完完全全的地主，不放高利贷、不进行商业投机、也不做包税人时，大地主的钱就会很容易地被吸引到真正的工业投资中去。在这样的农村变革中，就有了开始现代工业化的希望。通过工业化，中国农民——他们是国家的脊梁——的生活水平肯定会得到提高。[②] 这些设想只能通过完全打碎旧有生产关系才能实现。

二　美国的经济区域与工业发展

在研究方法上，陈翰笙提倡使用比较的方法。他认为研究世界经济最好要用比较的方法，才能达到应有的目的。[③]

因为人类和自然界的关系逐渐变化，更因为人和人之间的关系有着时代的改换，所以一个国家，尤其是在一个大国家里，就有经济区域的划分。分析了各个经济区域便容易了解整个的社会经济。

20 世纪中期，陈翰笙对美国社会的认识即以经济区域研究为基本

---

① 陈翰笙：《中国农民》，从翰香、李新玉编《陈翰笙文集》，史建云、徐秀丽译，商务印书馆 1999 年版，第 301—327 页。

② 陈翰笙：《中国农民》，从翰香、李新玉编《陈翰笙文集》，史建云、徐秀丽译，商务印书馆 1999 年版，第 301—327 页。

③ 陈翰笙：《谈谈世界经济的研究工作——在中国世界经济学会成立大会上的发言》，汪熙、杨小佛编《陈翰笙文集》，复旦大学出版社 1985 年版，第 472—477 页。

方法，分析了美国社会的阶级分化和资本运作。① 列宁在 1913 年用了 1900 年美国政府普查的统计，写了一本《美国的资本主义与农业》，当时他划分美国社会经济为东西南三个区域。此后 50 年的发展，已使三个区域扩张到八个区域。分析了这八个区域以后，便会知道美国全国财富是集中在中部玉米区和东北部工业区，尤其在东北。

南方黑人地带，这个区域，是黑人约占人口的 5/10，而且还是半奴隶社会的经济，棉花生产、种植园制和黑人农奴是构成三位一体的东西。黑人农奴在名义上是分租佃户，实际是半奴隶式的农田耕作者。这些农奴被地主束缚了。阶级对立表现为种族偏见和经济不平等。大批的农奴种棉花只能拿到 20% 的收获，其余 80% 均归地主所有，所以阶级的对立和种族的仇恨并存。种族隔离制度盛行，这种奴隶制的残余，和新中国成立之前的封建残余一样，使南方经济整个停滞不前进，产棉区的经济完全被外来的垄断资本，尤其是银行方面所操纵。尽管有学校报馆等，文盲尚在全人口 1/5 以上。

中南部高原地带，这个区域只有两三州，不到 200 万人，这里是自耕农区域。8/10 的人是白人。农业经营是小农场，主要农产是杂粮。这里既不像南部，也不像西部，可以自成为一区。在这一区域里无工业可谈。完全是小自耕农区，最大的城市只有 5.8 万人，交通不便，文化落后，公共教育不够普遍，风气闭塞，整个社会经济也是被外来的资本所剥削。

西部山区，亦即落基山山脉一带。从北边到南边有八个州。这一区的经济大部分为矿场和牧场。主要农作为杂粮、糖萝卜、马铃薯，糖萝卜以外的农产品不易出口，离市场太远而铁道运费又太贵。因为人口稀少工厂也找不到市场，较大的城市往往都在落基山脚下都是平原和山区间的门户。工业有所发展，但资本是外来的。西部山区多印第安人美洲红色人种，他们生活在保留地，还是保守着一种自给自足的部落生活。

太平洋沿海区，这是从落基山到太平洋一个区域，有三个州在这区域里，南部较北部为工业化，北部盛产苹果和小麦，苹果来中国的便成为旧金山苹果，面粉生意到中国来的和加拿大方面竞争，北部无甚矿

---

① 陈翰笙于 1951 年 5 月 6 日的演讲内容，收于《新政治经济学习文萃》，新世纪丛书第三种，民主建国会天津市分会编印，1951 年 8 月。

产，但有极大的水电力约有 2100 万匹马力。南部发展了集约的农业和园艺，所谓金山橙子即出于此。20 世纪 30—50 年代，南部洛杉矶一带工业有较快发展。现在洛杉矶已成为芝加哥以西最大的城市了，然而大部分资本还是从美国东部和东北来的。

在太平洋沿海区内，住有美国 7/10 的华侨。他们多数是种地种菜和开洗衣馆、饭馆、杂货店的。无论在城市或乡村，都处于社会底层。

中北部产牛乳品区域，或称滨湖区、多小山、树木、牧场。财富集中于牛乳、牛酪、牛酪饼等的生产，主要工业如伐木、造纸，由马车制造发展为汽车制造。这区是美国东北部工业区和美国西部各区的交通要道，所以公路发达，但这区里的资本，大部分是从芝加哥和纽约方面来的。

中部小麦区，这是树木很少的一片平原。面积有 7 万平方英里。产冬麦、春麦两种，冬麦在六七月间收割，每年要请二三十万短工收割冬麦；春麦在 9 月间收割，也要许多短工。在这区里农业资本家压迫农民。而农业资本家又被美国垄断资本家所压迫。最大城市的工业大部是磨粉及煤油的投资，而这样城市也只有两三个。这一区的农民常常组织了反对东部财阀的运动。在 19 世纪 70—90 年代，20 世纪二三十年代，都有过这样的运动。无非是反映了农民区域如何受东部垄断资本的压迫而起的反抗。

中部玉米区，这是以芝加哥为经济中心的一个经济区域。在农场，虽然都种一些小麦或燕麦，玉米却占到一半以上的面积。六七十年前农民可以无代价向政府领地耕地，而现在却要拿美金 2—4 万去买一个农场，必须再加上 5000 美金的农耕器具。因此从自耕农降为佃户的人越来越多。况且农耕机器推广得越快，在这种社会里农民的破产程度也越速。芝加哥是农耕机器制造的大本营。美国全国十分之六七的农耕器械是在这里制造的，现在用了新式械器，一个人可以耕种 120 英亩的玉米。美国垄断资本家所操纵的全国工业协会，勾结美国农业资本家所操纵的全国农业协会，竭力提倡推广农耕器具。他们估计在今后 5 年内农耕械器的应用可以把 380 万农民从农田上挤到城市中去当廉价的产业工人。资本家想得很妙，一举可以三得，推广农业械器，既可以赚大钱，又能吸收劳工并拉低工资。

在这个社会经济区域里，有 50 个人，即芝加哥财阀，垄断了该区的全部经济生活。其直接影响至少及于 500 余万人口。他们拥有六大银行，每个资产至少有 2.3 亿美元，其中最大的一个有资产 23.5 亿美元，其次一个资产 22.4 亿美元。美国全国 300 家最大的银行中有 16 家是在芝加哥。

东北部工业区，这是美国的财富最集中区域。北起波士顿，西至匹兹堡，南至纽约，在这三角地带，有美国大多数的大财阀，如洛克菲勒、摩根、杜邦等。这是全国钢铁业、纺织业、军需工业、化学工业、电气工业、皮鞋业和五金工业的中心，进出口商业也是以这一区为全国之冠。华盛顿就在这一区以内。哈得福得军火的制造最兴盛，而人寿保险公司也最多，拥有 800 余万人口的纽约城市吸收了全国物质文明的精华。非勒达尔非雅一市就有 6000 多工厂。威尔明登一市几乎十分之八九的人都替杜邦财阀做工的。匹兹堡是美国钢铁业中心，拥有全国镕铁力量的 43% 。

无疑地，美国的社会经济是由东部或东北部这一区来领导的，这也可以看到资本主义社会里财富如何集中。美国社会分为四个阶层，垄断资本家、富裕的资本家、中等家庭和无产者或贫困者。美国的生产高效和财富集中，不仅是其自身的社会特征，更具有全球影响力。

陈翰笙将历史学、社会学、地理学、经济学的诸种方法相互融合，以获得对于社会的科学认识。他对西伯利亚地区的研究、对中国的研究、对印度和巴基斯坦的研究、对美国的研究，所应用的基本方法都是经济区域分析。在对不同的经济区域进行研究时，他应用马克思主义方法，将社会区分为封建的、前资本主义的和资本主义的，对社会进行阶级分析并研究造成阶级分化的因素。他分析帝国主义国家的殖民统治对殖民地和半殖民地造成的影响，以及由帝国主义国家所主导的世界市场对前资本主义国家的影响。经济区域作为一种方法，逐渐成为陈翰笙研究社会结构的基本方法，他在研究中对问题进行扩展，提出社会发展的问题。一个处于前资本主义阶段的社会如何解决农村问题，是其转向下一个社会阶段的关键性问题。陈翰笙明确提出，封建化的消解不意味着农村问题的解决，农业经营无利可图的问题不能仅以经济政策来解决，这是一个社会—经济—政治复合性的问题。经济区域研究方法具有借鉴意义，认识作为一个复杂整体的社会，需要运用多种学科方法。对于一个社会现实问题的分析，不能割断各个社会链条间的相互关系。陈翰笙的学术研究为运用经济区域研究方法研究社会现实问题提供了借鉴。

结　语

陈翰笙的一生，是学者和战士的一生。20世纪风云激荡，经历两次世界大战和两大阵营的对峙。中国革命的浪潮以雷霆万钧之势除旧布新。在轰轰烈烈的中国革命潮流中，陈翰笙是一个革命者，一直坚守自己的政治信仰，他也是一个学者，坚持学术研究，以笔为武器，为革命而奋斗。他将政治追求贯彻于学术研究中，以学术研究解决社会现实问题，努力推动中国达成一个更好的社会。

20世纪的中国革命筚路蓝缕，几经求索，陈翰笙是众多寻路人中的一个。陈翰笙的一生充分展现了学术研究与革命进程密切交织的图景。他的一生与20世纪中国革命的发展密切相关。他是沉默坚韧的革命者，一直向前，同行者中有人牺牲，有人消沉，他却能找到曲折迂回的途径向前进。陈翰笙对中国的局势和革命前景的态度是乐观积极的，他是一个实干家，即使在逃亡中也治学不辍，以学术研究回应社会现实问题。他的革命品格和学术品格都值得今人一再回味。

陈翰笙在漫长的人生历程中数次经历险境，甚至处于生死关头，亲历"三一八惨案"、在白色恐怖中逃亡苏联、在日本巧妙逃脱、在国民党的通缉中逃亡印度，这些惊心动魄的经历，在他的回忆录中也只是寥寥数语带过。他在困顿中坚持寻找道路，寻找可以为他人做些事情的途径。他在晚年仍坚持编辑华工出国史料汇编，这是他从年轻时就一直期盼完成的学术志业。陈翰笙是姿态昂扬的战士，在困境中也保持着这种态度。

一　治学方向紧密关联时代主题

陈翰笙的学术研究针对社会现实中存在的问题，具有鲜明的时代特点。其研究范围涉及历史学、社会学、经济学等领域，在研究中多种学术研究方法并举。马克思主义方法是其运用的基本方法，唯物史观是其一贯秉承的基本原则。陈翰笙在中国进行农村问题调查、分析中国社会现实问题中，实事求是、求真求实，研究中国的社会性质、论证改革封建土地制度的必要性。陈翰笙认为中国的半殖民地半封建社会性质是一种处于过渡阶段的社会形态，即完全的封建还未过去，而下一个社会形态还未到来的阶段，其研究结论为中国新民主主义革命理论提供了理论支撑。他治学的主题与时代的主题密切联系，积极回应时代之问。

现实迫使人们不断思考、探索、解答问题，这是中国 20 世纪上半叶的学术图景，正是这种现实的迫切需要，使社会科学研究在国家残破下呈现勃勃生机。直指现实问题，解答现实问题，寻路，为中国社会找到出路。使革命者在被通缉、被拘捕、被残杀之下，仍苦苦求索。这个时代特征，在陈翰笙身上打下鲜明烙印。他治学的根基来源于 20 世纪上半叶的中国社会现实问题，在人们回顾、反思或意图重读这段历史时，或者以学术与价值的二元分立重构学术史时，不应当忽略历史本身，陈翰笙捕捉到了时代特征，抓住了当时中国面临的最迫切的矛盾——帝国主义和半殖民地半封建中国的矛盾。他鞭辟入里地分析这矛盾，将帝国主义和殖民地的矛盾纳入世界历史进程的视野内。运用马克思主义方法和其他西方社会科学方法分析和解释帝国主义对殖民地的剥削与掠夺是时代的需要。

中国革命的内涵是丰富的，是政治革命，是社会性革命，是人民革命。人民对于革命的参与程度十分广泛，它决定了革命的彻底性，同一时期的学术研究和争论，包括中国社会史论战、中国社会性质论战、中国农村社会性质论战，伴随着革命进程的深入，以对于中国社会形态的认识为革命提供理论指导，这是中国革命所具有的特点。在各种思潮的争鸣与激辩中，马克思主义的方法和观点逐渐成为更具有说服力的理论。在对中国社会现实的分析中，如何运用唯物史观至关重要，因为其理论核心是从现实出发，强调实践性和科学性，以人的具体活动为研究和思考的起点，其方法论的原则与中国革命的现实要求是相合的。陈翰笙在研究中对多种学术研究方法兼容并蓄，以回答迫切需要解答的现实问题。

在青年时期，陈翰笙以历史的方法研究 20 世纪上半叶的国际问题。陈翰笙认为资本与权力的结合是 20 世纪上半叶国际问题的特征，从资本和权力的角度出发，解释当时的国际问题。裁军会议和国际组织都是失效的。他认为 20 世纪上半叶的国际社会是分裂的，分裂的主要原因就是帝国主义的扩张在全球范围内激起反抗。资本主义国家内部也是分裂的，出现无产阶级与资产阶级的对抗。

陈翰笙回应的最重要的理论问题就是中国农村社会性质问题。他在 20 世纪上半叶领导"中国农村派"进行广泛的社会调查，论证在中国农村占据主导地位的仍然是一种封建性的生产关系，并论证中国各个地区的封建性生产关系存在广泛差异。陈翰笙及"中国农村派"的主要成员共同以广泛的农村社会调查开启了以马克思主义方法同西方社会科学研究方法相结合的中国社会实证研究典范。中国社会性质论战、中国社会史论战和中国农村社会性质论战是相互关联的关于中国社会性质问题的学术论战。这一系列论战与当时中国的政治局势相关，关系到中国革命的性质、动力、前途和任务。这是非常重大的理论问题。以往的研究更关注于直接以文章进行论战的学者的观点。而从 1927 年至 1937 年，这场大论战其实有两条路径，一是以文章进行争论，二是以实证性的研究认识中国社会，陈翰笙领导的"中国农村派"进行的社会调查是第二条路径的代表。中国农村调查与论战是互为历史背景的，二者进行的时间也是相互重合的。"中国农村派"在无锡、保定、山东、东北等地进行的调查早于中国农村社会性质论战。这为后来的中国农村社会性质论战提供了实证性的论据。

陈翰笙通过调查，以案例分析的方法，具体阐释帝国主义资本如何在中国运作，认为在半殖民地半封建的中国，工业化以及随之而来的工业原料作物的发展，一般总是导致农民生活水平下降，对于中等农民和贫穷农民尤其如此。只有在国家独立自主的这个政治前提下，才能进一步解决农村发展问题和社会的工业化问题。

1931—1945 年日本发动侵华战争期间，陈翰笙关注的重要问题就是日本对中国的侵略，陈翰笙以历史的方法分析日本的社会结构及其政治权力的法西斯主义性质，对日本侵略中国的经济政策进行剖析。陈翰笙指出日本在中国的军事侵略和经济渗透相互推进。他认为国民党政府代表中国的官僚资本垄断集团，其经济政策不能代表中国发展的方向。他在文章中公开表达的观点包括以下几个方面。

第一，日本侵略中国是世界性的事件，中国革命与法国大革命一样，具有重大的世界历史意义。

第二，日本侵略政策的实质是法西斯主义的，是经济的、军事的、政治的侵略相互并行。日本在中国编织了一张帝国主义网络，在中国寻求原料和市场。

第三，中国在日本侵略下出现新的变化，即民族主义兴起、向一个有组织的民主社会转变。

陈翰笙以经济区域这个地理经济学概念作为分析社会的基本概念，分析印度、巴基斯坦、中国及美国社会，从而试图回答更具有普遍性的问题，即半殖民地半封建社会的前途如何。他指出英国的殖民统治给印度和巴基斯坦造成了严重的经济不平衡，这成为其社会发展的障碍，并认为印度国大党的土地改革政策并未彻底解决殖民统治遗留的土地问题和经济不平衡问题。相比较而言，中国通过彻底的土地革命，则可以摧毁封建制度并在此基础上实现生产关系的彻底变革，进而实现社会的真正发展。他将民主的制度和工业化作为中国的社会发展的重要支柱和目标。

新中国成立后，陈翰笙继续从事历史学研究，他将社会学、政治学、经济学、地理学等概念引入历史学研究中，提出中国的世界历史研究应以马克思主义为理论指导，形成自为一体的世界历史研究体系。世界历史研究应当说明世界历史演变的过程并揭示历史发展的普遍性规律。陈翰笙重视历史资料的收集整理工作，其主持编纂的《华工出国史料汇编》为中国华工史研究奠定基础。

陈翰笙的学术思想自有其特点，一方面，他的学术研究范围广泛，从世界史研究中的普遍理论问题到一个具体的国际问题，他都能分析自如；另一方面，他的学术研究从现实出发，力图以学术研究来解决现实存在的问题。这两个方面的特点互为表里，使其学术研究呈现出独特的脉络。而这治学脉络其实是与时代发展相联系的。所以，陈翰笙的学术思想，不是就历史论历史，不是就社会研究社会，而是历史地看社会，以社会为历史的中心，历史地看待史学自身的发展，历史与现实，在其思想中是相互融合的。陈翰笙的学术思想具有整体性，研究者只有注重这整体性才能透过纷繁的研究领域触到其学术思想的实质。

二　治学历程与革命历程同步并进

马克思和列宁的唯物史观和社会分析方法，为陈翰笙对中国社会进行严肃考察提供了基本方法。陈翰笙及"中国农村派"的社会调查，具有广阔的理论意义，在围绕 20 世纪上半叶资本主义的现实发展进行的探索中，西方资本主义国家在全世界范围内的扩张对于其他非资本主义国家和地区的影响是什么？资本主义社会性质会随之扩散吗？资本主义生产方式的扩张给前资本主义社会造成什么影响？陈翰笙试图以实证性研究回答这些问题，通过实证性研究，获得对社会的科学认识。

作为将马克思主义的方法应用于中国社会研究的学者，陈翰笙不是一个预言家或者创造者，他是践行者。他与时代潮流紧密相关，有多位志同道合的同路人。陈翰笙的学术思想是具有内在统一性的，虽然他涉及不同的研究领域，但不能以某种形式对他的思想进行分割，只能以时间为线索寻求其研究的思想脉络。同时，必须注意，陈翰笙的著述的一个鲜明特点，即他几乎不对马克思或者列宁的著作进行引用或评论，但是唯物史观的理论和方法却贯穿于其 1927 年之后的著述中。他不露声色地运用马克思和列宁的方法，以其对于资本主义和帝国主义的认知为前提，探寻中国农村问题的实质。为了以公开而合法的身份进行研究和宣传，他的著述和马克思及列宁的联系内在于方法和观点上，在 1951 年回到祖国之前，他是一个自我隐藏的马克思主义者。探寻他的著述同马克思及列宁的著述间千丝万缕的联系，是理解其学术研究路径和方法的重要方面。陈翰笙及"中国农村派"的成员进行研究的起点是中国社会的现实状况，他们未就中国历史发展进程中的封建社会问题进行历史考察，而是考察社会的现实情况。

陈翰笙的学术研究具有鲜明的时代特点，他致力于阐释 20 世纪上半叶中国与帝国主义经济网之间的关系，理性认识中国面临的深刻民族危机。他的一些思想仍然具有启发性。随着时代发展，资本主义不断呈现出新的变化，中国与资本主义经济网络的关系也不断变化，这种关系需要进行深刻的梳理与反思。陈翰笙提供了研究中国与资本主义经济网间的关系的实证性方法，这种研究方法仍然具有现实价值。陈翰笙对于社会发展问题的思考仍具有现实意义，即农村发展是中国社会发展的实质性内容，在工业化浪潮中，农村如何走出低度发展，随之向现代社会转型，仍然需要进行实证性研究。

纵观陈翰笙的一生革命经历对于理解他的学术思想是十分重要的，他的治学和革命活动及社会活动是相互关联的。陈翰笙夫妇在革命的潮流中经历数次逃亡，1927 年大革命失败逃往苏联，1935 年在日本有暴露危险再次逃往苏联，1944 年被国民党政府通缉而逃往印度。逃亡迫使他不断离开已有的研究环境，也给他带来新的研究契机，1928 年从苏联回国后即组织了中国农村调查，1935 年经苏联去美国后开始整理关于中国农村经济问题的重要著述，1944 年去印度后利用英国对印度农村的调查资料研究印度经济区域。他的研究主题与中国的政治形势发展密切相关，要以学术研究回答最迫切的现实问题。

他在革命中受到李大钊的引导，认真研读《资本论》，关注对于社会的研究，他在农村调查问题上受到蔡和森的启发，以马克思主义为理论指导，以生产关系为主要考察对象，运用阶级分析法和经济区域研究方法，以严谨的论证说明中国社会的半封建性和半殖民地性，对帝国主义在中国的资本运作进行揭示。这类问题，是 20 世纪上半叶中国革命面临的基本理论问题。

作为革命者，他为中国共产党和共产国际做了很多具体工作，与共产国际成员佐尔格关系密切，并协助其进行情报收集和传递。他秘密加入中国民权保障同盟，帮助营救被捕的共产党员及进步人士。协助宋庆龄在香港开展工合运动，为工合运动募集资金，以支援解放区的工业建设。在桂林进行反法西斯宣传等。他先后主办或编辑《工合月刊》《华侨日报》《远东通讯》《太平洋事务》等刊物，在这些刊物上介绍中国的实际情况。

1932 年和 1937 年，他在《太平洋事务》上先后发表文章，分析日本侵略中国的实质，指出日本在中国获取的经济利益，并以经济数据说明中国的经济发展在日本侵略战争中受到的损害。[①] 他驳斥美国学者福瑞德·阿特利的观点，指出日本侵略中国并不是也不能解决日本的人口问题，日本的经济危机是世界资本主义危机的一部分，以有力的数据论

---

① Chen Han-seng, Economic Conditions in China: A Brief Survey, January to June, 1932, *Pacific Affairs*, No. 9 (Sep., 1937), pp. 769 – 774.

证日本的军事扩张与资本主义经济危机的关系。① 他将马克思主义与寻求解决中国问题的出路相结合，做了大量秘密工作。他是第一个用英文向全世界介绍了皖南事变真相的学者，也是 20 世纪 30—50 年代初在美国学术界有重要影响力的学者。他以进步学者的身份向美国人介绍中国的真实情况，进而影响美国对于中国社会现实的认识。他历史地分析中国的前途和中国革命的任务，并指出国民党统治中国的腐败，从这方面来讲，他是一个真正的马克思主义者，能够将理论与实践相结合，为了改变世界而最大限度地贡献自己的力量。

陈翰笙毕生的治学之功，均围绕帝国主义问题。由世界而中国，由中国而世界，剖析帝国主义政策何以可能。他认为帝国主义对殖民地的剥削形成了不平等网络。从社会生产关系分析着手，揭示帝国主义利用军事、政治、经济手段对殖民地的掠夺及由此形成的相互关系。

他所关注的中心问题是 20 世纪上半叶帝国主义国家对殖民地地区或国家的侵略和掠夺。他以中国、印度和巴基斯坦作为半殖民地和殖民地的典型，进行社会分析，分析的着眼点是社会结构，从生产关系入手，分析社会结构。陈翰笙认为中国和印度都是以农村经济为主，他将注意力集中于农村经济，采用的基本方法是阶级分析法和经济区域分析。生产关系的中心问题是土地制度问题。在中国进行农村调查，得出的结论是中国在帝国主义的剥削下，处于半封建半殖民地社会。中国社会内部存在阶级分化。他的研究和结论为中国新民主主义革命的动力、手段和目的提供理论依据。在印度和巴基斯坦，依靠英国进行调查的资料和实地调查，考察帝国主义国家的统治给殖民地带来的影响，包括对社会结构的影响。提出具有普遍意义的问题，即从半封建社会过渡到下一个社会形态，农村问题如何解决。他考察农村问题与现代化的关系，阐述社会发展过程中农业与工业的关系。对中国如何进行现代化建设也提出建议。这是基本矛盾的一方。

基本矛盾的另外一方，即帝国主义国家，陈翰笙考察了英国、美国和日本。他从世界历史的宏观视角着手，提出帝国主义国家相互间存在斗争和协作。帝国主义国家内部存在阶级分化，进而存在阶级斗争。帝

---

① Chen Han-seng, Conquest and Population, *Pacific Affairs*, No. 2 （Jun.，1937），pp. 201 – 207.

国主义国家对半封建的中国和印度的剥削手段，首先使用武力进行野蛮战争，其后利用封建阶层实行间接控制，直至最后确立殖民者的直接权威。以英国为例，商业资产阶级和工业资产阶级对于掠夺的手段有分歧，表现为议会内的权力之争。

如前所述，陈翰笙的学术研究是整体性研究，将其研究内容和方法分割为不同学科是徒劳的。在其治学的不同时期，迫于现实的压力和流亡生活，其学术研究的内容有不同的侧重点，但是其学术旨趣一致，即如何回答现实提出的问题，如何科学地认识社会。

20 世纪末期以来，中国的史学研究逐渐呈现多元方法并存的局面，唯物史观成为众多史学研究方法之一端。① 随之而来的争论即是关于科学与价值的二元分立。任何时代都需要与其相关的历史学，脱离时代背景的历史学是缺少生命力与合理性的。马克思主义史学在中国的发端与进程，已经嵌入时代洪流之中。若以科学和价值分立之名义对中国的马克思主义史学进行剥离，则难以理解其发展脉络。

陈翰笙是一个具有广泛的国际学术影响力的学者，就中国问题在西方学术界产生了重要影响。陈翰笙在美国和德国接受高等教育，在苏联农民运动研究所任职，任太平洋学会《太平洋事务》刊物的副主编，在《太平洋事务》《美亚》《远东观察》等刊物上发表大量文章。在太平洋学会的资助下出版代表著作，他关于中国农村问题的观点，如 20世纪二三十年代，在中国存在一场深刻的农村危机、以主导性的生产关系为中心考察中国社会的性质、只有通过对土地权利的重新分配才能够解决中国农村的问题，进而解决中国转向现代社会的问题。这些观点深刻影响了美国的中国研究。陈翰笙运用英语、德语、俄语、日语、法语进行学术交流和写作，与美国、苏联、印度等国家学者的交往，均有助于他的国际学术影响力的发挥。

在新中国成立后，陈翰笙回到祖国，继续进行历史问题研究，在史

---

① 王学典在《话语更新、"合法性"危机的消解与唯物史观派史学的学术重塑》一文中，列举唯物史观派史学的学术史业绩，包括：第一，唯物史观派史学在 20 世纪 20 年代中国的出现，既顺应了国际史学的最新潮流，又填补了乾嘉以来中国学术史上的一个重要空白；第二，把人类学、经济学、社会学等学科的概念工具引入历史分析中来，从而把中国史学带入了社会科学化的新阶段；第三，通过分析"历史上的小人物""农民""奴隶"所起的作用发现，其标志就是中国农民战争史这一崭新学科的创立。见陈峰《民国史学的转折——中国社会史论战研究（1927—1937）》，山东大学出版社 2010 年版，序言部分第 3 页。

学研究领域提出自己的见解，他认为史学的发展是与社会发展相互关联的，什么样的时代就会产生什么样的史学，中国应当有自己的世界史体系，以马克思主义为指导，揭示人类社会的发展规律。在史学方法上，讲求的是不同学科的方法与历史方法相互融合，将地理学、经济学、社会学的研究方法同史学方法结合起来。他重视史料的编纂工作，在"文化大革命"结束后，联合几位老友共同编辑《华工出国史料汇编》，并同"中国农村经济研究会"的其他成员共同编辑了《解放前的中国农村》。这些研究工作是对于陈翰笙早期研究工作的反思和总结。

　　经济区域研究是陈翰笙进行社会研究的一个重要方法，它融合了经济学、地理学、社会学和历史学的方法。这种方法，与陈翰笙同时代的学者也有应用，如冀朝鼎、托尼、拉铁摩尔，他们在自己的研究中也强调区域化。陈翰笙应用经济区域方法研究的典型例证是对印度和巴基斯坦的研究，他将印度分为十六个经济区域，将巴基斯坦分为五个经济区域，从而获得了对于这两个国家的社会经济结构的整体性认识。他以此研究说明三个具有普遍性的问题。第一个问题，帝国主义的统治会对殖民地产生什么样的影响。他给出的答案是：帝国主义的统治会造成殖民地经济结构的不均衡，这种不均衡会成为殖民地社会工业化的绊脚石。第二个问题，前工业化国家农村问题的出路在哪里。陈翰笙对印度和巴基斯坦农村中土地制度的研究表明，仅仅是解除封建化，未必能够解决农村问题，因为农民对于土地的权利没有保障，解决封建化后必须以某种改革实现农民对于土地的权利。如果农村问题不解决，工业化就不是彻底的真正的工业化。第三个问题，如何协调人与自然环境的关系问题。陈翰笙注意到，在印度最好的农业区也存在这样的问题，即土地肥沃、物产丰富与农民贫困同时出现，自然环境的富饶不是社会发展的决定性条件，必须同时具备合理的制度，农民的贫困可能是制度性的贫困。

三　体现了共产党人的百年求索

　　列宁认为，一个无产阶级政党的纪律得以建立有三个条件：第一，是靠无产阶级先锋队的觉悟和它对革命的忠诚，是靠它的坚韧不拔、自我牺牲和英雄气概；第二，是靠它善于同广大的劳动群众，首先是同无产阶级劳动群众，但同样也同非无产阶级劳动群众联系、接近，甚至可以说在某种程度上同他们打成一片；第三，是靠这个先锋队所实行的政治领导正确，靠它的政治战略和策略正确，而最广大的群众根据切身经验也确信其正确。这些条件只有经过长期的努力才能够形成，正确的革命理论——而理论并不是教条——会使这些条件容易造成，但只有同真正群众性的和真正革命的运动的实践密切联系起来，这些条件才能最终形成。列宁对于俄国革命以马克思主义理论为指导的艰难历史途径给予高度评价："经受了闻所未闻的痛苦和牺牲，表现了空前未有的革命英雄气概，以难以置信的毅力和舍身忘我的精神去探索、学习和实验，经受了失望，进行了验证，参照了欧洲的经验，真是饱经苦难才找到了马克思主义这个唯一正确的革命理论。"①

中国革命也是如此，革命者饱经沧桑，以坚韧不拔的英雄气概寻找革命的途径，反复寻找不教条而适应于中国社会现实的理论框架。陈翰笙及"中国农村派"对于中国农村问题和土地问题的研究是这种尝试的一个范例。

中国农村调查的理论前提，体现在《封建社会的农村生产关系》一文中，包括两个方面：第一个方面，就是承认马克思关于封建社会的论述的适用性，对中国是适用的，中国社会可以被纳入马克思主义理论体系中来研究和认识；第二个方面，就是对生产关系的强调，以生产关系的考察为中心来认识中国农村的社会性质。其原因有二：第一个原因，当时的改良派强调从技术角度解决中国农村问题，提高生产力，而"中国农村派"认为以此解决当时的中国农村问题行不通；第二个原因，考察生产关系是为了确定中国农村的社会性质，考察占主导性的生产关系是封建的还是资本主义的。

陈翰笙对半殖民地半封建社会这个概念进行了梳理。他对这个概念的认识是一个渐变的过程，最早关于中国农村的论著他使用的是"前资本主义的社会"，纯粹的封建已经过去，纯粹的资本主义尚未形成，正在转变时期的社会。这个社会，田地所有者和商业资本及高利贷资本三者合并起来，以农民为剥削的共通的目标。中国农民耕地不足、资本不

---

① 《共产主义运动中的"左派"幼稚病》，《列宁选集》第四卷，人民出版社 2012 年版，第 136—137 页。

足，饱受国际资本和国内封建势力的剥削。1935 年，"中国农村派"的其他成员，薛暮桥和孙冶方都直接使用"半殖民地半封建社会"这个概念，陈翰笙在 1941 年的文章《三十年来的中国农村》中也使用"半殖民地半封建社会"这个概念。

陈翰笙调查的足迹遍布全国，他注意到中国社会性质的不均衡性，即有些地方，如云南，其生产关系更具有封建性。中国各地农村社会进化之程度不一致，存在不同的农村经济区域。

通过社会调查，陈翰笙在理论上阐述的一个重要的问题，就是帝国主义对中国的侵略是否带来了资本主义的发展。通过烟草调查，他将帝国主义在中国的资本运作过程揭示出来，在这个过程中，帝国主义资本同中国的封建买办相互勾结，这个资本运作过程没有使得中国的封建势力崩溃，相反，使其通过剥削农民保存了封建势力。中国的地主必须实现身份的转型，从拥有大片土地转变为身兼地主、高利贷者、商人、买办、官僚等多重身份，否则就只能衰落。陈翰笙得出的结论是：在半殖民地半封建的中国，工业化以及随之而来的工业原料作物的发展，一般总是导致农民生活水平下降，对于中等农民和贫穷农民来说，尤其是这样，只有一个独立民主的中国，工业化才能带来它所期望的社会福利。

陈翰笙以经济区域研究解决普遍性问题，将对于帝国主义与半殖民地半封建社会之间关系的研究延伸到对于一般性原则的讨论。以此研究使得人们能够对帝国主义国家对半殖民地和殖民地国家的经济掠夺实质及经济影响和社会影响有更为深刻的理论认识。

陈翰笙是将马克思主义与实践相结合，用马克思主义理论分析殖民地、半殖民地社会形态的时代典范。在中国寻求民族解放的过程中，他既着眼于现实，最大限度地发挥理论的力量剖析中国社会的实质，也尽其所能为中国的民族解放事业贡献力量。对陈翰笙的著作进行系统的整理，是理解马克思主义在中国逐步确立并发展的途径，也是理解近代以来中国的知识分子探索救国道路的曲折历程的途径。陈翰笙回忆录中所自述的生平，口吻极其平和，而其一生中所参与和见证的，多是影响时代发展的重要历史事件。与其有交往的历史人物纷杂众多，对其一生经历进行还原，即获得一幅精彩的时代画卷。

陈翰笙的学术研究具有鲜明的时代特点，在学术研究上，他在 20世纪 30 年代即以对中国农村经济问题的研究享誉国际。他的著作和观点是当时的欧美学者论述中国问题所引用和讨论的重要内容之一。按照今日的标准，他的研究领域既涉及世界历史、国际关系，也涉及经济史、民族问题。从学科分类方面来看，他的影响力体现在历史学、社会学、民族学、经济学等多个学科，是中国学术研究现代化过程中多个学术领域的奠基者和开创者之一。同时，他将学术研究与中国的民族解放运动联系起来，运用马克思主义理论分析中国社会，在中国进行了农村调查工作，为在革命中认识中国半殖民地半封建社会性质进行了实证性研究。以有力的调查材料和细致的研究工作论证了帝国主义和封建主义对于近代中国社会广大人民群众的压迫。对这种压迫所造成的中国农村危机和中国社会结构的变化进行了揭示。他将中国问题和印度问题联系到一起进行考察，运用马克思主义理论，对印度和巴基斯坦进行了实地考察和研究，指出英国的殖民统治对这两个国家的社会结构和经济发展造成的负面影响。

陈翰笙在晚年仍孜孜不倦地教导学生，热切地工作，对于来访者，他总是询问能为别人做点什么事情。在其一百岁寿辰时，在人民大会堂举办的庆祝仪式上，他仍然要求指导学生，有一些工作可做。陈翰笙一生都是寻路人，也是指路人。他寻求救国救亡的道路，寻求社会建设的道路，寻求帮助他人的道路。他从青年时期在北大任教推行美国的道尔顿制教学法，到在上海社会科学研究所期间带领一批青年人进行社会调查，到晚年广收学生教授英语，有教无类，上至北大的高才生，下至送煤球的青年，在他眼中都是可塑之才。他成就他人却从不邀功，他没有谋求任何丰碑，在去世后将骨灰撒入富春江。真是一生全随流水去，只留著述在人间。

陈翰笙是 20 世纪中国重要的马克思主义理论家之一。就像其他进行共产主义运动的国家一样，中国有一批有追求的知识分子热切地投身革命，以思想为武器，为了寻求社会的发展道路奋斗不息。而只有将马克思主义作为分析问题的方法，实事求是地应用它去认识现实，才能够得到科学的认识。这是一个反复试错的过程。陈翰笙有韧性、有担当、有勇气，能够临危不乱，在学术研究中始终如一地坚持自己的信念。陈翰笙有众多的同路人，他崇敬的李大钊和宋庆龄，他的好友高仁山，他的战友冀朝鼎。他深切缅怀的杨刚，他带领进行农村调查的青年们，还有更多更多的人，正是有这样一群人，在各个领域不停地默默做出贡献，中国才有了百年间的沧桑巨变。斯诺热切地称赞中国革命中"不可征服的那种精神，那种力量，那种欲望，那种热情"，认为"这些是人类历史本身的丰富而灿烂的精华"。① 纪念陈翰笙，也是纪念他脚踏实地、奋斗不息的精神，这应作为求学者的毕生追求。

---

① ［美］埃德加·斯诺：《红星照耀中国》，董乐山译，新华出版社 1984 年版，第 1 页。

附　　录

陈翰笙年表

1897 年
2 月 5 日　生于江苏省无锡县东门城头弄，名枢，小名翰生

1903 年
入东林小学读书，与赵琛是同学

1909 年
考入长沙明德中学

1911 年
6—9 月　到北京报考清华学堂留美预备生，落选
在北京住在姨夫陆澄宙家（其子是陆定一），拜见了顾枚良，结识了金岳树、金岳霖两兄弟

1912 年
进入长沙雅礼学校读高中

1913 年
与徐正祥之女徐冰文订亲

1914 年
春　在长沙基督教青年会听美国化学教授罗伯特讲金山橙，萌生去美国留学的念头

1915 年
秋　乘中国号轮船，赴美留学，考入马萨诸塞州赫门工读学校

1916 年
考入波莫纳大学，学植物学

1917 年

因视力不好，改学地质学

1918 年

在后来成为美国历史学会会长的卫斯特加德鼓励下，改学历史专业

1919 年

帮助何廉和邱昌渭进入波莫纳大学学习

任校办《学生周刊》编辑

结识李景汉、焦墨笃、何廉、陈逵、曹修干、邱昌渭六人

1920 年

夏 波莫纳大学毕业，被接纳为菲尔培塔凯巴协会会员，获得协会颁发的金钥匙

毕业论文是《好心的外交政策》

参加"中国留美同学会"，任秘书；负责编辑《中国留学生季刊》

1921 年

参加新中学会，结识高仁山、查良钊等

完成《茶叶出口与中国内地商业的发展》，获得芝加哥大学硕士学位

冬 在美国西雅图与顾淑型结婚，改名陈翰笙

1921 年冬至 1922 年 2 月

参加"中国留美学生华盛顿会议后援会"，去华盛顿劝阻中国北洋军阀代表团在《九国公约》上签字

1922 年

年初 在波士顿哈佛大学学习，经叶企孙介绍认识了陈岱孙

春 游览法国、意大利、奥地利等

进柏林大学东欧史地研究所，任研究员

1924 年

完成论文《1911 年瓜分阿尔巴尼亚的伦敦使节会议》，获得柏林大学博士学位

4 月 应蔡元培先生邀请回国，在北京大学历史系任教授

下半年 在北京大学法学院讲美国宪法史；不久后在北京师范大学、北京女子师范大学和燕京大学兼课

1925 年

春 陈翰笙、高仁山、薛培元、查良钊、胡适等人在北京东城区灯市口大街 72 号创办了私立艺文中学（现北京第二十八中学），高仁山任校长，陈翰笙任校董事，顾淑型任教务长

经李大钊、于树德介绍，加入国民党

为共产国际刊物《国际新闻通讯》写文章，介绍中国时局，发表《不许干涉中国》等英文文章

为《现代评论》写一系列文章，共 53 篇，关于世界局势和中国问题

9 月 23 日

致函胡适，赠送孙中山相及陈翰笙发表于《社会科学季刊》的文章，题目为《苏联农业》

1926 年

年初 蔡和森前往莫斯科出席共产国际执委会第六次全委会 1926 年 2 月 17 日至 3 月 15 日，路过北京，通过中共党员胡公鄂约陈翰笙会谈，介绍海丰农民运动情况

经李大钊和苏联驻中国大使加拉罕介绍加入第三国际

《北京人力车夫的苦难生活》，《国际新闻通讯》，1926 年 2 月 25 日，英文

3 月 18 日

参加"三一八"反帝反军阀政府游行，事后写《三月十八日惨案目击记》发表于《现代评论》上

通过李大钊认识侯外庐（时间待定）

1927 年

1 月 12 日晚 在北大作为国语演说竞赛评委，其余评委包括周鲠生、王世杰、陈西滢，主席为燕树棠

1 月 应武汉国民政府外交部部长陈友仁之邀，与王世杰、周鲠生一道赴外交部工作

2 月底 谎称"母病"返京，奉李大钊命暂停活动

2 月 25 日 《益世报》第 7 版刊登《北大教授纷纷出京》一文：重要功课暂停——法科学生甚形颓丧

"国文社云：北京大学教授高一涵、王世杰等，离京他往一季，曾

志报端，兹闻该校教授周鲠生、陈翰笙、张慰慈、张祯如等，亦于日前他去，该校因遽走有力教授如此之多，物色继任人物，甚感困难，除有一部分功课已由其他教授兼任外，余如政治系之政治外交史等重要功课，亦宣布暂时停授，闻该校法科学生因之甚形颓丧云。"

4月4日　去东交民巷中东铁路办事处看望李大钊

4月6日　在李大钊被张作霖部逮捕后，立即与顾淑型经天津去日本，转赴苏联莫斯科，在国际农民运动研究所任研究员

与马季亚尔发生关于中国农村性质的争论，萌生对中国进行广泛社会调查的思想

结识邓演达，由他介绍结识孙中山夫人宋庆龄

介绍彭振华（陈父义弟彭由笙长子，彭家礼大哥）到上海建设大学就读

1928 年

5月　绕道日本回国

夏　经蔡元培推荐，到商务印书馆工作

《国民党统治下的中国农民》，《国际农业研究所通讯》（莫斯科）1928 年第 1—14 期，俄文

1929 年

春　到中央研究院社会科学研究所工作，任副所长

陆续聘任王寅生、钱俊瑞、张锡昌、张稼夫、孙冶方、姜君辰等一批有志青年

对上海日资纱厂进行包身工制的调查

夏　到营口、大连、长春、齐齐哈尔调查流亡国内的东北难民问题

7月17日　到北大发表公开演讲，上午十时在马神庙，题目为《研究中国农业经济的重要》

7—9月　对无锡农村进行调查

结识艾格尼丝·史沫特莱

秋　带领史沫特莱进行无锡地区的农村调查

结识里哈尔德·佐尔格

10月　文章《中国农民的负担》首次登载于《太平洋事务》

1930 年

5—8 月　进行保定农村调查

1931 年

8 月　将蔡元培先生的信设法送给陈诚，以营救被捕的邓演达

1932 年

春　赴青岛探望焦墨筠

介绍彭家礼到南京实业部经济年鉴编委会做排字工作，在陈翰笙身边学习

侯外庐希望翻译《资本论》，陈翰笙向其介绍了中法大学的教授王思华，时间是 1932 年，侯外庐、王思华二人合作翻译《资本论》（见侯且岸的文章），时间还有待确定

2 月　与佐尔格结伴去西安执行任务

《揭开幕布的中国政治闹剧》，1932 年 1 月 13 日—7 月 9 日，陈翰笙于 1932 年以"观察家"的名义发表了约 15 篇文章，作为《中国论坛》（周刊）的一个专栏

《中国经济状况 1932 年 1—6 月简述》，《太平洋事务》1932 年 9 月

《崩溃中的关中小农经济》，《申报月刊》1932 年 12 月

7 月 3 日　因事赴陕西，至徐州时下车参观江苏省立徐州民众教育馆并参加该馆为其召开的农村经济讨论会，陈翰笙在会上发言内容刊登于《教育新路》1934 年 6 月 20 日，江苏省立徐州民众教育馆刊物

1933 年

2 月　为李景汉《定县社会概况调查》作序

4—5 月　经常为宋庆龄与律师间传递信件，以营救牛兰夫妇

6 月 18 日　杨杏佛被刺杀后不久，辞去中央研究院的工作，应聘去中山文化教育馆任职

8 月　出席在加拿大召开的太平洋国际学会，发表英文论著《中国当前的土地问题》

与吴觉农、张锡昌、薛暮桥、孙冶方等共同发起成立"中国农村经济研究会"，任理事会主席；不久，创办《中国农村》月刊

1933 年 11 月至 1934 年 5 月

5 月 5 日　参加行政院农村复兴委员会第一次大会第一日会议，地点铁道部会议厅，出席者：汪兆铭、石青阳、张伯苓、谢家声、郭春

涛、陈树人、唐有壬、曾仲鸣、陈翰笙、黄慕松、甘乃光、邹琳、陈公博、翁文灏、章元善、陶孟和、李四光、陶希圣、吴鼎昌、胡筠、王世杰、邹树文、石瑛、褚辅成、谭熙鸿、葛敬中、杨端六、王云五、陈其采、王志莘、陈光甫（邹秉文代）、罗家伦、刘瑞恒、荣宗敬、刘鸿生、虞洽卿、王一亭、许世英、王晓籁、徐新六、张公权、陈伯庄、钱新之、马寅初、陈绍宽、顾孟余、褚民谊、彭学沛，会议分为经济组、技术组、组织组，陈翰笙被分配到经济组

进行广东农村调查和安徽、山东、河南烟草区的调查。著《工业资本与中国农民》

1934 年

在中国会见荷兰中国问题研究者 Frederik van Heek

冬　受佐尔格之邀，以中山文教馆和中央研究院研究员身份赴日本东洋文库工作。著《中国地主和农民》《工业资本与中国农民》

结识中岛节子，任打字员

结识郭沫若，此时郭沫若在日本为写作《中国古代社会研究》阅读东洋文库书籍，陈翰笙在郭沫若家中与其共度 1935 年元旦

1935 年

此处时间存疑：1935 年 5 月，魏特夫夫妇在太平洋国际学会支持下前往中国，途经日本，受到日本国际文化振兴会邀请，在东京访问了东洋文库、东京帝国大学农学部，并在东畑精一和平野义太郎陪同下参观利根川的水利工程

陈翰笙在回忆录中提及与日本友人平野义太郎、英国人拉斯卡、德国人魏特夫游镰仓，时间是 1933 年 8 月，又提及 1935 年 4 月回国，此处时间有待查实

4 月　回国，由史沫特莱、路易·艾黎等外国朋友掩护出逃苏联

任莫斯科东方劳动大学研究员

焦墨筠的弟弟在莫斯科火车站见到陈翰笙

年底　根据工作需要，由中共驻共产国际代表王明、康生经手转入中国共产党

为苏联校对俄文版中国地图

卡特和霍兰德邀请他前往纽约，到太平洋国际学会国际秘书处下属的太平洋事务编辑部工作，根据中共的指示，他接受邀请

1936 年

4 月底 5 月初　离开莫斯科，根据苏联太平洋学会安排，到伦敦同卡特进行了一次很长的面试，随后与卡特夫妇一同乘船前往纽约，协助欧文·拉铁摩尔办《太平洋事务》季刊

《中国地主和农民》在纽约出版

1936 年至 1939 年

在纽约办《太平洋事务》季刊，并协助饶漱石办《华侨日报》

1938 年

初　到加拿大十几座大城市演讲，介绍"西安事变"真相

1939 年

5 月　按党的指示，赴香港协助宋庆龄搞"工合"运动，任"工合"国际委员会秘书，并为保卫中国同盟工作

创办英文半月刊《远东通讯》

7 月 11 日　见到陈达，"十一日晨与刘钦华夫人坐山顶电车，正午余在九龙刘驭万兄寓所便饭，见陈翰笙兄及 Miss Edith Chalmery 女士为我校对 Emigrant Communities in South China 一书，并指出误点之处"。

1940 年

10 月　绕道缅甸到云南西双版纳进行傣族农村土地所有制调查，一道工作的有刘述舟、陈洪进，还有范长江

年底　回香港时转道重庆探望父母

1941 年

通过《远东通讯》第一个向国外报道了"皖南事变"真相

5 月　胡风在香港，认识廖承志，在招待陈翰笙的茶会上遇到乔冠华。认为陈翰笙是北洋军阀时代的学者，不知道陈翰笙是研究什么的，也不记得是到香港还是路过香港，由乔冠华招待他，在九龙一个茶室，有二三十人。陈翰笙态度拘谨，说话的声音低而慢，学者的派头

10 月　帮助梁漱溟的民盟，与陈友仁一起将民盟宣言和政治纲领翻译成英文，并向外国记者说明宣言为何不具名

11 月 11 日

下午 5 时，参加保盟与工合国际委员会联合在香港海军操场举办为期 3 周的嘉年华会开幕

参加开幕式的有宋庆龄、何香凝、柳亚子、孙科、陈翰笙、路易艾

黎、钟秉铎以及美国平准基金会的福克斯，香港知名人士周寿臣、郑铁如等

1942 年

2 月　香港沦陷后，化装逃出，经澳门、四会、梧州，到广西桂林

4 月 25 日　致函陈洪进，介绍云南情况

7 月 19 日　致函陈洪进，关于工合事宜

8 月 11 日　致函陈洪进，关于工合事宜

8 月 16 日　致函陈洪进，询问其是否愿意出任岭南大学中国经济思想史教授一职，可由四川赴云南

1942 年至 1944 年

成立工合国际委员会桂林分会和工合研究所

任广西桂林师范学院西文系主任

在私立西南商专任教

1944 年

3 月　由于李济深、陈此生透露重庆政府将缉捕的消息，在英国朋友的帮助下，经昆明逃往印度

在印度德里大学做评卷员兼英国远东情报局译员，结识汤因比等

冬　到乌岱普列席印度史学会年会

1945 年

"二战"结束后，离开远东情报局，到印度史学会工作

对印度进行经济区域划分的考察，足迹北到阿富汗边境的信德，南到印度洋海岸，东到加尔各答，西至孟买。后来完成了专著《印度和巴基斯坦经济区域》

1945 年至 1946 年

在约翰·哈近大学国际问题研究所任研究员；其间在费城宾夕法尼亚大学、纽约亚洲研究所工作过

1946 年

4 月　应邀赴美，在华盛顿州立大学任特聘教授

到波莫纳大学、华盛顿州的旧金山、芝加哥、纽约等地演讲，揭露蒋介石发动内战的阴谋

10 月　发表《中国官僚资本与内战》

1947 年

参加普林斯顿大学"远东文化与社会"研讨会

冬 在纽约见冯玉祥夫妇，为其出谋划策，组织美国国会通过对蒋介石援助，获得冯玉祥画公鸡一幅

1950 年

冬 应周恩来总理邀请，绕道欧洲回国。行李、书籍在托运途中，过台湾海峡时被劫往基隆

1951 年

1 月 31 日 回到北京

2 月 辞谢出任外交部副部长和北京大学副校长，被任命为外交部顾问，外交学会副会长

3 月底 接受周恩来总理和宋庆龄委托，筹办英文版《中国建设》，任编委会副主任

与曹禺等人将史沫特莱骨灰葬入西郊革命公墓

5 月 6 日 以世界和平理事会理事身份发表演讲，题目为《美国的社会经济》

9 月 20 日至 12 月 28 日 随中国文化代表团赴印度、缅甸，访问团员 15 人，有丁西林、李一氓、刘白羽、郑振铎、季羡林、冯友兰、钱伟长、叶丁易、张骏祥、狄超白、吴作人、常书鸿、周小燕、倪斐君和陈翰笙。工作人员为 6 位：顾淑型、郭达凯、金明远、张万馥、范国祥、徐曼卿

9 月 20 日 晚 6 时半在北京车站出发。6：40 分火车开行。22 日上午 8 时 18 分便到汉口，当即到德明饭店休息。全体渡江到武昌东湖游玩，在周小燕家午餐，下午再渡江返德明饭店。晚间由中南军管委员会招待设宴于该饭店。遇张执一、陈剑脩、马哲明、杨开道、杨培刚诸位。当晚 9 时渡江到武昌车站，沿粤汉路南行

9 月 24 日 晨 5 时半即达广州车站。岭大陈序经、副市长朱光梁庆等均来站照拂。入沙面胜利大厦

10 月 1 日 下午 2 时全体去参加国庆典礼。地点在越秀山体育场。主席为叶剑英，参加者 9 万余人

10 月 2 日 晨 全体乘专车沿广九路南行。是日下午 4 时半到九龙当即渡海在六国饭店附近登岸。乘汽车上山至摩星领福利别墅 9 号，中

国银行宿舍，休息

10 月 7 日　乘轮船赴新加坡轮船开行

10 日至 11 日　船在新加坡停留

1952 年

4 月　赴莫斯科参加国际经济会议

英文版《中国建设》创刊，为编委会副主任

7 月　到德国柏林参加第三次世界和平理事会，之后，与马寅初、李一氓组成文化代表团访问捷克与保加利亚

介绍彭家礼到经济研究所工作

1953 年

当选为国际贸易促进委员会委员，出任中印友好协会副会长

1954 年

作为中印友好协会副会长给印尼流亡者辛格讲中国革命理论等，同讲还有刘尊棋（外文出版社副社长兼总编辑）

1955 年

4 月　出席在印度召开的亚洲国家会议

6 月初　当选为中国科学院哲学社会科学部委员

6 月 8 日　赴芬兰赫尔辛基参加第四次世界和平大会

1955 年 12 月至 1956 年 2 月初

随宋庆龄副委员长访问印度、巴基斯坦、缅甸

1956 年

2 月　出任中国亚洲团结委员会副秘书长

4 月　出席在瑞典斯德哥尔摩召开的世界和平理事会议

1956 年 11 月至 1957 年 2 月

1956 年，全国人民代表大会访问苏联捷克的代表团笔记，1956 年 11 月 15 日至 12 月 20 日

11 月 15 日

早上八时到达北京南苑机场，送行的人们已有五六十人光景。李维汉、陈叔通、张苏、陈其瑗、张杰谦等都来了

随中国人大代表团访问苏联、捷克、南斯拉夫、罗马尼亚、保加利亚、阿尔巴尼亚六国

11 月 16 日

全团到克里姆林宫访问

11 月 17 日

十时到苏俄最高苏维埃去访问

11 月 18 日

列车于十时即到列宁格勒城车站，来欢迎者计 500 余人，车站挂了中国国旗

11 月 19 日

参观莫斯科大学、冬宫

11 月 20 日

参观斯莫尔尼宫

11 月 21 日

上午没出门，在旅馆与王芸生和李纯青三人编辑演讲稿。十二时出发赴市内基洛夫电子机械厂。厂内有一万名工人。章伯钧、胡子昂、刘长胜、郎咸芬、彭真团长演讲

11 月 22 日

九时四十分到莫斯科，下午二时一刻到莫斯科市飞机工厂访问

11 月 23 日

十时赴莫斯科苏维埃主席团办公厅，副主席主持了七人的座谈会

11 月 25 日

因右脚不能行走入院治疗，未去塔什干

11 月 26 日

杨慎之和佟维仁陪同苏联外交部代表来探视

12 月 1 日

住院治疗，代表团成员来探望

12 月 2 日

国际关系学院的三个留学生来医院谈话

12 月 4 日

出院入苏维埃旅馆

12 月 5 日

乘飞机飞往捷克

12 月 6 日

随代表团去布拉格西南的比尔村

12 月 7 日

上午九时到国民会议大厦去参加座谈会。高崇民、程潜、严景耀、武新宇同去

晚乘火车离开布拉格

12 月 8 日

早七时四十五分火车到达奥斯脱拉伐，这是捷克的重要工业中心

12 月 9 日

上午九时到布拉基斯拉伐

十一时赴斯洛伐克的民族议会，又赴斯洛伐克的行政委员会

12 月 10 日

上午九时赴民族议会开座谈会

12 月 11 日

参观人造丝厂、丝织和木材研究所

坐火车离去

12 月 12 日

抵达哥特互尔多夫

12 月 13 日

到卡罗维瓦里

12 月 14 日

参观 Silon 工厂，1920 年建立，部分的机器是德国西门子公司的

12 月 15 日

参观玻璃工厂，第一温泉浴堂，晚上观看时装表演

12 月 16 日

乘汽车返回布拉格

12 月 17 日

赴布拉格国民议会告别

12 月 18 日

因天气不好，苏联喷气飞机未来，游览布拉格

12 月 19 日

到捷克斯洛伐克国民议会列席

12 月 20 日

上午十时在 Alicon Hotel 七号房间开小组会议，由刘长胜同志做主

席，讨论旅行苏联、捷克两国的想法

下午三时乘车离开捷克

12 月 20 日

下午二时四十五分由布拉格的 Hotel alerm 出发，赴火车站。捷国民议会许多议员来站欢送

12 月 21 日

七时三刻列车到捷克边境邱诺站，莫斯科时间十二点抵达莫斯科，乘车继续前行

12 月 22 日

车过布加勒斯特

12 月 23 日

上午十时访问罗马尼亚人民共和国的国民议会

1958 年

出任刚成立的外交部国际关系研究所副所长

创办中国科学院世界历史研究所，任所长

8 月　参加人大常委会组织的参观团到天津、塘沽参观，同行的有顾一凡、顾以佶、陈应等

9 月 13 日至 9 月 30 日

随全国政协参观团到安徽参观，同行的有赵朴初、梁漱溟、翁文灏、申伯纯等

1959 年

3 月　随全国政协参观团赴黔中参观学习

1960 年

3 月 4 日至 19 日　赴甘肃参观

3 月 4 日　上午从北京出发

3 月 5 日　抵兰州

3 月 6 日　至兰州，住兰州饭店。省人委招待处两个同志接待。致信淑型。同省人委副秘书长定了行程。先看兰州再去藏族自治县。参观展览馆

3 月 7 日　访问省人民委员会、西北民族学院

3 月 9 日

参观兰州炼油厂

游览玉泉山公园

参观兰州化工厂

3 月 10 日

访问中国科学院兰州分院，甘肃师范大学

参观白塔山公园水利工程及仁寿山水土保持工作

3 月 11 日

从兰州出发，由人委马生瑞同志陪同，至永登火车站

经过酒泉，达天祝藏族自治区

3 月 12 日

访问红疙瘩牧场

介绍情况，对比牧民过去和现在的生活

3 月 13 日

赴古浪公社

赴武威

3 月 14 日

参观武威工厂和商店

3 月 15 日

向县长黄进忠了解武威情况。回到兰州

3 月 16 日

参观兰州艺术学院

3 月 17 日

坐火车离开兰州

3 月 18 日

至北京

1962 年

年初，随人大、政协参观团赴浙江参观，同行的有荣毅仁、于学忠、于家驹、宋云彬等

1 月 6 日至 2 月 1 日

1 月 6 日从北京出发经上海到杭州，7 日在上海访素雅与童一平

8 日入杭州饭店，参观陈端升写作再生缘的勾山樵舍，淑型在此摄影

1 月 9 日

赴杭州丝绸印染联合厂参观

1 月 10 日

赴新安江苏电站及水库参观

1 月 11 日

介绍水电站情况，抵杭州

1 月 12 日

赴九溪、灵隐

1 月 13 日

赴绍兴，参观鲁迅纪念馆及秋瑾纪念馆

1 月 1 日

赴绍兴柯桥镇，参观酒厂

1 月 15 日

上午去参加绍兴制扇厂

1 月 16 日

赴天一阁

1 月 17 日

介绍宁波发电、医院等情况

赴穿山，在海边

参观阿育王寺

赴穿山蚂蚁岛

1 月 18 日

上午参观法雨寺，在寺中白果树前照相

参观尼姑巷

1 月 19 日

上午参观两个工厂，下午一个工厂，介绍工厂情况

1 月 20 日

离开舟山赴杭州

1 月 21 日

上午开了一个座谈会，自九时至十二时，参加者八人：谢家荣、杨清源、宋云彬、千家驹、于学忠、金善宝、陈达及陈翰笙。委统战部长朱之光及赵华同志均在座

下午赴金华

1 月 22 日

路程

金华—缙云站

缙云—丽水

丽水—青田

青田—温州

1 月 23 日

从温州出发赴雁荡山

1 月 24 日

由雁荡山返温州

赴江心寺

1 月 26 日

赴金华

1 月 27 日

在金华游览水壶洞

赴上海

1 月 28 日

上午十时孙晓村、汪熙、台幼娴来上海大厦 1303 号房谈话

1 月 29 日

赴豫园、城隍庙参观

下午访张洪祖，晚访问汪熙夫妇

1 月 30 日

下午汪熙同丁日初同志来谈话

1 月 31 日

赴苏州，返北京

2 月 1 日

返北京，研究所谭汉同志来接站

1966 年

春　到晋西参观"四清"运动

1966 年 12 月至 1968 年

"文化大革命"开始，多次被抄家，隔离审查

1968 年

11 月 5 日　夫人顾淑型被迫害致死

1969 年至 1971 年

"下放"湖南茶陵外交部"五七"干校劳动

1971 年

从干校回上海看病，眼睛几近失明

10 月 14 日　与妹妹素雅看望宋庆龄

10 月 17 日　上午与妹妹素雅看望宋庆龄并共进午餐

1972 年

1 月

为宋庆龄起草《中国妇女的解放》（Women's Liberation in China）一文，刊登于《北京周报》1972 年第 6 期（1972 年 2 月 11 日）。

到浙江桐庐窄溪（富春江一段）撒放夫人顾淑型的骨灰

在家中免费教授英文、德文，并开始着手编辑《华工出国史料汇编》

1973 年至 1978 年

为中国社会科学院顾问

1973 年至 1980 年

为外交部国际关系研究所顾问

1978 年

2 月 21 日—3 月 9 日　参加政协会议

被聘为北京大学国家政治系兼职教授

担任中国社会科学院农业经济、社会科学情报、南亚和世界历史四个研究所的学术委员

1979 年

3 月 20 日　回复夏鼐函，回答六个问题

10 月　在素雅陪同下去天津，筹组"中国中亚问题学会"，组织编写《中亚文明史》，向宋庆龄提出撰写回忆录的要求，宋庆龄因为身体等原因拒绝

被聘为商务印书馆外国历史小丛书编委会主任

被选为中亚文化研究会常务理事长

1980 年

出席纪念蔡元培的会议，宋庆龄也出席

1981 年

3 月至 4 月　参加在杭州举行的国际世界经济讨论会；被聘为中国经济学团体联合会顾问

1982 年

任社会科学院世界历史研究所名誉所长

1985 年

被选为中国太平洋学会副会长

中国社会科学院举行"庆祝著名马克思主义社会科学家陈翰笙从事学术活动 60 周年"大会

1989 年

12 月 15 日　就学生论文事致函林被甸教授

2004 年

3 月 13 日去世

陈翰笙著作

一　论著

《人类的历史》，上海 1921 年。

《人类的故事》（沈性仁译），北京 1925 年。

《国际新局面》，北京 1925 年。

《黑龙江流域的地主和农民》（与王寅生合著），上海 1929 年。

《难民的东北流亡》（与张辅良等人合著），北京 1930 年。

《中国农村经济研究之发轫》，北京 1930 年。

《东北的难民与土地问题》，上海 1930 年。

《亩的差异》（与王寅生等合著），上海 1930 年。

《现今中国农业问题》（*The present agrarian problem in China*），太平洋国际学会中国分会 1933 年。

《广东农村生产关系和生产力》，上海 1934 年。

《华南农业问题》（Agararian problems in Southernmost China/ by Chen Han‑seng，Shanghai：Hong‑kong：Publisherd for Lingnan University，

Conton, by Kelly & Walsh, limited, 1936), 上海 1936 年英文版。

中国的地主和农民（Landlord and peasant in China：A study of the agrarian crisis in South China/ by Chen Han－seng, with a preface by Frederick V. Field, New York：International Publishers, 1936), 纽约 1936 年英文版。

华南农村经济问题（《南支那に於ける農村問題》，佐渡爱三译，东京：叢文閣 1936 年；《南支那農業問題の研究》，井出季和太译，东京：松山房 1940 年), 东京日文版。

《工业资本和中国农民》（Industrial capital and Chinese peasants：A study of the livelihood of Chinese tobacco cultivators /by Chen Han-seng, assisted by Wang Yin－seng, Chang Hsi-chang and Huang Kuo-kao. With an introduction by Karl August Wittfogel, Shanghai：Kelly and Walsh, 1939), 纽约 1946 年英文版。

《工业资本和中国农民》（産業資本と支那農民／陳翰笙著；水田博譯，東京：生活社，1941；支那農村經濟と産業資本／陳翰笙原著；殿生文男監譯，東京：東洋書館，1941．4), 东京 1941 年日文版。

《中国农民》，孟买 1946 年英文版。

《中国工业合作社史话》（Gong ho! The story of the Chinese cooperatives. New York：San Francisco；Honolulu；American Institute of Pacific Relations, 1947), 纽约 1947 年英文版。

《中国西南边疆的土地制度》（Frontier land systems in Southernmost China：A comarative study of agrarian problems and social organization among the Pai Yi people of Yunnan and the Kamba people of SIkang, by Chen Han－seng, International Secretariat Institute of Pacific Relations, New York), 纽约 1949 年英文版。

《美国垄断资本》，北京 1955 年。

《印度和巴基斯坦经济区域》，北京 1959 年。

《印度莫卧儿王朝》，北京 1964 年。

《华工出国史料汇编》，北京 1984 年。

二　文章

《好心的外交政策》，（英文，美国波莫纳大学学士论文）1919 年。

《茶叶出口与中国内地商业的发展》（英文，美国芝加哥大学硕士学位论文），1921年。

《1911年瓜分阿尔巴尼亚的伦敦使节会议》（德文，德国柏林大学博士学位论文），1924年。

1925—1927年在《现代评论》上发表文章55篇。

《临时抱佛脚》，《现代评论》第53期。

《英帝国主义的前途》，《现代评论》第55期，1925年12月。

《一笔亏本账》，《现代评论》第55期，1925年12月。

《英国能独吞莫奈尔的油田吗》，《现代评论》第56期，1926年1月。

《苏联共产党大会》，《现代评论》第56期，1926年1月。

《十一国钳制中国的协约》，《现代评论》第57期，1926年1月。

《国际间资本的大团结》，《现代评论》第58期，1926年1月。

《裁兵声中的美国预算案》，《现代评论》第58期，1926年1月。

《苏土盟约》，《现代评论》第59期，1926年1月。

《劳资调节的失败》，《现代评论》第60期，1926年1月。

《军阀违法杀人》，《现代评论》第61期，1926年2月。

《回民的联合》，《现代评论》第62期，1926年2月。

《梯罗尔南部的问题》，《现代评论》第63期，1926年2月。

《俄法会议的前途》，《现代评论》第65期，1926年3月。

《急转直下的法国政局》，《现代评论》第66期，1926年3月。

《德国与国际联盟》，《现代评论》第67期，1926年3月。

《国际裁兵会议的前途》，《现代评论》第68期，1926年3月。

《三月十八日惨案目击记》，《现代评论》第68期，1926年3月。

《中波间的通商条约》，《现代评论》第69期，1926年4月。

《美国资本家的势力》，《现代评论》第70期，1926年4月。

《美国与塔克那阿利卡问题》，《现代评论》第71期，1926年4月。

《美国航空军备的扩充》，《现代评论》第72期，1926年4月。

《俄德协约》，《现代评论》第73期，1926年5月。

《波兰的革命》，《现代评论》第76期，1926年5月。

《属地政策的新发展》，《现代评论》第77期，1926年5月。

《葡萄牙的革命》，《现代评论》第78期，1926年6月。

《西班牙的专政》，《现代评论》第 79 期，1926 年 6 月。

《美国资本的权威》，《现代评论》第 82 期，1926 年 7 月。

《匈牙利的亲英政策》，《现代评论》第 83 期，1926 年 7 月。

《美国政府与农民》，《现代评论》第 84 期，1926 年 7 月。

《回民联合的大进步》，《现代评论》第 86 期，1926 年 7 月。

《英国总罢工的失败》，《现代评论》第 87 期，1926 年 8 月。

《哀哉法兰西》，《现代评论》第 89 期，1926 年 8 月。

《菲列滨独立的问题》，《现代评论》第 91 期，1926 年 9 月。

《何以德国能进国际联盟》，《现代评论》第 92 期，1926 年 9 月。

《法西斯政治的危险》，《现代评论》第 93 期，1926 年 9 月。

《布尔希（什）维克党内的风潮》，《现代评论》第 94 期，1926 年
9 月。

《叙利亚革命的挫折》，《现代评论》第 95 期，1926 年 10 月。

《美国和巴西的关系》，《现代评论》第 96 期，1926 年 10 月。

《德国的旧经济政策》，《现代评论》第 97 期，1926 年 10 月。

《伦敦的帝国会议》，《现代评论》第 98 期，1926 年 10 月。

《布尔希（什）维克的会议》，《现代评论》第 99 期，1926 年
10 月。

《基督教徒的醒悟》，《现代评论》第 100 期，1926 年 11 月。

《苏俄的九周年》，《现代评论》第 100 期，1926 年 11 月。

《英国煤矿罢工成败的关头》，《现代评论》第 101 期，1926 年
11 月。

《吉海铁路问题》，《现代评论》第 103 期，1926 年 11 月。

《欧美银行家的宣言》，《现代评论》第 104 期，1926 年 12 月。

《美国的贫富问题》，《现代评论》第 105 期，1926 年 12 月。

《汉冶萍借款的抗议》，《现代评论》第 106 期，1926 年 12 月。

《地中海的战云弥漫》，《现代评论》第 108 期，1926 年 12 月。

《间尔彭（巴）尼亚问题》，《现代评论》第 109 期，1927 年 1 月。

《尼加拉瓜的战云》，《现代评论》第 111 期，1927 年 1 月。

《白沙拉比亚的问题》，《现代评论》第 112 期，1927 年 1 月。

《印度反对遣兵来华》，《现代评论》第 113 期，1927 年 2 月。

《什么是帝国主义》，《现代评论》二周年增刊。

《美国农业与世界经济》，《国立北京大学社会科学季刊》第 3 卷第 2 期，1925 年。

《不许干涉中国》（英文），《国际新闻通讯》，1925 年 8 月 6 日。

《"沪案运动"与第二国际》，《晨报副刊》，1925 年第 1 期。

《国家类别与国际联合》，《晨报副刊》，1925 年第 2 期。

《叙里亚的革命》，《晨报副刊》，1925 年第 3 期。

《英国在亚洲西南的政策可怕！》，《晨报副刊》，1925 年第 4 期。

《联苏联的理由》，《晨报副刊》，1925 年第 4 期。

《鲁卡诺的会议》，《晨报副刊》，1925 年第 5 期。

《波斯政变的意义》，《晨报周刊》，1925 年第 6 期。

《苏联的国际地位》，《晨报副刊》，1925 年第 7 期。

《印度给我们的教训》，《晨报副刊》，1925 年第 8 期。

《七年来欧洲外交局面的转移》，晨报七周年增刊，1925 年第 12 期。

《土耳其的革命》，《京报副刊》，1925 年，同王寅生合著。

《北京人力车夫的苦难生活》（英文），《国际新闻通讯》，1926 年 2 月 25 日。

《最初中英茶市组织》，《国立北京大学社会科学季刊》第 3 卷第 1 号，1924 年 10、11、12 月。

《美国农业与世界经济》，《国立北京大学社会科学季刊》第 3 卷第 2 号，1925 年 1、2、3 月。

《学术书籍之绍介与批评：The Age of the Reformation（Preserved Smith）》，《国立北京大学社会科学季刊》第 3 卷第 2 号，1925 年 1 月、2 月、3 月。

《苏联的农业》，《国立北京大学社会科学季刊》第 3 卷第 3 号，1925 年 4、5、6 月。

《学术书籍之绍介与批评：Politische Geographie（Dix）、Politische Geographie（Maull）》，《国立北京大学社会科学季刊》第 3 卷第 3 号，1925 年 4、5、6 月。

《西伯利亚的政治经济》，《国立北京大学社会科学季刊》第 3 卷第 4 号，1925 年 7、8、9 月。

《学术书籍之绍介与批评：The History and Prospects of the Social Sciences》，《国立北京大学社会科学季刊》第 3 卷第 4 号，1925 年 7、8、9 月。与高仁山、钱端生合著。

《俄国历史的研究》，《国立北京大学社会科学季刊》第 4 卷第 3 号，1926 年 4、5、6 月。

《新刊介绍与批评：Wirtschaft und Gesellschaft Chinas. : Erster Teil. Vov k. A. Wittfogel》，《国立武汉大学社会科学季刊》第 1 卷第 2 期，1931 年。

《新刊介绍与批评：Geographie de la Chine, par Rene Jouon, S. J., 3 edition》，《国立武汉大学社会科学季刊》，1932 年。具体卷期不详。

《东北抗日最近情形》，《救国日报》，1926 年 7 月。

《中国棉纱业的前途》，《交易所周刊》第 1 卷第 10 期，1926 年 3 月 31 日。

《国民党统治下的中国农民》，《国际农业研究所通讯》1—14 期，1928 年。

《中国农民担负的赋税》，《东方杂志》，1928 年 10 月。

《研究中国农业经济的重要》，《北大日刊》，1929 年。

《山西的农田价格》，《社会科学杂志》，1930 年 2 月。

《关于保定农村调查的一些认识》，《农村周报》1930 年 7 月。

《中国田地问题》，《农业周报》，1930 年 10 月。

《工业化与无锡的农村副业》，《女青年月报》，1931 年 4 月。

《中国的农村研究》，《劳动季刊》，1931 年 9 月，与陆国香合著。

《崩溃中的关中小农经济》，《申报月刊》，1932 年 12 月。

《揭开幕布的中国政治闹剧》（英文），1932 年 1 月 13 日—7 月 9 日，陈翰笙于 1932 年以"观察家"的名义发表了约 15 篇文章，作为《中国论坛》（周刊）的一个专栏。

《现今中国的土地问题》（英文），《中国经济》，1933 年。

《破产中的关东贫农》，《东方杂志》，1933 年 1 月。

《定县社会概况调查》序，中华平民促进会，1933 年。

《梦想的中国》，《东方杂志》，1933 年 1 月。

《现代中国的土地问题（1934）》，中国农村经济研究会编《中国土地问题和商业高利贷》，1937 年 4 月。

《广东耕地所有与耕地使用》，《中山文化教育馆季刊》，1934 年。

发表于《太平洋事务》《远东观察》《美亚》《远东通讯》杂志的文章均为英文：

评《中国经济和社会：第一部分，生产力、生产和流通过程》，《太平洋事务》，1931 年 12 月。

中国经济状况 1932 年 1—6 月简述，《太平洋事务》，1932 年 9 月。

评《中国近代经济史》，《太平洋事务》，1933 年 2—3 月。

评《中国社会发展史》，《太平洋事务》，1933 年 2—3 月。

《中国经济的分解》，《太平洋事务》，1933 年 4—5 月。

《中国经济形势的恶化》，《太平洋事务》，1933 年 5 月。

评《中国的地理基础：一项关于土地和人民的调查》，《太平洋事务》，1934 年 11 月。

《山西阎锡山"土地村公有"真相》，《太平洋事务》，1936 年 9 月。

《论南京政府的内蒙政策》，《太平洋事务》，1936 年 12 月。

《论日本侵略战争的内在原因》，《太平洋事务》，1937 年 6 月。

评（苏）卡扎明《中国经济地理概要》，《太平洋事务》，1937 年 6 月。

评甘尼斯《当中国团结一致的时候：中国革命史说明》，《太平洋事务》，1937 年 12 月。

评《中国的第一个行动：西安事变的故事》，《太平洋事务》，1938 年 3 月。

评陈达《南洋华侨与闽粤社会》，《太平洋事务》，1938 年 12 月。

评鲁传华《日本对中国的经济侵略》，《太平洋事务》，1940 年 6 月。

评《日本在华经济攻势》，《太平洋事务》，1940 年 12 月。

评《两次世界大战之间的亚洲》，《太平洋事务》，1945 年 9 月。

评《黑色地下》，《太平洋事务》，1946 年 12 月。

评《印度的人口：现实与政策》，《太平洋事务》，1947 年 6 月。

评《苏联纪行》，《太平洋事务》，1947 年 9 月。

评《土地政策、农业劳动及保障》《农村和家庭工业》，《太平洋事务》，1949 年 12 月。

《中国棉花产量翻番》，《远东观察》，1936 年 10 月 8 日。

《冀察政务委员会使走私合法化》,《远东观察》第 5 卷第 22 期,1936 年 11 月 4 日。

《丰收给中国农村带来新威胁》,《远东观察》第 5 卷第 23 期,1936 年 11 月 18 日。

《挽救中国航运的新一轮努力》,《远东观察》第 5 卷第 23 期,1936 年 11 月 18 日。

《中国军费带来巨大财政赤字》,《远东观察》第 5 卷第 23 期,1936 年 12 月 2 日。

《绥远和察哈尔的经济态势》,《远东观察》第 5 卷第 25 期,1936 年 12 月 19 日。

《新崛起的纺织业中心天津》,《远东观察》第 6 卷第 1 期,1937 年 1 月 6 日。

《合作社是治中国病的万应灵药吗?》,《远东观察》第 6 卷第 7 期,1937 年 3 月 31 日。

《中国的铁路战略,新的方式》,《远东观察》第 6 卷第 15 期,1937 年 7 月 21 日。

《日本工业界纠纷日多》,《远东观察》第 6 卷第 9 期,1937 年 4 月 28 日。

《日本即将丧失中国贸易》,《远东观察》第 6 卷第 19 期,1937 年 9 月 15 日。

《受战争破坏的中国商业复苏》,《远东观察》第 6 卷第 20 期,1937 年 9 月 29 日。

《七七回顾——一位中国官员揭示的战前中国政策》,《美亚》第 1 卷第 10 期,1937 年 12 月。

《中日战争的经济背景》,《美亚》第 1 卷第 11 期,1938 年 1 月。

《中国持续抗战的前景》,《美亚》第 2 卷第 8 期,1938 年 10 月。

《国外观察报道皖南事变》,《远东通讯》,1941 年 2 月 14 日。

《中国经济和政治总形势》,《远东通讯》,1941 年 11 月 30 日。

评比森《日本在中国》(英文),《科学与社会》,1939 年春。

评《扎根马来亚的华侨》(英文),《远东聚焦》,1948 年 12 月—1949 年 1 月。

评《东南亚农民骚动》(英文),《东亚聚焦》,1949 年 6 月。

评《华北问题》（英文），华盛顿：政府印刷局，1952 年。

《侵略政策和人口问题》，《中国农村》第 7 期，1937 年 7 月。

《中国法币问题》，《时事类编》，1939 年。

《古国的新生》，《天下月刊》第 10 卷第 4 期，1940 年 4 月。

《农村与抗战》，《中国农村》第 6 卷第 10 期，1940 年 9 月。

《合作运动与农村机构》，《合作通讯》第 6 期，1940 年 11 月。

《人权建国论》，《日报批评》第 4 卷第 73 期，1941 年。

《三十年来的中国农村》，《中国农村》第 3 期，1941 年 1 月。

《进步的三十年》，《东方杂志》，1941 年 1 月。

《建立中国民族工业之前提》，《国货与实业》，1941 年创刊号。

《抗战建国与劳工问题》，《中国农村》第 5 期，1941 年 4 月。

《目前的中国农村》，《中国农村》第 6 期，1941 年 5 月。

《工合运动的意义及其前途》，《时代批评》第 3 卷第 63 期，1941 年。

《关于农业增产的两个建议》，《中国农村》第 8 卷第 3 期，1942 年 5 月。

《战争与农村》序，《战争与农村》，1942 年 6 月。

《利贷资本与手工业》，《中国工业》第 6 期，1942 年 6 月。

《旅行中对工业有感》，《中国工业》第 8 期，1942 年。

《工合和建设》，《中国工业》第 9 期，1942 年。

《美国制钢业的进步》，《中国工业》第 18 期，1943 年。

《目前工合的困难问题》，《中国工业》第 21 期，1943 年 11 月。

《广西工业的前途》，《中国工业》第 22 期，1943 年 12 月。

《如何走上工业化的正轨》，《中国工业》第 23 期，1944 年 1 月。

《民族工业和国内市场》，《中国工业》第 28 期，1945 年 7 月。

《输入洋棉洋肥料的意义》，《生存：西安版》，1946 年 8 月。

《中国官僚资本与内战》，《远东概览》，1946 年 10 月。

《中国五大独占集团》，《文萃》第 11 期，1946 年 11 月。

《中国的土地制度改革》，《远东概览》，1948 年 2 月。

《中国的土地改革》，《世界与中国》再生版第 1 期，1948 年 6 月。

《美国的垄断资本》，《人民日报》，1951 年 2 月。

《美国财阀与英国侵略政策》，《世界知识》第 15 期，1951 年。

《美国经济何以必然动摇》,《学习》第 4 期,1951 年。

《从经济看美国政治》,《人民周报》第 5 期,1951 年。

刊于《中国建设》的文章都为英文:

《新兴的工业》,《中国建设》第 1 卷第 1 期,1952 年 1—2 月。

《土地改革根除了封建主义》,《中国建设》第 1 卷第 3 期,1952 年
5—6 月。

《继土改之后,实行互助组》,《中国建设》第 1 卷第 5 期,1952 年
9—10 月。

《工业化开始》,《中国建设》第 2 卷第 1 期,1953 年 1—2 月。

《新疆》,《中国建设》第 2 卷第 3 期,1953 年 5—6 月。

《云南傣族》,《中国建设》第 2 卷第 5 期,1953 年 9—10 月。

《中同经济的道路》,《中国建设》第 3 卷第 1 期,1954 年 1—2 月。

《走向农业集体化》,《中国建设》第 3 卷第 3 期,1954 年 5—6 月。

《西康:农奴翻身》,《中国建设》第 3 卷第 5 期,1954 年 9—
10 月。

《人民治理国家》,《中国建设》第 3 卷第 6 期,1954 年 11—12 月。

《中国最大的海岛:台湾》,《中国建设》第 4 卷第 1 期,1955 年 1
月。

《第一个五年计划的含义》,《中国建设》第 4 卷第 10 期,1955 年
10 月。

《新成立的 100 万个农业合作社》,《中国建设》第 5 卷第 2 期,
1956 年 2 月。

《渔业合作社》,《中国建设》第 5 卷第 9 期,1956 年 9 月。

《近郊新气象》,《中国建设》第 6 卷第 1 期,1957 年 1 月。

《变化中的福建省》,《中国建设》第 6 卷第 8 期,1957 年 8 月。

《中国的理财法》,《中国建设》第 6 卷第 10 期,1957 年 10 月。

《天安门的故事》,《中国建设》第 7 卷第 5 期,1958 年 5 月。

走向社会主义的步伐:评夏庇若《变化的中国》,《中国建设》第 7
卷第 5 期,1958 年 5 月。

《从合作社到人民公社》,《中国建设》第 7 卷第 12 期,1958 年 12
月。

《河网化》,《中国建设》第 8 卷第 2 期,1959 年 2 月。

《一个省的新面貌》，《中国建设》第 8 卷第 10 期，1959 年 10 月。

《加快发展的人民公社》，《中国建设》第 9 卷第 6 期，1960 年 6 月。

《缺粮变余粮》，《中国建设》第 9 卷第 7 期，1960 年 7 月。

《两公社访问记》，《中国建设》第 13 卷第 3 期，1963 年 3 月。

《陶瓷的现代化》，《中国建设》第 13 卷第 8 期，1963 年 8 月。

《50 年来印度史学界》，《新建设》，1952 年 3 月。

《走向社会主义的保加利亚》，《世界知识》第 35 期，1952 年。

《帝国主义的备战经济与当前的国际贸易》，《新建设》，1952 年 6 月号。

《中印友好关系的开展》，《世界知识》第 19 期，1952 年。

《美国国民经济军事化与农业危机》，《新华月报》第 4 期，1953 年。

黄绍湘著《美国简明史》，《光明日报》，1954 年 1 月 30 日。

《印度总理的访问》，《人民日报》第 22 期，1954 年。

《从亚洲国家会议看亚洲经济》，《世界知识》第 9 期，1955 年。

《从赫尔辛基归来》，《世界知识》第 14 期，1955 年。

《为了了解美国》，《读书月报》，1955 年 10 月号。

尼赫鲁《印度的发现》，《读书月报》，1956 年 9 月。

《中国和巴基斯坦的友好关系》，《人民日报》，1956 年 10 月 18 日。

《巴基斯坦——"纯洁人的地方"》，《光明日报》，1956 年 10 月 18 日。

《支持鲍惠尔，支持正义》，《人民日报》，1956 年 11 月 30 日。

《在高度工业化的捷克斯洛伐克》，《光明日报》，1957 年 3 月 9 日。

《富强的捷克斯洛伐克》，《文汇报》，1957 年 3 月 10 日。

美国的内政和外交——读尼尔林夫妇合著《今日美国》，《读书月报》第 5 期，1957 年。

《关于美国宪法》，《中国青年》，1957 年 7 月号。

《从印度展览会谈中印贸易》，《人民日报》，1957 年 9 月 19 日。

《1857 年印度大起义时期英国人的态度》，《历史教学》第 12 期，1957 年。

《经济建设中的福建》，《印华经济》第 5 卷第 15 期，1957 年。

《美国农业及其危害》,《经济研究》第 8 期,1958 年。

《印度国大党的土地政策》,《国际问题研究》第 2 期,1959 年。

《古代中国与尼泊尔的文化交流——公元第 5 至 17 世纪》,《历史研究》第 2 期,1961 年。

印度农村阶级,《经济研究》第 11 期,1961 年。

《法国 1789 年革命前夕城市各阶级》,《历史研究》第 5 期,1961 年。

《印度的土地改革》,《新建设》,1962 年 7 月号。

《陆羽:中国的爱国诗人》(英文),《东方地平线》(香港),第 9 期,1965 年。

《印度粮荒为何如此严重》,《世界知识》第 4 期,1966 年。

《对研究世界史的几点意见》,《世界历史》第 1 期,1978 年。

《关于编写世界历史的问题》,《世界史研究动态》第 5 期,1979 年。

《"猪仔"出洋——700 万华工是怎样被拐骗出国的》,《百科知识》第 5 期,1979 年。

《追念蔡孑民先生》,《人民日报》,1980 年 3 月 4 日。

《谈谈世界经济的研究工作》,《社联通讯》第 7 期,1980 年。

《研究世界经济的几点建议》,《世界经济导报》,1980 年 7 月 15 日。

《杰出的共产主义战士》,《回忆李大钊》,人民出版社,1980 年。

《斯诺二三事》,《光明日报》,1982 年 2 月 15 日。

《谈谈孙夫人的高尚品格》,《宋庆龄纪念集》,人民出版社,1982 年。

《社会调查研究八题》,《社会——社会学丛刊》,1981 年第 1 期。

《我与商务是同龄》,香港《文汇报》,1982 年 2 月 14 日。

《我学与用外文的回忆和体会》,《英语世界》,1982 年第 4 期。

《不要关起门来建设社会主义》,《中国日报》,1982 年 1 月 1 日增刊。

《要学习马克思的研究方法》,《马克思主义来源研究丛刊》第 3 辑,1983 年 3 月。

《青少年们的好消息》,《光明日报》,1983 年 8 月 17 日。

《美国札记》再版序言，杨刚《美国札记》，湖南人民出版社，1983 年。

《介绍一部重要的近代经济史资料丛书》，《社会科学战线》第 2 期，1983 年，与千家驹合写。

《追忆吾友杨杏佛》，《文汇报》，1983 年 9 月 10 日。

《论世界经济中的矛盾》，《世界经济导报》，1983 年 12 月 26 日。

《发展工业合作社要面向广大乡镇》，《世界经济导报》，1984 年 5 月 28 日。

《忆淑型》，《无锡日报》，1984 年 11 月 2 日。

《职业教育是当务之急》，《群言》第 3 期，1986 年。

《从道尔顿制教学法所想起的》，《群言》第 6 期，1986 年。

《缅怀我的慈母和良师的教导》，《群言》第 9 期，1986 年。

《怀念李任潮先生》，《李济深纪念文集》，广西人民出版社，1986 年。

《炮弹碎壳落在我家大门口》，《群言》第 7 期，1987 年。

《在游历中谈美国历史》，《世界历史》第 2 期，1988 年。

《评述李普曼著美国外交政策》，发表时间、刊物不详。

参考文献

一 经典著作

《列宁全集》第 26 卷，人民出版社 1988 年版。

《列宁全集》第 27 卷，人民出版社 1990 年版。

《列宁全集》第 34 卷，人民出版社 1985 年版。

《马克思恩格斯文集》第 7 卷，人民出版社 2009 年版。

《马克思恩格斯选集》第 1 卷，人民出版社 2012 年版。

《马克思恩格斯选集》第 2 卷，人民出版社 2012 年版。

毛泽东：《湖南农民运动考察报告》，《毛泽东著作选读》上册，人民出版社 1986 年版。

二 资料选辑

《当代中国农业合作化》编辑室编：《中国农业合作史资料》增刊 2，《解放前后无锡保定农村经济》，1988 年版。

《第一次国内革命时期的农民运动资料》，人民出版社 1983 年版。

《二次国内革命战争时期土地斗争史料选编》，人民出版社 1981 年版。

彭泽益主编：《中国近代工业史资料》第 4 辑，生活·读书·新知三联书店 1957 年版。

中共中央党史研究室编：《中共党史资料》第 35 辑，中共党史资料出版社 1990 年版。

中共中央党史研究室第一研究部编：《共产国际、联共（布）与中国革命文献资料选辑（1927—1931）》，中央文献出版社 2002 年版。

三 中文专著

北京李大钊故居研究室编著：《李大钊北京十年》，中央编译出版社2010年版。

陈峰：《民国史学的转折——中国社会史论战研究（1927—1937）》，山东大学出版社2010年版。

陈翰笙、薛暮桥、冯和法合编：《解放前的中国农村》第一辑，中国展望出版社1985年版。

陈翰笙、薛暮桥、冯和法合编：《解放前的中国农村》第二辑，中国展望出版社1987年版。

陈翰笙、薛暮桥、冯和法合编：《解放前的中国农村》第三辑，中国展望出版社1989年版。

陈翰笙：《解放前的地主与农民——华南农村危机研究》，冯峰译，中国社会科学出版社1984年版。

陈翰笙：《四个时代的我·陈翰笙回忆录》，中央文史出版社2012年版。

陈向明：《质的研究方法与社会科学研究》，教育科学出版社2008年版。

从翰香、李新玉主编：《陈翰笙文集》，史建云、徐秀丽译，商务印书馆1999年版。

杜松：《土地革命战争时期中国农村经济调查团活动始末》，《中共党史资料》第45辑，中共党史出版社1993年版。

冯和法：《中国农村经济资料》，黎明书局1935年版。

冯天瑜：《"封建"考论》，武汉大学出版社2006年版。

高军编：《中国社会性质问题论战（资料选辑）》，人民出版社1984年版。

郭湛波：《近五十年中国思想史》，古籍出版社2010年版。

侯德础：《中国工合运动研究——小型合作企业与落后地区经济开发》，四川大学出版社1995年版。

黄宗智：《华北的小农经济与社会变迁》，中华书局1986年版。

李长傅：《南洋华侨史》，暨南大学南洋文化事业部1929年版。

李大钊：《李大钊文集》，人民出版社1984年版。

李金铮：《传统与变迁：近代华北乡村的经济与社会》，人民出版社2014年版。

李景汉：《定县社会概况调查》，中国人民大学出版社1986年版。

李文海、夏明方、黄兴涛编：《民国时期社会调查丛编》第一编，福建教育出版社2014年版。

李泽厚：《中国近代思想史论》，人民出版社1979年版。

梁漱溟：《忆往谈旧录·梁漱溟回忆录》，全国政协文史和学习委员会编，中国文史出版社2013年版。

林承节：《中印人民友好关系史一八五一——一九四九年》，北京大学出版社1993年版。

林甘泉、田人隆、李祖德：《中国古代史分期讨论五十年（一九二九——一九七九年）》，上海人民出版社1982年版。

林茂生、王维礼、王桧林主编：《中国现代政治思想史（一九一九——一九四九）》，黑龙江人民出版社1984年版。

卢广绵、寿祝衡、齐福霖编：《回忆中国工合运动》，中国文史出版社1997年版。

马伯煌主编：《中国近代经济思想史》，上海人民出版社2014年版。

秦柳芳：《柳风拂晓》，中国财政经济出版社2001年版。

尚明轩主编：《宋庆龄年谱长编》，社会科学文献出版社2009年版。

苏智良主编：《佐尔格在中国的秘密使命》，上海社会科学院出版社2014年版。

田森：《艾黎的春天》，华中工学院出版社1983年版。

汪熙、杨小佛主编《陈翰笙文集》，复旦大学出版社1985年版。

王尔敏：《中国近代思想史续集》，社会科学文献出版社2005年版。

王汎森：《近代中国的史家与史学》，复旦大学出版社2010年版。

王奇生：《中国留学生的历史轨迹：1872—1949》，湖北教育出版社1992年版。

王世儒编：《蔡元培日记》，北京大学出版社2010年版。

吴星云：《乡村建设思潮与民国社会改造》，南开大学出版社2013年版。

吴知因：《毕平非传略》，中国工合协会1989年版。

薛葆鼎：《薛葆鼎集》，中国社会科学院科研局编选，中国社会科学出版社 2003 年版。

薛暮桥、冯和法编：《〈中国农村〉论文选》（上、下），人民出版社 1983 年版。

薛暮桥：《薛暮桥文集》第一卷，中国金融出版社 2011 年版。

杨步伟：《杂记赵家》，辽宁教育出版社 1998 年版。

于沛主编：《革命前辈学术宗师：陈翰笙纪念文集》，中国社会科学出版社 2008 年版。

张椿年、陆国俊主编：《陈翰笙百岁华诞集》，中国社会科学出版社 1998 年版。

张德禄主编：《纪念路艾黎文集》，甘肃人民出版社 1997 年版。

张耀杰：《民国底色：政学两界人和事》，江苏文艺出版社 2012 年版。

张越：《新旧中西之间：五四时期的中国史学》，北京图书馆出版社 2007 年版。

张仲礼主编：《英美烟公司在华企业资料汇编》，中华书局 1983 年版。

赵靖：《中国经济思想史述要》，北京大学出版社 1998 年版。

郑灿辉、季鸿生、吴景平：《宋庆龄与抗日救亡运动》，福建人民出版社 1986 年版。

郑大华：《民国乡村建设运动》，社会科学文献出版社 2000 年版。

中国社会科学院经济研究所学术资料室编：《孙冶方纪念文集》，上海人民出版社 1983 年版。

中国社会科学院科研局组织编选：《陈翰笙集》，中国社会科学出版社 2002 年版。

钟书河：《走向世界——近代中国知识分子考察西方历史》，中华书局 1985 年版。

钟祥财：《中国土地思想史稿》，上海人民出版社 2014 年版。

朱健：《工合历程》，金城出版社 1997 年版。

［新西兰］路易·艾黎：《艾黎自传》，路易·艾黎研究室编译，甘肃人民出版社 1987 年版。

［新西兰］路易·艾黎：《从牛津到山丹——乔治·何克的故事》，段津、高建译，北京出版社 1984 年版。

［美］T. 克里斯托弗·杰斯普森：《美国的中国形象（1931—1949）》，姜智芹译，江苏人民出版社 2000 年版。

[美] 阿里夫·德里克：《革命与历史——中国马克思主义历史学的起源，1919—1937》，翁贺凯译，江苏人民出版社 2010 年版。

[美] 埃德加·M. 胡佛：《区域经济学导论》，王翼龙译，商务印书馆 1990 年版。

[美] 彼得·诺维克：《那高尚的梦想——"客观性问题"与美国历史学界》，杨豫译，生活·读书·新知三联书店 2009 年版。

[美] 卜凯：《中国农家经济》，张履鸾译，商务印书馆 1936 年版。

[美] 费正清：《费正清对华回忆录》，陆惠勤、陈祖怀、陈维益、宋瑜译，章克生校，知识出版社 1991 年版。

[美] 格里德：《胡适与中国的文艺复兴——中国革命中的自由主义（1917—1937）》，鲁奇译，江苏人民出版社 2010 年版。

[美] 柯文：《在中国发现历史——中国中心观在美国的兴起》，林同奇译，中华书局 1989 年版。

[美] 列文森：《梁启超与近代中国思想》，四川人民出版社 1986 年版。

[美] 列文森：《儒教中国及其现代命运》，中国社会科学出版社 2000 年版。

[美] 舒尔茨：《改造传统农业》，梁小民译，商务印书馆 1999 年版。

[美] 斯科特：《农民的道义经济学》，程立显译，译林出版社 2001 年版。

[日] 坂本雅子：《财阀与帝国主义——三井物产与中国》，徐曼译，社会科学文献出版社 2011 年版。

[日] 野村浩一：《近代日本的中国认识》，张学锋译，江苏人民出版社 2014 年版。

[苏] 马扎亚尔：《中国农村经济研究》，陈代青、彭桂秋译，神州国光出版社 1934 年版。

[英] 理查德·H. 托尼：《中国的土地和劳动》，安佳译，商务印书馆 2014 年版。

四　学术论文

敖光旭：《国家主义与"联俄与仇俄"之争——五卅运动中北方知识界对俄态度之解析（下）》，《社会科学研究》2008 年第 1 期。

陈鲁直：《革命家与学者——陈翰笙先生》，《太平洋学报》2005 年第

3 期。

陈意新：《美国学者对中国近代农业经济的研究》，《中国经济史研究》
    2001 年第 1 期。

陈迎春：《延安时期中国共产党国际问题研究的现实启示》，《武汉科技
    大学学报》（社会科学版）2013 年第 1 期。

丁利刚、赵善阳：《陈翰笙与中国农村社会学研究》，《复旦学报》1985
    年第 4 期。

高放：《当代中国跨越三个世纪的伟人》，《中国延安干部学院学报》
    2012 年第 3 期。

高海萍：《论抗日战争时期中国工合运动中的技术改造》，《兰州学刊》
    2011 年第 7 期。

关海庭、田巍：《论中国新民主主义革命道路的逻辑起点——二十世纪
    三十年代国共两党土地政策的比较分析》，《中共党史研究》2012 年
    第 2 期。

郭汾阳：《“北新书屋”与并非“现代派”的陈翰笙》，《鲁迅研究月
    刊》1999 年第 7 期。

侯建新：《二十世纪二三十年代中国农村经济调查与研究评述》，《史学
    月刊》2000 年第 4 期。

雷颐：《“中国农村派”对中国革命的理论贡献》，《近代史研究》1996
    年第 2 期。

李金铮：《中国近代乡村经济史研究的十大争论》，《历史研究》2012
    年第 1 期。

李楠：《近代农民离村决定因素的再讨论：一个历史计量学的视角》，
    《中国经济史研究》2013 年第 2 期。

李晔：《陈翰笙学术思维的中西文化融合性》，《新视野》2008 年第
    2 期。

李章鹏：《20 世纪二三十年代陈翰笙农村调查的历史考察》，《河北学
    刊》2006 年第 2 期。

鲁平、沈海平：《在宋庆龄领导下创办〈中国建设〉杂志》，《百年潮》
    2012 年第 4 期。

马俊亚：《20 世纪二三十年代的乡村危机：事实与表述》，《史学月刊》
    2013 年第 11 期。

马俊亚：《近代苏鲁地区的初夜权：社会分层与人格异变》，《文史哲》
　　2013 年第 1 期。

潘顺利：《宋庆龄陈翰笙关系述评》，《经济研究导刊》2011 年第 10 期。

潘维：《忆先师陈翰笙》，《学习月刊》2007 年第 21 期。

齐福霖：《试论抗战时期中国工业合作运动》，《民国档案》1998 年第
　　2 期。

邵雍：《宋庆龄致陈翰笙书信（1971—1981）的价值与不足》，《博览群
　　书》2013 年第 3 期。

史志宏：《无锡、保定农村调查的历史及现存无、保资料概况》，《中国
　　经济史研究》2007 年第 3 期。

苏智良：《谍影重重：上海佐尔格小组情报网》，《世纪》2013 年第
　　5 期。

隋福民、韩锋：《保定 11 个村人均纯收入水平与结构的历史变化
　　（1930—1998）：基于"无锡、保定农村调查"数据的分析》，《中国
　　经济史研究》2012 年第 4 期。

孙培钧：《陈翰笙先生对中国南亚研究事业的巨大贡献》，《南亚研究》
　　2006 年第 2 期。

孙伟林：《陈翰笙——一个真正的学者、共产党人》，《民主与科学》
　　2012 年第 3 期。

孙小礼：《陈翰笙与中国农村研究》，《民主与科学》2012 年第 3 期。

汪效驷、郑杭生：《史学和社会学视野中的陈翰笙无锡调查》，《苏州大
　　学学报》2007 年第 2 期。

汪效驷：《陈翰笙与"中国农村派"》，《中共党史资料》2007 年第
　　2 期。

王大任：《压力下的选择——近代东北农村土地关系的衍化与生态变
　　迁》，《中国经济史研究》2013 年第 4 期。

王晴佳：《学潮与教授：抗战前后政治与学术互动的一个考察》，《历史
　　研究》2005 年第 4 期。

王先明：《试论城乡背离化进程中的乡村危机——关于 20 世纪 30 年代
　　中国乡村问题的辨析》，《近代史研究》2013 年第 3 期。

王玉珠、古世仓：《新时期以来"现代评论派"研究平议》，《贵州社会
　　科学》2014 年第 9 期。

魏本权:《合作运动与乡村建设——以 20 世纪前期社会各界的乡村改造方案为中心》,《历史教学(下半月刊)》2013 年第 1 期。

翁有为:《从 20 世纪三四十年代乡村的生存与出路看社会转型问题》,《史学月刊》2013 年第 11 期。

吴青:《何明华与抗战时期中国工合运动述论》,《民国档案》2012 年第 1 期。

武力:《20 世纪 30—40 年代保定农村土地分散趋势及其原因》,《古今农业》2004 年第 3 期。

夏明方:《清末民国社会调查与近代中国社会科学兴起》,《中华读书报》2007 年 8 月 3 日。

徐静波:《尾崎秀实与上海》,《外国问题研究》2012 年第 2 期。

杨小佛:《杨杏佛与中国民权保障同盟》,《历史研究》1978 年第 12 期。

叶恒:《改革开放以来国内陈翰笙研究综述》,《中国社会经济史研究》2013 年第 3 期。

于沛:《中国世界历史研究的理论成就》,《社会科学战线》2012 年第 2 期。

张静:《太平洋国际学会与 1929—1937 年中国农村问题研究——以金陵大学中国土地利用调查为中心》,《民国档案》2007 年第 2 期。

张铠:《陈翰笙对华工史的研究》,《群言》1986 年第 12 期。

张雪英:《试论陈翰笙有关中国农村研究的思想与方法》,《中国经济史研究》2008 年第 2 期。

赵晓阳:《解决农村经济问题的路径差异与思想根源——陈翰笙和卜凯经济思想比较研究》,《经济学动态》2014 年第 1 期。

赵学军:《华北农户借贷渠道变迁之管窥——基于"无锡保定农村调查"系列资料(1930—2010)的分析》,《中国经济史研究》2013 年第 4 期。

郑京辉、李静体:《陈翰笙与近代中国马克思主义农业经济学》,《保定学院学报》2011 年第 6 期。

郑清坡:《百年来中国农村经济研究主线的回顾与反思》,《保定学院学报》2013 年第 1 期。

周建波、颜敏:《"中国农村派"的土地所有权思想探微》,《经济学动态》2011 年第 1 期。

朱玖琳:《陈翰笙对故友杨杏佛的情谊》,《世纪》2017 年第 5 期。

五　学位论文

冯杰:　《论陈翰笙的农村经济思想》,硕士学位论文,河北大学,
　　2006 年。

葛海静:《民国时期知识界关于中国农村调查述评（1925—1935）——
　　以卜凯、陈翰笙、李景汉农村调查比较为中心》,硕士学位论文,湖
　　南师范大学,2012 年。

孙飞艳:《陈翰笙毛泽东农村调查比较研究》,硕士学位论文,扬州大
　　学,2013 年。

孙璐:《中国农村经济研究会研究》,硕士学位论文,山东师范大学,
　　2011 年。

汪效驷:《江南乡村社会的近代转型研究——以陈翰笙的无锡调查为线
　　索》,博士学位论文,苏州大学,2008 年。

王丹丹:《陈翰笙农村经济思想研究》,硕士学位论文,郑州大学,
　　2014 年。

王秀玉:《陈翰笙与1930 年代的中国农村社会大论战》,硕士学位论
　　文,河北师范大学,2010 年。

巫亮:《卜凯与陈翰笙:20 世纪20—30 年代农村调查之比较》,硕士学
　　位论文,华东师范大学,2010 年。

六　英文文献

Chen Han-seng, *Agrarian Problems in Southernmost China.* Shanghai: Kelly
　　& Walsh, L td. 1936.

——, *Frontierland Systems in Southernmost China: A Comparative Study of*
　　Agrarian Problems and Social Organization among the Pai Yi People of Yun-
　　nan and the Kamba People of Sikang. International Secretariat, Institute of
　　Pacific Relations, New York, 1949.

——, *The Beginnings of Rural Economy Research in China*, Academia Sini-
　　ca, Shanghai, September, 1930.

Haroldr Isaacs, *Re-encounters in China: Notes of a Journey in a Time Cap-*
　　sule. N. Y. and London: M. E. Sharpe, Inc. , 1985.

MacKinnon, Stephen R. , Friesen, *China Reporting*: *An Oral History of A-merican Reporting*, 1930s *and* 1940s, Berkeley, 1987.

Sherman Cochran, *Big Business in China*: *Sino-Foreign Rivalry in the Cigarette Industry*, 1890 – 1930. Cambridge, Mass. and London: Harvard University Press. 1980.

Albert Feuerwerker, Materials for the Study of the Economic History of Modern China, *The Journal of Economic History*, Vol. 21, No. 1 (Mar. , 1961).

Allan B. Cole, Outer Mongolia and Its International Position by Gerard M. Friters; Eleanor Lattimore; Pivot of Asia, Sinkiang and the Inner Asian Frontiers of China and Russia by Owen Lattimore, *Pacific Historical Review*, Vol. 19, No. 3 (Aug. , 1950) .

Arnold R. Isaacs, After Mao: China Reconsidered, *The Wilson Quarterly* (1976 –) , Vol. 10, No. 2 (Spring, 1986) .

C. Yun and Chen Han-Seng, Government Monopoly in China, *Far Eastern Survey*, Vol. 16, No. 4 (Feb. 26, 1947) .

Chee Kwon Chun, Agrarian Unrest and the Civil War in China, *Land Economics*, Vol. 26, No. 1 (Feb. , 1950) .

Chen Han-Seng, A Critical Survey of Chinese Policy in Inner Mongolia, *Pacific Affairs*, Vol. 9, No. 4 (Dec. , 1936) .

——, Conquest and Population, *Pacific Affairs*, Vol. 10, No. 2 (Jun. , 1937), pp. 201 – 207.

——, Economic Conditions in China: A Brief Survey, January to June, 1932, *Pacific Affairs*, Vol. 5, No. 9 (Sep. , 1932) .

——, First Act in China: The Story of the Sian Mutiny, by James M. Bertram, *Pacific Affairs*, Vol. 11, No. 1 (Mar. , 1938) .

——, India's Population: Fact and Policy. by S. Chandrasekhar, *Pacific Affairs*, Vol. 20, No. 2 (Jun. , 1947) .

——, It Is Dark Underground. by Loo Pin-fei, *Pacific Affairs*, Vol. 19, No. 4 (Dec. , 1946) .

——, Japanese Economic Offensive Aided by Chinese Speculators and Flight of Capital to Foreign Banks Here and Abroad, *The China Weekly Review*

(1923 – 1950); Jan 18, 1941.

——, Relations Monopoly and Civil War in China, *Far Eastern Survey*, Vol. 15, No. 20 (Oct. 9, 1946).

——, Wirtschaft und Gesellschaft Chinas: Erster Teil Produktivkraefte, Productions-und Zirkulationsprozess by K. A. Wittfogel, *Pacific Affairs*, Vol. 4, No. 12 (Dec., 1931).

——, The Path of China's Economy, *China Reconstructs*, January-February 1954.

——, Cooperatives as a Panacea for China's Ills, *Far Eastern Survey*, Vol. 6, No. 7 (Mar. 31, 1937).

——, Review, *Pacific Affairs*, Vol. 18, No. 4 (Dec., 1945).

——, Review, *Pacific Affairs*, Vol. 20, No. 3 (Sep., 1947).

——, The Good Earth of China's Model Province, *Pacific Affairs*, Vol. 9, No. 3 (Sep., 1936).

——, When China Unites: An Inter pretive History of the Chinese Revolution, by Harry Gannes, *Pacific Affairs*, Vol. 10, No. 4 (Dec., 1937)

——, The Burdens of the Chinese Peasantry, *Pacific Affairs*, Vol. 2, No. 10 (Oct., 1929).

Ching-Yuen Hsiang, Land Utilization in China: A Critique of Methodology, *The Journal of Land & Public Utility Economics*, Vol. 16, No. 2 (May, 1940).

Cyrus H. Peake, War and Peace in the Pacific, *The Far Eastern Quarterly*, Vol. 1, No. 3 (May, 1942).

E. G. Review, *Journal of the American Oriental Society*, Vol. 121, No. 3 (Jul. Sep., 2001).

Ernest P. L. Liang, Market Accessibility and Agricultural Development in Pre-war China, *Economic Development and Cultural Change*, Vol. 30, No. 1 (Oct., 1981).

Margherita Zanasi, Far from the Treaty Ports: Fang Xianting and the Idea of Rural Modernity in 1930s China, *Modern China*, Vol. 30, No. 1 (Jan., 2004).

Henry C. Taylor, Landlord and Peasant in China by Chen Han-Seng, *Journal of Farm Economics*, Vol. 19, No. 3 (Aug. , 1937) .

Henry R. Lieberman, Review, *Pacific Affairs*, Vol. 23, No. 4 (Dec. , 1950) .

Herold J. Wiens, Frontier Land Systems in Southernmost China: A Comparative Study of Agrarian Problems and Social Organization among the Pai Yi People of Yunnan and the Kamba People of Sikang by Chen Han-Seng, *Geographical Review*, Vol. 39, No. 4 (Oct. , 1949) .

James L. Watson, Hereditary Tenancy and Corporate Landlordism in Traditional China: A Case Study, *Modern Asian Studies*, Vol. 11, No. 2 (1977) .

John K. Fairbank, Review, *The China Quarterly*, No. 105 (Mar. , 1986) .

Joyce Ee, Chinese Migration to Singapore, 1896 – 1941, *Journal of Southeast Asian History*, Vol. 2, No. 1, *The Chinese in Malaya* (Mar. , 1961) .

Kurt Bloch, Warlordism: A Transitory Stage in Chinese Government, *American Journal of Sociology*, Vol. 43, No. 5 (Mar. , 1938) .

Leonard T. K. Wu, Relations Merchant Capital and Usury Capital in Rural China, *Far Eastern Survey*, Vol. 5, No. 7 (Mar. 25, 1936) .

Leonard T. K. Wu. Rural Bankruptcy in China, *Far Eastern Survey*, Vol. 5, No. 20 (Oct. 8, 1936) .

Leslie Hannah, The Whig Fable of American Tobacco, 1895 – 1913, *The Journal of Economic History*, Vol. 66, No. 1 (Mar. , 2006) .

Loren Brandt, Barbara Sands. Beyond Malthus and Ricardo: Economic Growth, Land Concentration, and Income Distribution in Early Twentieth-Century Rural China, *The Journal of Economic History*, Vol. 50, No. 4 (Dec. , 1990) .

Midlarsky, Manus I. and Kenneth Roberts, Class, State, and Revolution in Central America: Nicaragua and El Salvador Compared, *The Journal of Conflict Resolution*, Vol. 29, No. 2 (Jun. , 1985) .

Manus I. Midlarsky, Scarcity and Inequality: Prologue to the Onset of Mass Revolution, *The Journal of Conflict Resolution*, Vol. 26, No. 1 (Mar. ,

1982）.

Members of the American Council Staff, *Far Eastern Survey*, Vol. 10, No. 18（Sep. 22, 1941）.

P. M. Roxby, Limits of Land Settlement. by Isaiah Bowman; Owen Lattimore; Chen Han-Seng; Karl J. Pelzer, *Pacific Affairs*, Vol. 11, No. 1（Mar., 1938）.

Ronald Hsia, The Chinese Economy Under Communist Planning, *Pacific Affairs*, Vol. 27, No. 2（Jun., 1954）.

Stephen R. MacKinnon, Chen Hansehng and the Institute of Pacific Relations, Unpublished Paper Read at August, 2006, CASS Research Conference at Erchao, Shandong.

——, Losing the Mainland: Chen Hansheng and Ji Chaoding in the 1940's; 中国社会科学院近代史研究所民国史研究室、四川师范大学历史文化学院编：《一九四〇年代的中国》下卷，社会科学文献出版社2009 年版。

——, Owen Lattimore and the Loss of China by Robert P. Newman, *The China Quarterly*, No. 138（Jun., 1994）.

——, Researching Agnes Smedley in China, *The China Quarterly*, No. 77（Mar., 1979）.

Y. F. Woon, An Emigrant Community in the Ssu-Yi Area, Southeastern China, 1885 – 1949: A Study in Social Change, *Modern Asian Studies*, Vol. 18, No. 2（1984）.

——, *Social Organization in South China*, 1911 – 1949: *The Case of the Kuan Lineage in K'ai-p'ing County*. Mich.: University of Michigan, Center for Chinese Studies, 1984.

后　记

　　北国边陲小城，凉爽又寂寥的秋天，最适合整理思绪，回顾成书过程中的点滴。展卷读罢陈翰老在 1910 年写就的《书怀邹容》诗：落落何人报大仇？沉沉往事泪长流。凄凉读尽支那史，几个男儿非马牛。写下这些诗句时，陈翰老还是一个十几岁的少年。1962 年，陈翰老又写下《伤杨刚自尽》：耿介杨刚信可怜，横遭物忌赴黄泉。黄泉果比人间好，未必魍魉能容贤。此时，陈翰老已届花甲之年，诗文中的胸怀气度如前。陈翰老耿直敢言、爱憎分明的性格一生未变。阅读陈翰老的诗文著作，回味他的治学与为人的执着与坚守，犹如在秋日中沐浴暖阳，温暖心田。

　　陈翰老一生奉献，正印证了李大钊先生"铁肩担道义，妙手著文章"这句话。陈翰老行文，冷静客观严谨，但是在我读来，又觉得他笔端常带感情，新中国成立前农民生活的惨状通过他的描绘被后人所知，常使人读罢自问怎会有如此惨痛不公的社会。真正的马克思主义者力图改造社会，建设一个公正而人人有尊严、能生存的社会，陈翰老和同行者们，历尽艰辛而砥砺前行，所追求的莫不如此。陈翰老的教育思想极其朴素，投于其门下的众多弟子，既有北京大学的学子，也有送煤小伙，陈翰老因材施教，认为每个学生均有可塑造之处。他有为师者的无边胸怀，深具中国传统士人兼济天下的精神，这精神值得今人薪火相传、发扬光大。陈翰老一生所涉猎的学科广泛，所关注的都是重大的理论问题。陈翰老经历的人和事纷繁复杂，头绪众多。我自揣浅薄，尽力收集阅读陈翰老的著述，以廓清其学术思想的基本脉络。

　　能研究陈翰老的学术思想，源于于沛恩师的提议。于老师广阔的胸怀和学术视野，使我的研究历程犹如深入学术桃源的旅程，饱览风景而收获满怀。于老师和陈翰老熟识，知其学术造诣与为人均可称为楷模。

于老师希望能有后来人对其一生的学术贡献有所研究和记述。有幸如我，在老师的指引下，能见其文，拜访其弟子，登其堂，查阅其日记和信件，以此领略其传奇的一生，亦从中学习到一个学者所应具有的时代担当和严谨刻苦精神。希望以此为开端，继续就此问题进行深入研究，不辜负老师的教诲。老师和师母在生活中相濡以沫，为我的为人和治学树立了良好的榜样。

感谢陈翰老的外甥女童瑜琼女士，使我有幸查阅珍贵陈翰老日记、信件及照片，了解翰老在新中国成立后生活的基本状况。感谢俞源将军和彭光谦将军，他们一直对本书的写作给予支持。俞将军是陈翰老的学生，与翰老交往密切，他和蔼可亲、平易近人，他对共和国史的讲解、对生活和工作的见解为我提供了写作的灵感。在北大查阅资料期间，也是由俞将军帮忙联系童大夫，才能够看到至为珍贵的"翰档"，与俞将军的交往常使我浮想联翩，俞将军对后辈的提携和坦诚，应该一如当年的陈翰老。感谢潘维教授接受我的访问，他对陈翰老的回忆及对其思想的评价，为本书的写作提供了重要的参考。

为准备本书的写作，主要利用了中国社会科学院图书馆、北京大学图书馆、中国国家图书馆、中国第二历史档案馆、上海档案馆等处的文献书籍和档案资料。在此过程中，得到多位老师的悉心指导和帮助。感谢武力老师就陈翰笙的农村问题研究进行了指导。感谢上海师范大学的陈恒老师，在为写作赴上海调研期间，他进行了周到的安排。感谢上海师范大学的苏智良教授就史料的收集和本文的写作方法提供了宝贵的建议。感谢北大图书馆的邹新明、吴政同及其他诸位老师，在北大查阅陈翰笙的著作及日记等资料时得到他们热情的帮助。

在书稿写作和修改过程中，也得到多位老师的指导，受益良多。郭小凌老师、李世安老师、姜芃老师、王旭东老师、张越老师就最初的写作框架及基本观点进行了讨论并提出非常宝贵的建议，诸位老师学识深厚、诲人不倦，在此深表感谢。感谢李燕老师细致阅读了书稿，并提出非常中肯的修改建议。感谢陈东林老师、李世安老师、萧国亮老师、张星星老师提出的修改建议。感谢左玉河老师就中国农村派研究方法进行了细致的指导。感谢杨红林老师就中国农村派研究的资料收集等问题提出的建议。感谢董欣洁师姐对书稿提出了修改意见，感谢吴英师兄为本书的写作提出了建议。感谢本书编辑张浩老师，她就书稿的修改提出了宝贵而全面的建议。在书稿修改过程中，参加了清华大学王中忱老师组织的陈翰笙文集工作坊，受益良多。参加了社科院近代史所青年学者论坛，共同参会的冯淼老师、张会芳老师就陈翰笙学术思想研究提供了宝贵的建议。感谢薛轶群老师帮忙查找了翰老著作的日文版本。

在博士在读期间，结识了多位好友，我们共同度过了美妙的学习时光。感谢我的室友章玉丽，在生活和学习中给予我许多帮助。感谢研院的诸位同窗好友，金莉、小侯、换芳、安娜、燕培、文冉，婷婷、苏珍等，大家朝夕相处、互相勉励、共同切磋，一同度过这段精神成长过程。感谢我的好友孙颖，在修改书稿过程中和她共同讨论了很多问题，她不仅在讨论中为我提供灵感，还发动自己的师兄师姐们为我答疑解惑。我们是志同道合的学友。作为女性研究者，大家的身份是多重的，是女儿，是母亲，是老师，承担着多重的责任和义务。大家在求学过程中克服了各种困难，不因生活的挫折抛弃学业，这给了我莫大的精神激励。

感谢我的家人，他们给了我最无私的支持和爱护，让我能够将时间和精力放在写作上。尤其是我的爱人和父亲母亲，他们在我外出求学时照顾小女，处理一切家中琐事，给我最坚定的支持。感谢我的婆婆和公公，婆婆身体不好，也承担起照顾小女的责任。女儿的童真和快乐，常常使我深为感动。同时，也因自己身为母亲，却常在她的成长中缺席感到愧疚。感谢我的妹妹侯雨飞，她是查阅和收集资料的小能手，我遇到无法查阅的书籍，常请她帮忙，她都快速准确地帮我找到。

虽然身处北国边陲小城，也得到了研究上的支持。感谢师长同事们在本书写作中提供的各种支持和鼓励。本书的出版得到黑龙江省教育厅青年创新人才项目"工合运动"研究（项目编号：UNPYSCT－2017194）、牡丹江师范学院地方优势特色学科（项目编号：DF－2017－10233－牡丹江师范学院－01－地方语言文学）、牡丹江师范学院博士科研启动基金项目"陈翰笙与中国农村派研究"（项目编号：MNUB201802）资金资助。在此一并致谢。

2021年9月于黑龙江省牡丹江市